《周易》易读

韩广岳 ◎ 著

青岛出版集团 | 青岛出版社

图书在版编目（CIP）数据

《周易》易读 / 韩广岳著 . — 青岛：青岛出版社 ,2023.10
ISBN 978-7-5736-1562-6

Ⅰ.①周… Ⅱ.①韩… Ⅲ.①《周易》—研究 Ⅳ.① B221.5

中国国家版本馆 CIP 数据核字（2023）第 198349 号

书　　名　《周易》易读
作　　者　韩广岳
出版发行　青岛出版社（青岛市崂山区海尔路 182 号，266061）
本社网址　http://www.qdpub.com
责任编辑　李忠东　　陈学龙
装帧设计　李健利
照　　排　青岛新华出版照排有限公司
印　　刷　青岛海蓝印刷有限责任公司
出版日期　2023 年 10 月第 1 版　2023 年 10 月第 1 次印刷
开　　本　16 开（710mm×1000mm）
印　　张　28.5
字　　数　420 千
书　　号　ISBN 978-7-5736-1562-6
定　　价　128.00 元

编校印装质量、盗版监督服务电话　4006532017　0532-68068050

序

张 涛

在中国浩如烟海的文化典籍中,居于"群经之首"的《周易》无疑有着巨大的魅力。从汉代刘向、刘歆父子的《七略》到汇总中国古代典籍的《四库全书》,《周易》一直居于"群经之首"的崇高地位。如果说经学是中国传统思想文化的精髓之所在,那么《周易》则是经学的核心。《周易》中的天人合一、太和中正的和谐思想,自强不息、与时俱进的创新精神,厚德载物、海纳百川的包容态度,居安思危、慎始敬终的忧患意识等,都已融入中华民族的人文心理和价值观念中,成为中华民族精神的重要组成部分。博大精深的易学思想深刻影响了中国传统政治、经济、军事、法律、教育等方面的制度建设,有力推动了天文、历法、地理、数学、化学、农林、医药、建筑、史学、文学、艺术等学科的理论发展。无怪乎清代学者纪晓岚等四库馆臣慨道:"易道广大,无所不包,旁及天文、地理、乐律、兵法、韵学、算术,以逮方外之炉火,皆可援《易》以为说。"在传统文化遗产备受重视的当代社会,若想真正了解中华民族传统思想文化的核心精华及其数千年以来的演变发展规律,《周易》和易学是无论如何都绕不开的关键点。

《周易》以八卦为基础,包括经、传两个部分,其成书经历了一个

"人更三圣,世历三古"的漫长的发展过程。原始的《易经》(六十四卦卦爻辞)虽为占筮之用,但其中蕴含着一定的条理性、系统性、规律性,显示出理性思维与逻辑推演的因素。春秋战国时期,社会变动,诸子蜂起,易学开始丢掉卜筮的外衣,逐渐理性化、哲理化、抽象化,《易经》被赋予丰富的思想内涵和价值意义。随着《易传》诸篇的陆续问世,《易经》的性质发生了彻底的转变。被后人称为"十翼"的《易传》事实上是一个综合百家、超越百家的产物。《易传》诸篇不仅吸收了道家的天道观与阴阳学说,提出了"一阴一阳之谓道"和"太极生两仪"的宇宙发展理论,而且承继了儒家对宗法礼节的推崇以及刚健、中庸、积极入世的人生态度,总结出了具有深远影响的"中正"理论和自强不息、及时立功的人生理想。同时,《易传》进一步融合道家的自然主义与儒家的人文主义,升华、发展出了以追求天人整体和谐为最高目标的"太和"思想。我们耳熟能详的"天行健,君子以自强不息;地势坤,君子以厚德载物",就是一个最好的体现。除儒、道两家之外,阴阳家的五德终始理论,墨家尚贤尚同、兼爱非攻的社会政治观,兵家尚谋奇正的军事理论,法家"法后王"的政治变革学说等等都在《易传》中有着或多或少、或隐或显的体现。《易传》的形成顺应了战国后期诸子百家互相吸收、互相融合的发展趋势,本着"天下同归而殊途,一致而百虑"的宗旨,综合融会诸子百家的思想文化精华,建立起集宇宙观、历史观、人生理想观、社会政治观为一体的庞大而完整的思想理论体系,使原属卜筮之学的《周易》一跃成为古代中国人所信奉的"政教之所生"的文化经典,成为中华传统思想文化的重要源头和内在灵魂。其崇高地位得以历经千载而不衰,而历史上研读、解释《周易》的有识之士也是代不乏人、灿若星河,相关的著述更是汗牛充栋、不可胜数,推动着易学文化的不断丰富和发展。

今有幸得读韩广岳先生的《〈周易〉易读》,可以发现,无论是对《周易》经、传的诠释和研究,还是对易道的感受和体悟,作者都多有心得,颇见功力。书中既有历史上的掌故逸闻,又有现实中的鲜活事例,更不乏作者自身的深刻体悟,这一切无疑使《周易》的微言大义和思想智慧得以生动、清晰地展现出来。尤为难能可贵的是,作者在本书中充分吸收、认真借鉴了前人治《易》的成功经验和学术传统,比如以《说文》为依据辨析《周易》字义,由小学入经学而辨章学术、考镜源流。相信本书出版后将大大有益于人们学习《周易》经、传,了解易学知识,深化对易学乃至整个中国传统文化的探讨和研究。

壬辰龙年仲春于

北京师范大学易学文化研究中心

且打开一扇小窗

韩广岳

暮春即事

双双瓦雀行书案，
点点杨花入砚池。
闲坐小窗读周易，
不知春去几多时。

这首流传近千年的宋人叶采的七言绝句，以充满生活气息的笔墨描绘了一幅诗人陶醉于读《易》之中的惬意画面，从而成为一代代文人智者孜孜以求的研读《易经》的目标与境界。

读懂《易经》本就不易，读得出神入化，能够从中找到这样一种轻松自在且美妙的感觉就更不容易了。之所以如此，固然有每个人自身诸方面的原因，但面对来自几千年前的用晦隐生涩的手法、古幽深邃的文字所传递的深博智睿的哲思，当代人缺乏一种能够易于理解的、能够与古人有效沟通的途径，也是不争的事实。后人对于《易经》的万般诠释，通常要么过于专业和深奥，要么过于泛泛和偏颇，所以很难起到帮助普通大众读懂真实的《易经》的作用。但是，许多人又是那样渴望走进《易经》的世界，去领略它的玄妙与真谛。

从接触《易经》开始，在一个相当长的时期里，我一直没有真正读懂《易经》，起初连卦爻辞的文字都看不懂，后来慢慢读懂了卦爻辞的字面意义，但仍然不知道《易经》到底想说什么。这就像终于见到了久负盛名的恢宏的殿堂，却找不到可以进到里面去的门；后来找到那扇尘封已久的大门了，却发现根本就无法打开那把缠满蜘蛛网的大铁锁。于是，自己就不死心地围绕着那座殿堂一圈圈儿地转，时而远，时而近；时而快，时而慢；时而抚摸那殿墙上的大理石、花岗岩、秦砖汉瓦，时而审视那高空中的直棂窗、雕梁画、飞檐斗拱。忽然有一天，似在不经意间，自己竟在那秀丽与壮美的建筑艺术中找到了打开这座古老殿堂的门锁的钥匙，找到了理解《易经》这部古老秘籍的方法与途径。于是，我就试着用一种全面而又深入浅出、通俗而又不失雅趣的手法一卦卦、一爻爻地去解。

这样一个过程是艰难的，有时甚至是痛苦的。很多时候，我明明心中知道某一句卦爻辞是什么意思，它想表达一个什么样的思想，可就是无法用文字把它表达出来。这就像一种味道，吃在嘴里，自己知道是什么滋味，却没有办法给别人说明白。还有些时候，某句卦爻辞只有简而又简的三四个字，却让我百思不得其解。记得恒卦九四爻的"田无禽"三个字，我竟然用了两个多月的时间才慢慢地品出一点味道。

就这样，我磕磕绊绊地用三年多的时间才完成了初稿。这时回过头去再审视整部书稿，发现文笔参差不齐、内容疏漏误错。于是，我又用了多半年的时间，推敲磋磨，几易书稿。尤其是在第4稿的基础上，广泛征求了吕苋、徐国亮等文史哲方面的专家的意见，身边多位高朋与家人也提出了不少宝贵的意见，上海古籍出版社总编辑助理田松青始终给予关心、帮助和指导，在此一并致谢。

　　"山涧小溪娓娓流,清澈见底满珠矶。"这曾经是我对写好这部书稿的自我期许,就是想努力地用轻松清浅的笔法娓娓道来,让文字如山涧小溪汩汩流淌;同时想努力在解读《易经》的过程中为大家呈上尽可能多的国学和历史背景知识,把尽可能多的五彩斑斓的鹅卵石呈现在大家眼前。这一点或许只是心到了。

　　整个写作的过程其实更是一个学习和研究的过程,我自知才疏学浅,错误偏漏在所难免,但只要能够为人们打开《易经》殿堂的那扇窗户有一点点的助益,即使贻笑大方,我心也足矣! 其中不当之处,恳请大家、高人雅笑斧正。

◎目 录

第一编 前识

◎ 第一章
《易经》是怎么一回事

天下华人，不知道《易经》者不多，但能够说清楚"易"为何物、《易经》或者《周易》到底是怎么回事的人又确实很少。即使是感觉知道"易"、《易经》或者《周易》是怎么回事的人，也大多是知其大概甚或皮毛而已。作为龙的传人，许多人又似乎想弄明白到底"易"为何物、《易经》或者《周易》到底说了些什么。

在大多数人心目中，《易经》晦涩难懂，"易"则神秘莫测。其实，事情真的没有那么复杂。既然是"易"，就不应该"难"。很多东西、很多学问其实就是蒙着一层窗户纸的屋子，想知道里面有什么东西，只要用手指戳破那层窗户纸就一目了然了。只是这"易"家的窗台可能高了些，这"易"家的窗户纸可能厚了些而已。

那么，究竟"易"为何物？《易经》或者《周易》到底说了些什么呢？

首先，让我们先来统一一组概念，那就是通常当我们说到"易""易经""周易"的时候，它们是一回事。

按照史料的说法，我国古代应该曾经有过三种易书，分别叫作《连山》《归藏》《周易》，只是后来前两者"亡佚"了，也就是没了、失传了或者说找不着了，没有流传下来，最后只剩下了《周易》。所以，现在说到《易》《易经》的时候，其实通常说的是《周易》。

《易经》当初可能仅仅是一本深邃的书,而如今它已经发展成为一门博大精深的学问——易学。易学深刻地影响着中国传统文化的发展,甚至可以说影响到骨子里。

比较公认的说法是:《易经》是一本占卜用书,就是算卦用的书。这也许就是为什么它那么神秘的原因吧。其作者应是筮人,"筮"读"shì",筮人就是掌卜筮、司占卦的人,当然这种人当初主要是为王公贵族服务的。

《易经》的"经"字是后世所加的。我国历代学者通常将各类典籍资料分成经、史、子、集四类。也就是说,"经"本来是历代学者对于各类典籍资料的分类之一。后人把原来名叫《易》的书奉为经典而纳入经书之中,也就是大家所熟知的"四书五经""十三经"之经,从此《易》便成了人所共知的《易经》。

"经"的来历如此,那么"易"又是怎么回事呢?也就是说,这部旷世奇书为什么被命名为"易"而不是其他呢?

《易经》问世以来,注、疏、解、说《易经》者代有人出,相关作品更是汗牛充栋,对于"易"的理解与解释也是五花八门。比较流行、也似乎为大多数人所接受的是"三易"说,即不易、变易和简易。

"不易"之说,说"易者,不易也"。"易"就是变,"不易"就是不变,世上永远不变的就是永远在变,所以"不易"之说认为这"易"字包含了天地万物之间永恒不变的、普遍的理论法则。

"变易"之说,说"易者,变易也",认为天地万物变幻莫测,"易"就是宇宙万物发展变化的规律,人们可以按照易理推衍事物的变化,从而预先知道事物发展变化的方向,进而提前把握。

"简易"之说,说"易者,简易也",认为天下事理无穷,而"易"能够化繁为简,帮助人们通过易学来执简御繁;《易》的学问博大精深,是对自然与社会科学规律的归纳与总结。

"三易"之说从理论上讲都很有道理,但其实都是后人根据"易"字进行的解读与发挥。"易"的造字,按东汉魏伯阳先生的《周易参同契》中所讲"日月之为易",当为象形"上日下月"与会意"上阳下阴"的结合,表示日月转换、阴阳交替乃是天地万物最简单的变化之道。也有人认为"易"的造字是蜥蜴的象形字,蜥蜴又称"变色龙","易"字就是变的意思。"易"字的意义有"变化""交换""简单"三种,解"易"者采"变化"(变易)和"简单"(简易)而没采"交换"之意,是因为与交换实在没有一点关联性。对于把"易"解为"不易",实在是有意思得很,也很有创意。钱锺书先生认为:这看似矛盾的解读其实深刻地体现了中华文明的思辨性,很值得我们品味。

如果把事情想得复杂一点,那么《易经》之"易"当然应该是变化之意。想来应该是"变则易,不变则难"。世界上永远不变的就是变化。万事万物无不时刻处于变化之中,即使是我们所熟知的被认为会千古不变的石头也难免会受到风雨剥蚀。但是,事情真的那么复杂吗?

人们始终相信这么一句话,叫作"大道至简"。

《易经》其实本来也不应该那么复杂。大概前人把一本占卜书命名为《易》的时候,估计不会想到他们的后世子孙会有那么丰富的想象力,把一个"易"字解到了天上地下。如果当初先人把书命名为《一》,那么先人的后代、我们的先师们是否会把这个"一"解释为"一而二,二而三,三而万物"也未可知。

冯友兰先生在他的《中国哲学史》一书中对"易"的起源进行了分析,我们或许可以从中找到一些灵感。

按照冯先生的说法,商朝的时候还没有八卦,所以商朝的人有卜而没有筮。这一点冯先生可能错了,因为经典的说法是先天八卦是伏羲氏或者神农氏所创,更有道理的说法是商朝还没有用筮法占卜。冯先生认为:筮法是周人创造的用于替代或者补充龟卜的算卦或者占卜的方式,卦和卦爻相当于龟卜的"兆",卦辞和爻辞相当于龟卜的繇辞。"爻"读"yáo","繇"读"zhòu"。繇辞是占卜的人根据龟卜时出现的"兆"而创造的占辞,也就是占语。这种占语一般是负责占卜的人临时创作的,但有时候也用以前使用过的。如果有和以前所卜过的同样的事,占卜时又卜到了和以前相同的"兆",一般也就用以前用过的占语。如果求占的人问的是新的事情或者卜出了以前没见过的"兆",那么卜者就只好另编新占辞了。

　　龟卜就是根据灼龟甲后出现在龟板上的裂纹(也就是"兆")进行占卜。灼龟甲就是用火烧龟板,所以烧出来的"兆"通常很复杂。以前的占辞比较难记,其实人们所占问的事通常也不过那么十几种,至多几十种。于是,到了周代,聪明的人们就用筮法代替了龟卜,归纳出几十个常见的问题,对应上相应的卦象,再根据前人的经验传承和自己的经验总结预先创作好相应的卦辞、爻辞,当占筮遇到什么问题、筮到什么卦和什么爻时,就可以很容易地给出相应的卦辞、爻辞进行推论讲解。所以,冯先生说这筮法"比之卜龟,实为简易",也就是这和灼龟甲占卜相比,实在是太简易了。

　　如此看来,《易经》之"易"原来实在是太简单不过了。之所以把书叫作《易》,其实质就相当于将书标记或者命名为《筮法简易手册》,只是因为当时甲骨、竹书书写条件相当艰难,只能简之又简,取一个关键字"易"来代表了。夏、商两代,《易经》分别叫《连山》《归藏》而没有叫《连山易》《归藏易》,似乎也可以作为不错的证据。

　　原来,《易经》之"易"或许就是"简易"之"易"!

　　"易"字这么简单,那么读懂《易经》也不应该有多么难。

　　当然,我们也应该实事求是地承认,经过历朝历代的发展与发挥,"易"到今天确实已经被赋予了越来越丰富的内涵,已经不再纯然是原来的"简易"之"易"了。

　　究竟难与不难,且等我们慢慢道来。

◎ 第二章
《易经》的形成与传承

任何一部旷世经典的诞生都必然是对此前人类文明的大检阅。《易经》的形成也同样根植于并深刻反映了此前华夏文明的文化硕果。

《易经》思想当源自上古。比如《易经》中提到的《河图》与《洛书》，有人称之为"中华文化、阴阳五行术数之源"。《洛书》最早记录在《尚书》之中，后来出现在《易经》之中。1987年河南濮阳西水坡出土的距今约六千五百年的形意墓中就已经出现了河图四象，也就是青龙、白虎、朱雀、玄武。这些足以说明《易经》思想源远流长。

可以确定的是，《易经》出自卜官、筮官之手，也就是由卜官、筮官们写成的。什么时候有了占卜，什么时候就应该有了《易经》的思想。当有了符号和文字后，卜官、筮官们陆续地把一些成熟的思想或者常见的问题的卜筮结果进行总结和归纳，于是逐步有了《易经》的雏形。

可以肯定的是，《易经》这本书不是一个人完成的，而是经过多人甚至可以说是多代人之手才完成的。这有点像《圣经》。西方的《圣经》也是由一代代的祭司、士师们逐步完成的。用现代的话说，就是这本书的形成是集体智慧的结晶。

《易经》一书处处闪耀着中国传统文化的光辉。它既是中国传统古典哲学与文化的源头，又是中国上古传统古典哲学与文化的集大成者。它既是传承中国传统文化的源，又是承接中国上古文化的渊。

研究《易经》源流，就不能不谈所谓的"卦"。《易经》以卦演象，以象说理，这"卦"也颇有些来历。《系辞传》里说："古者包牺氏之王天下也，仰则观象于天，俯则观法于地，观鸟兽之文与地之宜，近取诸身，远取诸物，于是始作八卦，以通神明之德，以类万物之情。"包牺氏就是伏羲氏。《系辞传》的作者认为八卦是我国上古三皇之一伏羲氏创造的。但是，也有人认为八卦是我国上古三皇之一的神农氏所创造的。这两种说法虽然不一样，但自古就都存在，至今没有定论。

其实，究竟是谁创造出八卦并不是最重要的，重要的是这足以说明八卦的形成是一个漫长的过程。

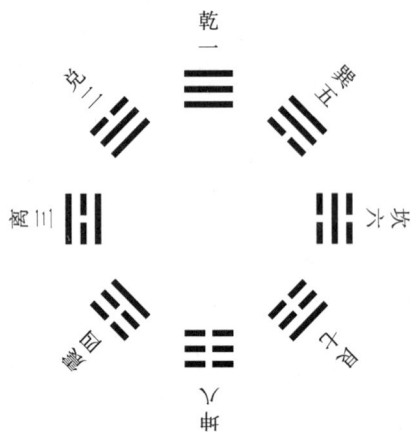

图 2-1　先天八卦图

八卦产生以后，又陆续地形成了此后的重卦，也就是六十四卦。重卦就是将八个三爻卦两两重叠，从而形成六十四个卦。重卦的产生更是扑朔迷离，有关的说法更多了。有人说是伏羲氏创造的，也有人说是神农氏创造的，更多的说法是周文王创造的。典型的说法是"伏羲画卦，文王重之"之说，就是说周文王将伏羲八卦两两重叠，创造出了六十四卦。太史公马迁在《报任安书》中说到"盖西伯拘而演《周易》"。西伯就是周文王。这一说法几乎普遍为大家所接受,就是说周文王被商纣王囚禁,于是推演《周易》,对六十四个重卦进行了排列、命名,并给每个卦注上了卦辞。但是,鉴于我们所知道的,除《周易》之外,还有《连山》《归藏》两部易书,所以我们可以认为,文王重卦之说也并不一定成立。

无论何代何人创造了重卦,我们都应该承认:重卦的产生是《易经》产生的直接前提条件。《易经》的主体内容就是以八八六十四卦为纲。

每一卦都有一个名字,叫作"卦名"。卦的每一画叫作"爻",也叫"卦画"。每一个八卦有三个"卦画"或叫三个"爻",每一个重卦就有六个"卦画"或者叫六个"爻"。每一爻根据其所处的位置和爻的性质都有一个名字,叫作"爻名"。卦名和卦辞应该是形成于周文王之前。有人说爻名和爻辞是周文王所作,更多的说法是为周公姬旦所作。

卦名、卦辞和爻名、爻辞出现的最大意义,在于使《易经》一书成为一本系统的哲学著作。

在那个甲骨、竹书的年代,书写之难是可想而知的,人们自当惜字如金。所以,《易经》的卦辞、爻辞大都非常简约,字数最少的卦辞只有区区两个字,字数最少的爻辞则仅有 4 个字。后人评论《论语》,说《论语》微言大义。但是,如果将《论语》中的文字与《易经》的卦辞、爻辞相比,两者的简约程度简直就无法相提并论了,感觉《易经》的卦辞、爻辞相较于《论语》就像文言文之于白话文了。事实也可能如此,因为孔老夫子毕竟已经晚于周公五百年了。

为了让时人能够看得懂、理解得了《易经》,一代又一代先贤们先后开始了不懈的解、析、注、疏工作。举一组数据就足以说明后世诠解《易经》的著作多到什么程度。仅《四库全书》中就收录了历代"易"类著作一百五十八部一千七百五十七卷和附录八部十二卷,还有"易"类著作存目（也就是有此书而没有收录内容的书）三百一十七部二千三百七十一卷（内四十六部无卷数）以及附录一部一卷。《续修四库全书》更是收录了"易"类著作六百四十三部三千零六十一卷以及附录九部十二卷。

后世流传的也就是我们现在所看到的《易经》，其内容分为"经"和"传"两部分。

所谓"经"的部分，就是由上面所说的卦象、卦名、卦辞、爻名、爻辞等主要内容所组成。这部分内容是《易经》最核心、最根本的部分。今天我们所看到的《易经》的经部大体成书于商末周初。有种观点认为：《连山》《归藏》《周易》三部易书分别是夏代、商代和周代的占卜用书。这种观点的根据是《周礼》一书中提到的太卜掌三易之法，一曰"连山"，二曰"归藏"，三曰"周易"，进而认为三易分别是夏、商、周三代不同系统的易学。各朝各代都有自己的律、历、礼、易系统，因此我们可以推知，后世见到的本于《周易》的《易经》应该至少完成于商末周初。

后世见到的《易经》"传"的部分大都先后完成于春秋战国时期。"传"的内容一共有七种十篇，即《彖》上篇和下篇，《象》上篇和下篇，《文言》《系辞》上篇和下篇及《说卦》《杂卦》《序卦》。"彖"读"tuàn"。古人把这十篇"传"合在一起叫作"十翼"，就是说"传"是附属于"经"的羽翼，是用来解说"经"的内容、帮助"经"的传播的。

"十翼"的篇名通常有两种：一种如上所述；一种是在上述名后再加上个"传"字，如《彖》就叫作《彖传》，《象》就叫作《象传》。

关于七种十篇"传"的作者是谁，至今也没有定论。太史公司马迁在《史记·孔子世家》中说："孔子晚而喜《易》《序》《彖》《系》《象》《说卦》《文言》。"也就是说，司马迁认为上述七篇是孔子所作或所辑。但是，从《系》的内容看，多处言"子曰"，说明至少《系》不是孔子所作。后世关于"十翼"作者的争论颇多，从内容和用语分析，比较大的可能是《彖》《象》至多还可能包括《文言》乃出自孔子之手,其他几篇则大概出自孔子的弟子甚至再传弟子之手,就像《论语》一书。当然,也不排除是后世文人的假托之作。

"十翼"形成之后,逐步和《易经》的"经"的部分融为一体,从而形成了我们今天所看到的《易经》。所以,《汉书·艺文志》称《易经》的形成是"人更三圣,世历三古"。有人说"三圣"是指伏羲(或神农)、周文王和孔子,"三古"则指上古、中古和近古。其实,把"三圣三古"的"三"字理解为"多"可能更为贴切,毕竟在古文中"三"通常不是特指而是泛指。这"三圣三古"之说更从一个方面证明:《易经》的形成是一个漫长的过程,是此前整个中国历史文化哲学发展的必然,是中华民族集体智慧的结晶。

《易经》的"经"的部分是中国传统文化的根。它不仅是中国文化的本源,也是传统文化的中枢。但凡中国的哲学、文学、艺术、道德、伦理、宗教、法律、天文、地理乃至科技等,无不由此衍生并奉之为本;儒家、道家、阴阳家、法家、名家、墨家、纵横家、杂家、农家等诸子百家也莫不奉之为宗。

自"十翼"面世后,《易经》就好像长了翅膀,飞进了儒家大院,似为后世儒家所独占。

"四书五经"是儒家的代表作。"四书"是《大学》《中庸》《论语》《孟子》四部著作的总称。经书原来有六种,包括《诗经》《尚书》《仪礼》《乐经》《易经》《春秋》,叫作"六经"。后来到了秦朝,秦始皇焚书坑儒,一把火把《乐经》给烧没了,从此"六经"就变成了"五经"。东汉时经书系列里增加了《论语》和《孝经》,成为"七经"。到了唐朝,经书里又加上了《周礼》《礼记》《春秋公羊传》《春秋谷梁传》《尔雅》而成为"十二经"。宋朝的时候则在"十二经"的基础上增加了《孟子》,从而有了"十三经"之说,并且刻有《十三经注疏》传世。由于"十三经"是经、书、传、记混杂,因此儒家学者最终又从中筛选出《易经》《尚书》《诗经》《礼记》《春秋》确定为儒家五经。无论在"六经""前五经""七经""十二经"还是"十三经"以及"后五经"中,

《易经》都在其中，并最终被列为儒家群经之首。

事实上，"易"的思想古已有之，《易经》也成书于儒家诞生之前。儒家在春秋战国时期只是诸子百家之一家，即儒家思想在春秋战国时期只不过是当时各种哲学、政治思想的一个流派而已。当时的儒学充其量不过是一家之言，属于私学。

儒家成为一门显学是在孔老夫子百年之后。先是《论语》的问世。《论语》的书名，或许叫作《孔子及其弟子言行录》更为准确。作为儒家代表的孔子及其后人，为《易经》完成了"传"的部分，从而为《易经》染上了儒家的色彩。汉武帝实行"罢黜百家，独尊儒术"以后，儒家在诸子百家中脱颖而出，取得了在社会意识形态中的主流地位，逐步发展成为中国传统文化的主流，《易经》也就逐渐成为儒家群经之首并为后世儒者奉为至宝。

《易经》的"经"的部分诞生后的发展可以说大体沿着两大脉络进行：一是上面所讲到的儒家对于《易经》的应用与发展；二是以道家为代表的诸子百家中除儒家之外的各家对于《易经》的应用与发展。

东周时期（也就是春秋战国时期）堪称我国历史上思想文化发展殊为光辉灿烂的时期。有人甚至认为：其后中国两千多年的发展，无论是在文化上还是在思想上都不曾超越那个时代的辉煌。尤其是那时在思想、文化领域产生的诸子百家学说对中华民族几千年的文化发展有着深远的影响，为千秋万代留下了宝贵的财富，甚至可以说为整个人类思想文化的发展作出了巨大的贡献。

"诸子"是指先秦至汉初时期各个思想领域内的思想家及其著作，也可以认为是这一时期各种思想、文化、政治学派的总称，是春秋后产生的私学，主要代表人物有孔子、孟子、墨子、荀子、老子、庄子、列子、韩非子、商鞅、申不害、许行、告子、杨子、公孙龙、惠子、孙武、孙膑、张仪、苏秦、田骈、慎子、尹文、邹衍、吕不韦、管子、鬼谷子等。

　　"百家"表明当时思想家较多。关于"百家"的归类,司马迁在《史记·太史公自序》中写他的父亲司马谈列举了六家:"乃论六家之要指曰《易大传》:'天下一致而百虑,同归而殊涂。'夫阴阳、儒、墨、名、法、道德,此务为治者也。"《汉书·艺文志》中的《七略》则分为十家,即儒、道、阴阳、法、名、墨、纵横、杂、农、小说,除去小说家不谈,称"九流十家"。

　　汉代以后,墨家和名家成为绝学,农家独立成一门技术性学科。后来儒家从诸子百家中脱颖而出,成为中国传统文化的主流,后世非儒家的思想也就渐渐地归到了道家的旗下。历经千年沿革,再加上后来从西方传来的佛教,中国思想文化的发展逐步形成了后世的以儒、道、释三家为主体的格局。

　　《易经》深刻地影响了后世道家的发展,道家也全面继承和发展了《易经》思想。千古名篇《老子》《庄子》无不闪烁着《易经》的影子。兵家言"阴在阳之内,不在阳之对。太阳,太阴",说阴道阳,诡秘神奇,处处可见"易"的精神。有人说"道""医""易"同源,读一读《黄帝内经》,你就不会不承认医家与"易"的渊源。阴阳家的理论、风水学的根本、古诗的意象、中国画的意境无一不诠释着后世对于《易经》的继承和发展。

◎ 第三章

如何读懂《易经》

学"易"之难似乎是人所共知的。尝试着去读读《易经》的人不少,而真正地读下来、读得懂的人真的是少之又少。之所以如此,原因当然是多方面的。

一是《易经》成书至早,用词简约,确实难以让人能够轻易读懂。尤其是《易经》的"经"的部分,字字珠玑,句句金石,微言大义,古奥深邃,不得要领很难理解。即使是"传"的部分,也是多用语古奥、所涉广博,让人难以把握。

二是《易经》虽名之曰"易",但它内蕴的哲理至深至弘,确实让人难以轻易领悟。

三是关于《易经》的资料虽多,但系统的、适宜入门、深入浅出而又全面细致的资料少之又少。书店里当下摆上书架的关于《易经》的书通常不下几十种之多,但这些书不外乎这么几类:要么以注为主,注音注意解古文;要么侧重于疏,训诂考证、版本研究等;要么随意发挥,挂一漏万,从《易经》的思想里抽出几个概念大加渲染;要么故弄玄虚,神乎其神,不知所云……总的感觉是有些人为了研究而研究,学者讲易;有些人为了发挥而发挥,外行说法。

四就是个人原因了。学"易"知"易",既需要悟性,又需要有丰富的阅历,更需要有丰富的文史哲学识,还要有持之以恒的耐心。有的人误入歧途,有的人浅尝辄止,有的人遇难则退,不一而足。

但是,知道学"易"知"易"之难是个好事情,知道了学"易"知"易"之难的问题和症结所在更是个好事情。世上没有开不开的锁,天下没有解不开的结,大不了就像亚历山大大帝一样,挥剑一劈,万结俱开。

要想学习和研究好《易经》,以下几条值得参考:

第一,要有一定的文言文基础。无论是《易经》的"经"还是"传",包括后世的大部分相关著作,多是用文言文写成的。文言文基础不牢,就很难读得懂、学得透《易经》。即使你借助当代书籍读懂了大意,如果想理解得更深刻、更准确,也必须去读一些经典的作品。即使你文言文水平不错,也建议准备诸如《说文解字》《康熙字典》之类的工具书放在手边,需要的时候好查一查。

第二,要有一定的国学基础。《易经》是国学的根,只有顺藤摸瓜,才可以追本溯源。

第三,要有一定的知识面。《易经》涉及社会生活的方方面面,包括天文、地理、人文、艺术、心理、伦理、哲学、宗教等。发展到今天,"易"已经成为一门博大精深的学问,你只有广泛涉猎,才有可能更全面、更深刻地理解《易经》里的学问。很多时候,一道通则百道通;反过来讲,通百道才有可能精一道,学"易"更是如此。

第四,要有一定的阅历。人生的经历是最好的财富,能帮你更好地认识、理解世界。《易经》这部大书是最需要人生经历这部大书来帮助理解的。孔子五十岁才学《易》。五十岁以前,孔子还有些瞧不起《易经》,认为它仅仅是一本算卦的书而已。等他老人家有了丰富的阅历,才发现原来《易经》是座丰富的宝藏,才感慨道:"加我数年,五十以学《易》,可以无大过矣!"(《论语·述而篇》)人生阅历不够深厚,是读不懂《易经》的,圣人都这样,又何况你我呢！

第五，注意学习的方法和途径。建议多选几本不同时期、不同风格、不同侧重点的相关书籍读，然后从中选出几本能够系统地反映《易经》全貌的书重点钻研。读书也有学问。有些书读一遍即可，知其大概就行。有些书则至少要读三遍：第一遍可称为"泛读"，快速地知其概要与全貌，重在把握要领；第二遍一定要"精读"，把所有问题、概念的来龙去脉弄清楚，重在把握实质与精髓；第三遍可称为"通读"，把内容通一通、顺一顺，再巩固一下知识点，进而形成一些自己的感悟与思考。在读书时不妨随手把自己的心得注上去，把自己的疑惑写出来，把重点内容画一画，想批一批就批一批，这样学习的效果肯定会好些。古人说"读书破万卷"，书读不破就不叫读。

第六，要有决心、信心和恒心。没有充分的思想准备，就不要轻易动研究《易经》的心思。但是，如果动了这份心思，就必须有信心和恒心。要相信自己，相信自己只要想研究就一定能成功。同时，要有坚强的恒心，学"易"是很难入门的，学"易"之初困难重重，所以不可以浅尝辄止。如果下了研读《易经》的决心，就无论多难都要走下去。第一本书即使你感觉看不懂，也要坚持从头到尾一字不落全读完。读完了还没感觉，就对照以上几条找找问题所在，然后有重点地补补课，多看点文史哲类的书。很多时候就是触类旁通，各类书读多了，哪天再回过头来读《易》，说不定就真的容易了。

第七，一定要读原著。无论你读了多少本这样、那样的书，要想真正领悟到《易经》的真谛，就必须熟读《易经》原著，最好能够背诵下来、默写下来。研究其他专业也应该这样。不要以为原著有多么难懂，其实我们现在的很多语言直接来源于原著。比如我国现存最早的书《尚书》，也就是《书经》，很多人听说过但没读过，多数人认为这本书肯定很难懂，因而根本没想去碰它。但是,现在大家熟悉的"玩物丧志"就出自《尚书》,这句话前面还有一句话是"玩人丧德",合起来是"玩人丧德,玩物丧志"。其实古典著作里面,这类现在还有生命力的语句比比皆是。为什么最好能够背诵、默写下来呢?俗话说:"种瓜得瓜,种豆得豆。"种啥得啥。其实还要说,无论种什么,种在哪儿才能长在哪儿。在心里种下什么种子,才能在心里长出什么思想。熟读与记忆就是这么个道理。

把握好上述几条,则知"易"不难矣!

◎ 第四章

万物本源于一气

　　"易"当属于哲学的范畴。哲学是一门思辨的学问。哲学所研究的是一切事物及现象的本质。它的主要任务是透过现象看本质,最终寻找出人们对于事物和现象的根本看法和观点。哲学的命题主要有世界观、人生观以及价值观等几个方面。哲学的思想给我们提供世界观和方法论。所谓"世界观",以前也叫"宇宙观",其实就是人们对世界或者宇宙的看法和观点。

　　研究以《易经》为代表的中国传统文化,有必要对中国古典的传统的朴素唯物主义哲学的一些基本知识和概念有所了解,比如气、太极、阴阳、五行、八卦等等。

　　从传统的唯物主义出发,中国古典哲学认为:世界是由"气"构成的,天地万物皆本乎一"气","气"是构成天地万物的本始物质。这就是中国古典哲学有名的"气一元论",也叫作"元气论"或者"元气学说"。气一元论就是中国古代哲学的世界观。

　　气一元论认为:气是构成宇宙的最基本元素,是世界的本质与本源。在人类所能够认识到的甚至还没有认识到的这个宇宙内,无论是天还是地,无论是有形的还是无形的,无论是看得见、摸得着的还是看不见、摸不着的,无论是有生命的还是没有生命的,都是由气构成的。

　　在这一理论下,人类所及乃至所不及的整个苍宇中的任何东西都是由气这种至精至微的物质实体所构成。气能聚能散,聚而成形,散而成气。红橙黄绿青蓝紫,日月星辰天地人,山水草木牛马鸡,风火雷电霜雨雪,世间万物都是气的各种不同的存在和表现形式。这样,宇宙和世间万物在本质与本源这个层次上就实现了物质性的高度统一。

气的表现形态,按照先哲的说法,叫作"至大无外,至小无内",大就大到无限大,大到宇宙之极,无边无沿,可容万物;小就小到无限小,内不容物,不可再分,至小之极。气大就大它个大而无形,小就小它个小而无象。

气又是运动的。气所构成的世间万物无时不处在运动变化之中。运动是绝对的,静止是相对的。这已经成为人类的共识。气的运动构成了、推动了万事万物的运动与变化。

气不仅表现为物质性,还表现为功能性。它能够升、降和出、入,能够聚、散和离、合,可以为空,也可以为物,是功能和物质的统一。

气是万物间的中介。气贯通于天地万物之中,具有渗透性和感应性。未聚之气稀微而无形体,可以和一切有形、无形之气相互作用和相互转化,能够衍生和接纳有形之物,从而成为天地万物之间的中介,把天地万物联系成为一个有机整体。

以上就是气一元论的大体内容。"气"是中国古代哲学中一个重要的概念。中国古代哲学的宇宙观和物质观,无论是后面要谈到的"阴阳二元论"还是"五行多元论",都最终来源于和统一于气一元论,从而成为对中国传统文化具有深刻影响的哲学思想,成为古人认识世界的自然观。

真的很佩服我国古代圣贤们的哲思。一个"气"字便高度概括了世界的本质与本源,说明了世界的统一性与物质性。仰望茫茫天空、星辰日月,俯视苍苍大地、人兽山泽,如此完美与和谐地轮回,没有一种本质的统一的根本的东西承载着最基本的作用怎么能够实现得了呢?

　　"气"的概念看似简单,其实除了能够用来解释世界的本源和万物的统一,还蕴含着极其丰富的哲学思想。其中最为典型的当是大小相对论。气大而无外,小而无内。老子说:"故有无相生,难易相成,长短相形,高下相倾,音声相和,前后相随。"这里所说的"有无相生"和"长短相形",无不在气一元论中得以彰显和证明。

　　每当晴空万里的日子,朗朗天地之间,一无杂尘。可是,真的一无所有吗?古人早就知道,这里面至少有空气。空气空气,有空有气,空而不空,空中有气。现代科学告诉我们,空气是由多种气体成分组成的,氢气、氧气、氮气、二氧化碳、二氧化氮、二氧化硫、水蒸气等等,东西多得很,可我们为什么看不见、摸不着它们呢?温度低到一定程度,压力大到一定程度,就可以将它们液化甚至固化。那么,它们在空气中时,一个个的分子游离飘移,分子与分子之间所充斥着的又是什么呢?如果是真空,它们就会快速地聚合,但如果不是真空的话又是什么?

　　如果说上面说的是"无"的话,那我们再来看看"有"。所谓"有",当然是相对于看不见的"无"而言的,也就是我们看得见的东西。抽水浇地,地不见高,我们说那是因为地里有缝隙。我们说"天下没有不透风的墙",那是因为墙上有空隙。可以说,天下没有绝对至密的东西不可以让其他东西进入。老子说"无有入于无间",也就是说,没有间隙的地方,"无有"还是可以进入的。如果不相信,那么我们可以设想一下:蚂蚁的身体高约一点五毫米,成年人平均身高应是蚂蚁的一千倍以上。人类有自己的军队,蚂蚁也有自己的"军队"。我们如果不仔细观察,可以说几乎感觉不到蚂蚁"军队"的存在。那么,仅仅有人类身高万分之一的生命呢?仅仅有蚂蚁身高万分之一的生命呢?如果把这比例尺扩大到百万的级别,结果会怎样?不要以为不可以分下去,一粒沙子就是一个世界,一个气泡就是一个宇宙。

　　如此想来,世界也蛮恐怖的。有没有比我们大一千倍的生命在一个我们看不见的世界就像我们注视蚂蚁一样注视着我们？有没有比我们大一千万万倍的生命在一个我们看不见甚至无法感知的世界根本无视我们的存在？声音有我们人耳所不能够听到的，我们称之为"超声波"和"次声波"；光也有我们肉眼所不能够看到的，比如红外线和紫外线。再往深处思考：什么是生命？生命就仅仅是人类所定义的形式吗？我们所感知的宇宙会不会仅仅是一个更大世界的一个气泡而已？

任何东西，剖析开来都会令人深思。通过上面的分析，我们不禁会问：我们到底是谁？我们来自哪里，又要走向何方？我们来这里干什么？其实这就是哲学关于人生的命题。

人类在孜孜以求地寻找着人生的答案，也不知道这答案是"有"还是"无"。其实或许就无所谓有还是无。无就是有，有就是无。正如佛家所言，空即是色，色即是空。如果我们知道了我们来这里干"什么"，我们还会继续地问下去：我们为什么要来这里干"什么"？问题会层出不穷，一个问题的答案就是下一个问题的题目。

人生的问题我们暂且不去管它。整个问题的分析过程让我们明白：有与无、长与短无非都是气一元论关于气"大而无外，小而无内"概念的具象。现实中更值得我们重视的是：这一世界观可以帮助、指导我们找到解决具体问题的方法论。比如：当今风靡世界的纳米技术，一纳米有多长？答案是十亿分之一米。在这个层次上，材料科学得到了飞跃式发展。纳米还能不能再分割？气一元论告诉我们：纳米当然可以再分割，一纳米分割成十亿份也是完全有可能的。

从"气"的哲学概念出发，我们谈到了上天入地与思辨人生，目的就在于抛砖引玉，引申之，发挥之，启迪思维。引申之则深，发挥之则广，思想无缰也无疆。要学习和研究《易经》，就必须学而博、辩而思。

◎ 第五章

一而二、二而一的阴阳

在气一元论的基础上,中国古代哲学进一步发展出了阴阳二元论思想,又称"阴阳学说",两者一脉相承。

无论是"气"的概念还是"阴阳"的概念,先人的发现首先在于生活中的直接感知,然后才逐步形成后来的哲学上的抽象的概念。也就是说,"气"和"阴阳"本来是现实世界的一些具体的事物和概念。

古人认识气,大概应该是从空气、水气、云气、雾气、地气、呼吸之气、冷气、热气等中所感知的,如《黄帝内经·素问·阴阳应象大论》中说到"清阳为天,浊阴为地;地气上为云,天气下为雨;雨出地气,云出天气"等。人们就是从这些不同的气中感悟出气的共性、气的本质、气的本质的统一性等等,进而得出万事万物皆本源于气的认知。

古人对于阴阳的认识也大体遵循了这么一个路子。"阴阳"的含义起初是很朴素的,如表示阳光的向背,向日者为阳,背日者为阴;后来引申为气候的冷暖、方位的上下、事物的内外或动静等。人们从中体会到自然界中的一切事物与现象都存在着相互对立、相互依存而又相互作用的两个方面,进而抽象出了"阴阳"的概念。

有了"阴阳"的概念,也就有了人们对于事物的简单分类,其实这就是事物的"两分法"、看问题"要一分为二"这些思想和观念的来源。

气一元论已经将宇宙万物统一于一气,那么"阴阳"和"气"又是什么关系呢？一会儿一元,一会儿二元,这不矛盾吗？其实不然。气是构成宇宙万物的本源,这是本质。气分阴、阳,天地万物"本是一气,分而言之则曰'阴''阳'","一气分阴、阳,阴、阳统一于一气"。这样我们就可以得出一个结论:"阴""阳"是"气"的两种不同的属性。

万物统一于一气,而气有阴、阳两种属性,那么由气所构成的万物自然而然也就具有阴、阳两种不同的属性。因此说,万物皆分阴、阳,阴、阳也是世间万物的两种不同属性,即老子所说"万物负阴而抱阳,冲气以为和"。

对于阴和阳的划分,通常是既可以表示相互对立的事物,又可用来分析一个事物内部所存在着的相互对立的两个方面。一般来说,凡是积极的、运动的、外向的、向上的、热的、亮的等都属于阳,相对消极的、静止的、内守的、下降的、寒冷的、晦暗的等都属于阴。以天地而言,天气轻清为阳,地气重浊为阴;以水火而言,水性寒而润下属阴,火性热而炎上属阳。

我们可以举以下几组例子看一看:

◎按事物的性质分:

阴:被动的、消极的、静的、冷的、暗的、短小的、平和的、有形的……

阳:主动的、积极的、动的、热的、亮的、高大的、刺激的、无形的……

◎按自然界分:

阴:地、水、母性、月亮、北、夜、秋、冬……

阳:天、火、公性、太阳、南、昼、春、夏……

◎按社会分:

阴:臣、子、妻、民、女、物质……

阳:君、父、夫、官、男、精神……

◎按人体分:

阴:形、下部、内部、五脏、血、手三阴经……

阳:神、上部、外部、六腑、气、手三阳经……

阴和阳是相对的。阴是相对于阳而言的,阳也是相对于阴而言的。比如：人体的胆、胃、大肠、小肠、三焦和膀胱六腑与人体的肝、心、脾、肺、肾五脏相比，五脏藏而不泻以像地则属"阴"，六腑泻而不藏以像天则属"阳"；如果和人体的体表相比，六腑则又因为在体内而属"阴"。五十度的水和五度的水相比属"阳"，但和九十度的水相比就要属"阴"了。

阴和阳又是一对不可分割的矛盾统一体。任何一类事物，人们都可以从中分出阴、阳来，但阴和阳两者不能彼此割裂开来而独立存在。没有阴就没有阳，没有阳就没有阴。比如一个男人，说他"阳"，就必须有一个和他相比较的女人为"阴"；如果没有一个相对应的女人，就不能说他属"阳"。如果把这个男人作为他父亲的儿子，和他父亲相比较，则这时他就有了"阴"的属性。如果把这个男人的父亲作为臣民和他的帝王放在一起，那么这位父亲就成了"阴"。如果单单凭这么一个人或者任何一件事物，就不能判断是其"阴"还是"阳"。阴和阳必定是相对的一对儿而一起出现，所以通常"阴阳"并称。

不仅如此，阴、阳之内又分阴、阳，也就是阴、阳两者中的阴和阳的内部仍然存在着阴、阳，而且新分出的阴、阳之内仍然可以继续分下去。比如：五脏相对于六腑而言，属"阴"，但五脏又分阴、阳，位置相对高的肺和心两脏就属"阳"，位置相对较低的脾、肝、肾三脏则属阴。阳脏如心，又分阴、阳，心气与心血相比就属阳，心血对应心气则属阴。阴脏如肾，也可分肾阴、肾阳。阴阳之内的可再分性就像磁铁的两极，磁铁怎么分，总会有两个不同的磁极，可以一直分下去。

总之，阴、阳是矛盾的一体两面，两者既相互对立又密不可分。用古人的话说，叫作两者"互根互用"，就是互为对方存在的根本和依据。没有了对方，那么自己也就不存在了；同时，正是因为有了对方，也才能显示出自己的属性和自身存在的价值。

阴、阳既可以相互影响，又可以相互转化。阴、阳的相互影响和相互作用是气运动变化的根本原因，阴、阳的对立统一是气运动变化的根源和宇宙运动的总规律。万物生化不息,阴、阳运动不止,世界永远处于阴、阳相互影响和相互转化的动态平衡之中。阴、阳的相互影响比较容易理解,而相互转化则常常难以把握,比较容易理解的例子应该是中医里讲的热极生寒、寒极生热。

通常情况下,阳主动,阴主静。在阴、阳这对矛盾的对立统一体中,往往阳处于主动地位而阴处于被动地位,讲究所谓"阳动阴随"和"阳主阴从",阳是矛盾的主要方面。在阴、阳两者的对立统一关系中,阳主阴从的观念在《易经》中表现得十分突出。

阴阳学说对于后世的影响是巨大的,甚至比气一元论影响大得多。两者相比,气可能更加抽象,而阴阳毕竟要比气更明确一些、更容易理解和把握些。气着重于本质的统一,阴阳则侧重在辩证。阴阳往往是事物的一体两面,阴阳的思想是朴素的唯物辩证法思想。

除了对哲学文化的影响,阴阳学说还对整个东方文化圈的社会、文化、艺术、生活等方面产生了深刻影响。比如所谓的风水学中的阴宅和阳宅、相面术以及中医的辩证论治等,无不基于阴阳学说的理论;就连对人对事的评价,很多时候也难免有着阴阳学说的烙印。所谓的风水、相面与中医因太过深奥,难以一语说透。我们举一些日常生活中的词语,就足以证明阴阳学说对于当今社会人类生产生活影响之深。比如:当我们说"阳光政府""阳光政策"时,我们会对事情有一个什么样的价值评判?当我们说到"阳光男孩儿"时,人们会有一个什么样的认识?"阴谋"为什么要和"诡计"用在一起?"阴险毒辣"意味着什么?如此这般,不一而足,我们还能够找得出一个又一个的词语来证明这一点。

万物含阴阳,阴阳化万物。"阴阳"的概念无所不包。阴阳的对立统一促进了万物的运动与变化,影响深远。所以,《黄帝内经·素问》说:"阴阳者,天地之道也,万物之纲纪,变化之父母,生杀之本始。"

◎ 第六章

太极与两仪

《系辞传》中有"易有太极，是生两仪，两仪生四象，四象生八卦"这样一个说法，那么我们就来说说太极、两仪。

先说太极。我们可以先从对"太"和"极"两个字的认识与理解入手来把握太极的意趣。

文化的发展是讲究源流与传承的。文字的演变也当如此。今天的文字的意义自然与古文字有着必然的渊源。从今天的文字的意义入手，必然会对理解古文有所帮助。

在现代汉语中，用到"太"字的词组，如"太过分""太勉强"等等，其中"太"字大都有"极""过于"的意思，又如"太大""太小"等。所以，我们可以这样理解："太极"的"太"就是"太大""太小"的"太"。

在现代汉语中，"极"字常常和哪些字在一起呢？用到"极"字的又常常是哪些词呢？"极端""极其""极大""极小""电极""南极""北极"等，"极"字通常有"太""端""头"之意。《说文解字》上讲"极，驴上负也"，也就是驴背上驮的人字形的木制夹板。其实，所谓"驴上负也"，描述的就是一种"形"与"象"，说的就是一个东西的"尖"和"端"部。

由此不难看出，在"太极"一词中，"太"是一个形容词的角色，而"极"应该是一个名词的角色。《老子》讲："天下万物生于有，有生于无。"太极其实就是刚刚从无中生出来的那一点点有。《老子》又讲："道生一。"太极其实就是从无中由道生出来的那个"一"。所以,我们可以认为:"太极"一词说的就是事物的本一。这个本一,可以大而无象,也可以小而无形;既可以是"大一",又可以是"小一"。无论大与小,其本质就是那个本源的"一"。

太极直观的形象就是太极图:

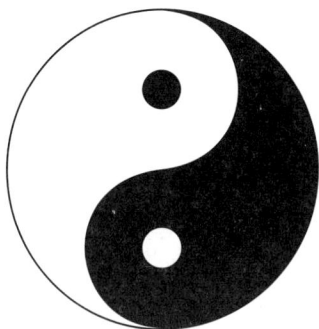

图6-1　太 极 图

太极图整体就是太极的本一,图中的黑、白两种颜色代表着阴阳两方、天地两部。其中,黑白两方的界限就是划分天地阴阳界的人部。白中的黑点表示阳中有阴,黑中的白点表示阴中有阳。

"易有太极,是生两仪。""仪"字,《四角号码新词典》解为"容貌态度",如"威仪"之"仪";《说文解字》解为"度也"。从中可以看出,这个"仪"字其实就是说这么个"样子"或者"式样"。

"易有太极,是生两仪"讲的就是有这样一个叫作"太极"的东西或者事物,它可以生成、生出或者说可以划分成或者包含两种东西、两种不同"式样"的"样子"。

这不由得让人想起"气"和"阴阳"的概念来。

万物本于一气,一气而分阴、阳。"易有太极,是生两仪。"那么"气"与

"阴阳"、"太极"与"两仪"这两组概念之间是不是会有某种内在联系呢？
如果有联系,那么会是什么样的联系呢？

气是万物乃至宇宙的本源,万物本源于一气,气至大无外,至小无内;
太极是万物的本一,可以是至大的大一,也可以是至小的小一。说来说去
让人觉得似乎气与太极说的就是一样东西。事实就是如此。气与太极其
实说的就是同一样东西、同一样事物。

可以这么说:气讲的是宇宙及其间万物的质,太极讲的是宇宙及其间
万物的体;气是万物的本质,太极是万物的形态;气是万物的实质,太极是
万物的表象。万物生于气而始于太极,万物成于气之质而始于太极之形。
气和太极是同一事物不同方面的定义和描述,气说的是事物的本源与本
质,太极讲的是事物的表现与形式。打个比方说,我们指着一架木床,有人
说"这是木头",有人说"这是床",两者都没有错,只不过是从不同的层面、
不同的角度给出的名称。

阴阳和两仪的关系也是这样。一气分阴阳,太极生两仪,讲的都是一
可以分为二。太极生两仪,说的是一件事物可以分成两个部分,或者一件
事物从不同的角度看会有两个不同的样子,一个象可以分成两个不同的
象。一气分阴阳,说的是一件事物内部会分成性质不同的两个方面,是事
物内部两个方面的性质和属性。两仪和阴阳,一个讲的是事物的形态和形
象,一个讲的是事物的性质和属性;一个从形,一个从性。当然它们之间也
有着必然的联系。太极分两仪,这分出的两仪的属性必然会一个是"阴",一
个是"阳";一气分阴阳,这分出的阴阳也必然分别就是太极分出来的两仪。

再往下剖析的话,"两仪生四象",其实也就是阴阳之内又分阴阳的继
续。"两仪"之中的每一个"仪"都可以是一个新的"太极",自然可以再分
为"两仪",新分出的"两仪"又必然分别有着或"阴"或"阳"的不同属性,"两
仪"各生"两仪"从而成为"四象","四象"之中必然有两对"阴阳"。

　　这样看来，"气"与"阴阳"、"太极"与"两仪"就是分别从不同的角度与方向发展起来的一系列在不同层次上的概念。"气"与"阴阳"着眼于性与质，"太极"与"两仪"则落脚在形与象。这两个不同体系的概念分别从不同的角度与方向定义了事物不同层次上的"意"与"象"。

　　这两组概念，除了上述对于事物的描述的统一与联系，还有一个共同点，就是都从不同的侧面告诉了我们一而二、二而一的辩证思想。所谓"一而二、二而一"，就是一分为二的观念与合二为一的观念的辩证统一。万事万物都是一分为二的，而又万变不离其宗。准确地认识和把握这一思想，对于深刻理解和领会《易经》的实质至关重要。

◎ 第七章

五行学说

"五行"的概念最早见于《尚书》中的《周书·洪范》。

《洪范》有九畴，"初一曰五行"，第一畴讲的就是五行："一曰水，二曰火，三曰木，四曰金，五曰土。水曰润下，火曰炎上，木曰曲直，金曰从革，土爰稼穑。润下作咸，炎上作苦，曲直作酸，从革作辛，稼穑作甘。"这一哲学理论体系其实也和气、阴阳的形成差不多，都是首先来源于实践与生活，进而提炼出系统的抽象的概念与思想。

五行最初是指先人们所认识到的构成世界的五种基本物质，即金、木、水、火、土。人们认识世界有一个漫长的过程。现在我们大都知道化学元素周期表、元素周期律，知道世界上有上百种不同的构成物质的元素。但是，古人对于世界的认识主要是来自直觉、直观和直感，来自对身边事物的感知。想来必定是当初金、木、水、火、土五种物质是对于人类生存与生活影响最为重要、最为直接的东西。

随着人们认知世界的能力不断提高，人们逐渐发现：世界是丰富多彩的，这五种物质的相互运动和相互作用导致了事物的多样性。纷繁复杂的世界又是有一定规律可循的，万事万物可以以不同的属性而划分为不同的类别。金、木、水、火、土五种物质各自有着显明的差异性属性，而世间万物似乎都分别有着与这五种物质相对应的属性，因此可以按照这五种不同的属性对所有事物进行分类。至此,"五行"已经不仅是指金、木、水、火、土五种物质,而且成为以这五种物质及其属性为基础对世界进行分类的标准。

以五行为标准对世界进行分类的五分法的诞生既有必然性,又有偶然性。它和气一元论、阴阳二元论一脉相承,是古代朴素唯物主义辩证法发展的必然结果。阴阳源自水、火,五行多了金、木、土,这是对世界认识的进步与发展。但是,为什么没有发展成为四行、六行、七行等等,又有着一定的偶然性。古印度认为世界是由地、火、风、水四种元素组成的,即"四大"说,这与我国的五行之说实在是异曲同工。四行还是五行甚至是其他多少行,或者就是偶然了。

根据五行学说,宇宙间万物是由金、木、水、火、土五种基本物质及其相互作用而生成的物质所构成。金、木、水、火、土五种物质分别有着不同的性质或者说属性。万事万物也有着与金、木、水、火、土相对应的五种不同的性质或者属性。万事万物间既存在着明确的差异性,又有着其内在的必然联系。将万事万物按五行进行分类,就充分体现了这种差异与联系。万物分属于五行,五行之间存在着相生、相克、相乘、相侮等错综复杂而又并然有序的关系。万物按照所分属的五行之间的生克制化关系发生着必然的联系并相互作用,世界就是在五行也就是五种不同性质与属性的物质相互作用、相互影响的过程中维持着协调平衡与变化发展。这就是五行学说的大体含义。

先说说五行的基本特性。

五行的基本特性一般是以《尚书·洪范》所述为根本,即"水曰润下,火曰炎上,木曰曲直,金曰从革,土爱稼穑"。

"水曰润下"讲的是水的特性。"润下",取象于水具有滋润和向下的特征。通常引申为具有寒凉、滋润、向下运行的事物都归属于水类水行。

"火曰炎上"讲的是火的特性。"炎上",取象于火具有温热、上升的特征。通常引申为具有温热、升腾作用的事物都归属于火类火行。

"木曰曲直"讲的是木的特性。"曲直",取象于树木的生长形态,树木枝干有曲有直、可曲可直,向上向外舒展。通常引申为具有生长、升发、条达、舒畅等作用或性质的事物都归属于木类木行。

"金曰从革"讲的是金的特性。"从革"是指"变革"的意思。通常引申为具有清洁、肃降、收敛等作用的事物都归属于金类金行。

"土爰稼穑"讲的是土的特性。"稼穑",取象于土有种植和收获的功用。通常引申为具有生化、承载、受纳作用的事物都归属于土类土行。古时还有"土载四行"和"土为万物之母"之说。

按照上述五行的基本特性,我们可以将所有事物进行相应的分类。

事物的五行属性通常是将事物的性质、特征与五行的特性相类比而得出的。事物与金的"从革"的特性相类似,则归属于金;事物与木的"曲直"的特性相类似,则归属于木;事物与水的"润下"的特性相类似,则归属于水;事物与火的"炎上"的特性相类似,则归属于火;事物与土的"稼穑"的特性相类似,则归属于土。

例如:中医以五脏配属五行,就类比出由于肝主升清而归属于木行、心主温煦而归属于火行、脾主运化而归属于土行、肺主肃降而归属于金行、肾主寒藏而归属于水行。

又如:以方位配属五行,由于太阳从东方升起,与木的升发特性相类,所以就将东方归属于木;南方炎热,与火的炎上特性相类,所以就将南方归属于火;中央运化四方,与土的生化、承载特性相类,所以将中央归属于土;太阳落于西方,与金的肃降特性相类,所以就将西方归属于金;北方寒冷,与水的特性相类,所以就将北方归属于水。

另有一种按照五行将事物进行分类的方法,叫作"推演法"。推演法就是将从属于某已知五行的事物的东西直接归类于其所从属的事物的五行之中。比如：在中医理论中，我们已经知道肝属木，而肝开窍于目，也就是开窍于眼睛，那么目就也应该属木；心属火，心开窍于舌，那么舌也就属火了。

要了解气、阴阳和五行的知识，最好学点中医基础知识。"气""阴阳""五行"这些经典的概念被中医系统地传承了下来。

在中医的相关书籍里，通常用下表来罗列自然和人体的相关物质、现象及器官与五行的对应关系：

表 7–1　自然界与人体五行分类表

自然界						五行	人体					
五味	五色	五化	五气	五方	五季		五脏	六腑	五官	形体	情志	五声
酸	青	生	风	东	春	木	肝	胆	目	筋	怒	呼
苦	赤	长	热	南	夏	火	心	小肠	舌	脉	喜	笑
甘	黄	化	湿	中	长夏	土	脾	胃	口	肉	思	歌
辛	白	收	燥	西	秋	金	肺	大肠	鼻	皮毛	悲	哭
咸	黑	藏	寒	北	冬	水	肾	膀胱	耳	骨	恐	呻

还有一种更好的方式，即可以将常用到的各类事物与概念同五行对应起来，列表如下：

表 7–2　各类事物、概念与五行关系对应表

五　行	木	火	土	金	水
五　方	东	南	中	西	北
五　味	酸	苦	甘	辛	咸
五　色	青	赤	黄	白	黑
五　畜	鸡	羊	牛	马	猪
五　谷	麦	黍	稷	稻	豆

续表

五　音	角	徵	宫	商	羽
五　声	呼	笑	歌	哭	呻
五　化	生	长	化	收	藏
五　虫	毛	羽	裸	介	鳞
五　数	八	七	五	九	六
五　藏	肝	心	脾	肺	肾
五藏开窍	目	舌	口	鼻	耳
五脏所主	筋	血脉	肌肉	皮毛	骨髓
五　气	风	热	湿	燥	寒
药物五气	温	热	平	凉	寒
五　志	怒	喜	思	悲	恐
五　臭	臊	焦	香	腥	腐
五　星	岁星	荧惑	镇星	太白	辰星
天　干	甲乙	丙丁	戊己	庚辛	壬癸
地　支	寅、卯、辰	巳、午、未	辰、戌、丑、未	申、酉、戌	亥、子、丑

　　和表 7-2 相比,表 7-1 中的内容相对简单,表现形式又受一定的局限,对应关系也不够直观,主要是中医经常用到的一些概念组合。

　　和表 7-1 相比,表 7-2 表现形式比较灵活,对应关系直观,内容更加丰富,易于扩展,最大的优点就是易于诵读记忆、对应联想。

　　我们可以在心中默记前面的"分类标签",也就是"五行""五方""五音""五味"等等,然后其后面的内容就大都剩下五个字,把后面的内容放在一起,就成了一首五言诗:

　　　　　　　木火土金水,

　　　　　　　东南中西北,

酸苦甘辛咸，

青赤黄白黑，

鸡羊牛马猪，

麦黍稷稻豆，

角徵宫商羽，

八七五九六，

呼笑歌哭呻，

毛羽裸介鳞。

如果加上前面的所谓"分类标签"，就成了一首七言诗：

五行木火土金水，

五方东南中西北，

五味酸苦甘辛咸，

五色青赤黄白黑，

五畜鸡羊牛马猪，

五豆麦黍稷稻豆，

五音角徵宫商羽，

五数八七五九六，

五声呼笑歌哭呻，

五虫毛羽裸介鳞。

大家可以从现在开始，就按照上面的木、火、土、金、水的顺序来记忆。这个顺序除了好记，还有一个非常特别的地方，即都是按照五行相生的顺序，同时也和五个方位的顺序对应了起来。这样记忆起来就容易多了。

下面说说五行之间的关系。

五行之间的关系,简单地说就是"生克乘侮",全面地讲就是它们之间按照一定的规律彼此相生、相克、相乘、相侮。

相生,就是指一事物对另一事物具有促进、助长和资生的作用;相克,就是指一事物对另一事物的生长和功能具有抑制和制约的作用。五行之间的相生或相克,就是五行之间的相互促进、助长和资生的作用或者相互抑制和制约的作用而形成的关系。

五行之间的相生的关系是按木、火、土、金、水的次序进行的,也就是木生火、火生土、土生金、金生水、水生木。

五行之间的相克的关系是按木、土、水、火、金的次序进行的,也就是木克土、土克水、水克火、火克金、金克木。

五行相生相克的关系图如下所示:

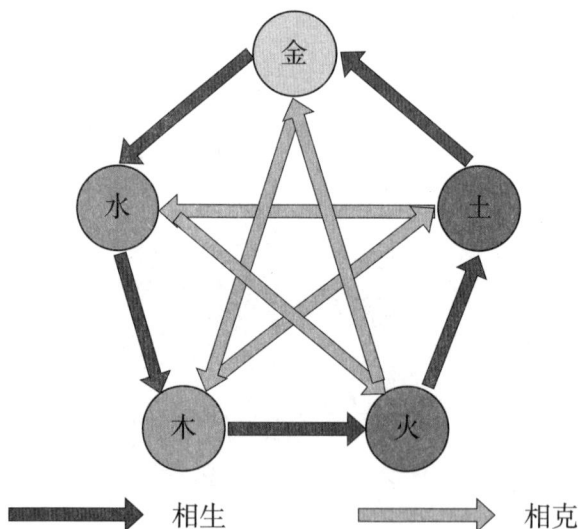

图7-1　五行生克关系图

一定要记牢相生的顺序,在此基础上相克的顺序就比较好记了。相克的顺序就是按照相生的顺序依次跨过一行。

相生与相克,对于五行中的任何一行来讲,实际上都存在着"我生""生我"和"我克""克我"四个方面的联系。

"生我"和"我生"常常被比喻为"母"和"子"的关系,"生我"者为"母","我生"者为"子",所以五行中的相生关系又可称作"母子"关系。以木为例:因为水生木,所以对于木来讲水为"生我"者;因为木生火,所以火为木的"我生"者。这样水为木之"母",火为木之"子"。也就是水和木是"母子",木和火是"母子"。

"克我"和"我克"过去又常常称作"所不胜"和"所胜"。也就是说"克我"的是我"所不胜"的,"我克"的就是我"所胜"的。仍然以木为例:由于木克土,因此木的"我克"者就是土;由于金克木,因此木的"克我"者就是金。

五行之间的相生与相克的关系其实就是宇宙内万物之间相生相克的关系的抽象。相生与相克是促进万物发展变化并维持动态平衡的矛盾的不可分割的两个方面。没有生,就没有事物的发生和成长;没有克,就没有对于事物的发生和成长的制约;没有生、克,就不能促进事物的变化和发展。归属于各行的事物依次相生相克,如环无端,从而保证了万物生化不息以及事物间的动态平衡。

相乘与相侮,是指五行之间正常的生克关系遭遇破坏后所出现的不正常相克和反克现象。

乘,就是乘其弱而凌之,有以强凌弱的意思。五行中的相乘,是指五行中的某一行对被克的一行克制太过,从而引起一系列的过度克制反应。

当五行中的某一行本身过于强盛或者它所克的那一行过于虚弱时,就会造成被克的一行被克制太过,从而使被克的一行更加虚弱,进而就会引起五行之间的生克制化关系异常。比如:木过于强盛,就会造成克土太过,造成土的不足,这就是"木乘土"。即使木本身不过于强盛,其克制土的力量也仍在正常范围,但如果土本身存在不足,也会使木克土的力量相对增强,使土更加不足,这时就会出现被称为"土虚木乘"特征的"木乘土"。

侮,也称"反侮"。五行中的相侮,是指由于五行的某一行过于强盛或者克它的那一行过于虚弱,原来能够克这一行的那一行不能够正常克这一行,反而被它反克。这就是对原来"克我"的一行进行反克,这种反克就是反侮。比如:木本来应该受金所克,但是如果木特别强盛,就会出现木不仅不受金的克制,反而对金进行反克即反侮的情况,这就叫"木侮金"。另一方面,即使是木的力量正常,但当金的力量十分虚弱时,也会形成金不仅不能对木进行克制,反而受到木的反克或者反侮的情况,这时就会出现被称作"金虚木侮"特征的"木侮金"。

相乘和相侮都是不正常的相克现象,两者之间既有区别又有联系。相乘是按五行的相克次序发生过强的克制,从而形成五行间相克关系的异常。相侮是与五行相克次序发生相反方向克制的现象,从而形成五行间相克关系的异常。两者之间的联系在于相乘和相侮可能会同时发生。比如:木过强时,既可以乘土,又可以侮金;金虚时,既可以受到木的反侮,又可以受到火乘。

五行之间生克乘侮的关系既抽象,又具体。这些概念的形成是源自生活,得自哲思。比如:我们对于木生火、水生木、金克木、土克水等认为理所当然,而对于金生水、木克土之类则比较难以用常理理解。对于这一问题,最好的办法就是:先记住、掌握这些规律,再慢慢地去领悟和把握。

除了生克乘侮,五行之间的关系还有一个非常有意思、有意义的论断,叫作"五行互藏"。所谓"五行互藏",就是五行之中又有五行,五行的每一行里还包含一个五行,也就是木、火、土、金、水中又分别有木、火、土、金、水。

"五行互藏"之说不难让人联想起阴阳之内又分阴阳的说法。两者有着异曲同工之妙。阴阳之中又分阴阳,并且具有无限可再分性;五行之中又有五行,同样也有着无限可再分性。

阴阳也好,五行也罢,其实都是对事物的分类标准与方法。阴阳是两分法,五行就是五分法。阴阳是按事物的阴的性质与阳的性质将事物分成阴和阳两类;五行是把事物按照木性、火性、土性、金性和水性分成五类。从这个意义上可以说"行者,性也",五行就是五种不同的属性而已。

从阴阳到五行是古人对世界认知的一个大的进步。阴阳学说对于世界的划分还是相对简单的、原始的。五行已经带给人们一个纷繁复杂的世界,是个丰富的、完整的、闭环而又开放的体系。有人说,中国古典的五行学说是世界上最完美的系统论思想,其"五行互藏"的论断更是当今现代系统论欲企及而不得其要领的探索方向。

有种观点认为:《易经》的六十四卦说的是世界或者事物发生、发展的不同阶段,每一卦的六爻也可用以划分事物发展变化的不同阶段。五行除了可以对事物进行分类,还可以对事物发展、变化的过程进行划分。比如:五行将一年划分为春、夏、长夏、秋、冬五个阶段,将事物的发展变化划分为生、长、壮、老、已五个过程等,分别对应木、火、土、金、水等。五行不仅可以定义事物,还可以定义时空。《易经》讲"与时偕行",当你知道了你所处的时空所对应的五行,当你了解了你所关注的事物所处的状态所对应的五行,再想一想五行间的相生、相克、相乘、相侮,大概你也就知道自己应该如何去做才能趋利避害、走向成功了吧?届时,您即使不知"易"又如何。

理解了五行学说,对于更加深刻地学习"易"的学问将是大有裨益的。

◎ 第八章

《河图》《洛书》真相

《河图》和《洛书》都是我们的上古先人从天象观察中总结出来的宝贵成果,早在三代时期也就是夏商周时期就已经成为帝王的宝贵之物。这也说明,《河图》《洛书》都至少产生于夏代以前。《河图》和《洛书》都饱含着丰富的内容与哲理。

图 8-1 就是《河图》的结构:

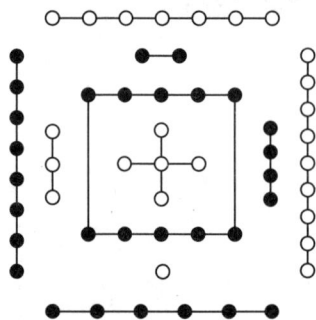

图 8-1 河　图

图中白圈都是奇数,代表阳和天;黑点都是偶数,代表阴和地。对于《河图》的结构,古人总结为"以天地合五方,以阴阳合五行"。有这么几句话说的就是《河图》的结构:

天一生水,地六成之;

地二生火,天七成之;

天三生木，地八成之；

地四生金，天九成之；

天五生土，地十成之。

对这几句话最好背下来。背下来了，《河图》也就记住了。这里要特别注意的是《河图》和我们今天看到的地图在方向上的区别。现代地图是上北下南、左西右东，主要是来源于西方的地图观，对应于将地图挂在北面的墙上观看。我国古代的地图则是取法"上南下北，左东右西"，对应于人坐北面南也就是面向南而坐，将地图铺在面前的平面上观看。

一般情况下将《洛书》和《河图》并称。《洛书》和《河图》一样，充满着层层神秘的色彩。传说过去有一个三岁的小孩子喜欢看别人下棋，天天去看，有一天看着看着脱口而出："这不就是《河图》《洛书》吗？"下棋的人请他一块玩儿，这小子答说需要三天之后才行，说完回到家中，把《河图》和《洛书》挂在墙上，闭门潜心研究，三天之后出来和别人对弈无往而不胜。这个故事的真假且不必说，但它至少可以告诉我们两点：一是说明《河图》《洛书》神秘莫测而又智慧无穷；二是参透、悟透《河图》《洛书》可以使人智慧大增。

《洛书》的结构如下：

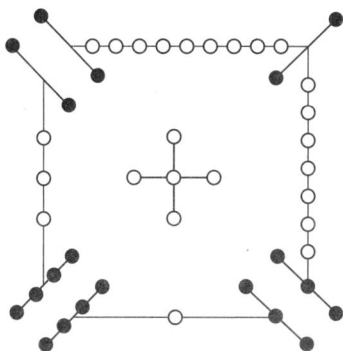

图8-2　洛　书

　　和《河图》一样,《洛书》中的白圈都是奇数,代表阳;黑点都是偶数,代表阴。不同的是《洛书》的阳数居于东、南、中、西、北五方,而阴数居于四隅。

　　《洛书》的结构可以用下面几句话说明:

戴九履一,

左三右七,

二四为肩,

六八为足,

以五中居。

　　记牢这几句话,也就记住了《洛书》。需要说明的是:前人这几句话原来是"戴九履一,左三右七,二四为肩,六八为足,以五居中"。为了朗朗上口、记忆方便,这里把"以五居中"改成"以五中居",因为"足"字在古文中读作"jù",即巨大的"巨"的音,这样5句话就顺口了。

　　《河图》所表现的是五星出没的时节。或者也可以说,《河图》是根据对五星出没的时节进行观察而绘成的。所谓"五星",古代的时候也称为"五纬",就是天上的五颗行星,对应着五行就分别是木曰"岁星"、火曰"荧惑"、土曰"镇星"、金曰"太白"、水曰"辰星"。这又涉及天象、天文与历法。五星一般按木、火、土、金、水的顺序相继出现于天空中的特定位置,每个星各运行七十二天,五星合起来就是一个周天三百六十度。所以说《河图》乃是本着五星出没的天象而绘制的。

　　《洛书》所表现的是太一下九宫。或者说,《洛书》是根据对太一下九宫天象的观察而来。所谓"太一",也写作"太乙",是古人对北极星的叫法。古人通过观察天象发现,北极星永远处在天空的最北方,可以作为中心和用于定位的参照物。所谓"下九宫",说的是从北极星的位置出发,根据北斗斗柄所指的方向,从整个天空中找出东、南、中、西、北、东南、西南、西北、东北九个方位上最为明亮的星作标志,以便于配合斗柄在一年四季的不同时期于夜间辨方定位。在上述九个方位上的星星被称作"九星",《洛书》上的方位和数目就对应着或者说来源于九星的方位和数目。

北极星怎么能够下九宫呢?或者说为什么说北极居中而下九宫呢?这是个很有趣儿的问题,答案弥漫着神秘的色彩,而说透了又没有什么神秘之处。我们知道,过去讲究帝王南面,即皇帝面向南而坐,还取其象称"帝王南面,向明而治",那么群臣就在南面面北奏事,因此北自然是上位。《河图》四象说的是东、西、南、北四方分别是左青龙、右白虎、前朱雀、后玄武。这里边我们最熟悉的应该是西方的星宿太白金星和北方的玄武大帝,四象中只有北方之象因位在尊位而被尊为帝。玄武大帝是何方神圣呢?其实就是北极星,又叫作"北极帝星"。北极帝星前面的北斗就是北极帝星的大驾之车。所以,前人明确指出:太一下九宫,体为北极,用在北斗,北斗绕着北极旋转,相当于北极帝星乘车临御环宇。根据北斗斗柄旋转所指的九宫方位,便能推知四时八节的气象变化,即根据北斗斗柄所指方向就可以确定不同的时序。

关于《河图》和《洛书》的来历,颇有些故事性和神秘色彩。

目前我国学术界公认的最早记载了《河图》《洛书》的书籍是被后世称为"书经"的《尚书》。其中《顾命》篇记载:周武王的儿子周成王病逝,西周史官在周成王之子周康王于洛邑文王太庙大室中举行的继位典礼上看到"越玉五重、陈宝、赤刀、大训、弘璧、琬琰在西序,大玉、夷玉、天球、河图在东序"。

研究学习《易经》者比较熟悉的是《易经·系辞》上传中关于《河图》《洛书》的记载:"河出图,洛出书,圣人则之。"

那么,《河图》和《洛书》究竟产生于什么时间、来自何方呢?

关于它们的来历,传说很多,有十几种不同说法,但归纳起来主要有以下几种:

第一种说法是伏羲说。相传在伏羲氏为王的时代,伏羲氏教导民众"结绳为网以渔",并圈养家畜,促进了生产力的发展,改善了人们的生存生活条件。他的功德感动了上苍,因此各种各样的祥瑞不断出现,并且天授神物。有一天,有一只龙背马身的神兽,高八尺五寸,长着一对翅膀,披着满身龙鳞,凌波踏水,如走平地,背负着图点从黄河进入洛河。人们称这只神兽为"龙马"。这就是后人常说的"龙马负图"的故事。伏羲氏看到后,就根据龙马背上背着的图点,画出了图样,就是后世的《河图》。后来有一天有一只神龟在洛水出现了,伏羲氏根据龟背上的图案画出了《洛书》。伏羲氏得到这种天赐的用符号表示的图和书,随后据此画成了八卦。这就是传说的伏羲氏"作八卦,以通神明之德,以类万物之情"的过程。为此,后人还在伏羲氏得到图点的地方修建了负图寺,以纪念伏羲氏开拓文明的功绩。

第二种说法是黄帝、仓颉说。传说在黄帝时期,黄帝体察民情,亲自劳动,受到人民的爱戴,同时也感动了天神,于是风调雨顺,五谷丰登,人民安居乐业。有一天,天神告诉黄帝说,洛水里会有龙背着图、龟背着书出现,你如果得到它们,就会把天下治理得更好。于是,黄帝便带领着各部落头领到河洛一带巡游。忽然有一天,大雾弥漫,隐约看见一条大鱼被困在了河滩上,黄帝非常同情这条大鱼的遭遇,但又想不出什么好的解决方法,便让人杀五牲、祭天帝,并亲自跪下向天帝求助。天帝大为感动,一连下了七天七夜的大雨,致使河水暴涨,从而解救了那条大鱼。大鱼顺水游走以后,就把《河图》《洛书》给黄帝留在了河岸。据说《河图》《洛书》上面还用象形文字记载着人类生产、生活所需要的各种知识,后来仓颉根据上面的象形字创造出了中国最早的文字。这就是传说中的"洛书鱼献"的故事。据说那黄帝得书的地点就在洛阳汉魏故城的南面,过去伊河和洛河汇流的地方。

第三种说法是尧帝说。唐尧为帝的时候,有一天带领众酋长东游于洛水,当太阳快下山时把玉璧沉到洛水里,忽然看到洛水上光芒四起,有一只灵龟时隐时现。于是,尧帝就在洛水边修了一个祭坛,选择了一个吉日良辰,郑重地再次将玉璧沉入了河底。结果不一会儿,河底便光芒四射,接着飞起一团云雾,在云雾中有喷气吐水之声。一阵大风过后,云开雾散,风平浪静,水上露出一个大龟壳,有九尺多长,呈绿色,上面还有红色的"文"。壳上平坦的地方纹理非常清晰,上面有"列星之分"即星座、星宿的划分,有"七政之度"即木星、火星、土星、金星、水星和太阳、月亮七个星球的运行范围,并且记录着各代帝王兴亡之数。这就是传说的"灵龟"。

第四个说法是舜帝说。传说虞舜的时候,舜帝学习尧帝时期的"礼",把玉璧沉到洛水里,水中忽然有红光冒起,就看到有只神龟背负着"图"和"书"出来了,接着就有一条卷甲黄龙把图和书在半空的云中展开,把上面的"赤文""篆字"传授给舜帝。舜帝就把上面的内容牢记在心,用以经世致用。这就是传说的"黄龙负书"。

第五种说法是大禹说。传说大禹时代,大禹治水来到了洛河,看见一只神龟从河中浮上来,龟长一尺二,龟背上有六十五个赤文篆字,还有从一到九的数。大禹受此启发,写出了"九畴",也就是《尚书》里的《洪范》篇。"洪范九畴"就是治理国家的九种大法。《册府元龟·帝王部》上说:"夏禹即天子位,洛出龟书,六十五字,是为《洪范》,此所谓洛出书者也。"

关于《河图》《洛书》的传说还有不少,但大都是上述种种神马神龟之类的祥瑞说。关于《河图》《洛书》的记载虽然很早,但我们目前所能见到的《河图》《洛书》都是传自宋代。这又是怎么回事儿呢? 人们有必要以科学的精神对这一存在了几千年的现象进行剖析,从中找出现象背后的实质。

第一,《河图》《洛书》是客观存在的。《尚书》中对于《河图》的记载是基本可信的。从在河南濮阳西水坡出土的《河图》四象到在安徽阜阳双古堆发掘的西汉汝阴侯墓出土文物中发现的和《洛书》完全相符的"太乙九宫占盘",一系列的考古发现说明《河图》《洛书》早已有之,并且可以肯定的是至少在六七千年前就已经存在。

第二,最原始的《河图》和《洛书》确实已经失传,至少到唐代末年时就应该没有了。唐末之前有没有,什么时候失传了,可能没人说得清楚。所以,我们现在所看到的《河图》《洛书》肯定不是它们原始的样子,至少图和书是应该有区别的。至于现在的式样,一致认为是宋代华山道士陈抟老祖根据自己的研究成果创作出来的。

第三,《河图》《洛书》的实质是我国上古先人通过观察天文、天象而记录下来的星象图。《河图》就是五星图,《洛书》就应该是《太乙下九宫图》并配以必要的文字说明。要知道,我国的天文、历法早已成熟。我们现在仍然沿用的太阴历法就是我们常说的阴历,就成熟于夏代乃至夏代之前,所以我们通常又把阴历称为"夏历",而历法是基于对天文、天象和自然地理的观察。

最后需要指出的是:关于《河图》和《洛书》,在龙马和神龟的背后肯定有着真实的故事。《论语》中讲:"子不语怪、力、乱、神。"其实何止是孔子呢,仔细研究你就会发现,到今天为止,影响中国文化发展最根本、最深远的几本书,比如公认较早的书即书经《尚书》、老子的《道德经》、可以称为"孔子及其弟子言行录"的《论语》、医家经典《黄帝内经》以及我们要研究的《易经》,都如孔老夫子一般,皆不言怪、力、乱、神。老庄哲学的另一代表人物庄周的《庄子》一书言及虚实幻化,却明确地指出那是属于"寓言"。一脉相承的中国古典哲学思想,从气一元论到阴阳学说,从太极、两仪到五行、八卦,从宇宙的产生到万物的化生,也都是朴素唯物主义的。我们从中可以明确看出:中国历史上的文化巨匠都是无神论者,文化巨著都是无神论之作。

那么,《河图》和《洛书》的真实故事究竟是怎样的呢?

让我们再来看看历史上关于《河图》和《洛书》的最早记载,并从中作仔细分析。《尚书·顾命》中记载的"越玉五重、陈宝、赤刀、大训、弘璧、琬琰在西序,大玉、夷玉、天球、河图在东序",这些东西都是周王朝世代帝王准备传之万代的宝贝。这些宝贝主要分为两类:一类是天然的珍宝,也就是玉、璧、宝、球、琰之类。一类当属于人文的瑰宝,就是《大训》和《河图》等。比如其中提到的《大训》,在《顾命》篇上述内容之前,就讲到成王遗训说"在后之侗,敬迓天威,嗣守文、武大训,无敢昏逾",讲的就应该是周文王和周武王的训词。这些训词想来必定是文、武二王对于历史经验的总结以及对于后世的遗训和教导,也必定应该是周代乃至中国的历史文化遗产。

所以,能和这些自然、人文之宝放在一起的,自然也必定是自然和人文之宝。从《河图》《洛书》的内容分析,它们自然是归于人文瑰宝之中。它们的价值就在于揭示了天文、天象,是当时天文、天象的最高研究成果,是天文、历法的依据,可以根据它们修订历法和纪年。要知道,中国是个农耕文化最为发达的文明古国,在上古时期,准确、完备的历法对于农业是多么重要啊!同时,准确、完备的历法还是各朝各代中央皇权的标志,后世所谓各藩属国奉中央帝国的正朔,其实就是接受和使用中央帝国的历法与纪年,其实也就是相当于接受中央帝国的领导,承认中央帝国的权威。

上述记载中,还有一类非常有价值的信息,那就是地域信息。其中,越玉的"越"、陈宝的"陈"、夷玉的"夷"是其产地或者来源地的地域信息;大玉的"大"、天球的"天"可能是对那些宝贝的天然描述,也可能其实就是地域信息。所以,《河图》的"河"和《洛书》的"洛"同样是地域信息,也就是说"河"和"洛"是"图"和"书"的来源地。

但是,"河"和"洛"指的就是黄河和洛水吗? 不是。就像"越"是指的越地、"陈"是指的陈地,"河"就应该指河地、"洛"就应该指洛地。我们知道,夏代以前我国中原处于氏族或者部落时代,商周时期则处于方国时代,《河图》和《洛书》产生于三代或之前,那么以上这些地域信息也就可以指这些地域的氏族或者部落。因此,我们可以肯定地说,《河图》和《洛书》就是河地和洛地的氏族或者部落的人民对于天文和天象的最高研究成果。华夏文明发源于中原大地,河洛地处中原,这里的人民最早懂得了天文和历法,也就是偶然之中有必然,是再正常不过的事情了。

那么,龙马和神龟又是怎么一回事呢? 说来也简单,这么重要的研究成果自然要记下来。我们的文字开始是刻在龟甲或兽骨上,叫作"甲骨文",后来就刻在竹简上,所以有"甲骨竹书"的说法。但是,古时的天文、星象是不好刻在甲骨和竹简上的,需要记在一个有着比较大面积的平面上,所以古人聪明地选择了马皮和龟板。马是世间龙,龟是人间寿,把人类的最高智慧记在马皮和龟板上面,真可谓是个高明的选择。所以,可以肯定地说,古时人们所看到的《河图》和《洛书》,是写、画或者记在马皮和龟板上的。

至于那些美丽的传说,想来也没什么神秘的。古人讲究述而不作,认为知识本就存在,只不过你或者他偶然地发现了它,所以不可以据功为己有。古人从观察自然中得到了知识,认为那是上天的赏赐,是天降祥瑞。所以,古人的著作大都托之于上古帝王或者讲来自自然神兽。中医名著《黄帝内经》是汉代才写成的书,却假托黄帝之名,就是这个道理。这样做有两个出发点:一是不争功名;二是有利于知识的保存与传播。

弄清楚了这些以后,至于到底是神农还是伏羲、是黄帝还是大禹最先得到了《河图》《洛书》，也就无关紧要了。最大的可能是：不知哪代帝王在巡视各地的时候路过河洛地区，当地部族把自己的研究成果贡献出来，帝王将其带回了京都；也可能是河洛一带的部族主动献给部落或者氏族联盟首领的。最为可贵的是，自从这些人类智慧的结晶面世以后，各代部落或者氏族联盟的首领或者叫作"帝王"的，一代代地把它们保存并传承了下来。

　　《河图》与《洛书》本身对于研究《易经》并没有太多的关联，我之所以用这么多笔墨介绍和分析，一是因为它们本身确实是中华文化的基石，是华夏古文明的精髓，对中华文明影响深远；二是因为对《系辞》上传中提到了"河出图、洛出书"的问题有必要做一个基本的交代；三是因为想借着对曾经在人们心目中神秘至极的《河图》《洛书》的分析，用唯物主义的科学的精神揭开上古文化神秘的面纱，从而帮助我们树立深入研究神秘的《易经》的信心，并找到一条能够揭示《易经》神秘背后的本质之路。

　　让我们穿过神秘，探寻本质。

　　让我们抛开迷信，走进科学。

◎ 第九章

八卦和六十四卦

古人说："卦者,挂也。""卦者,象也。"

八卦就是上古先人把在观察宇宙世界万事万物的过程中总结出来的八种现象画出来、挂起来的形象与符号。如果说阴阳二元论是对世界的二分法,五行学说是对世界的五分法,那么八卦就是古人对于世界的八分法。因此,八卦就是八种符号,这八种符号每一个都代表了不同的事物、现象或者性质。

八卦的每一卦都由三画组成,所以有时又叫作"三画卦"。每一卦的三画又叫作"爻"。"爻"有两种:一种画作"—",叫"阳爻";一种画作"--",叫"阴爻"。阳爻"—"和阴爻"--"就是太极所生的两仪。两个不同爻的所有的排列组合是"⚌""⚍""⚏""⚎",就是四象。四象分别代表或者叫作"老阳""少阳""老阴""少阴"。三个不同爻的所有的排列组合就形成了八卦。

☰由三个阳爻构成,叫"乾卦";

☷由三个阴爻构成,叫"坤卦";

☲由上下两个阳爻和中间一个阴爻构成,叫"离卦";

☵由上下两个阴爻和中间一个阳爻构成,叫"坎卦";

☳由下面一个阳爻和上面两个阴爻构成,叫"震卦";

☴ 由下面一个阴爻和上面两个阳爻构成,叫"巽卦"("巽"读作"xùn");

☶ 由下面两个阴爻和上面一个阳爻构成,叫"艮卦"("艮"读作"gèn");

☱ 由下面两个阳爻和上面一个阴爻构成,叫"兑卦"。

古人为了记忆八卦,总结出了一个口诀,朗朗上口又非常形象生动:

乾三连,　坤六断。

震仰盂,　艮覆碗。

离中虚,　坎中满。

兑上缺,　巽下断。

八卦的顺序,通常按照图2-1《先天八卦图》所示的八卦所在的方位去数,乾在南,从乾卦依次向左旋转为乾、兑、离、震四卦,然后再从西南巽卦开始依次向右旋转为巽、坎、艮、坤四卦。这个顺序的八卦与1到8八个数字一一对应,就是乾1、兑2、离3、震4、巽5、坎6、艮7、坤8。记住这个顺序,就可以轻而易举地画出《先天八卦图》。

先天八卦的次序,是按照"太极生两仪,两仪生四象,四象生八卦"推演出来的(见图9-1),所以称之为"先天"。"先天八卦"通常又叫作"伏羲八卦"。

八	七	六	五	四	三	二	一	
坤	艮	坎	巽	震	离	兑	乾	八卦
太阴		少阴		少阳		太阳		四象
阴				阳				两仪

太极

图9-1　先天八卦次序图

八卦是对世界万事万物的形象、事物和性质按八分法进行的分类,因此也可以说八卦分别代表着八类不同的形象、事物和性质。

八卦分别代表着自然界的八类物质:乾代表天;兑代表泽;离代表火;震代表雷;巽代表风;坎代表水;艮代表山;坤代表地。所以,八卦也分别叫"乾天卦""兑泽卦""离火卦""震雷卦""巽风卦""坎水卦""艮山卦""坤地卦"。

八卦又都有着不同的性质:乾卦的性质是健,乾卦代表天,孔子解释说"天行健",在古人眼里,天就是宇宙,最大的特点是永远不停地稳健地运行;兑卦的性质是悦,就是喜悦的悦,兑卦代表泽,得之恩泽自然喜悦;离卦的性质是丽,离卦代表火,也就是光明,光明可以使万物亮丽;震卦的性质是动,震卦代表雷,雷声振振,说明事物不平静,必有变革变动;巽卦的性质是入,巽卦代表风,而风是可以无孔不入的;坎卦的性质是陷,坎卦代表水,水可以陷万物;艮卦的性质是止,艮卦代表山,山是静止的;坤卦的性质是顺,坤卦代表地,与乾阳的天相对应,因而处于被动顺从的地位。以上这些就是《说卦传》第七章所说的"乾,健也;坤,顺也;震,动也;巽,入也;坎,陷也;离,丽也;艮,止也;兑,说也"。

以上内容大体整理如下,建议牢记。

卦 象	☰	☱	☲	☳	☴	☵	☶	☷
卦 名	乾	兑	离	震	巽	坎	艮	坤
卦 数	1	2	3	4	5	6	7	8
代表物	天	泽	火	雷	风	水	山	地
卦 性	健	悦	丽	动	入	陷	止	顺

人们通常将乾卦比作父,将坤卦比作母,其他六卦叫作"乾坤六子",分别是兑卦为少女、离卦为中女、震卦为长子、巽卦为长女、坎卦为中子、艮卦

为少子。

八卦的排列,除了《先天八卦图》上的次序,还有一种排列,是按照《后天八卦图》的次序,如图9-2。先天八卦与后天八卦的关系涉及哲学上的体与用的关系。简单地说,通常人们主张先天八卦为体,后天八卦为用。若详细论述太过复杂,鉴于对于学习《易经》并无大碍,在此不做过多探讨,只把这么一个事实摆出来,供参考。

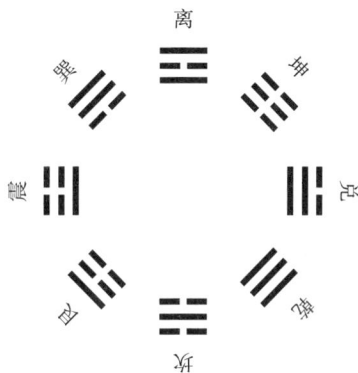

图9-2　后天八卦图

《易经》的六十四卦是由上述八卦两两相重而成。用不同的八卦顺序两两相重,就会得到不同的六十四卦顺序。历史上各种排列组合的版式都有,最典型的应该是伏羲六十四卦排列、八宫卦象排列和《易经》卦序排列。

六十四卦的每一个卦都是由两个三画卦组成的六画卦,上面的三画卦叫“外卦”,下面的三画卦叫“内卦”。每一个卦都有名字,叫作“卦名”,比如由外卦离卦和内卦坤卦组成的卦☲☷名字叫“晋卦”。为了记忆卦象方便,通常把外卦、内卦和卦名连起来写、读和记,比如晋卦就叫“火地晋”。

对《易经》六十四卦的卦名和顺序,朱熹在《周易本义》里记载了一首《上下经卦名次序歌》,有助于大家记忆:

上下经卦名次序歌

乾坤屯蒙需讼师，比小畜兮履泰否。

同人大有谦豫随，蛊临观兮噬嗑贲。

剥复无妄大畜颐，大过坎离三十备。

咸恒遁兮及大壮，晋与明夷家人睽。

蹇解损益夬姤萃，升困井革鼎震继。

艮渐归妹丰旅巽，兑涣节兮中孚至。

小过既济兼未济，是为下经三十四。

　　对六十四卦的卦象也有必要熟练掌握，把外卦、内卦及卦名连起来用、读、记就是个不错的方法。比如可以把六十四卦分成八段，相当于八首七言诗，背诵起来也就不难了：

八宫卦象卦名歌

乾为天，天风姤，

天山遁，天地否，

风地观，山地剥，

火地晋，火天大有。

坎为水，水泽节，

水雷屯，水火既济，

泽火革，雷火丰，

地火明夷，地水师。

艮为山，山火贲，
山天大畜，山泽损，
火泽睽，天泽履，
风泽中孚，风山渐。

震为雷，雷地豫，
雷水解，雷风恒，
地风升，水风井，
泽风大过，泽雷随。

巽为风，风天小畜，
风火家人，风雷益，
天雷无妄，火雷噬嗑，
山雷颐，山风蛊。

离为火，火山旅，
火风鼎，火水未济，
山水蒙，风水涣，
天水讼，天火同人。

坤为地，地雷复，
地泽临，地天泰，
雷天大壮，泽天夬，
水天需，水地比。

兑为泽，泽水困，

泽地萃，泽山咸，

水山蹇，地山谦，

雷山小过，雷泽归妹。

以上是按八宫卦的顺序排列的，也可以直接按照《易经》六十四卦的顺序即《上下经卦名次序歌》的次序，按卦象排列记忆，从乾为天、坤为地、水雷屯一直到最后火水未济。

还有一种比较好的排列与记忆顺序，就是按照先天八卦的次序一一排列组合。这种排列更有规律可循，平时把玩不会漏掉任何一个卦：

	乾	兑	离	震	巽	坎	艮	坤
乾	乾	履	同人	无妄	姤	讼	遁	否
兑	夬	兑	革	随	大过	困	咸	萃
离	大有	睽	离	噬嗑	鼎	未济	旅	晋
震	大壮	归妹	丰	震	恒	解	小过	豫
巽	小畜	中孚	家人	益	巽	涣	渐	观
坎	需	节	既济	屯	井	坎	蹇	比
艮	大畜	损	贲	颐	蛊	蒙	艮	剥
坤	泰	临	明夷	复	升	师	谦	坤

六十四卦的排列有各种各样的方式，卦与卦之间通常也有各种各样的错综复杂的关系，"错综复杂"一词本身就源于《易经》的卦与卦的关系。

每个卦都有与之对应的错卦。凡是六爻都和自己不一样的卦，就是这个卦的错卦。也就是说,某卦的错卦就是这个卦六爻中阴爻变阳爻、阳爻变阴爻而形成的卦。比如:泽天夬卦䷪的初、二、三、四、五爻都是阳爻,上爻为阴爻;它的错卦就是初、二、三、四、五爻为阴爻,上爻为阳爻的山地剥卦䷖。当然,反过来,山地剥卦的错卦也就是泽天夬卦,夬卦和剥卦两两相错。

每个卦也都有一个综卦。把一个卦的所有爻倒过来排,也就是由从下向上排改成从上向下排,或者你把书本倒过来,或者你走到书本的对面去,所看到的卦象就是原来那个卦的综卦。比如:山地剥卦䷖的初、二、三、四、五爻为阴爻,上爻为阳爻,它的综卦就成了初爻为阳爻,二、三、四、五、上爻为阴爻的地雷复卦䷗。综卦也叫作"反卦""覆卦"。

除了错卦、综卦,还有交互卦。交互是一个卦六爻内部的变化,一个六画卦内的第二爻上连到第四爻、下面挂到上面去为互,第五爻下连到第三爻、上面交至下面来为交。以交卦为外卦、互卦为内卦组成的新的六画卦,就是当初那个六画卦的交互卦。比如:天雷无妄卦䷘的互卦是艮卦☶、交卦是巽卦☴,交互卦就是风山渐卦䷴。

你可以分别按不同的卦与卦之间的关系一对对地整理排列出来,在排列组合的过程中也就熟悉了卦象卦名。

列出上述种种不同的排列方法,都是为了让大家更好地记住《易经》六十四卦的卦象、卦名。只有烂熟于心,用起来方可得心应手,才有可能达到如《系辞》所讲的"君子居则观其象而玩其辞,动则观其变而玩其占"的境界。

◎ 第十章

文王大课·算卦

　　学习研究《易经》的人往往会被问到算卦："你会算卦吗？""给我来一卦吧。""给我算算命吧。""算卦准不准？"如此等等，网上朋友的帖子也常常会提出这类问题。也难怪，毕竟《易经》在人们心目中是本关于占卜的书。所以，下面来专门谈谈占、卜、筮、算卦等问题。

　　先扮神仙一把。

　　读懂了《易经》没有不会算卦的。连不懂《易经》的人都会算，更何况懂了的呢。

　　让我们一起做个试验吧。你心中想一个 1 到 9 中的自然数，然后按要求做加减乘除和横加。横加就是把数字的个位、十位、百位、千位上的每个数加起来，结果如果不是一位数就再横加一遍，直到横加成一位数。

　　现在开始，你先想好一个数，然后把这个数乘以 4、除以 2、加 5、乘以 6、加 3、横加、乘以 3、横加、加 1000、乘以 2、减 6，结果就是伦敦举办奥林匹克运动会的年份。

　　下面来一起研究卜筮、算卦。

　　"卜"，读作"bǔ"。《说文解字》说："卜，灼剥龟也，象炙龟之形，一曰象龟兆之从（纵）横也。"最初的占卜,是用类似烙铁的东西烧红了去烙大龟甲,龟甲就是龟肚子下的那块大板,然后根据烙后形成的图案判断吉凶。为什么用龟甲呢? 这主要是因为龟是长寿的动物,古人认为龟是神兽,能够通灵,能够知往察来,龟越大越长寿,龟板越大也就越灵。

"筮"读"shì",是个会意字,从"竹",从"巫"。"竹"表草木,"巫"表占卜者。用蓍草占卜就叫"筮"。"蓍"读"shī"。蓍草是一种多年生菊科草本植物,是草本植物中生长时间最长的一种草,而且其茎很直,可以长到三尺多高,夏秋之际开白花,到了深秋就枯槁了,但来年春天又能够活过来继续长。据说这种草能够生长千年以上,茎数能够达到三百多根,但要长到四十九根至少需要百年以上。

由"卜"到"筮",由占卜用龟改用蓍,是进步,也可能是无奈。一来用灼龟取卦,卦象复杂,有时难以辨识;二来随着社会的发展、人口的增加、占卜的普及,人们的占卜需求有了大量增长,而龟生长缓慢,继续用龟显然难以满足需求;三者用龟必须杀之取甲,操作困难且非常残忍;四则蓍草也是传说中代表长寿的神灵之物,可生千年而不死,也能通天地人神,和龟一样是人间神物,人们认为蓍草可以和龟一样起到与天地相通的作用。还有一说,说是因为周文王被囚羑(读 yǒu)里,周围长有不少茂盛的蓍草,文王曾用蓍草演易,后来就被推广开来。至今在河南汤阴羑里城的演易台前,还有一片生长茂盛的蓍草园。

至于怎么灼龟取象成卦已经不得而知了,那就让我们来看看筮法吧。用筮法占卜或者说算卦,主要依据的是《系辞》,更科学的说法应该是《系辞》完整地把筮法记载和保存了下来。

《系辞传》关于筮法是这样讲的:"天一地二,天三地四,天五地六,天七地八,天九地十。天数五,地数五,五位相得而各有合。天数二十有五,地数三十,凡天地之数五十有五,此所以成变化而行鬼神也。""大衍之数五十,其用四十有九。分而为二以象两,挂一以象三,揲之以四以象四时,归奇于扐以象闰,五岁再闰,故再扐而后挂。”“是故四营而成易,十有八变而成卦。八卦而小成,引而申之,触类而长之,天下之能事毕矣。”

“揲”读“shé”,意思是按定数把数或者物分成等分。这里是用于数蓍草占卜。“扐”读“lè”,数蓍草占卜,将零数夹在手指中间就叫“扐”。

天为阳,地为阴。奇数为阳,偶数为阴。“天一地二,天三地四,天五地六,天七地八,天九地十”讲的就是一、三、五、七、九是奇数,称作“天数”;二、四、六、八、十是偶数,称作“地数”。无论是天数、地数,还是奇数、偶数,叫法不同,实际是一回事,这与《河图》《洛书》里面单数表天为阳、双数表地为阴是一个道理。

五个阳数或者叫“天数”相加在一起正好是二十五,五个阴数或者叫“地数”相加正好是三十,天地之数相加,阴阳之数相合,正好是五十五。这个数就是天地之数,也就是大衍之数。这个数之内,包含了天地万物,莫测鬼神,万千变化都在这天地之间了。这就是“天数五,地数五,五位相得而各有合。天数二十有五,地数三十,凡天地之数五十有五,此所以成变化而行鬼神也”。

但是,筮法中并不把天地之数全用上,而是只用四十九,所以说“大衍之数五十,其用四十有九”。据考证,原文应该是“大衍之数五十有五”,后面的“有五”被后人漏脱掉了。为什么只用四十九,一直以来众说纷纭,但可以肯定的是,其目的是为了能够在体现筮法思想的前提下找到所要得到的阴阳之爻,其核心就是一个字:数。

历代易家在不考虑“大衍之数五十有五”后面的“有五”被漏脱掉了而认为“大衍之数五十”是正确的情况下,对于为什么“其用四十有九”主要有两种说法:一是对于“五十”,以“一”为体,以“四十九”为用;一是从“五十”中取一代表“人”,但这又好像与“挂一以象三”相矛盾。

如果"大衍之数五十有五"是正确的,而我们非要从易经文化思想理论方面解释为什么单单在天地之数五十五中选用四十九,那么我们是不是可以这样理解:《易经》各卦都是"六"画,我们占也好、卜也罢、筮也罢,其目的就是找到这"六"画到底是什么,五十五减六,正好得四十九。天地之数五十五,包含了世间万物的所有信息,我们是不是可以用我们能够知道的或者说已经知道和掌握的信息"四十九"来推测、找出我们所想要找出来的信息"六"?用我们所能够得到的或者说已知的信息去推断、预测我们所不知道、想知道的信息,不正是《易经》的精神吗? 这一思想认识是个创新,但世人对于《易经》的研究不就是一代代人的创新和积极探索吗?

下面进入筮法实践。

1. 选择齐齐的、直直的、有十二个节的蓍草四十九根。这就是"大衍之数五十(有五),其用四十有九"。

2. 把四十九根蓍草信手一分,分为两部分。原来没分的时候,代表太极之时;信手一分,就相当于把整个世界一分为二,是谓"太极生两仪"、一阴一阳。这就是"分而为二以象两"。

3. 从分成两部分的蓍草中拿出一根,放在一边。上一步分成的两部分是两仪、是阴阳、是天地。从中拿出一根,就代表着天地之间产生了人。这一点很重要,古人那时已经充分认识到了人的作用,人在天地之间,人能参天地,把人看得很重要、与天地一样重要。人产生以后,人与天地就共同构成了天、地、人三才。这就是"挂一以象三"。这一步以后,参与后面过程的蓍草就是四十八根了。

4. 分别对两手中的两部分蓍草四根四根地去数,直到剩下不足四根。因为是四根四根地去数,所以每只手中必然是余下一根、二根、三根或者不余,数尽不余视同余四。因为两手一共四十八根,所以是一手余一则另一手必定余三、一手余二则另一手必定也余二,所以每只手的余数不外乎一、二、三、四几种情况,而两只手余数的和只有四与八两种情况。之所以四根四根地去数,是因为人在天地间,天地间的最大法则是四季轮回。这就是"揲之以四以象四时"。

5. 把两手的余数合在一起,放到一边。这就完成了"分二、挂一、揲四、归奇"四个步骤,也就完成了一易。以上就是所谓的"四营而成易"。

6. 把剩下的或四十或四十四根蓍草合起来,再两手信手一分,然后分别四根四根地去数,余数必然也是四或者八。把余数合起来放到一边,剩下的蓍草数必定是三十二、三十六或者四十。

7. 把剩下的三十二、三十六或者四十根蓍草合起来,再两手信手一分,然后分别四根四根地去数,余数必然也是四或者八,把余下的合起来放到一边,剩下的蓍草数必定是二十四、二十八、三十二或三十六。最后把剩下的蓍草数除以四,结果也就必定是六、七、八或者九。

8. 根据上述过程后所得到的结果,画出卦的最底下的那一爻,也就是初爻。如果得到偶数也就是六或者八就画阴爻,如果得到奇数也就是七或者九就画阳爻。

9. 按照上述办法再重复五次,依次得出二、三、四、五、上爻,就画成了也就是算出了、得出了、占得了、卜得了或者说是筮得了我们所要求的卦。四营是一易,一易是一变,三变成一爻,一卦共六爻,所以十八变才能完成一卦。

上述用蓍草占卜的方法又称"文王卦",相传是周文王被拘羑里时推演出来的算卦法。

文王卦过程繁杂,耗时也长,通常算出一卦来要用一两个时辰,所以用筮法算卦太过麻烦。为了节省时间,提高效率,后来一些专门从事占卦相命的江湖术士便发明了一些简易的演卦方法,比较典型的是"金钱课"。

"金钱课"又称"金钱卦",其成卦方法是:选同一种铜钱或者硬币三枚,把三枚钱币合在两手中或者放在竹筒里摇动,然后倾倒在桌上,根据其"字""背"情况决出一爻,两字一背为少阳,两背一字为少阴,三背为老阳,三字为老阴,重复上述过程六次就可以得到一个六爻卦。其实这相当于把铜钱的"字"的一面定义为2、背的一面定义为3,这样用"金钱课"每次求卦所得到的结果就肯定只有6、7、8、9四种情况,和文王卦所演结果是一致的。

北宋哲学家、文学家邵雍在他的《梅花易数》一书中还介绍了年月日时占、物数占、声音占、字占、丈尺占、尺寸占等。

年月日时起卦法大体如下:将起卦时的年、月、日的数字相加除以8得到的余数所对应的卦作为上卦,将起卦时的年、月、日、时的数字相加除以8得到的余数所对应的卦作为下卦,就可以得到一个六画卦。只是年、月、日、时要用我国传统的干支纪法中的十二地支来确定,十二地支子、丑、寅、卯、辰、巳、午、未、申、酉、戌、亥分别对应于1、2、3、4、5、6、7、8、9、10、11、12。余数肯定是1到8八个数中的一个,按照八卦之数乾1、兑2、离3、震4、巽5、坎6、艮7、坤8就能轻而易举地找到其所对应的卦。

还曾经见到过掷骰取卦法。这个方法其实最为简单:骰子六面正好是从1到6六个数,三单三双,三奇三偶,也就相当于三阴三阳,掷六次,得单数即阳数就画一阳爻,得双数即阴数就画一阴爻,六次成六爻一卦。"骰",读"tóu"。骰子就是我们所俗称的"色(shǎi)子"。

也可以随手翻开日历或者打开一本书,根据日期或者页码取数成卦。或者直接要求求卦者随口说出两个数字,据此算出内、外两卦,从而得到一个六画卦。

成卦方法可以说是千奇百怪、五花八门。除了上述以数取卦的,还有以求卦者所居方位、长相、表情、随口说的话等事、物而随意成卦的,甚至有卜者心中偶然想到什么就据而成卦的,不一而足。如果卜筮者根据你的面相、手相取卦成卦,那么其实也就可以说你的脸、你的手所起的作用和几千年前的龟甲、蓍草差不多了。

通过上述几种起卦、成卦的方法不难看出,各种方法其实都是万变不离其宗,都是通过各种途径,要么找到其中的数,然后或者直接求得对应的卦或者通过奇阳偶阴的数理关系画出对应的阴爻、阳爻,从而得出要求得的卦;要么直接根据所见、所闻、所思或者心有所感而直接得到所求的卦。

取卦、成卦的方法还有很多,但无论是史料记载还是历代易学家的考证,"文王卦"无疑是《易经》占筮推演取卦的正宗古法,所以有人也把"文王卦"称为"文王大课"。

◎ 第十一章

占的秘密·解卦

　　卜也好，筮也罢，文王课也好，金钱课也罢，算出相关的卦的目的在于卜筮者据此就求占者所问的事情进行"占"。

　　"占"字一个"卜"、一个"口"，是个会意字，意思就是"卜"后用口说出来。现在常常把"占卜"放在一起用，是个词。《四角号码新词典》上解释"占卜"条是："以某种现象推定吉凶。旧时凭某物（如龟甲、蓍草、金钱、牙牌等）所示的兆（形象），以推断所问之事的吉凶叫占卜。"卜就是得到一个征兆；占就是根据所得到的征兆得出结果，把征兆给解出来。打个比方：卜就好比做梦；占就是解梦，把梦到的征兆解释出来。所以，占就是说出对于所问之事的判断，这一过程我们可以称之为"析卦""释卦""解卦"。

　　卜筮者解卦所依据的主要是卜筮所得的卦及其变卦的卦象和卦辞、爻辞以及自己的经验。

　　变卦是本卦的某一爻性质发生变化后，即阴爻变阳爻或者阳爻变阴爻后所形成的一个新卦，也称为"之卦"。比如：天地否卦䷋由初六、六二、六三、九四、九五、上九六爻构成，算卦的时候如果卜到了九五爻变，那么第五爻就要变成六五。这样我们就会得到一个新卦——火地晋卦䷢，那么这个晋卦这时就是天地否卦的变卦，古代的时候人们称之为"否卦之晋"。

　　得到变卦的前提是要找到本卦的变爻。在文王课中，通常卜到6和9

的那一爻就是变爻,爻变之后形成的新卦就是本卦的变卦。文王课卜到的结果一共是 6、7、8、9 四种情况,为什么卜到 6 和 9 的爻是变爻呢? 这是因为 6 为老阴、9 为老阳,老则变。如果卜卦过程中出现两个变爻,就是卜筮过程中出现了两个爻的数字是 6 或 9,就要根据两个变爻的爻辞进行分析判断,但要以后变者为变爻的爻辞为主。如果卜到三个变爻,就要以本卦和变卦的卦辞为主进行分析判断。如果出现四个变爻,就要重点分析变卦的两个不变的爻的爻辞,并以位处在下的爻为主。如果出现五爻变的情况,就应该主要分析变卦的那个唯一的不变爻。当出现六爻全变的情况时,就应主要以变卦的卦辞进行分析判断,但如果本卦卜到了乾、坤两卦而六爻变时,就要用乾、坤两卦所独有的两条爻辞进行分析判断,即:卜到乾卦六爻全变,就用乾卦的“用九,见群龙无首,吉”条爻辞进行分析判断;如果卜到坤卦六爻全变,就以坤卦“用六,利永贞”条爻辞进行分析判断。

　　用金钱课起卦,求得变卦的方法和文王大课是一样的。用年月日时法等取用数字的方法起卦,通常是把所用的数字除以 6,所得的余数是几,就把从下向上数到的第几爻作为变爻,从而找到变卦。如果余数是 0,就当作余 6,最上面的爻就成了变爻,上爻变后的卦自然就成了变卦。比如:我们卜到一个水山蹇卦☵☶,如果所用数字除以 6 得 5,那么水山蹇卦的第 5 爻就成为变爻,要从九五变成六五,本卦水山蹇卦的变卦就成了地山谦卦☷☶了。如果采取掷骰子的方法取卦,则最后再掷一次,所得到的数对应的爻就是变爻,从而据此得出变卦。

　　易家高手除根据本卦、变卦进行解卦外,还会结合本卦的错卦、综卦、交互卦等卦的卦爻辞进行占断。

　　《易经》六十四卦分别代表着六十四种不同的事、物、性、质,分别对应着不同的象、数,诠释着各自的义、理;每一卦的六爻分别意味着本卦所代表的事或物发展变化的不同阶段或者不同情况。卜筮者根据每一卦所代表的事与物及该卦的卦象、卦数、卦辞,结合所要求问的事情,给出一个总体的判断,然后再根据具体的爻辞给出占语。这给出占语的过程就是解卦的过程。这占语其实就是卦的解,也就是整个卜筮过程所要得到的结果。

在浩如烟海的史籍资料中,在纷繁复杂的网络海洋里,占卜算卦的例子很多,我们不妨找出几个典型的例子来进行分析研究。

讲一个《左传》上所记载的关于占卜的故事。

《左传》中有关于用《易经》占筮的记载共十二条,这十二条基本可以分两种类型:一种是引证《易经》经文来说明一个问题,或阐述自己的看法;一种是以《易经》或其他筮书进行占筮,以预测事情的吉、凶、祸、福。在有关占筮的记录中,又有一爻变、数爻变、六爻不变等不同情况。下面选取《左传》襄公二十五年棠公死一节来看看,对于其他的如果感兴趣可以自己去分析。

　　　棠公死,偃御武子以吊焉,见棠姜而美之,使偃取之……武子筮之,遇《困》之《大过》,史皆曰:"吉。"示陈文子,文子曰:"夫从风,风陨妻,不可娶也!且其《繇》曰:'困于石,据于蒺藜,入于其宫,不见其妻,凶。''困于石',往不济也;'据于蒺藜',所恃伤也;'入于其宫,不见其妻,凶',无所归也。"崔子曰:"嫠也,何害!先夫当之矣!"遂取之。(《左传·襄公二十五年》)

"嫠"读"lí",意为寡妇。

这段话的意思是:齐棠公死了,崔武子前去吊丧,看到齐棠公的遗孀棠姜长得很漂亮,就想娶棠姜。他占了一卦,得了个困卦䷮,六三爻变而成为大过卦䷛。史官们为了奉承崔武子,都说这是吉卦。崔武子把这卦拿给陈文子看,陈文子认为:困卦六三爻变,内卦就由坎水卦变成了巽风

卦。在《说卦》中,坎为中男,坎变巽,巽为风,所以陈文子说"夫从风"。巽
又为长女,内卦位置在下,所以陈文子又说"风陨妻"。根据这一卦象,陈文
子认为:"不可娶也!"他又进一步引证了困卦六三爻辞"困于石,据于蒺
藜,入于其宫,不见其妻,凶",并一一讲解这段爻辞,说明不可娶棠姜的道
理。但是,崔武子色迷心窍,不听陈文子这一套,说:"一个无夫之妇能有
何害!这些凶险,她原先的男人都承担了!"于是,他就娶了棠姜。

在网络上曾经见到过某个自称为"大师"的人通过翻书页起卦算出
个风天小畜卦☰上九爻变而为水天需卦☰的;然后根据需卦上九爻辞
"有不速之客三人来,敬之终吉"解卦,告诉求卦者,当天会有不速之客光
临,要好好地敬着他们,就会有好事光临;最后还言之凿凿地讲当晚即得
到了准确验证。也见到过算卦者以他和求卦者所在的相对位置分别居后
天八卦之坎位和乾位而得出水天需卦的例子。

仔细分析众多算卦和解卦的例子,人们不禁会问:龟卜、筮占、铜钱、
声音、时间、位置等各种成卦方式的效果是一样的吗?同样一个易学大
师用不同的成卦方法为同一个人同一件事所算出的卦会是一样的吗?不
同的易学大师用同样的方法为同一个人同一件事所算出的卦会是一样
的吗?如果不一样,到底哪个更准?如果一样,有什么必然的内在联系?
为什么同样的卦可以有不同的理解?为什么同样的卦可以得到不同的
结论?

解答出这些问题不容易,但如果真的把这些问题解决了,占的秘密、易
学的本质也就找到了。

有人说:大洋彼岸的一只蝴蝶动了一下翅膀,通过空气的振动与传导
就可能形成对岸的暴风骤雨。这话可信。发生于 2008 年前后的美国次贷
危机竟然可以对全世界金融与经济造成如此巨大的影响与冲击就是这么
一个道理。但是,你的所思所想、你的所作所为真的能够影响灼龟时的裂

纹、铜钱的翻转、随手翻书的页码吗？你身边经过的车牌号码、你随手翻书打开的页码、你求卦时所站的方位、大师打卦时的年月日时真的能够反映你的所思所想、你的所作所为的信息吗？我想告诉你：宁可相信蝴蝶的翅膀一抖，你就可能感冒，也不要相信这些。

仔细分析一下可以发现：除了以象取卦，任何通过以数取卦的方法，其内在规律都是一样的，那就是概率。签也好，铜钱也罢，还是页码、时间，经过计算后，每种方法得到6、7、8、9（通过得爻而成卦时），或者得到1、2、3、4、5、6、7、8（直接得到上、下卦），或者得到1、2、3、4、5、6（需找出变爻变卦时）的概率是完全一样的。这是概率论里面的科学，这种科学的程序就是易学大师演绎障眼法、实现瞒天过海的道具。

我们不妨借用对中医悬丝诊脉的剖析来说明这一点。

历史上、戏曲里、医案中不乏有关悬丝诊脉的神乎其神的故事。在宋代程朱理学兴盛之后的几百年里，中国社会讲究男女授受不亲，大家闺秀更是大门不出、二门不迈，饮食起居在闺楼，消遣玩耍于后花园，真的是"深在闺中人不识"。但是，她们也是人，也会不时有个大病小灾的，而恰恰是那封建的环境使得社会上不可能有女性郎中，所以一旦有了病，无论是大家闺秀还是豪门贵妇，免不了要请男性郎中看病。病要看，而人不能见，于是不得已而为之，才有了这悬丝诊脉之绝技的出现。

所谓"悬丝诊脉"，就是用一根丝线，一头系在躺在帐子里面的床上的或者坐在帷幕后面的女病人的手腕部，一头牵出来交给郎中，这郎中就把手按在丝线上为女病人把脉，然后据此开药方、制订治疗方案。

对于这一千古绝技，凡是不懂中医而相信中医的人，大都深信不疑，并把这作为中医博大精深、高深莫测的有力证据；但凡不懂中医、不信中医而又有些学问的人，则多以为悬丝诊脉是中医故弄玄虚，甚或无稽之谈；有些中医基本知识、相信中医的人也大都对此半信半疑、不置可否，说信吧却知其然而不知其所以然,说不信吧又有不少医案言之凿凿。

下面我们就试着对此做一个深入细致的解析:

中医讲究望、闻、问、切四诊合参,望是望气、望色,闻是闻声、闻味,问是寒、热、汗、头、身、便等十问,切是左右寸关尺。郎中看病,最好是四诊合参,但有时却真的不一定全部具备这些条件。比如:某些病人昏迷不醒、口不能言时,郎中也就只好退而求其次,能有几诊是几诊了。悬丝诊脉其实就是充分利用了四诊中的“闻”和“问”两诊来实现郎中获取必要信息的手段。想那丝线也不会长到哪儿去,如果长它个几里地,让郎中不出家门,把丝线直接扯到郎中家中,估计谁也品不出个一、二、三来。所以,必然是郎中来到病人家里,在离病人的适当距离内,装模作样,把把丝线,而实质却是听得呼、笑、歌、哭、呻五声,闻得臊、焦、香、腥、腐五臭,悟得怒、喜、思、悲、恐五志,外加“一问寒热二问汗,三问头身四问便,五问饮食六胸腹,七聋八渴俱当辨,九问旧病十问因,再兼服药参机变,妇女尤必问经期,迟速闭崩皆可见,再添片语告儿科,天花麻疹全占验”之十问,医家有了这些不就足够了吗? 想想看,扁鹊望齐侯的故事大家都听说过。扁鹊望齐侯,一诊而知。那么,好的郎中怎么不可以依靠“闻”和“问”两诊而知病呢?

分析开来不难看出,悬丝诊脉其实用的是中医四诊中的闻、问两诊,却顾左右而言他,取了一个没有用到的四诊之“切”并美其名曰“诊脉”,其实质就是为了显示中医与郎中医术神秘而高超的障眼法。

根植于中华传统文化的中医如是,那么《易经》呢?

想想看,为什么易学大师用他和求卦者分别所处的后天八卦的坎位和乾位而取水天需卦,却不是反过来用求卦者和他所处乾位和坎位而取天水讼卦? 为什么取用后天八卦卦位而不用先天八卦卦位? 为什么解卦时有时主要解本卦,有时主要解变卦,有时主要解错卦,有时直接解综卦,有时又要解交互卦?

在人们眼里,卜筮者通过特定的程序,根据特定的事、物、象或者数求得一个特定的卦,这一个过程是神秘的。但是,通过上述分析介绍,我们会发现,其实无论用哪种成卦方法,算出卦来都不难,无非是按照一定的程序去做。可以说,就整个算卦的过程来看,第一步或繁或简地算出卦来仅仅是技术层面的学问,真正的学问在于解卦。

算卦是技术,解卦才是学问。毕竟算卦是过程,解卦才能得到结果。但是,往往是因为过程的神秘,使人们忽略了事情的本质。

为了解开这些秘密,我们在从算卦者算卦、解卦的角度分析过后,再来从求卦者的角度进行剖析。这样从事情的两端向中间捋一捋,或许可以发现其中更多的奥妙。

下面的一首小诗或许会对我们有所启发:

烧香乃是求财客,

算命犹如指路人。

小姐多言婚嫁事,

相公少问几时贫。

虽然说烧香未必只是求财,可能有人会求平安,小姐会问婚嫁之事,相公也可能更关心仕途,但这首小诗毕竟能说明很多问题。它告诉我们,凡事都有规律可循,烧香、算命也不例外。

宇宙间的万事万物都有规律可遵循。世间的万事万物经过梳理都可以按照一定的规律进行归纳与分类。人类的事情也是一样。想想看我们人类会有多少问题需要占卜求卦?每个人都可以拿出纸和笔来试一试,把自己想要通过占卜算卦解决的问题列出来。

我们不妨试一试:

从个人的角度讲,具体的问题大概就是诸如婚丧嫁娶、择业安宅、功名利禄、福寿康宁、斗讼进退等等,抽象的问题大体也就是吉凶祸福、成败得失、取舍趋避等等。

从国家或者社会的角度讲,主要的问题大体就是教育、战争、团结、灾难、政治、道德等方面。

当然,人们对于天地阴阳、日月星辰、风雨雷电等自然现象也会表现出浓厚的兴趣,尤其在上古时期。

对于上述诸多问题,归纳起来其实大体也就那么几十种。纷繁世界,万千气象,加减化裁之后,也就是这几十种问题。

就是对于这么点问题,在《易经》的成书年代,其实也是鲜有人问及的,因为那时别说用卜龟占,就是用蓍草算卦,回头看看我们上面讲过的整个过程,也不是件容易的事。所以,那时人们所求问的,应该大都是关乎部落、方国、贵族命运与成败的大事情。

对于这些几乎掰着手指头最多再加上脚指头就可以罗列出来的问题,通过经年的日积月累,人们完全可以系统地分析、归纳、整理出来,进而进行更加深入细致的研究,从而找出各类问题的答案。《易经》其实就可以说是上古巫祝及社会精英们对于这些问题的研究成果。

再想想看,人们通常会在什么情况下求占算卦呢? 一般来讲,应该是在遇到感到困惑、难以决断的重大问题的时候。有些问题虽然不小,但只要自己想得明白透彻,通常是不需要卜断的。所以,过去卜筮者的作用其实就是帮助求占者释疑、解惑、决断。这让人想到了韩愈的《师说》,其中提到"师者,所以传道授业解惑也"。借用古汉语的写法,我们是不是可以这么说:"卜者,所以断难释疑解惑指点迷津者也。"

是的,卜筮者大体就是这么个角色。

只是这角色也不是随便哪个人都可以担当的。

想那上古时期，卜、筮、占可是几乎只有上层社会才可以接触到的东西，卜、筮、占的技术也被上层社会甚至仅仅是卜筮、巫祝、祭司阶层垄断，因而与卜、筮、占相关的经验和知识的积累也不例外地被这些人垄断。对于这一点，古今中外的不少例子可以让我们找到类似的影子。

下面试着做一个小结，以此揭开"占"的秘密。

人类从洪荒蒙昧中走来，渐渐地有了思想与意识、思维与判断以及恐惧与欲望等，有了对天地、日月、水火等世间万象和男女喜、怒、哀、乐等人间百种情感的思考与探索。人类所探求的，无论是抽象的还是具体的，无论是精神的还是物质的，无论是家国大事还是人生进退，都是一个个具体的问题以及这一个个问题的具体答案。

但是，智能有贤愚，术业有专攻。

在这亘古以来的探索过程中，先贤与智者始终走在人类的前面。当然，也正是因为他们走在人类的前面，所以才成为或者被承认为智者与先贤。他们通过薪火相传或者心口相传而承继了或者秉承悟性与求索而自悟了自然万象的规律以及人生百味的真谛，从而可以为芸芸众生"断难释疑解惑指点迷津"。

当众生有何疑问难决的事情时，他们便会寻求智者的帮助，而智者的帮助确实也能够帮助大家断难、释疑、解惑、指点迷津。于是乎大家就会把智者们看作超凡通灵之人。智者们也就或者顺水推舟，或者自然而然地接受了人们的推崇，逐渐地扮演起能"通天地，化鬼神"的角色，并逐渐地把这种美差演化成了一种掘取权力与利益的手段和工具，进而最终形成了一种近乎垄断的职业。这就是上古巫祝的形成。上古的巫咸、祝融们就是这些角色的代表。他们被授予了世代相传的官职。官者，管也。所谓官职，其实就是行使这些职能的职业而已。这就像后世不少朝代将各户分为兵户、商户、农户、乐户一样,上古时期的巫祝其实就相当于被给予了明确社会分工的可以世代相传的"巫户"。

这些人与历代圣人、先哲们一起,经过世世代代的继承和发展、传承与弘扬,逐步把对各种问题的研究成果进行整理、总结、归纳、分类,通过把具体问题抽象化、理论化,再用理论去指导具体问题的解决并逐步完善方法,便慢慢地形成了一套完整的指导事业与生活的经典哲学思想理论体系。《易经》便是这种人类伟大工程的成果之一。

当有人向巫、祝、卜、史者求卦的时候,后者就自然可以凭借自己对《易经》烂熟于心的掌握,结合求卦者所问问题,直接从脑海中找出所要求的卦来,所以也就自然有"善易者不占"之说了,已经不占而知,还非要占吗?

当然,人们不仅要问:那蓍草占、铜钱卦以及翻书页之类的成卦方式可是实实在在的呀,可是真的随机的呀,并且每卦的概率都是一样的,那有没有猫腻呢? 如果有,会是什么猫腻呢? 这就全靠占卜者的真才实学和业务熟练程度了。一个卦,通常会有它的错卦、综卦、交互卦。它的错卦会有综卦,它的综卦会有错卦,它的错卦、综卦又会有其自身的交互卦,交互卦还会有错卦、综卦等等。这样,算出一个卦来,你就可以通过这种方式去推演出你所想求的卦。如果再加上占算出的变卦,也从变卦去按上面的方式进行推演,要找出你所求的卦,当然就会更方便了。

由此不难看出,即使是通过蓍草占、铜钱卦以及翻书页之类的实实在在的成卦方式,对于一个真正的易家高手而言,找出自己心中已经谋划好的卦也是轻而易举的。如果占者用自己选定的其他方式,比如时空位置、随手取象等,那就更容易算出那个早已经存在的卦了。其实这也是为什么后世不用灼龟卜、蓍草占,而可以改用铜钱课、掷色子、翻书页等算卦方式的根本原因所在。

下面我们就占的秘密做个结语：

《易经》是我国古代先人集体智慧的结晶，是中华民族古代知识与经验的总结与归纳。它的内容广袤深邃、博大精深，涉及天文、政治、经济、文学、艺术、教育、军事、法律、道德、修养、心理、伦理等诸多领域和学科。用孔子的话说，《易经》是"广大悉备"。用现代语言讲，就是《易经》无所不包，大到至大无外的宇宙，小到至小无内的粒子，从天地自然到君臣人文，从物质世界到精神世界，从无形到有形，没有不能涉及、不能解释的。

《易经》将世上万事万物的一切道理上升到了哲学的高度，为人类认知自然与社会提供世界观和方法论。

这些复杂与高深的知识与学问，经过一代代圣师先哲们的继承与发扬以及整理、总结与归纳、提炼与提高，最终将各类经验与知识按照各自的规律与属性划分为六十四个类别，逐步地演变成了我们今天所看到的《易经》六十四卦体系。占的实质，其实就是卜筮者根据求占者所问之事从六十四卦中找出某一有针对性的卦后，根据其卦辞、爻辞内容给予求占者的断难、释疑、解惑、指点迷津式的解读。

◎ 第十二章

《易经》的结构与体例

后世流行的《易经》，由"经"和"传"两部分构成。

"经"的部分大体就是周初的《易经》的样子，由六十四卦相关内容组成，是不是分上、下"经"没有定论。这部分的大体结构如下：

整体按六十四卦的某一卦序排列。

每一卦包括卦象、卦名、卦辞和爻题、爻辞几部分内容。

卦象又叫"卦画"，就是每一个由两个三画卦组成的六画卦，也就是前面说到的"重卦"。它由六个或阴或阳的爻构成。例如：天地否卦☰☷就是由上面三个阳爻和下面三个阴爻构成，☰☷就是否卦的卦象。

卦名是每一个六画卦的名字。卦名一般由一个字或者两个字组成，一般是这一卦内容及主题思想的提炼和概括，也可以看作是这一卦所代表的章节的标题。例如："既济"就是水火既济卦☵☲的卦名。

卦辞可以看作针对每一卦内容的总体概括性文字说明。人们可以根据卦辞大体判断这一卦的主题内容以及吉、凶、悔、吝等。例如，风山渐卦的卦辞是："女归吉，利贞。"

爻题又叫"爻名"，是每一重卦六爻的题注与说明。每一卦每一爻的爻题都是两个字：一个字代表着某一爻的位置，六爻从下到上依次是初、二、三、四、五、上；另一个字代表着这一爻的性质即阴阳，分别以六和九表示，六代表阴,九代表阳。例如:雷水解卦䷧第三爻是阴爻,所以它的爻题是"六三"。

爻辞是系于卦中各爻爻题之后的文字。爻辞的内容通常是根据所在卦的卦象、卦辞、该爻在卦中所处的位置及和其他爻的相互关系而形成的具体的判断性说明。例如,水山蹇卦第六爻(上六)的爻辞是:"往蹇来硕,吉;利见大人。"

下面以《易经》第十五卦谦卦为例作一说明:

䷎谦:亨,君子有终。

初六:谦谦君子,用涉大川,吉。

六二:鸣谦,贞吉。

九三:劳谦,君子有终,吉。

六四:无不利,捴谦。

六五:不富以其邻,利用侵伐,无不利。

上六:鸣谦,利用行师征邑国。

䷎是这一卦的卦象,是由坤卦和艮卦组成的一个六画卦。"地山谦"和"坤上艮下"是用文字对这一卦的卦象进行的描述性说明。

"谦"就是由"坤上艮下"组成的这一卦的卦名。

紧随卦名"谦"后面的那句话"亨,君子有终"就是这一卦的卦辞。

下面的"初六""六二""九三""六四""六五""上六"就是谦卦六爻的爻题,爻题后的文字则是所对应的各爻的爻辞了。

形象地说,六十四卦如同著作的六十四章;卦画如同每章的序号,卦名就像每章的题目,卦辞就是每章的主旨;每卦六爻如同六个小节,爻题如同每节的序号,爻辞就像每节的内容。每卦六爻,六十四卦就有三百八十四爻,但为首的乾和坤两卦各多一爻,所以整部《易经》共计有三百八十六条爻辞。

春秋以降至汉朝初年,旨在从各种不同的角度与层面以各种不同方式对《易经》进行注、疏、解、说的作品大量出现,其中尤以以孔子为代表所作的、被后人合称为《易经》"十翼"的文章最为著名。这期间《易经》六十四卦也逐渐被分成了上、下两篇,并分别被称为"上经"和"下经","上经"由乾卦到离卦共计三十卦,"下经"由咸卦到未济卦共计三十四卦。

《易经》"十翼"就是后世《易经》的"传"的部分,内容分别是:

《彖》又称《彖传》,分为"彖上"和"彖下",是以卦画、卦象为依据解释六十四卦的卦名、卦义和卦辞的,"彖上"和"彖下"分别对应《易经》上、下两经。彖本来是一种动物,长得有些像狗,牙齿非常锋利,据说可以咬断铁索。所以,"彖"是断的意思,意思是能够据此断定一卦之义。

《象》又称《象传》,其内容主要是解释六十四卦的卦名、卦义、卦辞和爻辞的,也分上、下两篇,并分别和《易经》上、下经相对应。大家当然也知道"象",它是当前陆地上人们所能见到的最大的动物,只是现在说到这个字的时候人们已经很少想到自然界的动物"象"了。所以,《象传》的"象"可以理解为大体、概貌的意思。《象传》又分"大象"和"小象",阐释卦辞的"象"称"大象",阐释爻辞的"象"称"小象"。

《文言》又称《文言传》,为乾、坤两卦所独有,据说是孔子和弟子的问答记录,内容主要是专门对乾、坤二卦的卦辞和爻辞的全面解释。

《系辞》又称《系辞传》,是《易经》的通论,对"易"作了总体的、全面的、高深的阐发和论述,可以说是《易经》"十翼"的纲领性文章。《系辞》内容丰富而庞杂,也分上、下两篇,两篇各有十二章。

《说卦》又称《说卦传》,共有十一章。前两章说的是圣人创造八卦的依据与原则,第三章描述了先天八卦的结构,后面几章主要论述了乾、兑、离、震、巽、坎、艮、坤八经卦所象征或者代表的事物。《说卦》在"乾为天，坤为地，震为雷，巽为风，坎为水，离为火，艮为山，兑为泽"的原始卦象基础上加以引申，表明一个卦可以代表多种事物。《说卦》可以说是论述八卦卦象的专文。

《序卦》又称《序卦传》，是按照《易经》流传至今的六十四卦卦序解说六十四卦的排列顺序的专文。它从每卦的卦名和义理上说明前卦和后卦的承顺联系，说明这种卦序排列的道理和意义。

《杂卦》又称《杂卦传》。它以独特的视角简洁明了地解说了六十四卦的卦义，每卦仅仅一两个字，也不依照六十四卦的卦序，而是大部分将互为"倒象"的两卦放在一处，错杂解释，所以叫"杂卦"。

《易经》"十翼"本来都是和"经"分离独立成篇的，但因为《彖传》《象传》和《易经》的内容非常密切，能够和相应的卦和爻直接对应，所以后世为了方便便把它们直接附在了各相关卦爻经文之后。《系辞》《说卦》《序卦》《杂卦》因都是对《易经》的总体性论述，和具体各卦没有直接对应关系，故而一直各自独立为篇，分别列于整部"经"文之后。《文言》只涉及乾、坤两卦，但内容较长，所以既可附于乾、坤两卦之后，又可独立成篇。以上便逐步形成了后世《易经》的基本格局。

时下各种关于《易经》的注、疏、解、说的著作大体沿袭了上述基本格局，所不同的是有的更专注于传统的"经"的部分及与其相关的《彖》《象》部分，有的则侧重于结合《文言》《系辞》《说卦》《序卦》《杂卦》对《易经》进行整体论述。对于前一类著作，一般的体例大体包括《易经》原文、注释、译文、解说等内容。

◎ 第十三章

《易经》卦序解读

　　《易经》的六十四重卦可以有不同的排列次序。《连山》从艮卦起首,《归藏》从坤卦起首,但具体怎么排列,现在已经不得而知了。马王堆三号汉墓出土的帛书中,除了帛书《老子》甲、乙本和《相马经》《五星占》,还有一本用隶书抄写的《易经》。这本《易经》上六十四卦的排列顺序就和当今所通行的各种本子都不相同,有着独特的规律,上卦的顺序是乾、艮、坎、震、坤、兑、离、巽,下卦的顺序则是乾、坤、艮、兑、坎、离、震、巽。

　　当前我们所通常见到的卦序主要有三种:一种是按乾、坎、艮、震、巽、离、坤、兑八宫顺序排列的八宫卦序;一种是传统的方圆图卦序;一种是《易经》卦序。

　　八宫卦序的具体顺序可以参见第九章的《八宫卦象卦名歌》。

　　方圆图卦序如图 13-1 所示,其顺序在外边代表天的圆中是从最上面的乾卦开始,沿逆时针方向直到复卦,然后转到乾卦右的姤卦,再按顺时针转到坤卦;在里边代表地的方图中则是从右下乾卦开始向左至泰卦,然后再从右下向上数第二行从右至左,这样依次到坤卦。

　　对于最原始的《易经》卦序,我们可能已经无从得知了,也可能从一开始就没有统一的卦序,或者有但失传了。我们所能见到的,通常是经过孔老夫子"赞"易后形成的当今流传于世的《易经》的卦序,就是《上下经卦名次序歌》中的卦序。这一卦序排列方式由于被孔子赋予了完美、完整而丰富的人文精神与哲学内涵,已经逐渐地被广泛接受、固定并传承下来。

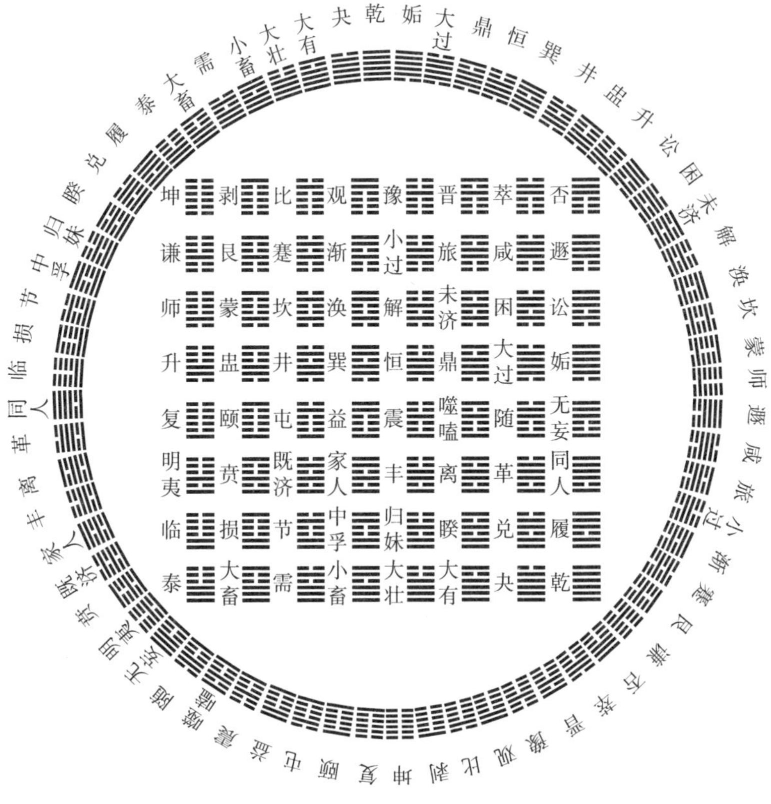

图 13-1 六十四卦方圆图

为什么是这么个排列?《易经》"十翼"之一的《序卦传》就是解释这一问题的专文。《序卦传》里面六十四卦的卦序与《上下经卦名次序歌》相一致。

下面我们就用今天的语言,以现代人的感悟,结合《序卦传》的内容,就《易经》卦序做一个诠释:

世上天地最大,天地其实就代表着整个世界。有天地,然后才化生出世间的万事万物,万事万物存在于天地之间。乾卦代表天,坤卦代表地,所以把乾卦、坤卦排在最前面。

天地形成之始,世界一片混沌,所以我国上古有"混沌初开"的创世神话。把天地看作一个整体,我们就会发现,充满天地之间的是万事万物,万事万物充斥于广宇之内,看起来是一片混沌之状,所以乾卦、坤卦后就是屯卦。"屯"就是混沌的"沌"。

屯就意味着充满、充盈。众多东西在一起,必然会化生出新的事物。新事物初生的时候必定处于蒙昧状态,所以屯卦后面接着是讲启迪蒙昧的蒙卦。我们的创世神话中,混沌初开之后就是人类的蒙昧时代。"蒙"就是蒙昧,蒙昧意味着事物初生、幼稚、弱小,初生、幼稚、弱小就需要养,所以后面接着是需卦。供养之需,其实就是日常生活的饮食之道。人们日常生活中难免会有争讼,所以接着是讼卦。争讼就会涉及大众群体,群体之间的矛盾引起的争讼处置不好就会引发战争,所以后面就是讲战争的师卦。

师肯定是众人在一起,有大众就会有不一样,就会有比较、攀比,所以后面接着是比卦。"比"就是比较和攀比的意思,比什么呢? 肯定是比自己有而别人没有,或者自己什么东西比别人多,要比就会有所积蓄,所以后面接着是小畜卦。人类物质文明的进步必然会带来人类文化的进步、精神文明的进步。在最原始的社会里,人类和其他动物一样是不穿衣服的,事实上根本就没有"衣服"的概念,所以我国古人把人归入裸虫一类,也就是光着身子的动物而已。后来人类知道了用树叶遮住羞部,再后来逐渐有了衣、有了裳,又慢慢地穿了鞋、戴了帽,知道了廉耻礼义,所以后面接着是履卦。"履"就是礼的意思。有了礼的约束,社会就变得越来越平和安泰,所以后面是泰卦。事情能够否极泰来,自然也会泰极否来,长期的太平往往孕育着不太平的因素,社会不可能永远平安泰然,到了一定程度就会向另一个否定方向转化,所以泰卦后面跟着是否卦。

事情不会总向负面的或者否定的方向发展,到了一定程度,自然会有内在的、向好的方向转化的要求,而要实现这种转变,需要万众一心,需要大家团结起来,同人卦说的就是团结的问题,所以否卦后面跟着是同人卦。社会团结和谐,就可以使国家昌盛、百姓富庶,所以后面就是大有卦。大有之后人是容易骄傲自满的,所以后面跟着谦卦,就是告诫人们要谦逊。大有而且能够谦逊,自然就能够自在安乐,所以后面跟着的是讲自在安乐的豫卦。自在安乐要有度,人们不应该只追求生理上的吃喝享受,而应该追求精神上的安乐,要择善而随,所以后面是讲从善的随卦。

事情总是日久生弊,自在安乐久了就容易积弊成乱,所以随卦后面跟着的是比喻腐败的蛊卦。治蛊需要加强管理和统治,就需要高尚的道德和包容,所以后面是临卦,临卦提倡的就是要包容和加强管理。只有包容与平和,才能够更好地观察别人和让别人观察自己,所以后面是观卦。相互观察就要相处,相处会既有相合又有矛盾,所以后面是噬嗑卦。事物不是简单的组合,所以后面是讲修饰的贲卦。

修饰到一定程度比较好,如果过了就不好,文不可以饰非,文不能够掩盖本质,否则就需要剥开现象看本质,所以后面是剥卦。剥也不可以到底,剥极而复,所以后面是复卦。复需要遵循一定的规律,凡事要知行止而不可乱来,所以后面是无妄卦。遵循规律而不妄行才可以成功,做到这一点就必须大有畜养,所以后面是讲所蓄至大的大畜卦。有所畜才可以养人养己,所以后面跟着讲养德养人的颐卦。

颐就是养啊,不养是不对的。世上最大的养是孝敬老人,不孝是人最大的错误,所以后面讲的是大过卦。但是,事情不会总是过,所以后面跟着是坎卦。坎的特性是陷,要陷必然是受到诱惑,如美丽的陷阱,所以后面是离卦,离卦的特性是丽。

以上是上经三十卦的卦序。

有了天地,然后才有万物;有了万物,然后才有人类、有男女;有男有女,才有夫妇;有夫妇,然后才有父子;君臣关系比自父子关系,所以有了父子关系才有君臣关系,然后有上下关系;有了上下关系,才有了不同的礼仪。

天地万物,有感而生。男女有了感情才有可能成为夫妇。所以,下经第一卦是讲人类社会感情的咸卦,"咸"就是感的意思。夫妇之间的相处之道讲究一个长久,所以后面跟着是恒卦,"恒"就是长久的意思。要想恒久不变,有时就要晦迹潜光、隐忍退避,所以后面是遁卦,"遁"就是退。晦迹潜光、隐忍退避是为了更大的发展,所以后面跟着大壮卦。

事物不可能总是壮大,大到一定程度就要有质的飞跃,还要追求更大的上进与光明,所以后面跟着是晋卦,"晋"兼有上进与光明的意思。前进的道路不会是一帆风顺的,有时每前进一步都需要付出血的代价,有时明枪,有时暗箭,让你防不胜防,有所伤在所难免,所以后面跟着是明夷卦,"夷"就是伤。在外身心受了伤,最后可以退守的地方就是家,所以后面是家人卦。每一个家的情况既有相同处,又有差异性,所以后面是讲差异性的睽卦,"睽"有怪异的意思。

怪异就会遇到困顿,所以后面是说如何对待困境的蹇卦。困境总会过去,所以后面接着是解卦。缓解一般会有一个缓慢的过程,这个过程中必然会有所损失,所以后面就是损卦。事情不会损之又损,损到一定程度就会有所增益,所以后面就跟着益卦。俗话说物满则溢,增益也不会没完没了,到一定程度就会崩决,所以后面是夬卦,"夬"就是决。溢出之后必然会与其他事情相遇,所以后面接着是垢卦,"垢"就是相遇。事物相遇就是聚集,所以后面接着是萃卦,萃卦讲的就是聚集。

聚集在一起,自然而然会有所提高,所以萃卦后面就是升卦。不断地上升与进步,必然会遇到困境,所以后面是困卦。受困于上,必然反乎下,所以后面是井卦。井道不改不迁,井水不增不减,常处此道就必须变革,所以后面就是革卦。变革器物的莫过于鼎,所以后面是鼎卦。"鼎"是君国重器,执掌鼎器的最好是长子,所以后面是代表长子的震卦。震卦主动。

事物不可以总是动呀,总动就要让它停止下来,所以后面是艮卦,"艮"就是止。事物又不可以总是停止,所以后面是渐卦,"渐"就是渐进、慢慢前进。前进必有所归依,所以后面是归妹卦。能够得到众物之所归依、众人之所归心,必然能够成其大,所以后面是丰卦,"丰"意味着大。穷奢极欲,坐吃山空,再大也必败家,从而流离失所,所以后面是讲漂泊的旅卦。漂泊劳顿而没有可以容身之所,总要找个地方停顿下来,所以后面就是巽卦,"巽"讲的是顺从谦逊。

谦虚与顺从就会有人喜欢,所以后面是兑卦,"兑"就是和谐喜悦。和谐喜悦往往又会使人涣散,所以后面是涣卦。涣散不好,必须给予节制,所以后面是节卦。有所节制,才可以让人放心,所以后面是讲诚信的中孚卦。

讲诚信的人,必然说到做到,一般的小事也就肯定过得去,所以后面是小过卦。事情过去了也就行了,所以后面跟着既济卦。但是,事情是永远做不完的,事物是不可能穷尽的,所以后面以未济卦作为终结。到此下经三十四卦结束。

毋庸置疑,《序卦传》对于卦序和每个卦的意义的解释,很多地方是牵强附会的,尤其是前后卦之间的关系很多是生拉硬扯。对于这些东西,人人都可以有自己不同的解释,而且确实每个卦会有不同的含义,甚至不少卦本身就有多方面的意义。比如蒙卦,孔子等后世儒家认为讲的是启蒙教育问题。又如需卦,有人认为除了生长供养之需,还有等待时机之需。如此等等。这就说明:学习和研究《易经》不能墨守成规、人云亦云,要用自己的思想去理解和把握。所以,对于《序卦传》的内容仅仅做一个一般性的和整体性的了解就可以了。

第二编 上经

◎ **第十四章**

乾卦第一——自强不息天行健

【原文】

乾　乾为天　乾上乾下

乾：元亨利贞。

初九：潜龙勿用。

九二：见龙在田，利见大人。

九三：君子终日乾乾，夕惕若厉，无咎。

九四：或跃在渊，无咎。

九五：飞龙在天，利见大人。

上九：亢龙有悔。

用九：见群龙无首，吉。

《彖》曰：大哉乾元！万物资始，乃统天。云行雨施，品物流形，大明终始，六位时成，时乘六龙，以御天。乾道变化，各正性命。保合太和，乃利贞。首出庶物，万国咸宁。

《象》曰：天行健，君子以自强不息。"潜龙勿用"，阳在下也。"见龙在田"，德施普也。"终日乾乾"，反复道也。"或跃在渊"，进无咎也。"飞龙在天"，大人造也。"亢龙有悔"，盈不可久也。用九，天德不可为首也。

【卦象意解】

"☰"是《易经》六十四卦第一卦乾卦的卦象、卦画和符号,而"乾"是这一卦的名称。《易经》各卦都有自己的卦象、卦画、符号和名称,每一卦的含义也往往可以从中显示出来。易家的象数派高手就是主要从每一卦的卦画入手来研究其所蕴含的广大悉备的道理。

乾卦的卦像是六十四卦中唯一的纯阳之数,"☰"内卦、外卦都是由阳爻组成的经卦,即三画卦乾卦。"天"是世间最大的阳,所以"乾"又可以以"天"为代表。天在古代有时也指太阳,所以乾卦又表太阳或者叫作以太阳为代表。把这一卦列在六十四卦之首,说明《易经》对于阳性力量的高度重视。整部《易经》从头至尾始终强调阳刚力量在决定事物发展变化的过程中处于主导地位。

上天运转不息,太阳永放光芒,它们与乾卦"健"的特征是一致的。"乾为天",就是说乾卦所要说明的道理,可用世上最大的阳即"天"与"太阳"所表明的象与理来展示,"天"的性代表着"乾"的理,就是乾卦所想表达的思想与道理。乾卦两天相重,所以是一个生生不息、运转不止之象。

【卦辞意解】

☰乾: 元亨利贞。

乾卦卦辞仅有"元亨利贞"四个字。就是这么精而又精的四个字足以把不少人挡在《易经》大门外,所以我们不妨在此多费些笔墨。如果能够很好地理解透这四个抽象的字,那么读起《易经》来就会容易不少。

乾卦的卦性是健,"元亨利贞"四个字就是对乾卦的"健"的更进一步的解释。乾卦讲的以天为代表的事物都有着健的特性。它们生生不息,按照一定的规律运行不已,而这规律就是"元亨利贞"四个字。

那么"元亨利贞"又是什么意思呢?

我们可以通过对乾的象、乾的代表、"天"的运行规律与特征的研究来试着给以解读。

说到天,我们会意识到什么呢? 如果大家试想一下,那么进入我们脑海的大概就是日月星辰、蓝天白云。但是,我们必须找到天的规律性的东西。直观的是象,我们还要找到象背后的理。

我们对天的直接的感受是凉热寒暑,感受到的它的最大的规律与特征就是一年春夏秋冬四季。一年四季,春夏秋冬,寒来暑往,生生不息,运行不已,这就是典型的"健"。"天行健"说的不就是这些吗? 所以,有人说"元亨利贞"讲的就是春夏秋冬。这样说有一定的道理,但并不全面。不能简单地说春夏秋冬就是元亨利贞,或者元亨利贞就是春夏秋冬,它们是不能相互替代的。元亨利贞是乾卦的抽象的理,春夏秋冬是乾卦的代表天的象。元亨利贞是乾卦所代表的事物的普遍的运行规律,春夏秋冬是乾卦的具体的代表天的运行规律。当然,它们之间又有着内在的必然联系,元亨利贞比较抽象而不易懂,而春夏秋冬则比较直接、可以让人直接感觉得到。把它们联系在一起,说元亨利贞就是春夏秋冬,就是希望人们能够从天的运行规律与特征是春夏秋冬运行不已中去体悟乾的元亨利贞的运行规律与特征。春夏秋冬之与天,即如元亨利贞之与乾,皆生生不息、运行不已。

天是乾的代表,年是天的最大的象,即我们所能看到的天的最大的变化周期、所表现出来的现象就是年。一年分四季,如太极两仪而四象,春夏秋冬就是由天而来的四象,也就是说春夏秋冬是天的象的四个小象。四季的特征是温热凉寒,那么四季的性用呢?

四季的性用就是四季的变化对于万物的作用,就是四季所表现出来的功能。春夏秋冬四季对于万物的作用就是生长收藏,即春生、夏长、秋收、冬藏。你看那自然界里,春天到来的时候,万物复苏,小草泛绿,大树抽青,蛰虫翻身,人畜上垄,真是一派生机! 到了夏天呢,世界处处繁荣、蕃秀,桃李挂枝,神龙飞天,一派盎然景象!到了秋天,则是稼熟当穑,果红当摘,鸟鼠藏果,人兽建仓,秋风扫黄叶,寒露待履霜,一派肃杀气象!到了冬天,树气归根,地水成冰,天雨而雪,人穿靴戴帽,虫入洞而眠,万物蛰伏而藏!待到来年春天,便又是一个轮回。这生长收藏也如春夏秋冬,生生不息,运行不已。

生长收藏不仅代表着四季的性用,也代表着万物的发展规律。物质虽不灭,但形质会变化。世上没有永恒,只有永恒的变化,这变化的规律就是生长收藏,只是这变化的周期有长有短、长短不同而已。譬如讲人之一生,如草木一秋,长短虽不同,却同样是一个轮回。事物这一发展变化的规律在不同的文化、不同的范畴中虽然有着不同的表述,但其根本的道理都是一样的。比如:佛家把万物的发展变化规律名之曰成、住、坏、空;医家把人的生命的发展变化规律总结为生、长、壮、老、已;管理者把企业发展变化的规律抽象为生、长、盛、衰;营销理论把产品的生命周期划分为产品的形成、成长、成熟、衰退四个阶段。

乾为天,天行健。天为至健之物,其实也难逃发展变化之理。所以,事与物、形与气之发展变化的规律莫能逃出这生长收藏之理。

有人说元亨利贞即生长收藏,其实它们之间的关系同元亨利贞与春夏秋冬的关系是一样的。它们相关而不相等,可以相互渗透而不能相互等同。元亨利贞之于乾,就如生长收藏之于天。说生长收藏就是元亨利贞,或者说元亨利贞就是生长收藏,其实就是让人们从天的四象之性用的角度去体悟乾的元亨利贞之于乾。《易经》的内容就是这样,其卦、象、辞、数都是体用一体、互为体用。

所有这些看似抽象,但现实生活中无处不在。无处不在,一方面表现为万事万物都必然地遵循着这一必然的规律,另一方面这一必然的规律又必然地对万事万物发生着作用,只是看你能不能意识到。很多事情、很多道理其实是"百姓日用而不知"。比如说四五月份儿童长得快,有的儿童一个月之内甚至能长一二十厘米,常常会发生生长疼,这是为什么? 大家想一想,四五月份是什么季节? 是夏季,春生夏长,正是长的季节! 再想想人到了冬天为什么容易发胖? 秋收冬藏,长膘不就是藏吗? 元亨利贞的道理和我们的生活真的是息息相关。因此,也有种普遍的观点认为:"元"者,始也,生也;"亨"者,通也,长也;"利"者,得也,收也;"贞"者,固也,藏也。

还有人说元亨利贞即木火金水,其实它们之间这样的对应关系是间接的,是由木火金水与春夏秋冬和生长收藏之间的关系转借而来,因为按照五行学说的理论,春夏秋冬和生长收藏就对应着木火金水。

也有元亨利贞即仁礼义智之说,其实这也和元亨利贞即春夏秋冬、元亨利贞即生长收藏、元亨利贞即木火金水是一样的道理。君子之于小人,君子为阳,小人为阴。君子当行仁礼义智,如天当行春夏秋冬,当然也就如乾当行元亨利贞。仁礼义智是君子的性与用,就如生长收藏是天的性与用,其实也就如元亨利贞是乾的性与用。所以,也就可以说,仁礼义智之于君子,就如元亨利贞之于乾,这也是比类取象与取象比类的妙用。当然,仁礼义智也是君子的自我要求,正所谓"天行健,君子以自强不息",乾乾君子当自强,以追求一个仁礼义智的完美人格。

鉴于以上所述,我们可以总结为:以健为特性的诸多事物的特征和发展变化规律的高度提炼与概括,是对这类事物的总体的把握与认识,同时也是指导人们认识和把握这类事物的方法论。也就是说,乾卦所描述的、以天为代表的、以健为特性的事物的特征和发展变化规律就是元亨利贞。对于这类事物就要以此来认识和把握。

【爻辞意解】

乾卦七条爻辞,涉及两个主角:一个是龙;一个是君子。其实两者说的又都是一回事。在这里，龙即君子，君子即龙，君子如龙，是龙的代表。同时，君子与龙又都是乾卦这个纯阳之卦所代表的所有具有乾阳属性的事物的代表。《象传》有言"潜龙勿用，阳在下也"，明言"龙"即"阳"也，就证明了这一点。

龙之于中华民族有着非常特殊的地位。龙之于中国文化有着非常特别的渊源。君子在中国传统文化中同样也有着非常特殊的地位，从某种意义上甚至可以说中国传统文化就是君子文化。后世曾主导我国文化传统的儒家文化，讲求修齐治平的内圣外王之道，就是说的君子之道。古代帝王也称"君王"，其实就有君子之王的意思在里面。在这里，我们对龙与君子都不做更多、更深的探讨，但我们一定要意识到龙和君子在中国传统文化中所处的特殊地位，从而更好地体会乾卦为什么选此两者为阳的代表，进而更加深刻地认识乾卦。

初九：潜龙勿用。

这可以看作事物的萌生阶段。

任何事物的发展变化总有一个开端，即使循环往复如环无端的变化，要分析它也要从中截取一个开端。这个开端，可以是刚刚种入土地里的一粒种子，可以是万物化生之初的阴阳构精，可以是一个思想火花的萌动，可以是准备设计的一个新产品的概念的产生，可以是将要成立的一个公司的构想，可以是人生的幼年，可以是你职业生涯的第一步，可以是一场战役前的运筹帷幄。

在这样一个万事万物的初始阶段，主导事物发展变化的那一点真阳刚刚萌动，小荷甚至还未露尖尖角，种子在孕育着发芽的力量，将军在构思着战役的方案，人生还在求学的路上，公司筹备着开张。这个阶段的特点，其实就是一个"潜"字，表面上风平浪静，内地里则积蓄着力量，似乎一切都在待机而动，而又一切平静如常。用这一爻的思想指导实践，其核心仍旧是一个"潜"字,求学者当潜心求学,谋划者当潜心精思,欲成大事者当潜心运筹。古者有言:"凡事当谋定而后动。"初九潜龙勿用所处的就正是这个"谋"的阶段。在这个"谋"的阶段,自当暗暗地"潜",而不可轻举妄动,所以爻辞又说"勿用"。这一"勿用"既是无得用,又是不得用。当然,这龙阳潜而勿用是为此后的飞升积蓄必要的力量。

九二:见龙在田,利见大人。

到了九二爻这个阶段,就好像小荷露出了尖尖角、地里的种子破土而出、鸟窝里小鸟刚刚出壳,也如公司刚刚开张、学生刚刚就业。这时所需要的,就如同田里的禾苗期待雨露的滋润、毛头小伙期盼贵人的帮助。原来的潜龙浮出水面或者钻出地表出现在大地上,出现在人们的面前,这时得到大人物的提携、贵人的帮助自然是再好不过的事情了。

九三:君子终日乾乾,夕惕若厉,无咎。

乾卦六爻,初、二、五、上四爻均言龙,只有三爻言君子,四爻没有主语,可以视作承继三爻的主语也言君子,这是为什么呢?

《系辞下》第十章上讲:"《易》之为书也,广大悉备。有天道焉,有人道焉,有地道焉。兼三才而两之,故六;六者,非它也,三才之道也。"《说卦传》第二章讲:"昔者圣人之作《易》也,将以顺性命之理。是以立天之道,曰阴与阳;立地之道,曰柔与刚;立人之道,曰仁与义。兼三才而两之,故易六画而成卦。分阴分阳,迭用柔刚,故《易》六位而成章。"通常的解释是:《易经》每卦六画,分别代表天、地、人三才,初爻、二爻讲地,三爻、四爻说人,五爻、上爻言天。乾卦初爻讲潜龙、二爻讲在田之龙,自然不离于地;五爻言飞龙、六爻言高高在上的亢龙,自然不离于天。上述四爻借龙说事,是因为龙在国人心目中就是天地自然中最强大的、最具代表性的阳刚的力量。当然,言天言地,人亦在其中矣。正如老子所讲:人法地,地法天,天法道,道法自然。这样剩下三爻、四爻言人事,乾卦直接称用君子,也就不难理解了。

既然如此,解析三爻、四爻,我们就不再如前面两爻涉及更多的角色与情景,而是直接如《易经》原文,从人之君子说起。

君子的最佳代表是社会的中坚力量,是有修养的知识分子。九三爻告诫人们:作为君子,或者说要想成为君子,就应该"终日乾乾",成天勤奋不息、奋斗不止,"夕惕若厉"就是到了夜晚也不应有所松懈,就比"若"面临"厉",即很危险、很不利的情况一样,认真、敬慎地对待。这样就会"无咎",即不会有什么灾祸。

"无咎"在以后的卦辞、爻辞中会常常出现。在不同的地方,"咎"分别代表着灾祸、灾病、过错的意思。在每一处具体是什么意思,要结合"无咎"两字前后的卦爻辞内容解读。"无咎"的意思是讲通常情况下,如果按照卦爻辞的要求去做,就能够避免灾祸或者过错。

九四:或跃在渊,无咎。

乾卦九四爻仍以言人事为主。九三爻里的那个"君子"已经勤勤恳恳、任劳任怨地努力了不少年头,他和如他般的人们一样期盼着人生的路再向前走几步,期盼着每向前走几步便能够上一个新的台阶。知县想迁知府,科员想当科长,这是人之常情。机会来临时,人们总想试一试。即使当下还没有什么好的机会,人们也总积极地摩拳擦掌、跃跃欲试,时常地露上一手,以博得同事和上级的赞赏与青睐,为今后机会的来临做些必要的准备。在这样一个阶段,继续克勤克俭地努力并在这努力中寻找跃跃欲试的机会都是可以理解的,都没有什么过错可言。"或跃在渊"有两方面的意思,实质是"或跃,或在渊"。这些都"无咎",即都没有什么错。

《文言》里记载了孔子对这一爻辞的解析:"子曰:'上下无常,非为邪也。进退无恒,非离群也。君子进德修业,欲及时也,故无咎。'"这是对君子最好的理解。

九五：飞龙在天，利见大人。

跳过龙门的鲤鱼摇身一变，变成了"在天"的"飞龙"，从此可以无拘无束地在天际飞翔，几可随心所欲地上天、下海、入地甚至为所欲为了，好一个逍遥自在。三、四爻的君子经过"或跃"、"或在渊"的不断折腾，也渐渐地折腾出了些眉目，事业有成了，加官晋爵了，成名成家了，飞黄腾达了，好一派欣欣向荣。这是人生最美好的时期，这是事业最辉煌的时期。但是，在这样一片大好形势下，爻辞仍告诫我们"利见大人"。

这一爻所代表的是事物发展最完美的阶段。我国过去称皇帝为"九五至尊"，称帝位为"九五之位"，就是源自此爻。在封建社会，居于社会主导地位的男性成龙成王、走向最高的统治地位是人生最成功的事业，所以不少人解此爻多从帝王说。其实，这一爻绝不仅仅说的是九五至尊的问题，只是用帝王践九五之位解最为典型、形象和易于理解。就像初九可以是一粒种子，九二可以是出壳的小鸟，九五自然也不仅仅是特指帝王。

在这一爻里还有一个角色需要引起大家的特别注意，这个角色就是"大人"。"飞龙在天"是这一爻的象，也就是对这一阶段的状态的形象的描述，而爻中真正有价值、有指导意义的文字其实是爻辞的后半部分，即"利见大人"。对于这一爻，不少人往往把注意力放在了"飞龙在天"的象，而忽视了"利见大人"的用，实在是太可惜了。

《易经》六十四卦卦爻辞里共有二十八处出现了"大人"，这应该引起我们的足够重视。

一般地讲，"大人"是指大人物，指贵人，比如本卦九二爻爻辞"见龙在田，利见大人"就通常解为见到大人提携、贵人帮助最为有利。但是，到了本爻，主角俨然已经位登九五，怎么还"利见大人"呢？也有人将此爻的"大人"解作"帝王"，显然也是不合适的，因为在天的飞龙才是帝王。那么，此处之"大人"又是何人？

《文言传》里有一段关于此爻中大人的专门解释。文中说道："夫'大人'者,与天地合其德,与日月合其明,与四时合其序,与鬼神合其吉凶。先天而天弗违,后天而奉天时。天且弗违,而况于人乎? 况于鬼神乎?"文中讲的"大人",其品德的崇高广大和天地一样,其普照天下之光和日月一样,其行事的次序和四时运行一样,其判别吉凶之准和鬼神一样,做没有先例的事不会违反天道,做有先例的事也能不违天时,不违反天道,更何况人道、何况鬼神呢!

这样的"大人",与天地同德,与日月同辉,与四时同运,能一与鬼神,还能够先于天道而不违,这应该是一位什么样的人物呢? 它让人想起老子的道。《道德经》二十五章写道:"有物混成,先天地生。寂兮寥兮,独立不改,周行而不殆,可以为天下母。吾不知其名,字之曰'道'。""道常无名",即道无常名。这么看来,这里的"大人"不就是道吗? 或者说不就是道的化身吗? 想来应该差不多。中国传统文化讲究天人合一,此处以"大人"暗与道合,一是符合《易经》神秘难懂的风格,常常使用转借代指,如后面坤卦就取牝马为象而不是人们通常以为的地;二是符合中国文化天人合一的理念,言天可说人事,说人可言天道。

基于大人与道同的这么一个认识,我们就可以理解为什么位高九五的在天飞龙还要"利见大人"了。这就是要告诉人们:你成功了、飞黄腾达了,即使是成为万人之上的皇帝,依然不可以为所欲为、胡作非为,依然要知道天道不可违、地道不可违、神道不可违、人道不可违,依然还是要遵循宇宙间天地人神的大道。

上九: 亢龙有悔。

现代汉语中带有"亢"字的词有"亢奋""亢害",还有一个"甲亢",所有这些"亢"都有一个共同的特点,就是太过分了,用中医的话说就是"太过"。"飞龙在天"的时候是形势一片大好不是小好;到了"亢龙"的时候,就有些好过了头的意思。官做久了就难免自高自大、刚愎自用,事做大了就往往忘乎所以,很多事情也是积久成病,久而久之,亢必成害,所以《象》传上说:"亢龙有悔,盈不可久也。"这种极端的状态是不能持久的,量变积累到一定程度必然发生质变。有些事情看似偶然,但偶然之中有必然,必然之中有偶然。大禹家天下而开夏朝,虽励精图治,但最终难免丧于夏桀;汤伐夏桀而开商朝一代天下,终也难免丧于殷纣。夏不丧于桀,商不没于纣,也终究会灭亡于其后子孙。桀、纣的出现既是偶然的,又是必然的。当代许多商业帝国一夜之间轰然倒塌,道理也是一样。

这爻爻辞,我们还要注意一个"悔"字。各条卦爻辞大多可以分成两段,前一段是象,后一段是用。"亢龙"是上九的象,"有悔"是这爻的用。"有"是一个语助词,没有明确的意义。《易经》卦爻辞里有不少地方会出现"吉""凶""悔""吝"四个字。按照《易经》通例,"吉"指成功,"凶"指失败。如果吉凶可以断定,则爻辞直接写出"吉凶"。如果不能够明确断定,则用"悔吝"表示。说"悔"是指知过能改,结果可能变好;说"吝"是指有过不改,结果必将变坏。此爻用在"有悔",就是要告诉事业与人生登上顶峰的人依然要时刻保持一份清醒,时刻怀有一份忏悔的心多多反省,以尽量避免自己过分亢进而走向失败与灭亡,从而尽可能地延长自己的辉煌时光。

用九:见群龙无首,吉。

用九爻是在占卜过程中卜得乾卦六爻都是九而用到的爻。在这一爻里,你会看到一群龙在天空中自由自在地飞翔。它们满天飞舞,相互映衬,谁也不自封为首领。它们各得其所而又相得益彰,是那样和谐、那样吉祥。北京故宫和北海公园里都有一块九龙壁,上面有九条龙吞云吐雾戏龙珠,描述的就是这么一幅景象。

这一爻,如果仅仅是从字面上去解读倒也简单,直接说一群龙和谐地在一起,谁也不自封首领,这样是吉祥的。但是,为什么群龙无首就是吉祥的呢? 回答好这个问题才是理解好这一爻的关键。

从阴阳术数的角度分析,有人认为:群龙,言阳也;无首,顺也;顺乃坤卦之性,言阴也。群龙无首,阴阳和合,所以吉祥也。但是,事情好像没那么简单,博大精深的《易经》应该深刻得很。为此,我们还是要从乾卦的本质去思考这一问题。

从乾卦爻辞的解读中我们已经知道,乾卦所讲的是由乾阳所主导的万事万物的发展变化规律。世间出世间,从宇宙到微尘,从有形到无形,从物质到思想,从事到人,其发展变化无不由其内在的本质的真阳所主导,并按照元亨利贞的规律运行不止、生生不息。这是一个多维的世界,一点真阳,也含万点真阳。世界一花,宇宙一沙,万物一指,天地一马,花中有沙,沙中有花,马可一指,指可一马,万事万物大大小小、林林总总无不既相互独立、自成体系,又相互联系、彼此影响地交织在一起,并按照各自的真阳所主导的内在规律或者按照因相互联系、彼此影响而构成的新的主体系统的真阳所主导的内在规律发展和变化。一个人就要按照人的规律产生、发展、变化,而由两个人所组成的家庭就要按照家庭的规律产生、发展、变化,由众多人所组成的企业就要按照企业的规律产生、发展、变化,各色人等所构成的社会就要按照社会的规律产生、发展、变化。这就是天道。

天道不可违。任何一个事物不可以影响其他事物的产生、发展、变化;如果影响其他事物的产生、发展、变化,就必然要和其他事物构成新的事物,从而和其他事物按照所构成的新事物的规律产生、发展、变化。万点真阳就有万点真阳产生、发展、变化的轨迹与规律,万点真阳就是万条真龙,万条真龙也就有万点真阳。群龙无首,其本质就是万事万物各自按照自身的规律产生、发展、变化。只有如此,这个世界才会是一个和谐美满、生生不息的世界。

从这样一个观点出发,人类的出现和进而对大自然的无序破坏不能说不是生物世界、动物世界、地球乃至宇宙世界的悲哀。

地球上的生物本来是张完美的图谱,构成了一条闭环无端的生物链,延绵生息。人类的崛起打破了这一平衡,人类智慧的出现让人类成为百虫之长,人类的龙阳成为百虫的龙阳之首,全然不是群龙无首的状态。由于人类破坏生态平衡、索取无度,这个世界的悲哀从此就来了。

所以说,群龙一有首,这个世界就要玩完了,还是"群龙无首"好,"吉"。

对于《易经》各卦各爻,都可以从不同的角度进行解析。比如乾卦初九爻,《文言传》上说:"初九曰:'潜龙勿用。'何谓也? 子曰:'龙,德而隐者也。不易乎世,不成乎名。遁世而无闷,不见是而无闷;乐则行之,忧则违之;确乎其不可拔,潜龙也。'"这段话的意思是:初九爻说"潜龙勿用",是什么意思? 孔子回答说:这是比喻有龙德而隐居的人不因世道变化而变化,也不求乎名,隐居遁世不为人所知、不被认同也不郁闷烦恼,合乎心意的事就做,让人忧虑的事就不沾边,坚定而不动摇,这就是潜伏的巨龙呀。孔子从隐士的角度解潜龙,就是侧重从道德情操的角度进行解读。

以上是试着对乾卦七爻所做的解读。天南地北地解,未必合于古人的传统。但凡事总是见仁见智,世界在前进,今人自当有新识。再者,每个人解卦都可以有每个人的出发点、落脚点和侧重点。《易经》广大悉备、无所不包,自然也就无所不可下手,"条条大路通罗马",事事悟得见真谛。这就如同修习佛法,处处讲不二法门,却实实是万般法门,空也悟得,色也悟得,出也悟得,入也悟得,无论哪般法门,最终只要能够明心见性,悟得"万法归一",进而悟得"一归何处",便是无上般若。

◎ 第十五章
坤卦第二——厚德载物地无疆

【原文】

坤　坤为地　坤上坤下

坤：元亨。利牝马之贞。君子有攸往，先迷后得主，利。西南得朋，东北丧朋。安贞，吉。

《彖》曰：至哉坤元！万物资生，乃顺承天，坤厚载物，德合无疆。含弘光大，品物咸亨，“牝马”地类，行地无疆。柔顺利贞，“君子”攸行，先迷失道，后顺得常。“西南得朋”，乃与类行。“东北丧朋”，乃终有庆。“安贞”之“吉”，应地无疆。

《象》曰：地势坤，君子以厚德载物。

初六：履霜，坚冰至。

《象》曰：“履霜，坚冰”，阴始凝也。驯致其道，至“坚冰”也。

六二：直、方、大，不习无不利。

《象》曰：六二之动，直以方也。“不习无不利”，地道光也。

六三：含章可贞，或从王事，无成有终。

《象》曰：“含章可贞”，以时发也。“或从王事”，知光大也。

六四：括囊，无咎，无誉。

《象》曰：“括囊，无咎”，慎不害也。

六五：**黄裳，元吉。**

《象》曰："黄裳，元吉"，文在中也。

上六：**龙战于野，其血玄黄。**

《象》曰："龙战于野"，其道穷也。

用六：**利永贞。**

《象》曰：用六"永贞"，以大终也。

【卦象意解】

"䷁"是《易经》六十四卦第二卦的卦象、卦画和符号，而"坤"是这一卦的名称。坤卦内卦、外卦都是由阴爻组成的经卦，即三画卦坤卦，代表物是地。

坤卦性顺，六画坤卦两地相叠，乃是一个至柔、至顺、厚德载物之象。

【卦辞意解】

䷁坤：**元亨。利牝马之贞。君子有攸往，先迷后得主，利。西南得朋，东北丧朋。安贞，吉。**

"牝"读"pìn"，指雌性。"牝马"就是母马。

本卦的卦辞大意是：元始亨通，像母马那样坚守正道，才有利或者说才能够顺利。君子要想有所作为，抢在前面就会迷失方向，紧随其后才能够获得主动，也才能够顺利。往西南方向就会得到友朋，往东北方向就会丧失友朋。安于正道就自然会吉祥。

坤卦本由地来代表，但是在本卦卦辞中所选择的代表物却是牝马，也就是母马，这就叫取象不同。

　　取象虽然不同,但所要表达的思想、说明的道理还是一样的,那就是顺从。乾卦纯阳、至健,坤卦纯阴、至顺。代表乾卦的天,一年四季运转不息;"天行健",其纯阳至健的特性比较容易被人们感知。代表坤卦的地,其纯阴的特性比较容易被人理解,气聚而成形、散而为气,有形为阴、无形为阳,地是人们所能看到的最大的形。相对于天之纯阳而言,地自然是纯阴了。但是,坤卦的至顺之性在地的身上却很难直接表现出来。所以,《易经》选取了顺从种马的牝马为坤卦的象,就是为了让人更直观地从牝马对于种马的顺从中知道地顺从天、阴顺从阳的道理。

　　坤卦的卦辞、爻辞中以及《彖传》《象传》《文言传》都一而再、再而三地强调坤阴没有自主性,必须顺从、听命于乾阳。阴参与万物的化生只是对于阳的配合。万事万物的化生过程始终是由阳所主导的。这一阳主阴从、阳始阴成的思想是《易经》理论思维的基石,也是中国传统思想文化中的重要的价值观念之一。

　　坤卦的主角也是君子,但这一卦里的君子已经和乾卦里的君子截然不同。乾卦里的君子所代表的是运行至健的天,而坤卦里的君子却只能以顺从种马的母马为代表。乾卦的卦辞简约而恢宏,而坤卦的卦辞却有些具体而微。我们从对于乾卦的解读中可以切实地感受到《易经》的广大悉备、无所不包,而到了坤卦又明显地感受到《易经》的主旨是言人事。

　　用《易经》理论去指导事物与人生,其最基本的原则可以概括为两个字:一个是"时"也,一个是"位"也。世上最大的学问可以总结为一个字,那就是"度"。比如做事,积极也好,稳妥也罢,没有绝对的对和错,关键就在于把握好一个度。学好《易经》的学问就在于把握好"时"和"位"两个字。一句话今天这样说是对的,换到了昨天或者明天还这样说就不一定对了;一件事今天这样做是对的,换到了昨天或者明天也是这样做就不一定对了——因为"时""时间""时机"不一样了。同样的一句话、一件事,即使在同样的时间,群众这样说或做是对的,而领导者这样说或做就未必对;在山东这样说或者做是对的,但到了山西这样说或做就未必对——因为"位""地位""位置"不一样了。乾卦已经充分让我们认识到了"时"的重要性,现在坤卦又让我们深刻认识到"位"的重要性。

万物分阴阳,君子也分阴阳。乾卦里的君子就属于"自强不息"的阳性,处于主导地位;坤卦里的君子则变成了属于"厚德载物"的阴性,处于从属的地位。"位"与角色的转变意味着行为方式的变化。如果说乾卦是言天道、君道、父道、夫道,那么坤卦所说的就是地道、臣道、子道、妇道。所以,坤卦君子已非乾卦君子,处坤卦君子之位就自然当行坤卦君子之道。

坤卦君子之道,其实就是坤卦之性,也就是"顺"。乾卦君子是主导者的角色,坤卦君子则是跟从者的角色。"乾""坤"是一组对偶概念,"乾""坤"君子也可看作是一组对偶角色,乾卦是主角,坤卦则是配角。乾卦卦辞"元亨利贞"颇有些天马行空、旁若无人的气魄,而坤卦卦辞却无处不有一个影子在后面,处处显示出自己跟从者、顺从者、配合者的角色。从这样一个空间角度,并把这一视角放在中国几千年来的历史时间纬度上去观察,我们就会更加深刻地体会到坤卦卦辞的意义了。

无论是君臣的臣、夫妇的妇、父子的子,还是其他诸如此类关系的跟随者,其当行的道应该就如母马对于种马那样,顺从而忠诚;凡事听从指挥,不必强作主张,而一旦决定的事情就要积极地、主动地去做;一定要明白自己的身份、地位和角色,要在同类中多交朋友,离开同类交朋友必定会让你丧失朋友,比如一国的大臣到处乱跑,跑到各国去和各国的国君交朋友,那本国的大臣谁还敢和他来往呢?有夫之妇常常和别人的有妇之夫勾勾搭搭,又成何体统呢?

儒家思想里有一组影响后世至深的伦理道德观念,叫"三纲五常"。"三纲"就是《三字经》里提到的"三纲者,君臣义,父子亲,夫妇顺"。这一观念最早出自西汉董仲舒的《春秋繁露》一书。董仲舒认为:在人伦关系中,君臣、父子、夫妻三种关系是最主要的,而这三种关系存在着天定的、永恒不变的主从关系,即君为主、臣为从,父为主、子为从,夫为主、妻为从,亦即所谓的"君为臣纲,父为子纲,夫为妻纲"。"三纲"皆取于阴阳之道,具体地说,君、父、夫是"阳"的体现,臣、子、妻是"阴"的体现,阳永远处于主宰、尊贵的地位,阴永远处于服从、卑贱的地位。董仲舒以此确立了君权、父权、夫权的统治地位,把封建等级制度、政治秩序神圣化为宇宙的根本法则。这或许就是董仲舒会得到汉朝廷赏识的主要原因。可以肯定的是,董仲舒的这一观念是源于春秋时期孔老夫子的名教思想。又有人认为:所有这些其实都是源于《易经》,其依据最具代表性的就是坤卦。

有人认为:坤卦表现出来的是一种保守与消极,愚忠与贞节的思想或许就来源于这一卦,至少在这一卦中表达了这样一种思想,而且坤卦讲顺从,只能跟在"乾"的后面。其实,我们不但要历史地去看待这些,而且应该深刻而全面地理解其内涵与本质。

坤卦讲顺从,是一种相对的绝对。乾阳君子和坤阴君子是主从关系,这就决定了坤卦君子必须服从于乾卦君子的领导。在现实生活中,这种关系不仅存在于父子、夫妻和历史上的君臣之间,也存在于上下级、主配角之间,这样才可以扩展《易经》哲学思想的应用范畴,提升其应用价值。这样一种主从关系或者主配角关系一旦形成,不论是自然形成、组织命令组成还是什么其他原因构成,只要形成了这样一种关系,各方就都要遵守各自的"道"。孔子讲"不在其位,不谋其政"(《论语·泰伯》),后世往往认为这话消极,其实不然。"不在其位,不谋其政"对应的当然是"在其位,谋其政"。如果在其位者不谋其政,不在其位者谋其政,这天下非大乱不可。所以说,居阳位者当谋阳政,居阴位者当谋阴政,居君位者当谋君政,居臣位者当谋臣政。比如：在单位里，做过正职的人都知道，很多事情可能是不做正职永远碰不到的，但在作决策的时候呢？或许三五个副职，再加上一些中层和员工，讨论起来七嘴八舌，管人的人说人的事，管钱的人说钱的事，管事的人说事的事，最后"一把手"一拍板，或许分别从人、财、事的角度看都未必是最优的，但或许这个未必都最优的决策就是一个最优的选择。很多时候就是这样，老板不知手下的苦，手下不知老板的难，如果各自谋好各自的政，这天下也就各得其所了。

　　从当下流行的民主的观点看，这种关系似乎已经不合潮流了，其实也不尽然。这就要看大家对于上面说到的最大的学问"度"的把握了。"君子有攸往，先迷后得主"，坤阴君子要想有所建树，抢先了就会迷失方向。团长想让你先攻下右边的山头，好从右边包抄过去，你却认为左边的山头好攻，就带人向左了，这就错了。团长可能已经安排别人去攻占左边的山头了，或者还有另外的安排和考虑。你可以提建议，但你不可以盲目。所以，这"先"与"后"都是个度。作为跟随者，你有建议权，但你没决策权；你可以提建议，说出你的道理，但一旦乾阳君子决定了，你就只有按照要求去执行的份儿，这与民主不矛盾。经过民主的程序形成决策后，比如形成法律了，你就是有不同的意见，比如当时你投的是反对票，而经过多数人的赞成票通过了，你也必须遵守。"过犹不及"，过与不及都是错，很多事情中规中矩才是对。所以，孔子讲"君君，臣臣，父父，子子"，就是讲君要守君道、臣要守臣道、父要行父道、子要行子道，各安其道便是中规中矩，这一点其实要比后世儒家们所讲明白得多。

　　要做好处于"阴"位的坤卦君子也是件不容易的事。这不仅要求你要明事理，还要求你要有气度、有修养。坤卦君子之德在于一个"厚"字，所以《象传》解析坤卦卦辞说"地势坤，君子以厚德载物"，就是要求或者指导坤卦君子要有大地般的厚实温顺的气势与宽阔的胸怀。

坤性尚顺,坤德尚厚。最能体现坤卦性顺的是母马,最能体现坤卦德厚的是大地。你看那大地,"至哉坤元,万物资生,乃顺承天"(《象传》)。天给了大地一点点乾阳,大地给了天下一个灿烂的世界,包括山川河流、驴马牛猪、瓜果梨桃、水木金土。天地还共同创造了一种叫作"人"的东西,给他们阳光,给他们雨露,给他们房屋,给他们果木,总之给他们需要的以及不需要而想要的一切,让他们成长,让他们繁衍,让他们生息。大地对他们是那样宽厚仁爱,而他们却似乎永不知足地攫取,仅仅是攫取也罢了,他们还把那些不该堵的江河给堵上、把那些不该挖的大山给挖开,一会儿给地球开膛,一会儿给地球破肚;他们还制造了一堆叫作"武器"的东西到处打打杀杀,把地球给炸得千疮百孔。明末农民起义领袖张献忠就曾经说过这样一句话:"天生万物与人,人无一物与天。"但是,你看那大地,它都一如既往地承受着,无言无语,不悲不喜。这是一种多么宽厚、仁慈而广大的胸怀啊! 坤卦君子如果能有这样的胸怀,还有什么不能够做到呢?

【爻辞意解】

坤卦爻辞不像乾卦爻辞那样有时空的规律性,但每爻不同的小象依然都蕴藏着深深的、不同的哲理。不仅坤卦爻辞如此,《易经》各卦爻辞也大多如此。

初六,履霜,坚冰至。

《二十四节气歌》中说:"秋处露秋寒霜降,冬雪雪冬小大寒。"过了霜降,冬天就要来了。在北方农村生活过的人都知道,下了霜,天就慢慢地变冷了,将会迎来冰天雪地的日子,小河里的水面会结冰,房前屋后的檐子上会挂着冰凌,好玩得很。

这么一幅景象出现在《易经》爻辞里,自然有它的深意。中华文化是世界上最美妙的文化,它美就美在有着十足的韵味儿让人回味,在这绵绵的回味中，便可使人增知、长智、添慧。很多成语、俗语、歇后语，看似平淡无奇的几个字，却蕴含着丰富的智慧与哲理。中医里讲究有诸内必形诸外，要想做个上工就须练就见微知著的功夫，而学好《易经》则可以让我们体会到知往察来的玄妙。要真正读懂"履霜，坚冰至"，就需要我们能够见微而知著、知往可察来。

六二：直、方、大，不习无不利。

"直、方、大"三个字指的是坤阴的品德，也是对坤卦君子的品德的要求。"直"就是正直而坦率，对乾阳毫无保留。"方"就是地德方。对应于天德圆，地德方说的是如大地般安定而厚实的品德。"大"就是为人宽厚大度，含育万物，胸怀宽广。

"不习无不利"就是说坤卦君子具备了"直、方、大"这样的品行美德，就是不学习、温习这些要求也不要紧。本质上具备了"直、方、大"的品德，拥有了坤阴君子的本质属性，其实也没有必要天天被那些条条框框约束和教育，毕竟自然而然比刻意而为还要好吧。

六三：含章可贞，或从王事，无成有终。

很多事情真是"百姓日用而不知"（《系辞》）。如果一个人能够把我们常见的汉字的来龙去脉，把它们的造字、本义、引申义都弄明白，他肯定可以成为一个大学问家。汉字历史悠久、源远流长，其形、声、义的演变过程使几乎每一个汉字都暗藏着丰富的、历史的、自然的与社会的文化信息。象形、指事、会意、形声、转注、假借造字六法，甲骨、籀金、篆、隶、楷、草、行写字七书，让我们闲暇下来，仔细地把玩每一个汉字，都会觉得美妙无比。一本《说文解字》能够流传千年，自然有它的道理。

就说这里的这个"章"字吧，文章、乐章、章程、规章、印章、徽章，哪个你都认识，哪个你都知道，但是这"章"到底什么意思呢？

《周礼·考工记》说"青与赤谓之'文'，赤与白谓之'章'"，就是说在绘画或刺绣上,赤与白相间的花纹叫"章";《说文》上讲"章,乐竟为一章。从'音',从'十'。十,数之终也",就是说"章"是个会意字,从"音""十","音"指音乐,"十"是个位数已终了的数,合起来表示一首完整的乐曲。由此不难看出,"花纹"是"章"的本义,一套完整的花纹所构成的图案就是"章",其他都是它的引申义。

"含章可贞"就是要求坤卦君子要有修养,一方面要有学识、有才华,肚子里满是"道道"、满是"花纹"、满腹经纶,但又要含蓄、谦逊,不可太过张扬,这样才可以走正道、成大事。

有了这样一个"含章可贞"的基础,如果有机会"从王事",奉王命办事,当然这种事一定是大事了,这时候也一定要记得"无成有终",就是要认认真真地把事情办好、办完,然后功成不居而身退,这才是有终之道。

范蠡和文种同为辅佐越王勾践灭吴称霸的肱股大臣,范蠡深知"大名之下难久居"和"久受尊名不祥"的道理,所以明智地选择了功成身退,携西施"乘舟浮海以行,终不反",带着美女西施从海上坐船远走而去。他后改名陶朱公,以经商而致天下之富,被尊为中国商人的鼻祖。范蠡还曾经写信给文种,告诉他"飞鸟尽,良弓藏;狡兔死,走狗烹"的道理,可是文种不听,结果不久就被勾践赐剑自杀。功成而身不退,中国历史上的经验教训比比皆是,居功自傲恐招杀身之祸,功成身退方得颐养天年。所以,老子告诫后人要"万物作而弗始,生而弗有,为而弗恃,功成而弗居"(《老子》第二章),"功遂身退,天之道也"(《老子》第九章)。

先秦以前,诸子百家而一源。自汉武帝"罢黜百家,独尊儒术"以降,才有了儒道的分野,信哉!

六四:括囊,无咎,无誉。

自古天下盼明君,百姓盼青天,小职员希望有个好领导,打工仔图着遇上个好老板,但天下又往往诸事难如愿。工作中有一个好的环境、好的氛围、好的领导,那是你的福缘。多数人多数情况下往往对所处的环境不甚满意,这是再正常不过的情况了。还有一些人或者其人生的某些阶段会遇到非常不如意的环境,比如小人当权、坏人当道,往大里说就好比遇到了历史上有名的昏君、暴君,这个时候他们应该怎么办呢?

最好的办法就是"括囊",就是扎紧口袋,扎紧自身那个臭皮囊的口,也就是管好自己那张嘴。闭口不言,少说为佳,这样才不会有过失。千万不要为了得一个耿直、负责任的名誉而失言。一定要记住:在有些环境与条件下会动辄得咎。你看那千古名臣王子比干,遇上了暴虐荒淫的商纣王,至摘星楼强谏,虽然身为纣王之叔,但也难免落了个被挖出七窍之心的结局。"囊"没"括"紧,结果连身家性命都保不住,教训是深刻的。

六五: 黄裳,元吉。

我们身上所穿的,不知道哪天开始叫"衣服"了,记得以前是叫"衣裳"的。其实,衣是衣,裳是裳,上身穿的叫"衣",下身穿的叫"裳"。

六五爻辞"黄裳,元吉",直译出来就是"穿着黄色裙裤,大为吉祥"。

那么,到底为什么穿着黄色裙裤就大为吉祥呢?

从阴阳的角度讲,上为阳、下为阴,所以衣为阳、裳为阴。黄是土地的正颜色,地是坤卦的代表。这一爻又居六五高位、正位。把这些信息联系起来分析,似乎有什么暗喻在里面。

确实如此。"六五: 黄裳,元吉"就是要告诉坤卦君子,即使你居人臣之高位、居社会之高层,仍然不要忘记自己的坤阴君子的身份与位置,仍然不要忘记坚守大地之厚德。无论你身在何处、身居何位,都应该时时刻刻摆正自己的位置,不应有非分之想与非分之举,只有这样才有可能心神愉悦、幸福吉祥。正所谓"正位居体,美在其中"矣。

上六: 龙战于野,其血玄黄。

阳极必阴,阴极必阳。上六到了阴之极,因而也就到了阴变阳的前夜了。这就像坤卦君子之龙慢慢地爬到了人臣的最高位,心里也就慢慢地有些不安分了。位极人臣,积累了多年的经验、人脉与资源,受了多年的人臣之气,隐忍了多年的无名之火,现在好像机会就要来了。不知哪天机会终于来了,于是两条巨龙在天地间展开了一场生死大战,直杀得天下一派混乱、天昏地暗。

这样的故事在我国夏禹家天下后几千年的历史上一再重复地上演着,梳理起来皆是历历在目。商汤放桀、武王伐纣、三国分晋、田齐代姜、楚汉争霸、王莽篡位,这些不都是"龙战于野,其血玄黄"吗? 只不过那战场或者是在辽阔的旷野,或者是在暗流涌动的宫城等不同的地方罢了。

值得注意的是: 这一爻辞并没有给出一个明确的或者不明确的或吉或凶或悔或吝的结论,像其他条的爻辞一样给出一个建议或者指导,而是前面一个"龙战于野"的象,后面一个"其血玄黄"的象,这是非常值得玩味的。想来这或许就是文王的高明之处。坤卦君子到了上六之位,虽说阴极必阳,但毕竟还是将变未变之时,未来的变化其实谁也说不好,充满着或胜或败几乎不可预料的风险。这种争战往往是你死我活,或者是两败俱伤。"其血玄黄"说的就是这么个意思。《千字文》开头第一句就是"天地玄黄",玄、黄分别是天和地的颜色,"龙战于野,其血玄黄"不就是说那争战之激烈,乾、坤两龙都受伤了吗? 至于"其血玄黄"之后究竟结果如何,那就不得而知、不好说了。

用六: 利永贞。

这是在占卜过程中卜到了坤卦六爻都是六而用到的爻。

"利永贞"就是说永远坚持正确的道路与原则才是最有利的。"贞"就是贞固,就是坚守既定的、固有的正道。这正确的道路与原则依然是乾唱坤和。这一爻辞深层的含义是说即使阴阳相互转化,但阳主阴从的原则始终不会改变。完成了阴阳的转化后就会形成新的对立统一体,在这新的对立统一体中阴阳的相互关系依然不变。

对于坤卦的解读,通常会引起不少当代女性的强烈不满,什么阳主阴从,什么地道也、妻道也、子道也,简直就是封建保守、顽固不化、大男子主义! 似乎我国一切封建的、落后的、保守的、强权的东西皆源于此。为此,我感觉很有必要在这方面做一些进一步的解释,希望这样的解释会使大家更好地理解和把握坤卦的相关要领。

乾、坤两卦总体上讲还是比较抽象的。为了使人能够比较容易明白,历来解《易经》者都习惯于选取人们身边的一些事物做例证来说明。只要能够说得明白,一般不会举过多的例子。比如乾卦,文王和孔子都是以天为代表,并没有过多地讲君道、父道和夫道,这是因为乾卦的道理用天的例子足以说得明白。在坤卦里,文王选择了牝马,孔子说到了大地,也说到了"妻"和"臣"。相传孔子在《文言传》里讲: 坤卦,"地道也,妻道也,臣道也"。一方面,孔子选取大地、妻、臣为象,其出发点主要是为了能使大家更容易明白与理解,坤卦和乾卦一样,它所代表的或者可以代表它的有很多,《说卦传》里提到"坤为地、为母、为布、为釜、为吝啬、为均、为子母牛"等,大家可以看到这里面的多数东西我们并不熟悉;另一方面,这只是一个角色问题,孔子在他的为政思想里曾经提到过"君君,臣臣,父父,子子"的观念,其内在的思想是君要像个君的样子、臣要像个臣的样子、父要像个父的样子、子要像个子的样子,就像有人讲什么是职业化,职业化其实就是干什么就要像个干什么的样子,并没有什么贵贱高低之分。

很多时候很多人认为乾好像就是男人,坤好像就是女人,这也是错误的。"乾""坤"是一对抽象的概念,正确的说法应该是"乾坤如阴阳"。阴、阳是相对的,乾、坤也是相对的。阴、阳是无限可分的,乾、坤也一样。阴、阳之中又分阴、阳,所以乾、坤之内又有乾、坤。佛家讲一沙一世界,我们也可以说一沙一乾坤。乾、坤是共生共存的,不能够独立存在,正所谓"孤阳不生,孤阴不长"。

乾、坤分别作为主角和配角,一主一从,也是相对的。今天你是主角,明天也可以我是主角。在这个事情上你是主角,在另一个事情上可能我是主角。在张三和李四的搭配中李四是配角,而在李四和王五的搭配中李四也可能是主角。这非常像对口相声中的逗哏儿和捧哏儿。所以,乾也可以是女,坤也可以是男。是男是女不重要,重要的是在一对乾、坤组合中的位置与角色。如果捧哏儿的要去逗,那么逗哏儿的就只好去捧,这就是阴阳的转化、角色的对调,总不能都去捧,也绝不可以都去逗。在乾、坤两卦里,文王选取的主角都是君子,而在我们的传统文化里似乎君子通常并不是女性的代表,所以我们不能狭隘地把问题简单化。

只有正确地理解了乾、坤两卦,才能真正地打开《易经》之门。

第十六章

屯卦第三——混沌初开的世界

【原文】

屯　水雷屯　坎上震下

屯：元亨，利贞。勿用有攸往，利建侯。

《彖》曰："屯"，刚柔始交而难生。动乎险中，大亨贞。雷雨之动满盈，天造草昧，宜"建侯"而不宁。

《象》曰：云雷，"屯"，君子以经纶。

初九：磐桓，利居贞，利建侯。

《象》曰：虽"磐桓"，志行正也。以贵下贱，大得民也。

六二：屯如邅如，乘马班如。匪寇婚媾，女子贞，不字，十年乃字。

《象》曰：六二之难，乘刚也。"十年乃字"，反常也。

六三：既鹿无虞，惟入于林中。君子几，不如舍，往吝。

《象》曰："既鹿无虞"，以纵禽也。"君子舍"之，"往吝"穷也。

六四：乘马班如，求婚媾，往吉，无不利。

《象》曰："求"而"往"，明也。

九五：屯其膏，小贞吉，大贞凶。

《象》曰："屯其膏"，施未光也。

上六：乘马班如，泣血涟如。

《象》曰："泣血涟如"，何可长也。

　　"子曰：'乾坤，其《易》之门邪？乾，阳物也；坤，阴物也。阴阳合德，而刚柔有体，以体天地之撰，以通神明之德。'"（《系辞下传》第六章）"乾坤，其《易》之缊邪？乾坤成列，而《易》立乎其中矣。"（《系辞上传》第十二章）读懂了乾、坤两卦，就等于真正打开了《易经》之门，就连孔老夫子也曾经为此一再感慨。

　　确实如此。中国传统哲学的核心与基础其实就是气一元论、阴阳学说、五行说和八卦理论。乾坤者，阴阳也。一气分阴阳，乾坤生六子，阴阳化五行。悟透乾坤，气、阴阳、五行、八卦也就都不在话下了。世间万事万物无不是阴阳、五行运化而成。在《易经》里面也是一个道理，如果说"形而上者谓之道，形而下者谓之器"（《系辞上传》第十二章），那么乾、坤两卦可以说就是整部《易经》的形而上部分，而其余六十二卦就是整部《易经》的形而下部分。乾、坤两卦就是整部《易经》的总纲，是《易经》的体；后面六十二卦则是《易经》的用。也许正因为如此，孔子专门为乾、坤两卦作了《文言传》。也可以说，乾、坤两卦是《易经》的道，其余六十二卦是《易经》的术。解读完乾、坤两卦之后，后面各卦的解读就相对简单了。

【卦象意解】

　　"䷂"是《易经》六十四卦第三卦屯卦的卦象、卦画和符号，而"屯"是这一卦的名称。屯卦上卦为坎水卦☵、下卦为震雷卦☳，所以屯卦也称"水雷屯卦"。

水在上在天为云，云下有雷，所以屯卦是一个乌云密布、电闪雷鸣之象。

《序卦传》上讲：有天地，然后有万物。屯卦紧随乾、坤两卦之后，表明屯卦的状态是兆生万物之初始的状态，是天地出现以后万物萌生的阶段，相当于我国上古神话传说中的混沌时期，也可以看作是宇宙大爆炸的那一瞬间。

【卦辞意解】

䷂屯：元亨，利贞。勿用有攸往，利建侯。

对于"屯"字，《说文解字》是这样解释的："屯，难也。像草木之初生，屯然而难，从'中'贯'一'。一，地也。尾曲。""屯"是个象形字，就像草木的种子刚刚发芽拱出地面。"中"就是草，读"chè"。

种过地的人都知道，种子种下去，需要有合适的土壤、水分、阳光、温度才能够发芽，刚长出地表时是很脆弱的，一阵狂风暴雨，或者一段时间雨水跟不上，再加上阳光暴晒，就有可能死掉。但是，人们也会发现这小小的生命又是那样顽强，种子发芽后会坚韧地向上生长，冲破重重阻力破土而出。有时你会看到如半个绿豆芽般的小苗顶起像鸡蛋那么大的土块，使你会不由得惊叹生命力量之伟大。万物的初生是脆弱的、是艰难的，同时也是生机勃勃、前途光明的。万事开头难，万物有了初始，自然大为亨通，其后只要能够坚持固有的规律与大道，自然就应该顺利发展，所以屯卦卦辞曰："元亨，利贞。"

从天地混沌到宇宙爆炸，再到草木初生，暗喻到人事上通常是指事业的初创。《易经》在产生的年代主要是为统治阶级服务的，那时事业的初创通常意味着革命、建立新政权等等。引而申之，事业的初创可以推而广之到各类事业，如开公司、办学校、出新品、谋新局等等。

　　任何事业的初创时期都是困难的、艰辛的,前景又应该是光明的,没有光明前景的事没有人会把它当作事业来经营。

　　创业之初,所要把握的一个最为基本的原则是谨慎稳妥,先谋而后动,不可过分急躁和冒进,正如卦辞中所言:"勿用有攸往。""用"就是需要的意思。"有攸往"即有所前进,这里的意思是急于发展。"勿用有攸往"就是不要急于发展。现在自谋职业的人越来越多,社会上的公司也是越来越多,但是企业的平均寿命却越来越短。想来这些短命的公司大概还没有成立就壮志凌云、想入非非,在开张之初没有做到"勿用有攸往"。

　　想做好一件事情,就应该扎扎实实地走好第一步,正所谓"好的开始是成功的一半"。比如经营一家公司,就应该结合自己的特长、兴趣、能力并尽可能选择自己所熟悉的领域,然后认真做好谋划,要立意高远,要有长期经营的思想准备,同时要注意稳健起步、可持续发展,切忌总想一口吃个胖子。公司刚刚起步,哪经得起折腾? 第一步先生存下来就是成功,然后稳扎稳打,慢慢积累经验、人脉、客户、实力,这样就可以年年有进步地发展下去。在稳健的发展过程中,一旦抓住机会就可以上一个大的台阶,几年一大步,自然会成功。因此,公司成立之初,一定要坚信"勿用有攸往"。

　　创业之初,所要做的一件最重要的事情就是创立制度、建立秩序。比如:成立公司先要制定公司章程,开拓新局先要有个完整的思想谋划,开发新产品先要有概念性、方向性设计等。正如屯卦卦辞所言:"利建侯。"这里的"侯"有两层意思:一是自立为侯;一是建立秩序、创造条件,以利事业发展。

　　这里有必要对这个"侯"字做一个交代。

　　我们知道汉字里面有一个"侯"字,还有一个"候"字。这两个字相近而不同,不少人分不清楚,所以常常会弄错。"候"字中间有一竖,通常与时间相关的词就用这个"候",比如"时候""气候""等候""伺候""候鸟"

等。"侯"字中间无竖,"射有张布谓之侯"(《小尔雅·广器》),本来是个象形字,从"人",从"厂",像张布,矢在下面,后来演变成一种爵位和称谓,如"诸侯""王侯"等,凡与爵秩、称谓、姓名有关的皆是这无竖的"侯"。

那么,"建侯"为什么就是建立秩序呢?

这要从中国古代的封建制度说起。

提起"封建",当今不少人往往会把它和"迷信""传统""保守""落后"联系在一起。其实"封建"的本义是一种以封邦建国为主要内容的政治制度。封邦建国是古代帝王把爵位、土地分赐给亲戚或功臣,使之在各区域内建立邦国以为蕃屏的安排。相传黄帝开封建之始,到了周朝这一制度就逐渐完备起来。《礼记·王制》中讲:"王者之制禄爵,公、侯、伯、子、男凡五等。"侯本来是五等爵中的第二等,但或许因为五等爵位还有另外几种说法,比如《孟子·万章下》所举爵位有天子、公、侯、伯、子男五等,而公、伯、子男等有时又有别的含义,所以几种说法里面最具代表性的就是"侯"爵,可以理解为"建侯"就是封建各爵秩的封建的代表。封建爵禄,其实就是明确责任、建立秩序与等级。

我们也可以从周朝及此前的五服制度中去寻找灵感、依据或者答案。

文献记载的商朝制度中,有侯、甸、男、卫、邦伯。《荀子·正论篇》中关于五服制度的记载是:封内甸服,封外侯服,侯卫宾服,蛮夷要服,戎狄荒服。

"甸"的意思是王田。"甸服"为内服,是天子与王直接经营的区域。"侯服"是外服。"侯服"还是各爵秩的采邑之地和诸侯分封之地。

从五等爵位分封制度和五服制度中我们就不难明白侯之于秩序的关系,因此也就不难明白为什么讲"建侯"即是建立秩序了。

有时我们形容一个人只知其一不知其二、只知其表不知其理时会用"知其然而不知其所以然"这么一句话。"然"在这句话里就是"这样"的意思。"知其然而不知其所以然"就是"只知道是这个样子而不知道为什么是这个样子"。其实很多解析《易经》的书和人就是这个样子,只告诉你"这样"而不告诉你"为什么这样"。实事求是地讲,其实不少人根本不知道"为什么这样",只知依葫芦画瓢、按字面意思翻译出来就拉倒,或者照猫画虎、前人怎么讲就跟着怎么讲,于是才有了"黄裳,元吉"就是"穿着黄色的裙裤大为吉祥",至于为什么"穿着黄色的裙裤大为吉祥"就不得而知了。我们只有真正地品味出《易经》各条卦爻辞的所以然来,才能真正地体会到《易经》的深刻内涵与本质。

【爻辞意解】

初九:磐桓,利居贞,利建侯。

"磐"就是磐石、大石,"桓"是华表之类的大木柱子。大石表示安然不动,木柱表示确立不移,因此"磐桓"可以被理解为坚定不移。也有一说认为:"磐"通"盘","磐桓"也就是盘桓、徘徊的意思。由此也不难看出解读《易经》之难,千百年来公说婆说,很多事可能永远没有一定之说,所以后人有不同见解、不同认识是再正常不过的事情了。

屯卦初爻乃万物初生之始,正所谓"刚柔始交而难生"(《象传》)之时,但创业者在这个时候一定要有如"磐"如"桓"般坚定的信念,不可以轻举妄动。"利居贞"是说要守正而居,也就是要坚守既定的正确的原则和方向,同时要注意理顺关系、建立秩序,即"利建侯"是也。

六二:屯如邅如,乘马班如。匪寇婚媾,女子贞,不字,十年乃字。

"屯"在这里仍然应该理解为屯卦的"屯难"之意,"邅"是难行的意思,"班"与盘相通,有旋转、回转之义。

"屯如邅如,乘马班如"所讲的其实是屯卦初六爻所言万物初生之始后的情形。这一个时期依然是万物萌生过程中的一个阶段,依然面临着重重的困难与困惑,依然是泥泞难行。这就好像刚刚成立了一家公司,公司开张了,但面临着诸如产品、市场、员工、管理等方面的不少问题,各类问题都需要逐步摸索、逐步理顺。事物初期的发展一如初生时的艰难,故曰"屯如"。"屯如"者,"如屯"也。这个时期,每前进一步都要小心翼翼、颤颤巍巍,正所谓"邅如""如邅"也。

这个时期,或许有时候会有前进得快一点、发展得快一些的机会,即有"马"可"乘",但是会因为种种原因,比如你还没有足够的经验去看透这机遇当中是否有风险、你还没有足够的能力去把握这机遇,"乘马班如",所以这时即使你乘上马,依然不敢贸然前进,总会思量再三,欲进还止,小心前行。

这一爻后半段的解读历来有一个小小的难点和争论,就是关于"字"的问题。关于"字"的主要解释有两个:一个是"嫁",一个是"怀孕",似无定论。其实,解读这一段的最大难点倒不在于"字"到底是"嫁"还是"怀孕"的意思,而在于"匪寇婚媾,女子贞,不字,十年乃字"到底是什么意思。嫁人也好,怀孕也罢,为什么坚贞不嫁人或者不怀孕而十年才嫁人或者才怀孕? 这么一句话到底是想说什么呢?

这需要结合这一爻所处的位和这一爻爻辞的前半部分所描述的象来剖析。"屯如邅如,乘马班如"是这一爻的象、这一爻的体,"匪寇婚媾,女子贞,不字,十年乃字"则是这一爻的理、这一爻的用,也就是说"匪寇婚媾,女子贞,不字,十年乃字"才是这一爻要告诉求占者或者要告诉我们大家万物初生之始所应该把握的原则、指导与建议。

俗话说:"商场如战场。"我们可以设想这样一幅情景:你经过深思熟虑和精心谋划,选择进入了一个具有广阔发展前景的产业,创建了一个公司,公司已经稳健起步,公司各个方面的工作都已经开了个好头并逐步走向正规,表现出了良好的发展趋势;或者你的公司刚刚开发出了一款新产品，一投放市场就表现出了良好的成长性。这时一家实力雄厚的公司向你伸出了橄榄枝，提出高价收购你的公司或者产品，或者提出了很优厚的条件与你合资或者合作，这时你会如何决策？

你曾经立下雄心壮志，有着坚定的信念，准备做一番大事业，并且已经成功地迈出了艰难的第一步，但是你的实力还不是足够大，你的经验还不是多么丰富，前进的路上还存在着这样或那样的困难。这时面对自主与合作的选择，你会怎么想呢？

面对突如其来的橄榄枝，你会有何反应呢？惊喜交加？宠辱若惊？不知所措？是的，你不知来者何意，不知是福是祸，不知是喜是怕，他们是来帮你的救星，还是克你的灾星？是真心，还是假意？"匪寇"，还是"非寇"？一时还真的难以判断。不过，有一点是可以肯定的，天上不会掉馅饼，而世上处处是陷阱。他们或许可以"帮"你把产品做强、把市场做大，但在这"帮"你做大做强的过程中，你还有多少发言权和自主权，就真的难说了。正所谓"大鱼吃小鱼，小鱼吃虾"，搞不好自己就被这商场大鳄给吃掉了。

这时你在这种复杂的环境中依然还是个弱者，处阴阳之阴位，位男女之坤角，你该怎么办呢？屯卦六二爻后半段所要告诉我们的，就是在这种条件下的决策原则与方法。屯卦讲的是万物之始，六二爻首先提出了"屯如"，在这样一个创业之始的过程中，接受别人的吞并的话，事业也就此打住了，也就说不上万物之始，所以可以讲接受吞并不是《易经》屯卦的指导思想。

整部《易经》的精神是积极向上的，处处鼓舞人们要有明确的目标、远大的志向以及积极的心态，顺利时要谨慎而为，逆境时要充满信心，要勇克时艰。从这样一个思想认识出发，就不难理解屯卦六二爻所给予我们的启示。它告诉我们：我们所要做的是一份事业，拱手送人、受制于人都不应该是我们的选择。在事业刚刚开始之时，还是要立足于自主发展，而不是成为一个配角。所以,对于这时不知出于何意的似盗非盗、似寇非寇、似匪非匪的合作之约,必须保持清醒的头脑,努力坚守自己的志向,加快发展和壮大自身实力。只有当自己的实力足以决定自己的命运时,才去考虑合作之事,以更进一步加快发展。

现在再回头看看这半段爻辞:"匪寇婚媾,女子贞,不字,十年乃字。""婚媾"不是历来被视为百年之"合"吗？ "匪寇":"匪"耶？ "非"耶？"十"年之"十"言其多也,而非特指。"女子"不就代表着创业之初的弱者吗？这"字"与不"字"便是你接与不接这百年之合的招了,而"贞"就是坚守自己的信念与方向。

《易经》各卦幻象无穷,可取类万物、比附人事,其因时而异、相对而出、征引无穷、蕴义精微。研易者不可拘泥,必通达卦爻之情而后可。六爻之占,无论如何取类比象,皆不必拘泥爻占之辞,当知得其时义即可,所谓"得鱼忘筌""得意忘言"是也。

六三: 既鹿无虞,惟入于林中。君子几,不如舍,往吝。

这一爻爻辞的意思直译就是:打猎没有虞人的帮忙,只好眼看着猎物逃入森林里去。君子察机追下去,不如舍弃不追;一定要向林中追下去,结果可能不怎么好。

"虞"是古代掌管山泽鸟兽的人,平时负责看管山林,当王公贵族打猎时则负责引导、协助,还负责把鸟兽驱赶聚集起来以方便王公贵族猎获更多猎物等。虞人常年守护山林,对于山林的情况当然最为熟悉。哪儿有山、哪儿有洞、哪儿有鸟、哪儿有兽、哪儿有沼泽、哪儿有路、哪儿安全、哪儿危险、去哪儿会有所收获、去哪儿会空手而归等等,他们再清楚不过了。一个不熟悉情况的人进入山林,打得着或打不着猎物是次要的,能不能安全地活着回来都是个问题。

这一爻,从前半段"既鹿无虞,惟入于林中"的象中所应该得到的启发就是"君子几,不如舍,往吝",当然这也是《易经》想要告诉人们的。我们从中所应该得到的启示就是:不要轻易、盲目进入一个你所不熟悉的领域,即使有看得见的利益,也应该见机行事、择机而断,除非得到熟悉这一领域的人的全力帮助。在现实生活中,那些因为盲目扩张、盲目多元化的公司失败的例证比比皆是。

六四:乘马班如,求婚媾,往吉,无不利。

此爻看起来如六二爻,依然"乘马班如",依然"婚媾",那这两爻的不同在哪里呢?

其实,到了本爻,形势已经发生了巨大的变化,已经与六二爻时截然不同,而且是形势的不同直接导致了行为方式的不同、决策模式的不同乃至结果的不同。

位居六四爻的你已经度过了创业最艰难的时期,在坚定信念的支撑下迈过了一道又一道的坎儿,或许还已经在"虞人"的帮助下几入林中抓过鹿、打过猎,已经掌握了市场或者社会的水深水浅,慢慢地有了经验、实力与底气。

这时你虽然还是"乘马班如",但已经不是在"屯如邅如"的形势之下了。那时的"班如"是战战兢兢、如履薄冰的感觉,而如今的"班如"已经是信心满满、优哉游哉的样子了。

依然是关于"百年之合"的"婚媾"大事,这里比六二爻悄然间前面多了个"求"字。可不要以为这是作者的粗心大意,切不可忘记古人历来讲究微言大义。我们可以试着把《易经》的一些场景拆分成拍电影的几个镜头,从中就可以体会到一些非常有意思的东西。六二爻的"匪寇婚媾",拍成电影大概应该是这么一幅景象:几个大男人骑着马跑到一个弱女子身边,连马也没下,冲着她说:"嗨,姑娘,嫁给我吧!"甚至连个"请"字都没有。然而,到了这六四爻,一个小小的"求"字其实蕴含着丰富的信息,足以说明你在这百年之约中的主动性,你是"求婚媾"而不是"被婚媾"。"求婚媾"暗喻到事业上,还说明了你的真诚、主动、积极进取的态度。

事业发展到这么一个程度,如何更稳健、更好、更快地发展,自然应该与同行、与社会建立更加广泛深入的合作。合作也好,婚媾也好,既然是"求",你当然会选择那些值得你求、适合你求的对象,成与不成皆操之在己,这当然是再好不过的事情了,所以爻辞最后得出结论:"无不利。"

九五:屯其膏,小贞吉,大贞凶。

这一爻的"屯"是屯聚的意思,"膏"是指油膏、油脂之类。我们先人在捕获猎物后,不仅饮其血、食其肉、衣其皮,还会"屯其膏",就是把动物的油脂、油膏贮存起来以备打不到猎物时的不时之需。积蓄些膏脂,办些小事情还可以,要想依靠这些干些大事情就难了,所以说"小贞吉,大贞凶"。

借指到人事上,"屯其膏"在这里引申为积蓄财富。

创业小有所成,如同大多数人刚刚富裕时一样,总是爱积蓄,希望积蓄下来以防不测、以供不时之需,也希望积少成多好干番更大的事业。这几乎是中华文明圈里的共性。本爻爻辞明确地告诉我们"小贞吉,大贞凶",也就是说这样做守成、过日子、做些小事情还可以,真要想成就大事,还远远不够。见过靠积蓄过好日子的,但没见过靠积蓄发大财的。创业时期的积蓄其实也不足以支撑你做多少事业,这时候你还是应该立足于实际,扎扎实实地从小事情做起,积跬步而致千里。这个时候异想天开地想做大事业,一是难以成功,二是有可能一招不慎而致全盘皆输。

要想有所成就、有更大的作为,应该学习陶朱公的人生经验,学会散财聚人,而不是财聚人散。陶朱公三散三聚,成就了中国商人之祖的美名。

上六:乘马班如,泣血涟如。

此处依然如六二爻、六四爻有那么一个"乘马班如"之象,而后面给人的告诫却是"泣血涟如"。有人说此爻凶,其实《易经》各卦各爻无吉无不吉,也无凶无不凶。它每处都认真地告诉你如果如何如何则吉,或者如果如何如何则凶,从而指导人们结合时与位的环境与条件,采取必要的措施,通过把事情做对而趋吉避凶。此爻并没有直接言"凶",更谈不上吉凶问题。之所以说此爻凶,多数人是因为那句"泣血涟如",不停地哭泣,都哭出血来了还不凶吗?

《易经》之所以难以理解,其实就是因为不少人会时时被一些表象迷惑。比如本爻这个"泣血涟如",感觉是一个哭哭泣泣的象,但如果按照此前我们所分析的卦爻辞分上、下两段,上体下用、上象下理的分析,那么"泣血涟如"应该是对人们的告诫与指导。

那么,这里的"泣血涟如"想告诫我们什么呢?

东晋葛洪的《抱朴子·广譬》中有"才小任大,则泣血涟如"这么一句话,就是说,如果你的才能不能够胜任你的工作,你就会没完没了地暗自悲泣不止。古人对于不同的哭的描述是不一样的,号、嚎、哭、泣各有各的味道,不像我们今天不管什么都叫"哭"。很多时候你会听不少人说工作压力好大! 其实压力大小都是相对的,一方面是在和别人比较中的相对,一方面是和自己能力比较的相对。比如:你的肩膀能够挑六十斤的担子,那么让你挑七十斤,你就因感到压力太大而挑不动。可是,如果你能够挑一百斤的担子,让你挑九十斤的担子,你还会感觉很轻松呢。很多人一门心思地想进步、想当越来越大的所谓的"官",为了实现目的甚至不择手段,但事实上并不是每个人都适合做管理者的,这需要看每个人的性格与能力。有的人能力不够而到了高位,真的是天天绞尽脑汁、愁眉苦脸,甚至暗自痛苦落泪也是常见的事。

再回到正题。本爻上六虽然从时与位的角度分析,事情已经到了事物的初创完成阶段,但毕竟仍旧属于初创时期,你依然没有足够的经验、能力与实力大刀阔斧地开创一片更大的事业,仍然需要老实本分地去创业。这时如果你志得意满、晃晃荡荡、吊儿郎当地天天不务正业,"乘马班如",将来或许也就只有"泣血涟如"的份儿了。

西方社会有个"彼得原理",也叫"向上爬原理",说的是一个人总是要到了与自己的能力不相称的位置才会停止向上爬。但是,如果真的到了那时候,累得天天喘不过气儿来,天天"泣血涟如",又有什么意思呢? 与其如此,还真的不如像六四爻那样优哉游哉地"乘马班如"呢。

◎ 第十七章

蒙卦第四——启迪蒙昧的教育

【原文】

☶☵ 蒙　山水蒙　艮上坎下

蒙：亨。匪我求童蒙，童蒙求我。初筮告，再三渎，渎则不告。利贞。

《彖》曰：山下有险，险而止，"蒙"。"蒙：亨"，以"亨"行时中也。"匪我求童蒙，童蒙求我"，志应也。"初筮告"，以刚中也。"再三渎，渎则不告。""渎"，蒙也。蒙以养正，圣功也。

《象》曰：山下出泉，"蒙"。君子以果行育德。

初六：发蒙，利用刑人。用说桎梏，以往，吝。

《象》曰："利用刑人"，以正法也。

九二：包蒙，吉。纳妇，吉。子克家。

《象》曰："子克家"，刚柔接也。

六三：勿用取女，见金夫，不有躬，无攸利。

《象》曰："勿用取女"，行不顺也。

六四：困蒙，吝。

《象》曰："困蒙"之"吝"，独远实也。

六五：童蒙，吉。

《象》曰："童蒙"之"吉"，顺以巽也。

上九：击蒙，不利为寇，利御寇。

《象》曰：利用"御寇"，上下顺也。

【卦象意解】

"☲☷"是《易经》六十四卦第四卦蒙卦的卦象、卦画和符号，而"蒙"是这一卦的名称。蒙卦上卦为艮山卦☶，下卦为坎水卦☵，所以蒙卦也称"山水蒙卦"。

水在山下为泉，泉水从山下流出，弯弯曲曲，没有方向，象征着蒙昧，所以《象传》上讲"山下出泉，蒙"。

【卦辞意解】

☲☷蒙：亨。匪我求童蒙，童蒙求我。初筮告，再三渎，渎则不告。利贞。

六十四卦中，蒙卦紧跟在屯卦之后，是说万物克服了初生阶段的困难后，就进入了一个蒙昧的状态，相当于我国上古神话传说中的混沌时期后的蒙昧时代。这个时候的人类已经开始有了朦胧的思想，慢慢地萌生了好坏美丑、善恶情仇等观念，逐步地有了道德意识的概念。人类思想观念意识的产生，自然就带来了人类思想观念行为的规范与教化问题，也就是教育问题。人一生下来，从牙牙学语开始，就面临一个童蒙时期的教育问题。人的一生乃至整个社会无不需要面临教育这样一个大问题。

蒙卦象征蒙昧，在蒙昧时期进行启蒙教育就能够亨通。所以，蒙卦卦辞一上来就讲："蒙：亨。"蒙昧以前谈不上教育的问题，长大成型了再造就会相当困难，在正确的时间里做正确的事情当然应该大为亨通。"一张白纸没有负担，好写最新最美的文字，好画最新最美的图画。"在童蒙时期,童心还没有受到后天的污染,适时地进行教育当然是再正确不过的事情了。

"匪我求童蒙,童蒙求我"讲的是作为教育者,有一个原则必须把握,那就是并非我去求人家来学习,而应该是人家来求我。这不像我们今天,教育是全民普及教育,送孩子上学是国家的规定和家长的法定义务。过去的启蒙教育,是有钱人把教书先生请到家里来,或者把孩子送到先生家求先生收下做学生,求学者还要行严格的拜师礼。求学是一件人生的大事,是件非常严肃的事情。正所谓兴趣是最好的老师,志向则是最大的动力,只有童蒙一心向学,老师才会对之进行教育,这样的教育思想才会有更好的效果。

作为教育者还有一条需要把握的原则是:"初筮告,再三渎,渎则不告。""筮"就是以蓍草求卦。前面提到过,一个蓍草占的过程是相当复杂的,需要求卦者和筮占者都有相当的诚心。"渎"则是亵渎、怠慢之意。这句话是讲:求学者要有真心与诚心,一心向学,不可以怠慢老师、亵渎教育。如果求学者虔诚地向老师求学,老师就必须认真地对待、认真地教育。如果求学者不虔诚,行了学礼,进了学堂,过了一段时间烦了或者受不了了,逃学回家了,再过了一段时间又来求学,甚至一而再、再而三地如此反复,那不就成了对师道的大不敬吗? 对于这样的求学者,老师最终是不会接受的。

对于在教学中遇到的问题也是一样,学生对有些问题不理解、不懂,问到老师时老师一定要认真解答,但如果同样的问题学生再三地问,最终老师就不会认真对待了。

教育的问题是人之大事、家之大事、国之大事,自然马虎不得。对于教育问题必须坚持正确的原则与方向,坚持正确的道路,所以卦辞最后以"利贞"两字做了个结尾。

【爻辞意解】

初六：发蒙，利用刑人。用说桎梏，以往，吝。

"发蒙"就是启蒙教育的启发童蒙，"刑人"就是严格管束并纠正受教育者的错误。"说"应为"脱"。"桎梏"是"刑人"所用的手铐和脚镣，在这里比喻对童蒙的各种管理制度、措施和规则。

"发蒙，利用刑人"就是讲启蒙教育的最有效的措施就是对童蒙严加管束。如果脱离了各种管理的规则，没有了必要的约束，长此以往地发展下去，其结果必然令人失望。《三字经》讲："子不教，父之过；教不严，师之惰。"送孩子求学是家长的责任，对求学者不严加管教就是老师的失职。"用说桎梏，以往，吝"是说如果没有规矩，不严加约束，长此以往，不会有什么好结果。

九二：包蒙，吉。纳妇，吉。子克家。

"包"是包容的意思，这里引申为对童蒙的爱护。"包蒙，吉"是说为人师者，不仅要严，还要慈爱，要对受教育者充满包容和爱护，这样才能收到好的教育效果，才能够是吉祥的。

"纳妇，吉"，直译就是娶媳妇吉祥。理论上讲什么时候娶媳妇都应该是件吉祥的喜事，但在这一关于教育问题的卦里谈到纳妇娶妻，自然就应该和教育问题有关。那么，既然是吉祥的，是不是说娶媳妇对于启蒙教育是有所帮助的呢？

事实确实如此。

过去中国人结婚早，正常情况下一般十几岁就娶媳妇了。通常来讲，娶媳妇是人生中的一件大事，是人生"久旱逢甘雨，他乡遇故知，洞房花烛夜，金榜题名时"四大喜之一，也是人生的最为重要的转折点之一，自然对于人生的影响是相当大的。一个人往往结婚前是个孩子，而结了婚虽然不一定能被称为大人，但至少感觉不是个孩子了。娶媳妇时要敬天、敬地、敬父母,前前后后还不知道要到岳父大人家去几次,作为贵客登门,自然要有贵客知书达礼的样子,婚后还要学会处理姑舅婆媳的关系。早得了贵子,不但可以让人更加深刻地体悟到父母的养育之恩,而且可以让人因为为人父而加快成长和成熟。大家想一想:世上还有哪一种教育能够对人生产生如此巨大的影响与改变? 小时候的农村,有不少十来岁的孩子天天疯玩儿,没个正形,正如俗话所说:"三天不打,上房揭瓦。"有时气得老娘拿着笤帚疙瘩满街追着打,邻家婶娘就在一旁劝道:"好了,好了,别生气了,哪天给他娶了媳妇就好了。"于是就听老娘气呼呼地说:"你个臭小子,你听着,看哪天老娘不给你娶个媳妇管管你! "看来,娶妻还真的是不错的教育之道。

下面再来说说"子克家"。

"克"本来是个象形字,下面像个肩膀的形状,整个字形像人肩膀扛着东西的样子。《说文解字》讲:"克,肩也。"以肩任物曰"克"。所以,"克"的本义就是担当、胜任的意思。

"子克家"就是儿子挑起家的担子,担当起管理家庭的重任。让儿子勇于担当起家庭的责任,从而增强自身的责任感与使命感,这是责任与使命的教育。

六三: 勿用取女,见金夫,不有躬,无攸利。

这一爻有些像九二爻"纳妇,吉"的注解。"纳妇,吉"是说娶媳妇吉祥,对于教育儿子成长会有帮助。这里则是告诫人们娶媳妇也要注意,不能够娶那种见了漂亮男人和有钱男人就动心、就忘了规矩的女人,娶这样的女人不利,对教育和帮助儿子成长没有什么帮助。"不有躬"就是忘记身份、不守规矩的意思,"无攸利"则是讲没有什么好处。

六四: 困蒙,吝。

陷入困境的愚昧之人是最为可悲的。这里所说的陷入困境的人,是指那些自我封闭、安于蒙昧、不愿接受教育的蒙昧之人。

六五：童蒙，吉。

从孩童的幼年时期开始进行启蒙教育最好，最能够成功。

因为此爻位居六五，属中正之君位，所以古人大多把这一爻的童蒙解释为素质最好的童蒙。但是，这样解释似乎有违于孔子的"有教无类"的大训，所以还是应该理解为教育当从儿童抓起为好。

至于为什么到了六五爻才谈这一最基本的启蒙教育问题，我们似乎可以从《系辞》中找到答案。《系辞下》第九章中说："二与四，同功而异位，其善不同，二多誉，四多惧。""三与五，同功而异位，三多凶，五多功。"其实，每卦各爻都是位不同而功同。所谓"功同"，其实质就是功用相同。所谓"功用"，就是各爻爻辞提供给人们的指导价值与作用。不能说哪条爻辞说吉就说这条爻辞有价值，也不能说哪条爻辞言凶就说这条爻辞没价值。每一条爻辞都有价值和作用，都给人提供有益的指导和帮助。但是，或许是因为先哲们早就认定了或者设定了这"二多誉，四多惧"、"三多凶，五多功"的规则，所以就形成了我们后人所见到的"二多誉，四多惧"和"三多凶，五多功"的局面。

上九：击蒙，不利为寇，利御寇。

初六爻讲过，对于蒙童要严加管束。这里的"击蒙"则更进一步，就是对于调皮捣蛋的蒙昧的儿童必要时应该采取更加严厉的措施予以惩罚。但是，惩罚也要讲究个度，不能太过严厉，像对待强盗一样对待蒙童就有些过分了，像抵御强盗一样就比较有利。所以，爻辞讲"不利为寇，利御寇"。

这些原则直到今天依然正确与适用。对于教育的事情，一定要严肃认真，对于一些事情所需要采取的惩罚一定要慎重，不可用过分的、错误的方式惩罚错误，而应该立足于防止人们犯错误。这与"不利为寇，利御寇"的道理是一样的。

◎ 第十八章

需卦第五——强者的等待

【原文】

需　水天需　坎上乾下

需：有孚，光亨，贞吉，利涉大川。

《彖》曰："需"，须也。险在前也。刚健而不陷，其义不困穷矣。"需：有孚，光亨，贞吉"，位乎天位，以正中也。"利涉大川"，往有功也。

《象》曰：云上于天，"需"。君子以饮食宴乐。

初九：需于郊，利用恒，无咎。

《象》曰："需于郊"，不犯难行也。"利用恒，无咎"，未失常也。

九二：需于沙，小有言，终吉。

《象》曰："需于沙"，衍在中也。虽"小有言"，以终吉也。

九三：需于泥，致寇至。

《象》曰："需于泥"，灾在外也。自我"致寇"，敬慎不败也。

六四：需于血，出自穴。

《象》曰："需于血"，顺以听也。

九五：需于酒食，贞吉。

《象》曰："酒食贞吉"，以中正也。

上六：入于穴，有不速之客三人来，敬之终吉。

《象》曰：不速之客来，敬之终吉，虽不当位，未大失也。

————————————————☯————————————————

【卦象意解】

"䷄"是《易经》六十四卦第五卦需卦的卦象、卦画和符号，而"需"是这一卦的名称。需卦上卦为坎水卦☵，下卦为乾天卦☰，所以需卦也称"水天需卦"。

水上升到天上而为云，还没有形成雨，但形成雨是早晚的事情，只要环境条件具备了，自然会形成雨，降落大地，滋润万物，所以需卦是个耐心等待之象。

【卦辞意解】

䷄需：有孚，光亨，贞吉，利涉大川。

需卦的"需"字是个有多重意义的概念复合体，既有需求、追求的意思，又有等待的含义。

《易经》处处闪烁着人生的哲理与智慧。人生在世，都是有追求的，又都是有需求的，追求也是一种人生的需求，而需求和追求的实现不会总是一帆风顺的。满足需求，实现追求，实现理想，需要的不仅是奋斗，还需要条件、时机；有时时机不到、条件不具备，奋斗也难以成功。在奋斗的过程中，有时候就需要等待，有时甚至需要忍耐。等待是强者的自信。需卦所要告诉我们的，就是在各种等待的条件下的应对之策。

"孚"的意思是"信"，一方面说的是自己的自信、信心，另一方面说的是能够被别人信任。"有孚，光亨"就是讲一定要有信心，要被信任，只要有信心,值得信赖,前途一定光明而亨通。在这种情况下,只要坚持走"贞"正之道,坚持正确的原则与方向,就必然会"吉"了。

能够被信任,又有坚定的信念,这世上还有什么过不去的坎儿呢?什么大江大河过不去?所以,也就"利涉大川"了。"涉大川"就是比喻克服困难、克服艰难险阻,这正是需卦等待所要达到的目的。当然,在各种各样的等待环境中与条件下,还需要有聪明的智慧和良好的心态。要时刻以平常心对待各种各样的条件与困难,条件不具备切不可操之过急,要像平常一样过好日子。正如《象传》所说:"云上于天,需。君子以饮食宴乐。"至于等待的智慧,则要等到在爻辞里告诉大家。

【爻辞意解】

初九：需于郊,利用恒,无咎。

《说文解字》讲:"距国百里为郊。"古代称距国都一百里以内的地区为"郊"。周代时距离国都五十里以内的地方叫"近郊",五十里到一百里以内的地方叫"远郊"。当时的"国"也不是我们今天所说的"国家"的"国",我们今天所说的"国家"的"国"那时候叫"天下"。周朝统治的"天下"就类似于我们现在说的全国。天子王天下以后,就会裂土分封,封邦建国,所以《说文解字》讲:"国,邦也。"《周礼·太宰》中有句话叫"以佐王治邦国",所封的疆域比较大的叫"邦",比较小的叫"国","邦国"就是这么来的。天子分封以后,被分封的诸侯各王就可以在封地建城,建的城就是所封邦国的都城,这都城有时又被称为所建之国。城外是郭,有时我们会说"城郭",其实城是城、郭是郭,郭在城的外面,南郭先生肯定住在城的南门之外。郭是城建起来之后,城外的人为了与城里人做生意方便或者出于其他原因而聚居形成的区域。郭的外面才是我们上面谈到的郊。所以,可以认为郊是离城比较远的地方。

"需于郊"，就是在郊外等待。如果用在郊外等待作为比喻，那么进到城里去做什么事情大概就是等待的目的。在百里的郊外期待着进城，还有一段距离要走，要知道这不是在今天，百把里地开上汽车一会儿就到了，那时这么一段距离是要备足干粮走上好半天的。总之是说明距离远，比喻实现目标的条件还很不具备。这个时候就要求你一定要有耐心和恒心。所以，后面跟着是"利用恒，无咎"，就是讲在郊外等待、在条件还很不具备的时候一定要有恒心，只要有恒心就不会做过头事，就不会有过失。

九二：需于沙，小有言，终吉。

"需于沙"就是在沙滩上等待。

在沙滩上等待什么呢？自然是等待过河。沙滩其实就在河的水边，马上就可以过河了，这是说这时已经具备了过河的一些条件。已经具备了过河的条件，可你还在沙滩上等待而不马上过河，于是或许周围的人就会有所议论，正所谓"小有言"也，也就是略有微词、小有议论。

这时候该怎么办呢？

有句俗话说："走自己的路，让别人去说吧！"在这里我们可以改动一下："过自己的河，让别人去说吧！"或者更准确地说是："不过自己的河，让别人去说吧！"不要把别人"小有言"当回事，一定不要受其影响。你最了解你自己心中在等待什么，你有你的目标、你的目的，你等待着你所期待的条件出现，而别人是不知道的。你或许在期待河上来条大船，或许在观察水流与风向，或许希望等来一位同行之人。总之，你在等待着什么，那就等吧，别管别人说什么。你最终会等到条件的成熟、机会的来临，那时你的目标、目的就会顺利实现，最终的结局必定是不错的，即"终吉"。

九三：需于泥，致寇至。

"泥"就是泥泞、泥巴、泥潭的"泥"。"需于泥"就是在泥泞的路上、一堆烂泥巴里或者身陷泥潭中等待。

在这"泥"中等待,那等待的环境和条件自然是复杂的,处处掣肘,难以行动。在这种情形下等待自然是非常困难的,也必然处于危险之中,灾害有时时到来的可能,这就是"需于泥,致寇至"。

爻辞只是告诉你在泥泞的复杂的环境中等待容易招致灾害,并没有如其他爻的爻辞那样告诉你该怎么办,这主要是为了体现"三多凶"。告诉了你的危险所在,其实也就等于告诉你要注意防范风险。至于怎么办,那就要靠自己的智慧和根据当时所处的具体环境条件进行判断了,反正自己要多长个心眼,保护好自己。

六四：需于血,出自穴。

"需于血",流着血等待或者是在血雨腥风中等待,颇有些刀光剑影的意思,这是比喻在非常危险的环境中与条件下等待。这时正确的做法应该是千方百计从这危险的旋涡中出来,"出自穴",脱离危险、保全自己才是最终实现自己所等待目标的根本保证。事业与人生固然重要,但无论在什么情况下都应该把安全放在第一位,正所谓"留得青山在,不怕没柴烧"。

九五：需于酒食,贞吉。

"需"仍然是等待的意思,在喝酒吃饭中等待,坚持正确的原则、走正道就会吉祥。

为什么在喝酒吃饭中等待就吉祥呢?

美国社会心理学家亚伯拉罕·马斯洛的需求层次理论把人类的需求分为生理上的需求、安全上的需求、感情上的需求、尊重的需求和自我实现的需求五个层次。喝酒吃饭、饮食宴乐自然是第一层次的需求。"食、色,性也",生存是人的第一层次的需求。在酒食宴乐中等待,就是在最正常的环境中与条件下等待。

之所以在这种情况下等待是吉祥的,我们可以从以下两个方面来体会这一爻给我们的启示:

一方面它告诉人们,对待任何事情都要有一颗平常心。要学会"该吃吃,该喝喝,啥事别往心里搁"。事情发生就自然有发生的道理,没有发生就自然有没有发生的理由,很多事情想多了也没用;刻意而为也不一定会取得预期的结果,甚至有可能适得其反。你看那发现敦煌莫高窟藏经洞的王道士,为了维修与扩建莫高窟,他卖了三万多件文物珍品,自己没贪一分一厘,却给国家造成了无法弥补的损失。假如王道士没起修缮莫高窟的宏愿,敦煌文物流失的情形何以至此? 以一颗平常心等待,或许在不经意间就具备了成功的条件,甚至成功已悄然而至。

另一方面我们也可以理解为饮食宴乐可以成为等待的最好的伪装。如果你不能够做到如上所言以平常心对待你所期盼的、你所等待的希望的到来,那至少可以装着平常心的样子来保护自己。需卦是个"利涉大川"的卦,所等待的可以是惊天动地的大事情。成大事必有大不易,有时等待的环境和条件会是相当恶劣的,不仅仅是"需于郊"、"需于沙"、"需于泥"、"需于血",还会遇到"小有言"、"致寇至"的危险,甚至会有更加恶劣与危险的情况。这时仅仅是"利用恒"和"出自穴"是远远不够的,这可能就需要更大的智慧与忍耐力,将自己完美地包装起来。

最为完美的包装大概应该是示之以常。所需要包装的东西必然是不寻常的东西,示之以常就是把不寻常的东西包装成寻常的东西。隐蔽战线有句话,叫作"在敌人办公室里办我们的公事才是最安全的"。我为敌人之敌,在敌人的窝里自然是包装成敌人的常态最安全了。据说,成吉思汗死后遗体被送回故乡,陵墓深埋,然后万马踏平,不封不树,没有给后人留下任何痕迹,从而保证了陵墓日后不为盗墓者所盗、所挖,示之以常之法,看来远比大多数帝王大造陵山安全与聪明得多。兵法所言"阴在阳之内,不在阳之对。太阳,太阴",也是一样的道理。

把自己的心迹包装起来的最好方法也同样应该是示之以常,这个"常"

就是日常生活之"常"，而日常生活之"常"当然就是最为常见的、普通的、人人如此的吃喝拉撒睡了。表现得和平时没有什么不同，表现得和别人没有什么两样，做到了，就是最好的伪装、最好的包装，就是对成功等待的最好的保护。

上六：入于穴，有不速之客三人来，敬之终吉。

"穴"，古人穴居，所以"入于穴"被有人解为进入洞穴等待，结果有不请自到的三个人进来，于是准备了酒肉恭敬地招待他们，最终会是吉祥的。但是，这里实在看不出继续等待的意思，也没有闻到酒肉的味道。下面我们试着找出更为妥当而正确的解读。

六四爻是"出自穴"，到了这里要"入于穴"了。这"穴"，我们其实可以理解为事情的中心、舞台的中央。前面五爻都是一直在等待，总不会永远等待下去吧。本爻就是整个需卦强者等待的大结局。

"入于穴"而非"需于穴"，所以不是在穴里等待，而应该是从等待的幕后走到前台，从旁观者变成当事人。常言道："不入虎穴，焉得虎子？"经过耐心的、艰苦的等待，看来该出手了，于是"入于穴"。

从"需于郊"、"需于沙"、"需于泥"、"需于血"到"需于酒食"，沟沟坎坎，艰难险阻，剑拔弩张、血雨腥风，一路走来，等待者隐忍着、坚持着。这是强者的等待，更是智者的等待。你等待着时运、等待着机缘、等待着自身力量的强大、等待着条件的成熟。在这等待中，你积蓄了力量，积累了经验，构筑了同盟，树立了威望，夯实了坚固的基础，终于等来了天时、地利、人和的大好时机。各种条件都已经具备，甚至有可能出现让你意想不到的更为有利的条件，"有不速之客三人来"帮助你的事业。"不速之客"是说你所等到的条件甚至超过了你的预期，"三"泛指多也。对于这意想不到的有利条件的出现，你必须敬慎地对待，切不可以因为自己的踌躇满志、信心满满而傲慢，依然要有耐心与谦恭之心，才能够"入于穴"而一举成功。

历史上著名的周克殷商、武王伐纣的故事是对需卦最好的诠释。

周人是农神后稷的后代，历经公刘和古公亶父等多代人的经营，他们的部落到了商末已经慢慢地强大起来，成为殷商西部一支不可忽视的力量。古公亶父的孙子姬昌，也就是后来的周文王，即位西伯以后，"遵后稷、公刘之业，则古公、公季之法，笃仁，敬老，慈少"，"礼下贤者"，聚集了包括伯夷、叔齐、闳夭、散宜生等在内的大批人才，从而引起了殷纣王的关注，把姬昌拘囚于羑里。文王被拘羑里期间，闳夭等人搜集了不少美女和大量奇珍异宝献给殷纣王，以讨其欢心。纣王尽管得了宝物，但还是不放心，于是杀了文王的儿子伯邑考做成肉酱让文王吃。文王明知是自己儿子的肉也平静地吃了下去，这才解除了纣王的担心。纣王赦放了西伯，并赐给他弓矢斧钺，授权他讨伐不听命的诸侯。这就是史书中说的文王"羑里之厄"。文王被放出来后，献出了洛西的土地，请求纣王废除炮烙之刑，表面上对商朝毕恭毕敬，私下里暗行善事、联合诸侯，为将来的伐商大业积蓄力量。但是，他还没等到做好充分的准备，就去世了。他的儿子姬发继位，就是后来的周武王。

武王继位后，虽然商朝内外的矛盾日益尖锐，但似乎在相当长的时间内倒商的时机还不够成熟，所以一直积极地准备并耐心地等待着时机的到来。

武王在继位后的第九年，才率兵东进至盟津，诸侯不期而会者有八百多个。但是，武王审时度势，认为时机仍未完全成熟，所以命令退兵。这就是历史上的"观兵盟津"。

到了第二年，纣王杀了王子比干，囚禁了箕子，太师、少师抱乐器投奔了周国，纣王陷入了彻底孤立的境地，武王认为灭商时机已经到来。于是，武王于十一年元月率周师出发东征，有主力军戎车三百乘、虎贲三千人、甲士四万五千人。后来，周军从盟津渡过黄河，"诸侯咸会"。天下诸侯全都来了,直奔商朝国都朝歌。周武王十二年二月甲子日早晨,武王誓师后,在朝歌郊外的牧野和纣军展开了决战,这就是历史上赫赫有名的牧野之战。只打了一天仗,纣王就败逃鹿台,自焚而死。第二天,武王在商王宫殿里举行隆重的仪式,再拜稽首而受命,从而完成了克商使命,成就了周八百年的宏伟基业。

周乃西部边陲小国,文王立下倒商大志,远远地等待着,不就是"需于郊"吗?纣王荒淫无道,挖比干之心,立炮烙之刑,朝内、朝外人人自危,文王、武王卧薪尝胆,天天如伴虎般等待着,不就是"需于泥"吗?观兵盟津,会八百诸侯,众人劝进,而武王决然而退,不就是"需于沙,小有言,终吉"吗?文王被拘就是"需于血",幸得闳夭等相救才得以"出自穴"。武王继位,"需于酒食",等待了十年,终于于武王十一年牧野之战时"入于穴",之后"诸侯咸集",即"有不速之客三人来"。武王"敬之",恭敬地在战前誓师,历数商纣的罪恶,说明伐纣的正义性,动员将士们英勇杀敌,最终一战而屈殷商之兵,夺得天子之位,"终吉",即终于实现灭商大计。需卦曰"利涉大川",试想还有什么比推翻旧王朝、建立新秩序更大的事业呢?

第十九章

讼卦第六——智者不讼

【原文】

▤ 讼　天水讼　乾上坎下

讼：有孚，窒惕，中吉，终凶。利见大人，不利涉大川。

《彖》曰：上刚下险，险而健，"讼"。"讼"，"有孚，窒惕，中吉"，刚来而得中也。"终凶"，讼不可成也。"利见大人"，尚中正也。"不利涉大川"，入于渊也。

《象》曰：天与水违行，"讼"。君子以作事谋始。

初六：不永所事，小有言，终吉。

《象》曰："不永所事"，讼不可长也。虽"小有言"，其辩明也。

九二：不克讼，归而逋，其邑人三百户无眚。

《象》曰："不克讼"，归逋，窜也。自下讼上，患至掇也。

六三：食旧德，贞厉，终吉。或从王事，无成。

《象》曰："食旧德"，从上吉也。

九四：不克讼，复即命渝，安贞，吉。

《象》曰："复即命渝"，"安贞"，不失也。

九五：讼，元吉。

《象》曰："讼，元吉"，以中正也。

上九: 或锡之鞶带,终朝三褫之。

《象》曰: 以讼受服,亦不足敬也。

【卦象意解】

"☰☵"是《易经》六十四卦第六卦讼卦的卦象、卦画和符号,而"讼"是这一卦的名称。讼卦上卦即外卦为乾天卦☰,下卦即内卦为坎水卦☵,所以讼卦也称"天水讼卦"。

古人认为: 天动而地不动。"地得一以宁"(《道德经》),而天在地的上方从东向西、从左向右运行。同时,由于中国的地形总体上西高东低,海在东边,人居海右,古人看到的几乎所有大江大河都是百川归海、自西向东而流。讼卦上面为乾为天为刚,下面为坎为水为险,引申到人类社会,天为君为上、水为民为下,天向西而行、水向东而流,所以天水讼卦真乃天水相违行、上下相逆背、一派争讼之象。

【卦辞意解】

☰☵讼: 有孚,窒惕,中吉,终凶。利见大人,不利涉大川。

讼卦所讲的是争讼问题。

遇到争讼的问题,要"有孚",就是自己要有信心,也要相信别人,并且要相信自己能够得到别人的信任。世上之所以会出现争讼,主要是因为利益不一致、认识不一致。但是,世界之所以能够存在,就是因为种种不一致最终都会找到平衡的结合点。当然,旧的不平衡解决了,还会出现新的不平衡,而新的不平衡最终也必然要走向新的平衡。人世间的事也一样,有争讼就是有矛盾,但要相信,再大的矛盾最终都是可以化解的,无非是需要用什么样的方式、方法以及需要多久。

"窒"就是"窒息"的"窒",看到这个字就让人感觉有些窒息。在争讼的过程中,当事的一方甚至双方有时都会觉得自己是对的,感到对方无理至极,感到自己有理难伸,气得自己脸红脖子粗,竟然连话都有说不出来,这就是"窒"。这个时候,一定要"惕",就是要小心谨慎,要保持理智。为什么呢?这是因为失去了理智也就失去了可以找到平衡点的"理",也就失去了心平气和地解决问题的"智"。

有了争议,不必非要争讼到底,非要把官司打到底也许没有什么好处,中间停止争讼最好,所以卦辞说"中吉,终凶"。面对争讼,最好的办法是请"大人"调停,即所谓"利见大人",而不应该像渡大河大江那样争讼到底,把事情弄得更大、更复杂没什么好处,所以"不利涉大川"。

对于争讼问题,讼卦的基本指导思想是否定争讼,认为没有争讼最好,有了争讼而及时中止次之,争讼到底最坏。讼卦对于争讼到底的人表现出了强烈的不认可,认为即使胜了也胜而不美,胜了也就败了。"中吉,终凶",这一点深刻反映了我国先秦时期的社会思想道德观念。"讼"是个形声字,从"言","公"声。"公"字在里面也有其意义,可以理解为辩言于公堂,也可以理解为辩言于公道之人,当然还可以理解为公开地言辩,甚至可以理解为通过辩言讨论来达到公正解决争讼矛盾的目的。

讼的目的和所追求的结果自然是公平、公正地解决矛盾,只要能够达到这一目的,方式自然是越文明、越简单、越快捷越好,非要通过严格、复杂的打官司的手段来达到这一目的是下策,最好的办法是通过双方都信任的公正、公道之人进行调解,这样一方面可以节省不少时间和精力,另一方面也不至于伤了和气。尤其是在古代,人们的生活半径很小,大家低头不见抬头见,官司打得头破血流未必是什么好事情,可能会结下一辈子的恩怨,倒真不如找一位德高望重者给说和说和,这样既可以解决问题,又可以给双方都留下面子,留下日后和好、交往的空间,确实是聪明、智慧、理性之举。

【爻辞意解】

初六: 不永所事,小有言,终吉。

对于争讼的事情不争讼到底,会有一些小小的议论,但结果是吉祥的。

初六爻直接贯彻了讼卦的中心思想,一上来便告诫大家要"不永所事"。不提倡争讼,有了争讼也不提倡争讼到底。当遇到可能不得不面对的纷争时,当事的一方甚至双方最先想到的可能就是直接邀请对方或者通过一个双方都熟悉和信任的中间方邀请对方先坐下来谈谈,最好就此把事情处理好,都不希望涉及更多的人和事。一般只有当双方实在是谈不拢、甚至谈崩了的情况下,才会出现一方或者双方诉诸律法,从而使纷争变成了争讼。这也是所谓的"先礼而后兵"。

通常情况下,即使是把事情上诉了,双方当事人一般也会为协商与和解留有余地,有时是边打官司边谈判,一旦找准了切合点,双方就可能以和解的方式结束纷争。

但是,我们也会发现:一旦双方下决心和解或者接受调解,周围难免会有些议论,这个说太亏了,那个说没骨气、太软了,"小有言"也。其实没关系,面对这些议论,你要坦然面对,相信自己做得没错,你身边的人尤其参与其中的人肯定赞同你的做法。任何事情都不能够让所有人满意,很多事情也没必要做过多的解释,只要心中无他,无一己之私,就没什么可怕的。

我们可以设想一下:如果官司打起来没完没了,从当事人的角度来说,要耗费多少精力?用这些精力能做多少事情?如果官司非要打下去,工作、生活可能全给打乱了,工作质量、生活质量甚至身体状况都会下降。

最终的结果呢？双方必定有输有赢、一输一赢。人人都认为自己应该赢，但其实不然，结果是必然有一方要输。与其这样，为什么不选择一个都不输的方案呢？双方都不输，也就可以认为是双赢，及时地通过协商、调解、和解来中止诉讼自然就成了最好的选择。

从经济的角度讲，旷日持久的官司会耗费掉大量的财力。联系当下而言，输了且不说，即使赢了，就一定合算吗？千万不要为了争条牛尾巴，官司打进一头牛。

从社会的角度看，一场官司打下来，不知要浪费多少社会资源。联系当下而言，从受理到调查取证、调解、庭审、一审、二审、终审，抗诉再审，案子卷宗越来越高、越来越厚，而在这又高又厚的案宗后面又会消耗掉多少人力、物力、财力？最后的结果，从社会讲不就是个零和吗？因此，及早地中止争讼就是及早地减少社会资源的浪费。

九二：不克讼，归而逋，其邑人三百户无眚。

"逋"读"bū"，逃亡的意思。"眚"读"shěng"，本义为眼疾，引申为马上可能面临的过失、灾祸。这一爻的意思是：官司没有胜诉，回来就应该逃亡，这样自己同邑的几百户人家才可以免受灾祸。

解读讼卦九二，有必要粗略地还原一下那个时期的社会生态环境。这里需要明确一个概念，就是同邑所住的人大都是一个宗族的人，周初前中国还处于一个方国的时代，各居民点大都从氏族部落而来，或者是一个氏族部落的分支，因而同邑之内相对于外大体是团结的，一旦有什么事，往往会不分青红皂白马上一致对外，所以也有人认为讼卦初六"不永所事"说的就是家族内的"事"，到了九二之讼就已经不是家族内部的事了，而是和外部的争讼与纷争。

"不克讼"就是没有赢得诉讼。现在与外部争讼的官司输了，输了该怎么办呢？《易经》给出的建议就是快快出逃。为什么要出逃呢？目的就是好使同邑的人免遭眼前的灾难。如果不出逃，官家来执行了，要带你走，或者要牵你家的牛，乡亲们不干了，可能会和来人打起来，那不麻烦大了？所以，建议你三十六计走为上，抓紧出逃，免得族人受连累。

如果把这一爻爻辞改成"不克讼，归而不逋，其邑人三百户，眚"也不是不可以，告诫你如果不逃亡，满邑的人马上就会面临灾祸，其效果依然可以达到劝诫你出逃的目的，但这是第二爻，"二多誉"，所以爻辞选择了正面的劝诫方式。从这里也不难看出，所谓"二多誉，四多惧"和"三多凶，五多功"，并不是来自天然，依然是成于人心。所有的迷信也无不是来自人心，神与鬼无不是人类所创造的管理人类灵魂的道具。

六三：食旧德，贞厉，终吉。或从王事，无成。

"食"即享受、继承。"食旧德"即继承、享受祖上留下的领地和荫德。"贞厉"即守正防凶。"终吉"就是能够终生吉祥。"或从王事"，如果有机会跟随君王干事业。"无成"，一定要记住，无论结果如何，千万不可争功、不可居功自傲，要做到功成身退、不成而保身，回家继续"食旧德"就是了。

这一爻爻辞的内容与本卦的主题争讼有什么关系呢？

六三爻辞平平淡淡，充满了生活的气息，看似与讼卦无关，其实却包含着浓浓的深意，那就是希望人们要立足于现状做好自己的事情、过好自己的日子。要明白过正常人的正常日子才是正常的事情，即使经历过轰轰烈烈，仍然应该以一颗平常心面对一切，要乐于回归平常、甘于平淡。其弦外之音就是不提倡争讼，就是要告诉我们不要无事生非。

这，正是讼卦所倡导的无讼的最高境界。

人生，不求轰轰烈烈，但愿平平安安。

九四：不克讼，复即命渝，安贞，吉。

"复"，即返回、回头。"渝"，改变。如果不能够赢得争讼，最好马上改变主意，马上回头。"复即命"，回到自己的领地，回到自己主人的身边，该干什么干什么去,改掉自己好讼的毛病。"安贞,吉",安于正道,安于正常的生活,这样就会吉祥。

九五:讼,元吉。

九五处君王之位,这个角色处理争讼的事情会大吉大利。有什么争讼的事情,如果争到了君王那里,会得到一个公平、公正的裁决。这是因为君王相对于他的下级治讼的官员,应该更加超脱、没有利益在里面,可以做到对争讼双方一视同仁。

上九:或锡之鞶带,终朝三褫之。

"锡",当为"赐"。"鞶",读作"pán"。"鞶带"是一种配玉的皮带,是身份、地位、等级、权力和荣誉的象征。"褫",读作"chǐ",剥夺的意思。

争讼到底,争到了"上九",或许可以赢了,输了就去参考九二爻逃亡就是了。如果赢了呢?赢了是不是好事情呢?不是。输不必悲,赢也不必喜。很多时候就是赢了争讼,输了人心。这一讼卦上九爻说的就是这个道理。

这一爻的爻辞对争讼到底赢了的人也是强烈地不认可。爻辞认为:即使赢了,也不足以让人尊敬。正如《象传》所说:"以讼受服,亦不足敬也。"

赢了争讼后,你或许会得到一时的荣耀、利益和满足,但你很快就会发现,所有这些都会很快消失,你所面临的或许会是更大的悲哀与难堪。为了更加形象地说明这一问题,爻辞举了一个十分典型的例子:"或锡之鞶带,终朝三褫之。"就是说,赢了争讼,会有荣耀、利益、满足等所得,就像得到了君王的赏赐一样,那是多么光彩、威武呀!只可惜的是"君王"刚刚赐予你"鞶带",结果散了朝甚至有可能还没等散朝呢,就多次派人索回。想想看,那会是多么难堪?与其被"三褫之",还不如当初没有得到。

　　回过头来递推：与其赢了官司，输了人心，让人瞧不起，还不如不赢呢！与其不如不赢，还不如请人调停，双双和解，早早中止争讼呢！当然，与其中途和解，那当初又何必非要挑起争讼呢！这，就是讼卦给我们的启示。

第二十章

师卦第七——战争的战略与战术

【原文】

師 地水師 坤上坎下

師：贞，丈人，吉，无咎。

《彖》曰："師"，众也；"贞"，正也。能以众正，可以王矣。刚中而应，行险而顺。以此毒天下而民从之，"吉"又何"咎"矣。

《象》曰：地中有水，"師"。君子以容民畜众。

初六：師出以律，否臧凶。

《象》曰："師出以律"，失律"凶"也。

九二：在師中，吉，无咎，王三锡命。

《象》曰："在師中，吉"，承天宠也。"王三锡命"，怀万邦也。

六三：師或舆尸，凶。

《象》曰："師或舆尸"，大无功也。

六四：師左次，无咎。

《象》曰："左次，无咎"，未失常也。

六五：田有禽，利执言，无咎。长子帅師，弟子舆尸，贞凶。

《象》曰："长子帅師"，以中行也。"弟子舆尸"，使不当也。

上六：**大君有命，开国承家，小人勿用**。

《象》曰："大君有命"，以正功也。"小人勿用"，必乱邦也。

———————————————————— ☯ ————————————————————

【卦象意解】

"䷆"是《易经》六十四卦第七卦师卦的卦象、卦画和符号，而"师"是这一卦的名称。师卦上卦即外卦为坤地卦☷，下卦即内卦为坎水卦☵，所以师卦也称"地水师卦"。

通常乾卦可以代表君王，坤卦可以代表臣民。师卦的上卦坤卦在这里就代表人民，下卦坎水卦则代表兵众、代表军队。在《易经》形成的年代，国家没有常备军，而是实行兵民一体的体制，百姓平时为民、战时为兵。

师卦上卦为坤地，下卦为坎水，以水不外于地比喻兵不外于民，是一个地中有水、兵寓于民之象。地中蕴藏着大量的水，取之不尽，用之不竭，象征兵源充足；君王要像地中藏水一样容纳天下百姓，养育众人，这样就会有众多的士兵可用。

【卦辞意解】

师：贞，丈人，吉，无咎。

"师"是个会意字，从"帀"（zā），从"自"（duī）。"自"俗称"堆"，是积聚之意。"帀"是包围之意。所以，"师"的本义为众，也就是战争时的兵众，后来成为古代军队编制的一级，两千五百人为师。

师卦所讲的是战争的理论，既涉及战争中的政治问题，又涉及战争中的军事问题；既涉及战略问题，又涉及战术问题。

师卦的卦辞重点讲了关于战争问题的两个最重要的甚至可以说是最

根本的因素：一个是政治因素；一个是军事因素。

政治因素是指战争的性质正义与否。战争是否正义，直接关系到战争的领导者能不能得到人民的拥护。正义的战争就能得到人民的拥护，因为兵寓于民众之中，正义之战的领导者就能够在战争中动员和拥有足够的兵众，否则就不会有足够的兵众支持战争。此正所谓"得道多助，失道寡助"。所以，卦辞一开始就提出"贞"的问题。"贞"，正也，讲的就是战争要讲正义。只有正义的战争才能够取得最后的胜利。

军事因素最重要的是对于统帅的挑选。领兵打仗，要选择那些有才能、有品德、有威望、为人所敬服的人做统帅，即所谓"丈人"。

政治因素和军事因素的统一决定着战争的胜负。一场正义的战争必然能够号召和动员广泛的民众参加和支持。这样一支有着广泛民众基础的军队，在一个优秀的统帅的带领和指挥下，就能够最终取得战争的胜利，这样的结果必然是吉祥的、没有过失的，即"吉，无咎"。

关于政治因素和军事因素的统一决定着战争胜负的问题，古今正反两个方面的经验和教训无不深刻地证明着这一点。武王伐纣，以尚父为军师，还要先观津后牧野，很好地解决了政治与军事的统一问题，因而实现了最终的胜利。陈胜、吴广起义顺应了时代的潮流，但他们没有很好地解决军事问题，最终失败。解放战争中，国民党手握八百万军队，将领不乏黄埔英才，却打得满盘皆输，其根本原因就是失去了民心、失去了正义。

战争的政治观和军事观客观地反映了当时人们的历史观。是人民创造了历史还是英雄创造了历史，一直是个被人们争论不休的问题。从师卦卦辞所谈的政治因素看，是人民创造了历史，得不到人民的支持就得不到创造历史的力量；从师卦卦辞所谈的军事因素看，又似乎是英雄创造了历史，没有一个德才兼备的军事指挥人才，就不能够取得最终的胜利。难能可贵的是，师卦从一开始就强调了政治因素和军事因素的统一，这就相当于承认人民和英雄共同创造了历史,人民拥护是前提,是创造历史的必然条件,而英雄的产生源于偶然。因此,我们可以说,历史是人民创造的。这正如毛泽东的一句名言:"人民,只有人民,才是创造世界历史的动力。"习近平指出:"江山就是人民,人民就是江山。"

【爻辞意解】

师卦各条爻辞讲的主要是军事问题,是带兵打仗的原则与战术,主要有统帅问题、指挥权问题、纪律问题以及随机应变、机动灵活的战术问题等。

初六:师出以律,否臧凶。

初六爻首先谈到的是军队的纪律问题。带兵打仗首先要纪律严明,要"师出以律",否则必然会失败,即"否臧凶"。

楚汉争霸,楚霸王入关,士兵烧杀抢掠、无恶不作,火烧八百里阿房宫三月不息,而汉王约法三章,士兵纪律严明,胜负不言自明。

九二:在师中,吉,无咎,王三锡命。

这一爻是本卦六爻中唯一的阳爻,位居九二,所代表的就是军队里的统帅。与这一爻对应的是六五爻,九二爻与六五爻阴阳正应,说明九二是指能够得到君王的信任。

"在师中",帅不离位,军中不可一日无帅,所以军队的统帅带兵打仗不可轻离帅位,以免大权旁落,而且能够及时地处理军务,这样才能够"吉,无咎"。"在师中"的另一层含义是说军队的统帅带兵出门打仗,要处理好同君主的关系,既要做到能够独立指挥,有时要"将在外,君命有所不受",又要做到凡事不可过分自作主张,以免引起不必要的猜忌。这样做才能够"吉,无咎",才能得到君王的信任,接二连三地得到君王的奖赏,即"王三锡命",进而巩固自己在军中的权威。

六三：师或舆尸，凶。

这里的"舆"是众、多的意思，如"舆论"的"舆"；这里的"尸"则是执掌、主持的意思，如"尸盟"即主持盟会等。

六三爻的意思是说：军队如果由众人指挥而形不成一个强有力的核心与权威，就难以成功。众人指挥，必然会令出多门，军队无所适从，怎么能够打胜仗呢？

由此也不难看出，解读《易经》切忌望文生义。

六四：师左次，无咎。

"左"即后面、退后。古代兵家以右为前、以左为后。这和古人尚右，以右为上、以左为下是一个道理。"次"，古代军队驻一夜叫"宿"，驻两夜叫"信"，驻三夜及以上叫"次"。

战争并不意味着一味地进攻。带兵打仗自然应该当进则进、当退则退。作为军队的统帅，要进退有据、行驻有常。"师左次"，需要的时候退后休整，当然没有什么错误，自然"无咎"。

人们会问：这么自然的事情，为什么还有必要写到《易经》中去呢？

这，真的是说起来简单而又复杂。

我们可以试着把这简单的事情放到一个复杂的环境中去体会。

在《易经》成书的年代，交通与通信手段都十分原始与落后，君王把几乎一国之兵交给一个大将领军出征，心中自是惴惴不安，所以常常会派自己最得力的心腹或明或暗地随军督战。督军会把军中各种各样的信息及时地传回朝廷。君王在庙堂之上召集文武大臣，天天认真地分析从前线传回的信息。他们天天盼着胜利的消息，希望胜仗一个个不断；又天天担心会失败；甚至天天担心将军尾大不掉、拥兵自立，担心军队倒戈。但是，仗不可能天天胜，甚至不可能天天打。遇上一个明白的主倒还好说；遇上一个糊涂的主，这在外的将军也就真不容易，甚至会时时有生命的危险。想一想,一连打了一个时期的仗,好不容易控制住战场的局面,看来军队有必要休整一番了,于是统帅下令"师左次",即向后退、找个安全的地方休整一下。这是再正常不过的事情了,正如《象传》所言:"'左次,无咎',未失常也。"但是,消息传回朝廷,就未免不会引起君王的担心。这军队后撤是什么意思? 是和敌人有勾结,还是要反叛不成?

这时候,君王很担心,于是请来筮官算上一卦。筮官就可能卜到了师卦六四,告诉君王"师左次,无咎",放心吧。于是乎,君王也就安心了,出门在外浴血奋战的将士们也就安全了。

六五:田有禽,利执言,无咎。长子帅师,弟子舆尸,贞凶。

"田有禽,利执言,无咎",即禽兽来到了我们的田地里,我们将其捕捉起来才是最有利的,这没有什么错。这条爻辞的上半部分依然是讲战争的正义性。"禽"比喻敌人,是战争所要攻打的对象。这禽兽跑到我们家的田地里捣乱,不打它打谁?

"长子帅师,弟子舆尸,贞凶"和六三爻讲的是一个道理,依然是要告诫君王,要选择德才兼备之才做军队的统帅,并且要给予充分的信任。"长子"只能有一个;同样的道理,军中统帅也只可一人。如果派出"长子"掌握军权后,又派几个"弟子"来监督或者来帮助"长子"工作,势必造成指挥混乱,招致不必要的风险和失败。

每卦的第五爻,爻辞内容通常与各卦主体思想最为相关,可以称之为各条爻辞的核心。师卦六五爻也是一样,既讲到了战争的正义性,又谈到了保证指挥权的统一的重要性,和本卦卦辞"贞,丈人,吉,无咎"遥相呼应,是对本卦主题思想即战争是政治因素与军事因素的统一的再强调。

上六:大君有命,开国承家,小人勿用。

这条爻辞的意思是:君王发布命令,分封有功之臣为诸侯或者大夫,对小人则不予重用。

"开国"就是创建新的侯国。功勋大的人可以被封为诸侯。诸侯爵位高,所得到的土地也多,就可以建国,也就是成为一个诸侯国。"承家"就是世代相传的家族。那些有功勋但不够大因而没有被封为诸侯的,可以被封为大夫。大夫的爵位低于诸侯,所封土地也不够多,但是职位可以世袭,世代相传即为"承家"。

这么一句爻辞放在这里,我们不仅要明白它的字面意思,还要明白爻辞与所在卦的关系。如果不能够明了其中的关系,那么你就会感觉这么一条内容放到哪儿好像都可以。可是,怎么会真的可以呢。

一场正义的战争,在有德有才的统帅带领下,将士用命,取得了一场场战役的胜利,最终取得了这场战争的胜利,将士们凯旋了。接下来会是什么呢? 当然是论功行赏。功过是非一一论定,当赏则赏,当罚则罚,大功封侯,小功承家,不就是"大君有命,开国承家"吗? 对于战争中表现出来的"小人",也必然是弃而"勿用"了。

这和师卦的中心内容有什么关系呢?

这其实是师卦战争理论的延续。一场战争结束了,天下并不会就此永享太平,还会不断有新的战争,不管你喜欢还是不喜欢,这是历史的必然。一场战争结束后,进行一次全面的、赏罚分明的评判是十分必要的,这不仅仅是为了赏与罚,更重要的是为了让将士们在今后的战争中继续用命。

任何一条爻辞无不是围绕所在卦的中心内容而展开,无不与所在卦的主题思想息息相关,悟得悟不得则要看自己对于《易经》的领悟与把握。这是对《易经》研学者的检验,也是对《易经》研学者水平的评判标准之一。

◎ 第二十一章

比卦第八——金字塔式的社会

【原文】

☷ 比　水地比　坎上坤下

比：吉。原筮，元永贞，无咎。不宁方来，后夫凶。

《彖》曰："比"，"吉"也。"比"，辅也，下顺从也。"原筮，元永贞，无咎"，以刚中也。"不宁方来"，上下应也。"后夫凶"，其道穷也。

《象》曰：地上有水，"比"。先王以建万国，亲诸侯。

初六：有孚，比之，无咎。有孚，盈缶，终来有他，吉。

《象》曰：比之初六，有他吉也。

六二：比之自内，贞吉。

《象》曰："比之自内"，不自失也。

六三：比之匪人。

《象》曰："比之匪人"，不亦伤乎!

六四：外比之，贞吉。

《象》曰：外比于贤，以从上也。

九五：显比。王用三驱，失前禽，邑人不诫，吉。

《象》曰："显比"之吉，位正中也。舍逆取顺，"失前禽"也。"邑人不诫"，上使中也。

上六：比之无首，凶。

《象》曰："比之无首"，无所终也。

———————————————————————

【卦象意解】

"☵☷"是《易经》六十四卦第八卦比卦的卦象、卦画和符号，而"比"是这一卦的名称。比卦上卦即外卦为坎水卦☵，下卦即内卦为坤土卦☷，所以比卦也称"水地比卦"。

上面是坎水卦，下面是坤地卦。地上有水，水与地亲密无间。卦中唯一的阳爻位居九五中正之位，其他五个阴爻紧紧地比附于阳爻的周围。这是一个水土合德、上下亲近之象。

【卦辞意解】

比：吉。原筮，元永贞，无咎。不宁方来，后夫凶。

在古文中，"比"是两个人并列的形象。《说文解字》讲："比，密也。二人为'从'，反从为'比'。"

比卦所讲的是政治上亲近的道理。

《易经》诞生的时代是一个等级森严的社会，从邦国之外到邦国之内，从方国首领到方国盟主，从舆、台等不同等级的奴隶到士、大夫、诸侯再到君王，由外而内、由下而上地形成了一个金字塔式的社会生态结构。在这样一种社会生态中，统治者为了统治的政治需要必须亲近其臣民，被统治者为了生存和发展的需要必须亲近其领主，上下、内外彼此亲近成为一种政治生态。

相互亲近既然是一种彼此的需要,那必然是个好事情,自然也就"吉"。从"原筮"即原先历来的占筮结果看,这样做一直都是正确的,没有什么过错。这不仅是历来占筮的结果,还是历史经验的总结。历史经验一再证明这占筮结果的正确,"元永贞,无咎"因此也就成为百占百验的占卜卦辞。

长期坚持亲近的政治态度,可以使近者悦、远者来。周边一些长期骚扰中原、制造混乱和麻烦的小方国就会纷纷前来归顺,这就是"不宁方来"。周代以前,中国的社会组织形态大体经历了氏族社会、部落、部落联盟、方国、方国联盟这么几个阶段。"方"通常指的是方国,是散布于中央政权统治范围周边的一些国家。这些方国的存在往往会成为中央政权统治范围周边的不安宁因素,就像后来的匈奴之于汉朝。对于这些"不宁方"即制造麻烦的方国,征服的方法无非两种:一种是武力征服,就像后面既济和未济两卦里所谈到的"伐鬼方",但这是件费时费力、劳民伤财的事情。既济九三爻讲:"高宗伐鬼方,三年克之。"但是,方国众多,光靠武力是远远不够的。所以,除武力之外,中央王朝最常用的手段则是怀柔政策,就是主动亲近它们,通过联姻、德化等方式笼络与征服人心,使它们心悦诚服地主动归顺,其目的和结果就是使"不宁方来"。

对后来归顺的方国要特别加以注意。它们通常是心存观望、了无诚意,但迫于大势不得不来。因此,它们虽然来了,也未必心悦诚服,或许还心怀异志,一旦条件成熟也未必不反复。所以,"后夫凶",对于后来者一定要注意防范凶险。

卦辞"后夫凶"通常被视为对于后来归顺者的警告。比卦提倡相互亲近,但这种亲近应是双向的和主动的,不仅提倡大亲小、上亲下,还提倡小亲大、下亲上。方国对于大邦的亲近应该积极和主动,跟在别人后面是危险的。跟在别人后面最后不得不归顺更是危险的,会引起大邦上国的怀疑,甚至会招来杀身之祸。从前大禹召集各氏族部落相聚会稽议事,防风氏姗姗来迟,结果被大禹就地正法,就是一个典型的"后夫凶"的例子。

【爻辞意解】

初六:有孚,比之,无咎。有孚,盈缶,终来有他,吉。

亲近要有诚意,这样才好。"孚"是诚信的意思,讲的是既要自信,又要见信于人。亲近必须是发自内心的,真正地想和别人亲近,而不仅仅是表面上的亲近。真心与假意,无论你怎么装、怎么表演,都难以掩盖态度的本质。要以真心换真心,而不是把亲近当作笼络人心、扩大势力的工具,这样才能"无咎"。

"盈",就是满了,甚至快溢出来了。"缶"是古代一种盛酒的陶器。"有孚,盈缶"就是真心实意、诚意满满。以这样的态度去亲近别人,不仅能够换来别人真心实意亲近的回报,最终还必定会有更好的结果,即"终来有他,吉"。

六二:比之自内,贞吉。

"比之自内"可有两方面理解:一个是讲亲近必须是发自内心的,从心灵深处真正地想亲近,坚持这样做必然吉祥;一个是讲先要内部亲近。

亲近不仅是一种手段,还是一种氛围、一种文化、一种力量。做任何一件事情,先要立足于把内部的事情办好,然后由内及外,才有说服力。比如:我们努力倡导构建和谐世界,但前提是我们首先要把国内的事情办好,所以我国首先提出的是努力构建和谐社会。如果国内战乱纷杂,你却在国际上大讲和谐,人家不会信你。如果国内矛盾重重、一片混乱,你却在国际上讲和谐,你根本就不会有道德影响力和公信力? 所以,亲近、亲密与团结要先从内部开始,并长期坚持下去,这样就会吉祥。

六三:比之匪人。

"匪"通"非",但"匪人"并不是"不是人",而应该是指和自己志不同、道不和的人,或者和自己有不同意见、不同政见的人,或者和自己不是一条战线的人。对于这些人,我们也要亲近。为什么呢? 用现代的语言说,就是要努力构建最广泛的统一战线。

六四: 外比之,贞吉。

人们不但要关注系统内部的事情,而且要关注系统外部的事情。这个系统,可以是国家,可以是组织,也可以是某个政治集团或者利益团体。

在解决好内部的事情的同时,还要注重解决好外部的事情。不仅要搞好内部的亲近,还要主动亲近外部的人。向外亲近,可以树立自身的良好形象,可以扩大自身的影响力,可以为自身的发展创造一个良好的外部环境,也可以围绕自身构建一个强大的同盟。

无论对内的亲近还是对外的亲近,除了要发自内心、诚心诚意,还有一条重要的原则,就是要长期一贯地坚持,而不是态度时好时坏、时冷时热。对内、对外长期一贯地坚持亲近的政治态度和政策必然吉祥,也就是六二爻和这一爻都提到的"贞吉"。

九五: 显比。王用三驱,失前禽,邑人不诚,吉。

《易经》各卦,九五、六五爻多言王道,这里的比卦九五就是其中一例。

"显"就是光明正大、没有私心,"显比"就是光明正大地亲近。对于君王来讲,"显比"是一条非常重要的亲近原则。这条原则同样适用于我们今天任何一个团体的领导者。无论在一个单位还是一个部门,大到国家、小到班组,这个单位或者部门的主要领导者对于本单位或者部门的人都应该光明正大、一视同仁地亲近,而不应该有亲密远疏之分。那些在自己单位或部门内部再分三六九等、又划小圈子的领导者,绝对不可能成为一个高水平的领导者,也绝对不可能构建一个团结和谐的团队。儒家提倡要亲君子、远小人,其实君子也不可过亲、小人也不可过远,一方面远近都有个度,另一方面近与远都不是目的,问题的关键在于自己能不能分清善恶、美丑、是非并把握好自己。都说"近朱者赤,近墨者黑",却也都知道荷花可以出淤泥而不染。

作为君王,要主动地亲近自己的臣民,但是对于臣民对待自己会是什么样的态度则不可过于强求,要顺其自然。不仅如此,还要有更加开放、更加大度的胸怀对待那些不迎合自己、不主动亲近自己、甚至离自己而去的人,要做到来者不拒、去者不追。为此,爻辞描述了一个君王围猎的故事来说明这一点。"王用三驱",就是说君王打猎,三面合围,从三面驱赶禽兽。为什么三面合围呢? 三面合围的目的,就是为了网开一面,以示君王不斩尽杀绝的襟胸。这样就会"失前禽",跑得快的、跑到前面的禽兽自然就跑掉了。跑掉就跑掉吧,也不必责怪和你一起打猎的众人,即"邑人不诫",这样自然会得到人民的爱戴,自然就会"吉"。

中国传统文化崇尚天人合一,天有好生之德,人有好生之性。这在中国古代的政治、军事、生活哲学中都有充分的反映。过去打仗,历来讲究三面围城,有意地留一个缺口,目的就是给对方留一条生路,城攻下来了,但不一定非要杀死多少人。古时打猎,讲究秋猎春不猎、猎老不猎少、猎公不猎母,抓到了小猎物、怀了孕的动物都会立马放跑,甚至打柴也讲究秋伐春不伐,都是为了大自然的生生不息。只可惜一代代地传下来,能够深刻体悟中国传统文化精髓的人越来越少了,便也就有了后世战争中的残酷杀戮和田猎中的赶尽杀绝,岂不悲哉!

上六: 比之无首,凶。

亲近要有一个中心或核心。这个中心或核心就是处于整个金字塔社会顶端的君王。整个社会的亲近围绕一国之主层层展开,又层层向上亲近,直到最上层。如果一个国家、一个团体内部没有一个中心或核心,即"无首",就会一盘散沙,不能够形成一个整体,就什么事情也难以做成,所以"凶"。如果形成多个中心,也必然会使团队四分五裂,难以形成战斗力。

◎ 第二十二章

小畜卦第九——财与才的畜养

【原文】

小畜　风天小畜　巽上乾下

小畜：亨。密云不雨，自我西郊。

《彖》曰：柔得位而上下应之，曰"小畜"。健而巽，刚中而志行，乃"亨"。"密云不雨"，尚往也。"自我西郊"，施未行也。

《象》曰：风行天上，"小畜"。君子以懿文德。

初九：复自道，何其咎，吉。

《象》曰："复自道"，其义"吉"也。

九二：牵复，吉。

《象》曰："牵复"在中，亦不自失也。

九三：舆脱辐，夫妻反目。

《象》曰："夫妻反目"，不能正室也。

六四：有孚，血去惕出，无咎。

《象》曰："有孚"，"惕出"，上合志也。

九五：有孚挛如，富以其邻。

《象》曰："有孚挛如"，不独富也。

上九：既雨既处，尚德载，妇贞厉。月几望，君子征凶。

《象》曰："既雨既处"，"德"积"载"也。"君子征凶"，有所疑也。

【卦象意解】

"☴☰"是《易经》六十四卦第九卦小畜卦的卦象、卦画和符号，而"小畜"是这一卦的名称。小畜卦上卦即外卦为巽风卦☴，下卦即内卦为乾天卦☰，所以小畜卦也称"风天小畜卦"。

风天小畜，风在天上，我们怎么才能够体会到这样一个象呢？如果是晴空万里，蓝蓝的天上一无所有，你不会感知到天上有风。如果是大风呼啸或者轻风拂面，那是风在地上而不是在天上。如果是乌云密布或者暴雨滂沱，你又很难感知天的存在。似乎只有蓝蓝的天上白云飘的时候，风吹白云变幻成种种姿态，你才会体会到风在天上行的象。农历二、八月里看巧云，二月春暖花开、云淡风轻，八月秋高气爽、天高云淡，天上的风吹拂着朵朵白云，随着人们的想象化作龙、虎、牛、马各种形象，真是美妙极了。这时候的云是美丽的，不会形成雨落下来。云是地上的水汽上升而成，水汽慢慢地上升，越积越多，云就会越来越密，慢慢地就具备了下雨的条件，一旦条件成熟就会天地氤氲而形成雨降落下来。因此，可以说小畜卦就是一个云行天上、小有蓄养之象。

【卦辞意解】

小畜：亨。密云不雨，自我西郊。

"小畜：亨"，小有蓄养或者小有积蓄，亨通。

《易经》一共六十四卦，但在各卦卦爻辞中"亨"字竟然出现了四十八处之多,其中爻辞中出现八处,卦辞中出现四十处。出现在卦辞里的四十个"亨",除"光亨""吉亨""维心亨"和两个"小亨"之外,其余三十五处都是直接言"亨"或者和"元"一起构成"元亨"。

　　另外,《易经》卦爻辞中,"吉"字共出现一百四十六处,在卦辞中出现二十四处;"凶"字共出现六十处,在卦辞中出现六处;"悔"字共出现三十三处,有"有悔"三处、"悔"五处、"无悔"六处、"悔亡"十九处,卦辞中只出现"悔亡"一处;"吝"字共出现二十一处,全部是在爻辞中,在卦辞中没有出现;"无咎"共出现九十二处,在卦辞中出现八处。

　　《易经》言"吉"言"凶",包括言"悔"言"吝",就像言"无咎"一样,其实都有一个前提,那就是通常在此前面的词句会告诉人们怎么做或者怎么样,而"吉""凶""悔""吝""无咎"等则是怎么做或者什么样的结果,前面是"因",后面是"果"。《易经》就是通过这种方式来指导人们趋利避害、趋吉避凶的。

　　再回过头来解析小畜卦卦辞。

　　卦辞一上来就讲"小畜,吉",为什么"小畜"就"吉"呢?卦辞没有直接讲,而是给出了一个"密云不雨,自我西郊"的象,意思是说:为什么"小畜,吉"呢?这就像"密云不雨,自我西郊"。

　　那么,为什么"密云不雨,自我西郊"的象可以用来说明"小畜,吉"呢?这还得从我国先民对天文、气象的认识说起。

　　正如刘力红在《思考中医》中所言,中国传统文化是一种早熟的文化,从天文到历法,从医学到气象,无不至少在三千多年前就已经成熟。

　　比如历法,我国民间所用农历,以月令纪太阴,以二十四节气纪太阳,其实就是太阴历与太阳历的完美结合。农历又称"夏历",就是说这套历法早在夏代就已经成熟,并一直延续到今天。

　　气象也是如此。中华文明是个农耕文化比较发达的文明,不知是因为农耕文化的发达而造就了天文、历法、气象研究的发达,还是因为天文、历法、气象研究的发达而造就了农耕文化的发达,但围绕农耕文化的天文、历法、气象的完善在我国确实是不争的事实。现在农村大都能看到电视里的天气预报,但几十年前我国大部分地区还主要是靠世世代代流传下来的经验判断天气,以前中小学课本里还有不少看云识天气的内容。

过去农村有文化的人不多,但气象学知识却普及得很好,不能不让人称奇。在气象学知识普及中起到关键性作用的,就是流传千年的谚语,尤其是农谚。以前的农村,几乎人人都会几句有关气象的谚语,比如"月亮带风圈儿,大风一连刮三天"等等。

小畜卦卦辞"密云不雨,自我西郊"一句,就让人想起一则判断是否下雨的谚语:"云彩向东一阵风,云彩向西披蓑衣,云彩向南雨连连,云彩向北一阵黑。"这则谚语朗朗上口、简单明了、易懂易记,很是实用。"密云不雨,自我西郊"其实不就是其中的"云彩向东一阵风"吗?

为什么"云彩向东一阵风"?我们不知道,其实我们也不必知道。我们只要明白"密云不雨,自我西郊"和"云彩向东一阵风"说的是一回事就行。阴云从西边而来,我们知道它们不会下雨,它们给我们带来的是凉爽和希望。云慢慢地积聚,到了一定程度,风向一转,便形成雨降落下来。对于雨的形成而言,这云的慢慢积聚的过程是形成雨的必然的前提条件,因而正常的慢慢积聚的过程自然"吉"。对于人而言,财富的慢慢积累和修养的慢慢提升也是成就事业的前提和必然条件,所以讲"小畜,吉"。

【爻辞意解】

初九: 复自道,何其咎,吉。

小畜卦《象传》说:"风行天上,小畜。君子以懿文德。"不难看出,圣人对于"畜"的理解,更加看重的是修养,而不仅仅是财富,甚至可以说主要看重的是修养而非财富。所以,我们在对爻辞的理解中应该好好地把握这一点。

《论语》中记载:"曾子曰:吾日三省吾身,为人谋而不忠乎? 与朋友交而不信乎? 传不习乎?"此话可以对我们理解小畜卦初九爻有所启发。人的品德的修养应该从点滴做起,时时处处注意自己的一言一行,时常地自省,认真地检视自己,摆正心态,摆正位置,端正心术,坚守正道,同时要随时修正自己的思与行的错误,及早地回到正确的道路上,这样就不会有大的过失,对于自身修养的持续提升定会大有裨益,所以爻辞说"复自道,何其咎,吉"。"复自道"就是回到自己原来的正确道路上,回到正确的道路上当然没有什么错误,自然也就吉祥如意了。

九二:牵复,吉。

"牵复"就是一起回到正确的道路上来。

和谁一起呢? 和别人,和自己身边的人。现代人都提倡团队精神、合作意识,但是有人竟然视之为舶来之品,殊不知中华传统文化更加讲求整体概念与协作配合。中华文化讲人首先是社会的人,是社会的一分子。任何人做任何事情都应该首先考虑其所在的组织的利益,而不能仅仅考虑自身的利益。比如:作为一个家庭的成员,你的所作所为首先要考虑对家庭的影响;作为一个家族的一员,你的所作所为首先要考虑对家族的影响。不能只为个人痛快而置家庭、家族、国家于不顾。

发现别人误入歧途,要主动地劝说,引导其回到正确的道路上来,切不可事不关己高高挂起。只有这样一种文化,才会在你误入歧途时有人来劝说你回到正路。所以,"《象》曰:'牵复'在中,亦不自失也",自己是其中的一员,只有人人都能够以负责任的态度对待周围的人和事,才能够确保这个组织沿着正确的方向前进,也才能够确保"不自失"。

九三:舆脱辐,夫妻反目。

"舆"是个形声字,其本义为车厢。"辐"的本义是辐条,就是插入车轮毂以支撑轮圈的直条。不过,"辐"在这里应该是代指车轮。

过去一部完整的车子可以大体上分为车厢和车轮两部分,车厢在上,车轮在下,车轮承载着车厢才能构成一驾完整的车子。车厢载人、载物,车轮承载而行,两者组合在一起才能够体现车的体和用。一旦车厢和车轮分离,各成一体,车厢能载人、载物却不能行,车轮能行却不可以载,这样既没了车的体,又没了车的用。"舆脱辐"说的就是这样一种情况。

"舆脱辐"的结果,就好比是"夫妻反目"。俗话说得好:"家和万事兴。""夫妻反目"了,哪还能"家和"? 家不和了,又怎么能万事兴呢? 夫妻一体,"夫妻反目"犹如"舆脱辐",车不为车了,家也就不为家了。后世儒家思想历来讲究"修身、齐家、治国、平天下"。"夫妻反目"则室不能正、家不能齐,又怎么能够治国、平天下呢?

修齐治平是君子的人生与事业的目标与理想,家不能齐,必定身也没修好;身不能修,又哪来小畜卦的"小有蓄养"? 又何来"吉"?

当然,我们一定要明白,车厢与车轮也好,夫妻也好,其实都是一种喻指。爻辞所要告诉我们的,就是要加强团队的协作与配合,相关各方要各司其职、各尽其能,最忌分崩离析、各自为政。

六四:有孚,血去惕出,无咎。

"有孚"就是能够信任别人并得到别人的信任,也就是能够彼此信任。能够做到这一点是相当不容易的,需要相关各方有坚实的信任的基础,而前提是大家都能够有一个好的修养。小畜卦里讲"有孚",自然是倡导人们提高修养,培育气度,相互信任,团结一致,共同前进。

一群有修养的人,彼此信任地团结在一起,什么事情做不成? 遇到困难和问题还有什么可怕的吗? "血"通"恤",指担忧的样子。"惕"代指"恐惧"。"血去惕出"就是说没有什么可担忧的,也没有什么可怕的。如果"有孚"就能够"血去惕出",当然也就"无咎"。

九五：有孚挛如，富以其邻。

"挛"的繁体字写作"攣"。"攣"的上半部既表声又表意，有连续不断的意思。简体字"挛"也很有意思，可以拆为"亦手"，手拉手的感觉。所以，"挛"字就是手牵着手、相互牵系的意思。

显然"有孚挛如"要比六四爻的"有孚"显得亲密得多。人们提高修养的目的和标准不应仅仅满足于彼此信任或者说表现出来的彼此信任，更应该是真诚的、发自内心的、带着深厚的感情色彩的信任。

中国的传统文化虽然讲究长幼尊卑，但又特别强调人在整个社会中的角色。中国传统社会是一个由宗族宗法发展而来的社会，每一个人都是社会中的一员。这个社会是一个整体，就像一个大家族、一个大家庭，一个放大了的家庭、一个放大了的家族，每一个体之间既有利益又有感情。正因为如此，才会有"老吾老以及人之老，幼吾幼以及人之幼"这样一种境界。大家手牵着手、心连着心地相互信任，就是"有孚挛如"。

"有孚挛如"表现在行动上和结果上，则是"富以其邻"。人人都是兄弟姐妹，大家是相亲相爱的一家人，一个人的富裕不是富裕，大家的共同富裕才是这个社会所追求的目标。因为我们"有孚挛如"，所以我们要帮助身边的人一起富裕，人人为我，我为人人，相互帮助，共同富裕，最终实现一个大同的世界。这不正是人类孜孜以求的宏伟目标吗？

上九：既雨既处，尚德载，妇贞厉。月几望，君子征凶。

"既雨既处"，就是雨下了又停了。"既"是个会意字，甲骨文的字形是左边是食器的形状，右边像一人吃罢而掉转身体将要离开的样子，所以它的本义是吃罢、吃过的意思，后来基本字义表示动作已经完了，如"既往不咎""既而"等等。"雨"就是下雨，"处"在这里是停止之意。人们常见一边太阳一边雨的情景，一片云飘来，下起了雨，然后一会儿就停了。

下这种雨的时候，基本上是云稀而薄，自然雨量也小，云和雨的力量都积蓄得还不够,如本卦卦名,"小畜"而已。要形成大雨,就要有大的蓄积,所以"尚德载"。"德载",即厚德载物。"尚德载",即尚需培德以载,德尚不够厚而不足以载物,所以尚需继续积累、继续修养。在这样一个蓄养还没有达到一定程度、德还不够厚、物尚不能载的时候,你的力量还不够强大,所以一定要注意守正防危,也就是要"贞厉"。从阴阳的对偶概念来讲,力量不够强大,自然就是尚处于阴位,"妇"指的就是这个意思。

"月几望,君子征凶"和前面的"尚德载,妇贞厉"所要表达的是一个意思,只是表述得更加明确与直白。

月有月望月朔,月有阴晴圆缺。阴历每月的初一,晴天的话会是满天繁星,没有月亮,这一天就是月朔之日;阴历每月的十五,晴天的话会月满星稀,这一天就是月望之日。月望之日的月亮最大最圆。除了望日,月亮或者上弦或者下弦,就都是月缺的日子了。"月几望"所言当然是月将满未满之时,力量依然不够强大,所以"尚"需积厚"德"以"载",而且要"贞厉"。"君子征凶"所要告诫人们:在还没有足够的力量、积蓄的情况下不要轻举妄动,尤其不可有大的动作,比如"征",即征战、征伐等;非要"征",则必然"凶"。

◎ 第二十三章

履卦第十——老虎尾巴也能踩

【原文】

䷉ 履 天泽履 乾上兑下

履：履虎尾，不咥人，亨。

《彖》曰："履"，柔履刚也。说而应乎乾，是以"履虎尾，不咥人，亨"。刚中正，履帝位而不疚，光明也。

《象》曰：上天下泽，"履"。君子以辨上下，定民志。

初九：素履往，无咎。

《象》曰："素履"之"往"，独行愿也。

九二：履道坦坦，幽人贞吉。

《象》曰："幽人贞吉"，中不自乱也。

六三：眇能视，跛能履，履虎尾，咥人，凶。武人为于大君。

《象》曰："眇能视"，不足以有明也。"跛能履"，不足以与行也。"咥人"之"凶"，位不当也。"武人为于大君"，志刚也。

九四：履虎尾，愬愬终吉。

《象》曰："愬愬终吉"，志行也。

九五：夬履，贞厉。

《象》曰："夬履，贞厉"，位正当也。

上九：视履考祥，其旋元吉。

《象》曰："元吉"在上，大有庆也。

【卦象意解】

"☱"是《易经》六十四卦第十卦履卦的卦象、卦画和符号，而"履"是这一卦的名称。履卦上卦即外卦为乾天卦☰，下卦即内卦为兑泽卦☱，所以履卦也称"天泽履卦"。

天在上面表君，泽在下面表民，所以履卦是君上民下、君君臣臣、上上下下各居其位、各得其所，一派礼让和合之象。

【卦辞意解】

☱履：履虎尾，不咥人，亨。

履卦所讲的，是人的行为要合礼。合礼的行为主要有两个方面：一是要讲究等级与秩序，承认差别；一是要注意一个"和"字，讲究和谐，以和为贵。这两个方面看似对立，有等级往往就会有矛盾；实则统一，以"礼"为范就可以使情感与理性得到合理调适，从而能够使人们在尊重差别的基础上保持一个适度的心理上的平衡，进而达到总体上和谐的目的。

中华民族的礼仪文化由来已久，礼仪文明源远流长。礼仪与中华文明与生俱来，到了周代日臻完备，并先后形成了以"三礼"即《周礼》《礼记》《仪礼》为代表的文化经典。这一系列的经典是人类社会行为规范、文明、文化的总结、归纳与提高，尽管后世有人视之为封建礼教而嗤之以鼻乃至深恶痛绝，但其中所富含的人文哲学精神的精华不容否认。"三礼"几乎规定或者说描述了整个人类社会从官秩到辈分、从婚丧嫁娶到行猎祭祀等方方面面的行为规范,不管你承认不承认,其至今依然深刻地影响着人们的生产生活与社会活动。从三军仪仗队的迎宾到人们日常生活中的家宴,无不深深铭刻着礼仪文化的烙印。走亲访友的时候,宴席一开,必定是主人先敬酒,而如果客人先提议敬杯酒,那就喧宾夺主了,就会有轻蔑主人或者认为主人不够热情之嫌。

过去天子之城九尺、诸侯之城七尺,其实也是礼文化的应用之一。天子之城九尺,不仅仅规定天子所居之城城墙高九尺,天子军队里攻城的军械云梯也长九尺。诸侯之城七尺,不仅仅规定诸侯所居之城城墙高七尺,诸侯军队里的云梯也只能长七尺。这既是制度、标准,又是礼数。各诸侯遵守了这一关键的、严格的礼数,就会得到天子的信任,日常行为即使有点不妥之处也不会有什么大问题。如果诸侯不遵守这一基本的礼数,擅自加高自己的城墙、加长自己的云梯,那就有僭越之嫌,就会招来灾难。

从上述两个例子中我们似乎可以这样体会:礼仪文明与文化所倡导的不仅是反对者所看到、所反对的等级,还有着更深刻的东西,比如秩序,而这恰恰是反对者所忽视的。

卦辞中"履虎尾"中的"履"不同于卦名的"履",在这里是踩的意思。"咥"读作"dié",是咬的意思。

卦辞是讲:在行为合于礼数的情况下,即使是踩到了老虎的尾巴,老虎也并不咬人,这自然是"亨"即亨通了。

履卦卦象讲的是等级与秩序。在过去的封建社会里,最大的等级差异是皇帝与臣民的等级差异;即使是一人之下、万人之上的宰相,与皇帝间的等级差异也是天壤之别,一个是天,一个是地。在这种情况下,为臣为下者就必须时时、处处、事事遵守严格的礼数,来不得半点马虎,稍有闪失就有可能招来杀身之祸,正所谓"伴君如伴虎"是也。卦辞中直接履"虎"尾而不是其他,其喻指不言自明。

伴君如伴虎的情况是极端的、也是少见的,但这种极端的、少见的情况却是最难处理、最危险的。在这种最难处理、最危险的情况下,只要你遵循了一定的礼仪规范,即使有时有点不妥也不是什么大事情,也不必担心什么。

【爻辞意解】

初九:素履往,无咎。

"素"就是平素的"素"、"素来如此"的"素"。"素履往"就是一直以来或者说平素、平时一直注重自己的行为规范。遵守礼仪之道已经成为自己的自然而然的行为,已经不需要刻意为之,这样是再好不过的了。这样就不必担心自己还会有甚至不经意间有不合于礼仪的闪失,自然也就不会出现什么问题,所以"无咎"。

九二:履道坦坦,幽人贞吉。

"履"的本义是鞋子,以履为礼是《易经》常用的暗借手法。鞋子自然是用来走路的,但走路就要走正道,就要遵循一定的规则,因而引申或者转借为人要遵守一定的道德行为规范和秩序。"履道坦坦"就是说坚守一定的道德行为规范和秩序,就像走在平坦的大道上一样,不会有什么不妥、什么危险。即使是"幽人"、眼神不好的人,比如在复杂的局势下看不出个所以然的人,只要行事中规中矩、老实守礼,也一样如走在坦荡的大道上,也一样"吉"。

六三:眇能视,跛能履,履虎尾,咥人,凶。武人为于大君。

这一爻讲的是那些自以为是、不自量力、不守规矩、不懂礼法的人,没有能力而不自知,而且不本分,踩到了老虎的尾巴还以为没什么了不起,错把老虎当病猫,老虎不咬你、不收拾你、不"凶"才怪呢。

人人都有自己的弱点或者能力所不及之处,这很正常,但关键是人要有自知之明,尤其对自己的那些明显的不足更应该心知肚明,因而做事要量力而行。眼睛瞎了、失明了叫"眇"。腿瘸了叫"跛"。"眇能视,跛能履",失明了还以为自己能看见,瘸腿了还以为自己能长行,结果"履虎尾"了,踩到了老虎的尾巴,殊不知老虎不是马,老虎屁股摸不得,结果被老虎回头咬了一口,怎么能不"凶"呢?

为了更好地说明这一问题,爻辞后半段又给大家举了个例子,或者说更像讲了个故事。前半段是喻指,后半段举了个例证给予强调,足见此问题之严重性。

"武人",其实就是宫廷里执戟的武士,一般长得威武雄壮而又力大无比。"大君"应该是部落酋长、一方领主、方国或者方国联盟首领、诸侯之类的人物,虽然身居高位,但未必有强壮的身材和力量。但是,双方的较量或者从根本上讲,往往是多个因素的较量,比的肯定不仅是身材与力量,还有威与势、权与智等等。一介武士对抗一方领主,结果不言自明。

"眇能视,跛能履",这就像是"武人为于大君",其结果自然也可想而知了。

电视剧《康熙王朝》里有个少年康熙擒鳌拜的故事,就是"武人为于大君"之结果的绝佳写照。

康熙帝八岁即位。按照顺治帝遗诏,由四个辅政大臣帮康熙帝处理国家大事。在这四个辅政大臣中,有一个叫鳌拜,他仗着自己掌握兵权,又欺负康熙帝年幼,独断专行。别的大臣和他意见不合,就会遭到他的排挤和打击。

康熙帝满十四岁的时候开始亲自执政。这时候另一个辅政大臣苏克萨哈和鳌拜发生了争执。鳌拜怀恨在心,勾结同党诬告苏克萨哈犯了大罪,奏请康熙帝把苏克萨哈处死。康熙帝不肯批准,鳌拜在朝堂上跟康熙帝争了起来,后来竟卷起袖子,拔出拳头,大吵大嚷。康熙帝非常生气,但是一想鳌拜势力不小,只好暂时忍耐,由着鳌拜把苏克萨哈杀了。

从那以后,康熙帝决心除掉鳌拜。他派人物色了一批十几岁的贵族子弟担任侍卫,这些少年个个长得健壮有力。康熙帝把他们留在身边,天天练摔跤。

鳌拜进宫去,常常看到这些少年吵吵嚷嚷地在御花园里摔跤,只当是孩子们闹着玩儿,一点也不在意。

有一天,鳌拜接到康熙帝的命令,要他单独进宫商量国是。鳌拜像平常一样大模大样地进宫去。刚跨进内宫的门槛,忽然一群少年拥了上来,围住了鳌拜,有的拧胳膊,有的拖大腿。虽然鳌拜是武将出身,力气也大,但这些少年人多,又都是练过摔跤的,鳌拜敌不过他们,一下子就被打翻在地。任凭他大声叫喊,也没有人搭救他。

鳌拜被抓进大牢,康熙帝马上要大臣调查鳌拜的罪行。大臣们认为:鳌拜专横跋扈,擅杀无辜,罪行累累,应该处死。后来康熙帝从宽发落,把鳌拜的官爵革了。

康熙帝用计除掉了鳌拜,朝廷上下都很高兴。一些原来比较骄横的大臣知道了这个年轻的康熙帝的厉害,也就不敢在康熙帝面前放肆了。康熙帝亲自执政后,大力整顿朝政,奖励生产,惩办贪污,使新建立的清王朝渐渐强盛起来。

九四:履虎尾,愬愬终吉。

这爻又来了个"履虎尾",但结果就是"终吉",即最后结果不错。看来老虎的屁股也不是摸不得、老虎的尾巴也不是踩不得,只是结果不同而已。

造成这些不同结果的因素,是在这个踩老虎尾巴的前后过程中的态度的差异。

踩到了"老虎"的尾巴很可怕,但如果不是主观地、故意地去踩,踩了后非常地害怕,并且让"老虎"感觉到了你的诚意与真心,感觉到了你的害怕,看你哆哆嗦嗦的样子,你非常害怕,那么你反而是安全的。"愬"读"shuò",恐惧的样子。

九五: 夬履,贞厉。

"夬",通"决",是坚定、果断的意思。

身居高位,即使是身居帝王之位,也要讲究礼仪之道,并要坚决地身体力行。正如孔子所言:"君君,臣臣,父父,子子。"君要有个君的样子,臣要有个臣的样子,父要有个父的样子,子要有个子的样子。礼仪之道对于社会秩序、人们行为规范的约束是全方位的,为政者应该"夬履",即坚决地带头践行,并且要特别"贞厉",也即守正防凶。

身居高位,往往无人约束,缺少必要的监督与制约,上级离得远而鞭长莫及,同级无人管,下级没权管,结果往往容易出事。要避免此类情况发生,还要靠自己的自觉,要"夬履",做事中规中矩、走正道,更要"贞厉"。

夏桀、商纣等暴君都是没有遵循履卦九五爻所讲道理的例证者。他们都居人君之位,身无约束,不拘礼法,残暴万民,结果百姓揭竿而起,自己落了个不得好死的下场。

上九: 视履考祥,其旋元吉。

认真地审"视"自己的行为是否合于"履"即"礼"的行为规范要求,检查哪些方面做得对、做得好,哪些方面做得不对、做得不够好,能够"吾日三省吾身",进而努力地提高自己的修养,改正错的,发扬好的,就会时时、处处、事事大吉。"旋",回转,在这里指人的一生。

◎ 第二十四章
泰卦第十一——小往大来天地泰

【原文】

▤ 泰 地天泰 坤上乾下

泰：小往大来，吉亨。

《彖》曰："泰：小往大来，吉亨"，则是天地交而万物通也，上下交而其志同也。内阳而外阴，内健而外顺，内君子而外小人。君子道长，小人道消也。

《象》曰：天地交，"泰"。后以财成天地之道，辅相天地之宜，以左右民。

初九：拔茅茹，以其汇，征吉。

《象》曰："拔茅"，"征吉"，志在外也。

九二：包荒，用冯河，不遐遗，朋亡，得尚于中行。

《象》曰："包荒"，"得尚于中行"，以光大也。

九三：无平不陂，无往不复。艰贞无咎，勿恤其孚，于食有福。

《象》曰："无往不复"，天地际也。

六四：翩翩不富，以其邻，不戒以孚。

《象》曰："翩翩不富"，皆失实也。"不戒以孚"，中心愿也。

六五：帝乙归妹，以祉元吉。

《象》曰："以祉元吉"，中以行愿也。

上六：**城复于隍，勿用师，自邑告命，贞吝。**

《象》曰："城复于隍"，其命乱也。

【卦象意解】

"䷊"是《易经》六十四卦第十一卦泰卦的卦象、卦画和符号，而"泰"是这一卦的名称。泰卦上卦即外卦为坤地卦☷，下卦即内卦为乾天卦☰，所以泰卦也称"地天泰卦"。

坤卦为阴，乾卦为阳。泰卦是坤卦阴在上、乾卦阳在下。按照阴阳学说的理论，阴浊而下降，阳清而上扬，上卦坤阴下降，下卦乾阳上升，于是泰卦就呈现出一个阴阳相互吸引、包容、融合、交媾的景象。所以，泰卦就是一个阴阳和合而天地通泰、上下政通而国泰民安之象。

【卦辞意解】

泰：小往大来，吉亨。

《易经》通例：阴爻、阴卦为小，阳爻、阳卦为大；上卦即外卦为往，下卦即内卦为来。泰卦坤阴在上、乾阳在下，所以称"小往大来"。这是从卦体的角度来讲的。

从卦用的角度讲，则是坤卦暗指小人，乾卦喻指君子、大人，小人在外，大人、君子在内，所以"小往大来"。

"小往大来"为什么就"吉亨"呢？

《彖传》是这样解释的："泰，小往大来，吉亨"是说"天地交而万物通也，上下交而其志同也。内阳而外阴，内健而外顺，内君子而外小人。君子道长，小人道消也"。这一解释从天到地、从上到下、从内到外、从小人到君子,非常全面。

"天地交而万物通"讲的是宇宙与自然的问题,天地交媾、阴阳交合而万物化生。"上下交而其志同"讲的是人文社会的问题,上下交流、交融就可以统一思想、统一方向。然而,《易经》的出发点还是更多地用于指导人文社会的人类的思考与作为,所以《象传》的下文"内君子而外小人。君子道长,小人道消也"就落脚在了人文问题上。

对于《易经》的解读,需要特别指出的一点是:《易经》产生之初就是为统治阶级服务的,所以很多思想、很多时候看问题的出发点和落脚点是围绕以王侯将相为中心的统治阶级;后世儒家的"十翼"更是把《易经》的思想植入了儒家所倡导的"王道"精神。王道,就是要求为政者要行王者之道,为辅者则要帮助为政者行王者之道。

"王道"思想要求统治者"亲贤臣,远小人",真正把社会的精英、正人君子拢聚在自己周围,把那些修养差、品德劣的小人拒于千里之外,这样才可能形成君子在朝、小人在野的良好的政治局面,才能迎来政治清明、国泰民安的大好形势。所以,卦辞说"小往大来,吉亨"。反过来讲,如果想要实现这样一个美好的状态,为政者就必须努力地创造一种"小往大来"的环境,使能臣聚于朝、小人下于野,这样才能够"吉亨"。

【爻辞意解】

初九: 拔茅茹,以其汇,征吉。

农村的田间、地头、小河边常常会长满茅草,人们常常会在干农活休息的时候随手把茅草连根拔起来,用手捋捋,放进嘴里吃着玩儿,茅草根甜丝丝的,口感很不错。拔茅草的时候你会发现,所有的茅草好像根都是连在一起的,拔一根会带起一片。这是因为茅草是多年生深根性杂草,可以根生,所以常常你所看到的一片茅草有可能就有一条共同的根,因此拔一根往往会带起一片。

　　爻辞中的"茹",在这里是相互牵引的意思。"拔茅茹",拔一根茅草结果牵引出一片,是因为"以其汇",是因为茅草的根相互连在一起,这种征兆"吉"。

　　结合泰卦卦辞来讲,君子、大人、能臣聚于朝,就会形成一个好的风气,君子相互荐引就会出现一个人才辈出的局面。此正所谓"同气相求",君子们心心相连,正如茅根相连,团结在一起自然是再好不过的事情,所以"征吉"。

　　九二:包荒,用冯河,不遐遗,朋亡,得尚于中行。

　　"冯",读"píng",古同"凭",即凭借、依靠,在这里意为渡河的渡;"遐",远;"朋",朋党。

　　"物以类聚,人以群分。"君子相聚于朝,"用冯河",共议大事,共涉大川,就要"包荒"而"不遐遗",要宽大为怀,内心不仅要有身边的人、近处的人,还要时时、处处不忘朝外、野外的人。即使远在难以顾及的河对岸,也不能够不放在心上。

　　同时还要"朋亡",就是要注意不结党营私、拉帮结派,还要"得尚于中行",提倡崇尚行中正之道,这样才能够共同创造一个"泰"的局面。

　　九三:无平不陂,无往不复。艰贞无咎,勿恤其孚,于食有福。

　　"内君子而外小人。君子道长,小人道消也。"这是一个多么理想的境界啊!君子同气相求,但也不是铁板一块。有人群的地方就会有左、中、右。俗话说:十个指头还不一般齐呢。一群正人君子在一起也难免有矛盾,对同样的事情即使是怀着同样的目的、有着同样的目标也难免会有不同的意见。这就像没有绝对的"平",看起来再"平"的东西也难免会有"陂"、难免会有斜坡。

　　物极必反。"无往不复",即没有一去不复返的。事物发展到一定程度就必然会回头。这就像阴阳学说所讲,阴极必阳,阳极必阴;也如中医所言,热极生寒,寒极生热。

"无平不陂,无往不复"富含深刻的辩证思想,好与坏、有利与不利在一定条件下可以相互转换。一群君子共兴王道、共扶大业,也并不是持续向好,时而反复、波动、震荡是再正常不过的事情了。对于这些问题,或者说遇到这些情况时,一定要做到"艰贞",即使再艰难,也要坚决维护这种来之不易的"小往大来"的局面和正确的治国方针。这是永远不会错的,即"无咎"。要做到这一点,就要坚定信心和理想信念,也就是"勿恤其孚"。这样就能够"于食有福",即一定会有一个幸福美好的未来。

六四: 翩翩不富,以其邻,不戒以孚。

《易经》通例: 阴爻为不富。六四、六五、上六三爻都是阴爻,它们"不戒以孚",相互信任,结伴而行,"翩翩"而来。来干什么呢? 来和下卦、内卦的阳爻真诚地、谦虚地相交。

从阴小人、阳君子的角度讲,我们也可以理解为: 君子在朝主政,朝野之人包括在野的所谓的小人都非常乐意接受这种状况,敬重当政者,所以才心悦诚服地服从为政者的领导,进行积极的交流与配合。

六五: 帝乙归妹,以祉元吉。

这一爻是本卦的解析难点。

先说"帝乙归妹"。这是一个历史故事。《易经》引用的每一个故事都是为了说明自己的思想。要想弄明白故事的喻义,首先就要充分了解故事本身。

帝乙是商纣王的父亲。

商纣王的爷爷商王文丁杀了周族首领周文王的父亲季历以后,商、周关系恶化。季历被杀之后,他的儿子也就是后来的周文王姬昌继位,于是就积极地蓄聚力量,准备为父报仇。这时正好位于商王朝东南的夷方、孟方和林方等方国部落相继叛乱。周在商的西部,如果这时周国也趁机反商,商就会东、西两面同时受敌而面临险境。为了避免腹背同时受敌,也为了修好因为杀季历而紧张的商、周关系,商王帝乙决定将他的胞妹嫁给姬昌,欲采用联姻的办法来缓和商、周矛盾,稳定局面。姬昌审时度势,认为灭商时机还未成熟,为了稳住商王,同时争取充足的时间做准备,便同意了这门婚事。于是,帝乙亲自选定婚期,为自己的妹妹置办嫁妆。为了表示郑重,成婚的那天姬昌亲自到很远的滑水迎娶新娘。那时候,周人自称“小邦周”,称商为“大邑商”,姬昌娶商王之妹,商、周双方皆大欢喜,从此重归于好。这就是中国历史上有名的、常常被后人引用的“帝乙归妹”的故事。

“帝乙归妹”的目的就是“以祉元吉”,是为了求得大福大吉。“祉”读“zhǐ”,福、祈福之意。

帝乙归妹的结果,确实也如帝乙所希望的那样,换来了商周和好如初,双方皆大欢喜以及几十年相安无事。一直到了帝乙的儿子帝辛也就是后来的商纣王和姬昌的儿子姬发也就是后来的周武王时期,双方才重开战端。

把这么一个故事放在这里,《易经》是想表达一个什么样的思想呢?我们还是要放在泰卦阴阳相交、上下相合这样一个“泰”的背景下去解读。

当下流传的《易经》是周朝的《周易》,所以我们有时就要以周人的视角来看待每一卦的卦象、卦义和卦爻辞。周推翻商而代之,周朝的《易经》自然把自己比作君子,把商比作小人。所以,本卦也可以把下卦乾阳比作冉冉升起的周,把上卦坤阴比作慢慢堕落的商。这样一来,“小往大来”也就相当于说商往而周来。帝乙归妹其实就是说周是以德而得天下,商被周德感化而与周相交融。

形势比人强。当初如此强大的商王朝只有顺应形势,主动地降低身段来迎合周这样一个地处边陲的方国,才能维持一个泰和的局面。

通常九五爻言帝王,而泰卦用六五言帝乙,也颇有一番意味在其中。

上六: 城复于隍,勿用师,自邑告命,贞吝。

过去城里大都有城隍庙,现在大部分城市已经没有了,甚至连城隍庙的遗迹都没有保存下来,有的只是保留了一个地名而已。地名的存在,说明当初城隍庙按现在的话说肯定是个地标建筑,也说明当初城隍庙的重要和辉煌。

中国传统的文化,一是崇尚天人合一,二是重视自然崇拜。古人认为万物都有神灵,所以给万物都封了神明,山有山神,树木有精,地有土地爷,风有风婆婆,灶有灶王,城有城隍。城隍庙是祭祀城隍的地方,但城隍到底是什么,现代人大都不知道。

"城"就是城墙。"隍"就是城壕,就是城墙外的护城壕沟,通上水就成护城河了。我们讲"秦砖汉瓦",就是说秦朝发明了砖、汉代出现了瓦。在此之前,城墙多是土筑或石垒而成。通常情况下,夯筑城墙的土就是从城壕里挖上来的。

现在泰卦上六"城复于隍"给我们描述了一个城墙倒塌、倒入城壕的场景,同时又告诉了当出现这种情况时人们应该如何处理和面对,那就是"勿用师",不要大动干戈,不要大打出手,不要挑起战争;要"自邑告命",即要老老实实地待在城里,躬身自省并向上天忏悔;而且一定要"贞吝",要守正、走正道,而不要乱来,以防有什么闪失偏差。

这些言辞说教好像不是说给大众听的,而是说给帝王听的。过去天下有什么天灾人祸,甚至有什么重大的星相变化,都会被认为是上天给人间的某种信号、警示,这时候就要求官家认真地思考、好好地反省自己的言行,看看到底是因为哪些事做错了而得罪了上天,并进而调整政策、改正过错以期得到上天的饶恕。历史上很多帝王的罪己诏就有这么点意思。现在"城复于隍"了,即城墙无缘无故地倒了,一国之主怎么能不好好地反省呢?

《易经》传承到今天,已经从古走到今并且走下了神坛,已经从为帝王服务走向为你我所用,那么我们就应该从《易经》的卦爻辞中发掘出对于当今我们的指导意义,这才是《易经》传承的最大价值。

泰卦上六对于人生的启迪,就是要求人们从发生在自己身上或者身边的诸多问题中发现问题与不足,及时地反省自己、调整自己,从而保证自己能够在正确的道路上前进。

城墙倒了,"泰"的局面到了上六就要结束了。这是历史的必然。"无平不陂",即天下不可能永远太平;"无往不复",即这"泰和"之境也是来自当初的不"泰"吧? "否极泰来",即"泰"的局面来自"否"的局面,那看来是该回去了。

回到哪里去呢?

下面我们一起到下一卦——否卦去看看。

第二十五章

否卦第十二——天地否绝何处隐

【原文】

䷋ 否　地天否　乾上坤下

否：否之匪人，不利君子贞，大往小来。

《彖》曰："否之匪人，不利君子贞，大往小来"，则是天地不交而万物不通也。上下不交，而天下无邦也。内阴而外阳，内柔而外刚，内小人而外君子，小人道长，君子道消也。

《象》曰：天地不交，"否"；君子以俭德辟难，不可荣以禄。

初六：拔茅茹，以其汇，贞吉，亨。

《象》曰："拔茅"，"贞吉"，志在君也。

六二：包承，小人吉，大人否亨。

《象》曰："大人否亨"，不乱群也。

六三：包羞。

《象》曰："包羞"，位不当也。

九四：有命无咎，畴离祉。

《象》曰："有命无咎"，志行也。

九五：休否，大人吉。其亡其亡，系于苞桑。

《象》曰："大人"之"吉"，位正当也。

上九：倾否，先否后喜。

《象》曰："否"终则"倾"，何可长也。

【卦象意解】

"☷☰"是《易经》六十四卦第十二卦否卦的卦象、卦画和符号，而"否"是这一卦的名称。否卦上卦即外卦为乾天卦☰，下卦即内卦为坤地卦☷，所以否卦也称"天地否卦"。

否卦既是泰卦的错卦，又是泰卦的综卦、反卦、覆卦。它所示人的象自然和泰卦大为不同。

一如泰卦中我们所讲，乾卦为阳，坤卦为阴。否卦是乾卦阳在上、坤卦阴在下。按照阴阳学说的理论，阳清而上扬，阴浊而下降。上卦乾阳上升，下卦坤阴下降，于是否卦就呈现出一个阴阳反向而行、背道而驰、渐行渐远的局面。所以，否卦就是一个阴阳离决、天地闭塞、上下不通之象。

在前面对各卦的卦象进行解析的过程中，我们会发现：无论是《象传》还是《象传》，无论是古人解象还是今天说象，似乎都和《易经》的卦爻辞配合得天衣无缝，自古以来大家都如此说，言之凿凿，不由得你不信。如果只是读读别人的象解也就罢了，感觉好像是自然而然的事情，可是如果我们仔细地去品味一个个卦象的时候，就会一次次在不经意间闪过些许疑惑进而怀疑的念头。

就说这"否"卦吧。

我们说否卦上卦清阳上升、下卦浊阴下降，所以是个阴阳离决之象，似乎很有道理。但是，如果我们说上卦乾为天在上、下卦坤为地在下，一派各居其位、各得其所、各方相安无事之象呢？看来也未尝不可。

【卦辞意解】

▤▤ 否: 否之匪人,不利君子贞,大往小来。

否卦的局面已然是阴阳离决、天地闭塞,这种局面造成"大往"而"小来"的结果,下卦坤阴小人居于内而把持朝纲,上卦乾阳君子居于外而被排斥出去。因此,这是一个"匪人"的时代。"匪"同"非",是一个压抑人性、有违人道的非人的时代。在这样一个时代,通常是当政者横行霸道,臣辅者为虎作伥,小人得志而当道,君子有志而难张,所以"不利君子贞",即不利于正人君子、仁人志士坚持正道。

这种局面长此以往,就会如《象传》所讲"小人道长,君子道消也",即小人的思想影响不断扩大,君子的思想作风日渐消失,甚至会造成"天下无邦"、国将不国的后果。在这种情况下,君子所做的,就应该如《象传》所言的"以俭德辟难,不可荣以禄",就是收敛自己的思想与情感以避免灾祸,并且不可为利禄所诱惑而出来做官、做事。

【爻辞意解】

初六: 拔茅茹,以其汇,贞吉,亨。

如泰卦初九,依然是"拔茅茹",拔一根茅草结果牵引出一片,"以其汇",因为茅草的根连在一起。

"拔茅茹,以其汇"所讲的,无论是泰卦初九还是这里的否卦初六,都是"物以类聚,人以群分"的道理。无论是泰的局面还是否卦的格局,君子们都应该共进退。天地否绝、上下不通的时代,君子们依然要坚守正确的道路,要有不为五斗米折腰的气概,不可自我堕落、随波逐流,一如既往地、坚"贞"地走下去,必将吉祥、亨通。

六二: 包承,小人吉,大人否亨。

"包",包围,指整天跟在别人屁股后面转;"承",奉承、顺从。"包承"

就是溜须拍马、阿谀奉承。这是"小人"的时代，是适合"小人"发展的时代，所以"小人吉"。

这种小人的做派，"大人"、有德性修养的君子们是学不来的。和珅做的，刘罗锅肯定做不来，做了也不会是那么个味道，也肯定不会有和珅那样做的结果，所以还是不做好。君子自当有本色，所以"大人否"，大人不"包承"，长远地看应该是"亨"通的。

六三：包羞。

"包羞"的字面意思是包围笼络、厚颜无耻。这是小人聚于朝的必然结果。一群小人聚拢在一起，相互地比着"包羞"。在这种环境中，或许只有如此才能生存吧。所以，"包羞"既是对人间天地否绝、上下不通状况的描绘，又是对生存于那种环境中的人类的生存法则的指导。但是，道德君子们是不是一定要学着改变自己而适应这种环境呢？答案应该是否定的。君子们依然应该坚守自己的底线，坚持走正确的道路。

九四：有命无咎，畴离祉。

初六爻要求君子"贞"、守正，六二、六三两爻则要求君子"否""包承"，不能够阿谀奉承、厚颜无耻，不能够同流合污、随波逐流。要做到这些其实只有一条路，那就是避世做隐者。小人当道，把持了朝纲，君子只好隐居野外了。这正是《象传》讲到的，君子要"以俭德辟难，不可荣以禄"。在这种黑暗的时代，君子是不可以追求高官厚禄为荣的；换句话说，这时候君子就要做隐士，不可以出来做官。

隐也有不同的隐法。我们的文化中自古就有"小隐隐于野，大隐隐于市"之说。其实，还有比"隐于市"更高的境界，那就是"隐于朝"。

五代十国时期冯道的经历可算得上是"隐于朝"、"有命无咎"的一个例子。

冯道，字可道，自号长乐老，出生在五代时期的瀛洲景城，就是现在河北交河一带。史书上记载：他年轻时品行纯厚，安于清贫，事亲孝而为学勤，颇有古风。他颇有胆识，而且为人刻苦俭约。在晋梁交战的前线，他在军中只搭一茅屋，室内不设床席，睡觉仅用一捆牧草。将士把在战争中掠得的美女送给他，他无法推却时就安置在别的住处，等找到她的亲人后再送回去。他因父丧丁忧期间，遇到饥荒，就尽自己所有周济乡里，亲自种田、背柴。有因人力不足而致田地荒芜的人家，他就不声不响地在夜里帮忙耕种，事后人家前来道谢，他认为这完全是自己应该做的。他是中国大规模官刻儒家经籍的创始人。在他的力主下，后唐官府雕印了《易》《书》《诗》《春秋左氏传》《春秋公羊传》《春秋谷梁传》《周礼》《仪礼》《礼记》九经，史称"五代监本九经"，为儒学思想的传播作出了积极的贡献。

　　冯道是历史上有名的大儒，但他所处的时代即唐后宋前的五代时期是中国历史上少有的乱世之一。从公元907年朱温代唐到960年赵匡胤黄袍加身，五十余年间换了五个朝代。在短短的几十年时间里，五代政权频更，十国战火纷杂，一个个混世魔王相继粉墨登场。各个朝代都是靠着阴谋与武力夺取政权。契丹也趁乱入侵中原。除了个别皇帝还像个样，其余大都劣迹斑斑。晋高祖石敬瑭更是靠出卖领土、引狼入室才当上了"儿皇帝"。这样一个狼烟四起的年代，是典型的否卦所描述的场景。作为一代名儒，按理说冯道应该退隐山林，做闲云野鹤，而"不可荣以禄"。但是，他一生在后唐、后晋、后汉、后周以及契丹的十个皇帝的朝中先后任职达三十多年，其中仅在相位就超过了二十年，从而被称为"官场上的不倒翁"。为此，他的一生为后世不少文人所诟病。虽然《旧五代史》盛赞"道之履行，郁然有古人之风；道之宇量，深得大臣之体"，但司马光仍称其为"奸臣之尤"。

　　为了全面、准确地认识冯道，我们有必要到冯道的心灵深处去看一看。

　　冯道在还没有发迹的时候，曾经写过这样一首诗："莫为危时便怆神，前程往往有期因。须知海岳归明主，未必乾坤陷吉人。道德几时曾去世，舟车何处不通津。但教方寸无诸恶，狼虎丛中也立身。"

乾祐三年（950）夏天，冯道写了一篇题为《长乐老自叙》的文章，历述自己在后唐、后晋、后汉三朝及契丹入主时期所获官爵荣宠，真是官越做越大，爵越封越高，上耀祖宗，下荫子弟。他写道："时开一卷，时饮一杯，食味、别声、被色，老安于当代耶！老而自乐，何乐如之？"他承认自己的一生"奉身即有余矣，为时乃不足"，并且明确地指出这不足在于"不能为大君致一统、定八方，诚有愧于历职历官"。

从冯道上述"自写文本"中，我们不难体会出他内心深处的声音。他凭"无诸恶"之"方寸"，"立身"于"狼虎丛中"，并时刻期盼着天下能够"致一统、定八方"而"海岳归明主"。人们应该能够从中看出：他对自己所处的环境是清楚的；他的所作所为不是为了"荣以禄"，而是为了"致一统、定八方"，"海岳归明主"。当然，他也清醒地预见到了后人对他的毁与誉，就像他自己所言："知之者，罪之者，未知众寡矣。"

像冯道这样能够"隐于朝"的大隐之士，内心必定怀着一种大悲大悯的使命与责任，才能够低下自己高贵的头颅，在那黑暗的、了无人性的朝代，混迹于虎狼成群的朝中，运用自己的才智挫锐解纷，努力地使人类的理性之光得以彰显与传承。

冯道的做法就是本爻"有命无咎"的诠释。胸怀崇高的使命，即使违背了否卦当世时君子当隐遁避世、超然物外的常理，也不会有什么过失和错误。但是，这也有个前提，那就是"畴离祉"。"畴"，即田地、封地。这个前提就是凡事都有个度，做事要有个限度，这个度就是坚决不能违背内心的良知。

九五：休否，大人吉。其亡其亡，系于苞桑。

"休"，停止。"休否，大人吉"，我们可以理解为"大人休否，吉"。德高望重、位高权重的"大人"站出来纠正这否卦所言的否绝闭塞的状态,这样就会"吉"。

纠正这否绝闭塞的状态,首先要能够识别和及早发现这种状态的存在。怎么才能够做到这一点呢?爻辞后半句"其亡其亡,系于苞桑"给出了答案。

九五之爻多言人君。历代人君所担心的当然莫过于朝代的轮回、家国的灭亡。"其亡其亡,系于苞桑"就是说:灭亡呀灭亡,要时刻警惕,警惕的心要牢牢地拴在那根深难拔的丛生的桑树上。作为当政者,要时刻居安思危,善于治中察乱,能够及早地发现危之始、乱之源并及时地加以纠正与治理,万万不可大意与放纵。

《系辞下》第五章对于"其亡其亡,系于苞桑"给予了专门的解读:"子曰:'危者,安其位者也;亡者,保其存者也;乱者,有其治者也。是故,君子安而不忘危,存而不忘亡,治而不忘乱;是以,身安而国家可保也。'《易》曰:'其亡其亡,系于苞桑。'"

上九:倾否,先否后喜。

"倾",倾覆、倾倒。"倾否"就是彻底结束否绝闭塞的状态。曾经的那种天地不通、阴阳离决的状况太可怕了,现在这种局面终于结束了,怎么能不高兴呢,所以是"先否后喜"。

世界生生不息而又千变万化,任何一种事物都不会永远地存在于一种不变的状态中。事物的变化又往往从一个极端走向另一个极端,乐极可生悲,寒极则生热,剥极必当复,现在则是否极而泰来。本爻所要告诉我们的就是这个道理。否的局面总会有个尽头,世界必将由大乱走向大治。

◎ 第二十六章

同人卦第十三——团结就是力量

【原文】

☰☲ 天火同人　乾上离下

同人：同人于野，亨。利涉大川，利君子贞。

《彖》曰：柔得位得中而应乎乾，曰"同人"。同人曰："同人于野，亨。利涉大川"，乾行也。文明以健，中正而应，"君子"正也。唯君子为能通天下之志。

《象》曰：天与火，"同"人。君子以类族辨物。

初九：同人于门，无咎。

《象》曰：出门"同人"，又谁"咎"也。

六二：同人于宗，吝。

《象》曰："同人于宗"，"吝"道也。

九三：伏戎于莽，升其高陵，三岁不兴。

《象》曰："伏戎于莽"，敌刚也。"三岁不兴"，安行也。

九四：乘其墉，弗克攻，吉。

《象》曰："乘其墉"，义"弗克"也，其"吉"，则困而反则也。

九五：同人，先号咷而后笑。大师克相遇。

《象》曰："同人"之"先"，以中直也。"大师""相遇"，言相"克"也。

上九：同人于郊，无悔。

《象》曰："同人于郊"，志未得也。

【卦象意解】

　　"☲"是《易经》六十四卦第十三卦同人卦的卦象、卦画和符号，而"同人"是这一卦的名称。同人卦上卦即外卦为乾天卦☰，下卦即内卦为离火卦☲，所以同人卦也称"天火同人卦"。

　　在先天八卦（见图2-1）中，乾卦☰居正南之位；到了后天八卦（见图9-2）中，乾卦则退位让位给了离卦，成了离卦☲居正南之位。对于先天、后天八卦来说，先天八卦为体，后天八卦为用。那么，把这一说法应用到这里，我们也可以理解为乾天为体、离火为用。

　　从人类对火的发现和利用的轨迹看，也确实如此。

　　有句话叫"万物生长靠太阳"。人类所生存的地球上的能源，归根结底是来源于乾天之上的太阳，点点乾阳与坤母结合而化生了万物。人类在一个相当长的进化时期里，和其他陆上动物其实基本上没有什么大的区别，这个相当长的时期就是人类"茹毛饮血"的时期。人类在成长过程中，偶然地发现了火的价值。雷电或者自然界物质的自燃给人类带来了火。人们发现经过火烧烤熟了的食物更香甜可口，于是慢慢地学会了利用自然之火。人类先是学会了从自然之火中取下火种并设法保存下来，后又学会了钻木取火和使用火镰、火石取火等方法。火进入了人类的生活并影响了人类的进化与发展。但是，在人类进化过程的一个相当长的时期内，人们一直把火看作是上天的恩赐，甚至是上天的代表。

　　人们发现：无论是自然万物中的纯阳之火，还是看得见的有形之火，无不来自"上天"。天与火原本就是乾阳的一体两面,天为火之体,火为天之用,所以天火同人卦就是一个天火一体之象。

【卦辞意解】

同人:同人于野,亨。利涉大川,利君子贞。

同人卦是个讲团结的卦。

过去城墙及城墙之内是城,城外是郭,郭外是郊,郊外是野。现在已经"同人于野"了,团结的范围和力量已经到了"野"。住在城里的人已经团结起来了,住在城边上城郭的人团结起来了,住在城郭外边城郊的人团结起来了,现在连住在遥远的野外的人也团结起来了。总之,"同人于野"意味着实现了最大范围、最大限度的空前的大团结。这样一个局面自然是大为"亨"通,非常难得的。

我们说"团结就是力量",有了空前的团结也就有了空前的力量。有了空前的力量自然就有"利"于"涉大川",有利于克服艰难险阻、成就大事业并取得空前的成功。

同人卦卦辞开宗明义,给人们描绘出了一幅"同人于野"、空前团结的象,其实这是为人们画了一幅美好的蓝图。这一美好蓝图自然是对人们前进方向的指引,是对人们思想与行为的指导。这一蓝图指引我们努力团结一切可以团结的力量,努力创造一个空前团结的局面,以"利涉大川"、办大事、成伟业,以"利君子贞",即利于君子们修养水平的持续提高。

【爻辞意解】

初九:同人于门,无咎。

团结应该是有原则的。团结的前提是自愿,团结的基础是某些方面的一致性。同时,团结又要尽可能地广泛。对于所能够接触到的任何一个人、任何一股力量,都应该尽最大的努力去争取团结。不仅如此,团结还应该自内而外,先从内部做起。"同人于门"就是要先把自己"大门"里或者一个门派里的人团结起来,这当然"无咎",即不会有过错。

六二: 同人于宗,吝。

"宗"的本意是宗族,也有宗派的意思。团结如果仅限于自己的宗族内部或者一个小圈子里,实在是"吝",让人觉得遗憾。

随着社会的城市化和人口频繁、大规模、大范围的迁徙,宗族的力量越来越小,而宗派的问题却在各式各样的团体中出现。很多单位宗派、团体林立,这些人往往拉帮结派、结党营私,在小圈子里团结得很,甚至是铁板一块,外人水泼不进、针插不进,对外则是处处敌对、制造矛盾甚至惹是生非。这种仅限于小范围内部的团结其实根本就不是团结,而是团结的大敌,又何止是"吝"? 有的单位的一把手甚至就把一个好端端的单位划分了一、二、三、四,搞小圈子,岂不更是可笑之极!

九三: 伏戎于莽,升其高陵,三岁不兴。

"戎",即军队。"投笔从戎"和"戎马生涯"中的"戎"就是这个"戎"。"莽",即草丛。"三",多的意思。把本条爻辞直译出来就是:把军队埋伏在草丛之中,登到山岗上观察,多年没有兴兵出征。

《象传》对于本条爻辞的解释是:"'伏戎于莽',敌刚也。'三岁不兴',安行也。"直译出来的意思就是:把军队埋伏在草丛之中,说明对手强大;多年没有兴兵出征,说明行事谨慎稳妥。

《象传》对于这条爻辞的解释让人有不知所云的感觉,甚至让人因此从根本上怀疑《易经》"十翼"根本就不可能是至圣先师孔子所为。试想一想: 如果是因为对手强大而隐兵不出,强大的对手会无动于衷? 还不等你兴兵打对手,对手早就主动出击打过来了。

同人卦是讲团结的卦,不是讲斗争的卦,也不是讲战争的卦,所以军队准备了那么久,最后并没有出兵打仗。看来军队埋伏在草丛中并不是为了打仗,反倒是为了团结。

如果是为了打仗,那么军队埋伏在草丛中的目的就应该是为了寻找战机、寻找出其不意的时机。三年也好,多年也罢,不可能一点儿机会都没有。如果为了打仗,也没几个人能够有那么大的耐心。更何况还时常让人登到高高的山岗上暴露一下目标,好让对方知道自己的存在。既然不是为了打仗,那么让人登上山岗就不是为了察看敌情,当然就是为了让对方看到自己的存在。

所有这样做的目的,都是围绕同人卦的中心思想,即团结。

《孙子兵法》讲:"上兵伐谋,其次伐交,其次伐兵,其下攻城。"《孙子兵法》的成书要远远晚于《易经》的年代,但我们相信《孙子兵法》的思想肯定是人类久远历史经验的总结与提炼、提高。"伏戎于莽,升其高陵,三岁不兴"就应该是"伐谋"与"伐交"的阶段。大兵压境,陈而不动,用智谋与外交的手段使邻邦与本邦融合在一起,从而达到扩大统一战线的目的,这是再好不过了。双方不动一兵一卒,没有任何损伤而结盟,团结在一起,内部的矛盾自然小得多,力量自然也强大得多。

当然,这个过程可能是漫长的,甚至是艰难的,这就需要有耐心,能够"三岁不兴",要有智谋,时而"升其高陵",同时还要等待时机。但是,无论如何,总比双方兵戎相见、非杀个你死我活不可要好得多。

九四:乘其墉,弗克攻,吉。

理解了上一爻,也就比较容易理解本爻。

"墉",《说文解字》解为"城垣也",其实就是城墙。

登上了对方的"墉",但是"弗克攻",即不去攻占,而不是"攻弗克"即攻没有攻下,也不是"克弗攻"即不攻自克,这样"吉"。通过从这一爻也可以证明上爻《象传》的解"敌刚也"没有道理。现在已经"乘其墉"了,敌人如果够强大,怎么能够让我们登上城墙呢?

"乘其墉,弗克攻"为什么"吉",依然需要从同人卦的团结的主题来考虑。

"弗克攻",即不去攻,这是主观的行为,不是担心攻不下这座城。城墙是城的堡垒,已经登上了城墙,攻占整座城就轻而易举了。以前的城都很小,方圆一里的城都算大城。其实这就到了兵法所言"其次伐兵"的阶段。如果往下继续,就必然是"其下攻城"的结局了。但是,行动到此戛然而止,"弗克攻",即不攻城了。攻城的结果自然是刀光剑影、人头落地、血流城池,落得个城破人亡,这种结果大概是各方都不愿意看到的。所以,登上城墙后,就不打了,然后继续那"谋"与"交"的游戏,而目的依然是最终通过一条不流血的道路来实现融合与团结。

上述三、四两爻使人想到《道德经》第六十一章的内容:"大国者下流,天下之交,天下之牝。牝常以静胜牡,以静为下。故大国以下小国,则取小国;小国以下大国,则取大国。故或下以取,或下而取。大国不过欲兼畜人,小国不过欲入事人。夫两者各得其所欲,大者宜为下。"三岁不兴,登城不攻,其实就是"牝常以静胜牡,以静为下"和"大者宜为下"之用。

九五:同人,先号咷而后笑。大师克相遇。

解放战争期间,国共两党展开了大范围的作战,解放军从东北到华北、华东,从江北打到江南,从大陆打到海岛。每当一场战役下来,国民党大批士兵被俘。当俘虏肯定不是好滋味,俘虏们号啕大哭甚或内心懊恼、悲愤,但往往经过解放军的帮助教育而转悲为喜,最后大部分俘虏转而加入解放军的行列,并参加到人民解放战争的事业中来。这就是本爻"大师克相遇"、"先号咷而后笑"而最终"同人"的写照。"咷",读"táo"。"号咷"就是大声痛哭。

团结的局面总是来之不易。团结不能仅限于身边的人,要实现最大范围的团结,就应该团结一切可以团结的力量,包括你的对手。解放战争中国民党八百万大军看似兵强马壮,但解放军却越打越强大,除了毛泽东的统一战线、隐蔽战线、寓兵于民等战略战术,就地改造俘虏、团结俘虏的政策也起了重要的作用,为解放军补充了源源不断的兵力。

上九: 同人于郊,无悔。

从"同人于宗"到"同人于门",团结的范围越来越大,通过"伐谋"、"伐交"甚至"伐兵",团结的力量越来越强,现在团结的局面达到了"同人于郊"。

这离我们的"同人于野"即实现最大范围的团结的期望还有一定的差距,或许我们有些地方做得还不够好,或许我们做了我们应该做的但并没有达到我们想要达到的结果。这不重要,也不必后悔,理想与现实难免有些距离。我们所要做的,就是坚持"同人于野"的理想,努力追求那个大同世界的梦。

第二十七章

大有卦第十四——富有得意莫忘形

【原文】

☰ 大有 火天大有 离上乾下

大有：元亨。

《彖》曰：柔得尊位，大中而上下应之，曰"大有"。其德刚健而文明，应乎天而时行，是以"元亨"。

《象》曰：火在天上，"大有"；君子以遏恶扬善，顺天休命。

初九：无交害，匪咎。艰则无咎。

《象》曰：大有初九，"无交害"也。

九二：大车以载，有攸往，无咎。

《象》曰："大车以载"，积中不败也。

九三：公用亨于天子，小人弗克。

《象》曰："公用亨于天子"，"小人"害也。

九四：匪其彭，无咎。

《象》曰："匪其彭，无咎"，明辨晰也。

六五：厥孚交如，威如，吉。

《象》曰："厥孚交如"，信以发志也。"威如"之"吉"，易而无备也。

上九: 自天佑之, 吉, 无不利。

《象》曰: 大有上吉, "自天佑"也。

【卦象意解】

"☲"是《易经》六十四卦第十四卦大有卦的卦象、卦画和符号, 而"大有"是这一卦的名称。大有卦上卦即外卦为离火卦☲, 下卦即内卦为乾天卦☰, 所以大有卦也称"火天大有卦"。

离卦为丽为明为火, 乾卦为天, 火天大有卦就是火在天上。火在天上, 则是光被万民、万民归顺, 普照万物、万物顺天依时, 晴天丽日、事业蒸蒸日上、事事大有所成之象。

【卦辞意解】

大有: 元亨。

大有卦的卦辞最为简洁, 只有区区"元亨"两个字。这两个字也恰恰是《易经》第一卦乾卦卦辞的前半段, 后半段"利贞"则是《易经》第三十四卦雷天大壮卦的卦辞。虽然如此, 但我们不能简单地用乾卦卦辞中的"元亨利贞"的解析来解读大有卦的"元亨"和大壮卦的"利贞"。

前面我们解读各卦卦辞都没有对各卦的卦名做更多的解释, 其实卦名本身也是很有深意的。每卦的卦名不仅是对本卦主题思想、中心概念的高度浓缩与提炼, 还是各卦卦辞的有机组成部分。当然, 有些卦名让人一目了然, 有些卦名则比较抽象。很多时候, 不少人看了卦名感觉不知所云就退缩了, 这也是不少人难以深入学习进而读懂《易经》的原因之一。

"大有"的意思是盛大富有。"有"字的造字, 是个手拿东西、手中有物的象形。还有一个"冇",读作"mǎo",是没有的意思。"大有"当然就是有很多了。这种多主要是指财富的多,并不过多地涉及精神层面,不像小畜卦还涉及精神层面的素养问题。

"大有",即大为富有;自然"元亨",即大为亨通。卦辞的意思就是这么简单。想来是有钱好办事,甚至有钱能使鬼推磨。富裕、富有了毕竟是好事情,做事就可以从容、可以自如,正所谓"家里有粮,心里不慌"。

但是,我们一定要明白,《易经》设这么一卦绝不会是仅仅告诉我们"因为'大有',所以'元亨'"那么简单。《易经》所要告诉我们的是在这样的情况下我们如何为人处事的原则。

【爻辞意解】

初九:无交害,匪咎。艰则无咎。

人一富就易骄,很多人甚至为富不仁,做出一些为非作歹、为害乡里之事。还有不少人永不知足,富了还想富,有了还想有,为此而不惜相互倾轧侵害,这是非常可怕的。

大有卦初九爻辞所要告诉我们的,就是要富而不能骄、富而不忘本。即使你富了,还是要老老实实做人、扎扎实实做事,不可因为富了就飞扬跋扈、贻害四方。"无交害"就是不要彼此侵害,这样才可以不犯错。"艰则无咎",即要时刻牢记那曾经的艰难,不可富而骄奢、得意忘形,这样才可以"无咎",才可以避免过失。

九二:大车以载,有攸往,无咎。

大富大有了,要有放得下财富的地方才行。粮食收多了要有粮仓存放,金银攒多了要有柜子收藏。东西多了,不仅仅是要有地方放得下,更重要的是自己的身心能放得下。在现实生活中,有的人在升官、发财、暴富后而暴病甚至暴亡。对于这种现象,人们常常评价说这种人享不了那个福,讲的就是这么个道理。

所以，你富有了，还要有能够承载你的财富的大车，这个大车其实就是你的心态、心胸，而这心态、心胸的背后则是你对财富的态度和把握，是你的修养和品行。

本爻所要告诉我们的，就是当你"大有"之时，要"大车以载"，一定要准备好能够承载这"大有"的"大车"，这样才可能"有攸往"，继续前行而"无咎"，不会犯什么过错。

九三：公用亨于天子，小人弗克。

《易经》通常五爻言帝王、三爻言公卿。

天下大富之人当比公卿。大富大有了，自然对社会的影响大、社会地位高。过去的社会等级分得很严格，衣食住行方方面面都很讲究等级，尤其是以官秩为代表的等级。富可敌国的大富豪会被社会甚至官家高看几眼的，可以鼎食骖乘、锦衣轻裘，还有可能被封为公卿。有的人经商发财了，社会地位似乎也高了。有人笑贫不笑娼，不论其第一桶金是怎么来的，富了似乎就是一种能力的表现，那些经商发财的人最终也就得到了社会的承认。

所以，人"大有"之后，一定要为社会做些什么，财富取之于社会当用之于社会，人当为社会多做事、多作贡献，这样才能"亨于天子"。然而，那些道德品行差的"小人"则不可能胜任，"弗克"就是不能胜任。

九四：匪其彭，无咎。

汉字的发展还是有脉可循的，"膨胀"的"膨"绝对与"彭"脱不了干系。本爻的"彭"其实就是后世的"膨"，"匪"通"非"，"匪其彭"就是不要膨胀，"大有"了也不要自我膨胀、忘乎所以，这样才可以或者说就可以"无咎"。

六五：厥孚交如，威如，吉。

这依然是对"大有"了之人的告诫。

大富大贵了,与人交往还是一定要讲诚信,也就是要"厥孚交如",不可因富而骄、傲慢待人。同时不可身轻气浮,而要"威如",还要庄重、严肃,有威仪、威严。这样就会"吉"。

上九:自天佑之,吉,无不利。

这上九爻很是抽象,所言者不知所由,就是这话不知从何说起。为了更好地理解这爻,我们可以先学习一下《道德经》第七十七章:"天之道,其犹张弓与!高者抑之,下者举之。有余者损之,不足者补之。天之道,损有余而补不足。人之道则不然,损不足以奉有余。孰能有余以奉天下?唯有道者。是以圣人为而不恃,功成而不处,其不欲见贤!"

我们把其中的"天之道,损有余而补不足。人之道则不然,损不足以奉有余"摘出来细细品味,会对理解大有卦上九爻爻辞有很好的帮助。

人"大有"之后,希望得到"天道"的护佑。那么,怎么才能够得到护佑呢?自然应该是顺应"天道",不做违背"天道"的事情。"天之道,损有余而补不足。"如果要想得到"天道"的佑助,自然应该顺着这个思路去做人做事。要时刻地反省自己,"大有"了,物质多了,品德修养如何?拥有的东西多了,应该学会帮助那些需要帮助的人,损自己之有余而补他人之不足,无止境地修养自己的品行。为人处事也是一样,应该顺"天道"而为,除恶扬善,少锦上添花,多雪中送炭,努力地造福四方、促进和谐。

做到了这些,则"天"必"佑之",自然"吉,无不利"了。

◎ 第二十八章

谦卦第十五——劳谦君子有终吉

【原文】

☷ 谦　地山谦　坤上艮下

谦：亨，君子有终。

《彖》曰："谦：亨。"天道下济而光明，地道卑而上行。天道亏盈而益谦，地道变盈而流谦，鬼神害盈而福谦，人道恶盈而好谦。谦尊而光，卑而不可逾，"君子"之"终"也。

《象》曰：地中有山，"谦"。君子以哀多益寡，称物平施。

初六：谦谦君子，用涉大川，吉。

《象》曰："谦谦君子"，卑以自牧也。

六二：鸣谦，贞吉。

《象》曰："鸣谦，贞吉"，中心得也。

九三：劳谦，君子有终，吉。

《象》曰："劳谦""君子"，万民服也。

六四：无不利，㧑谦。

《象》曰："无不利，㧑谦"，不违则也。

六五：不富以其邻，利用侵伐，无不利。

《象》曰："利用侵伐"，征不服也。

上六：鸣谦，利用行师征邑国。

《象》曰："鸣谦"，志未得也。可"用行师""征邑国"也。

【卦象意解】

"䷎"是《易经》六十四卦第十五卦谦卦的卦象、卦画和符号，而"谦"是这一卦的名称。谦卦上卦即外卦为坤地卦☷，下卦即内卦为艮山卦☶，所以谦卦也称"地山谦卦"。

谦卦上卦为地，下卦为山。地本卑下，山本高大，谦卦卦象是高大的山隐藏于大地之下。这一卦象喻指在人事上意味着居高位的人能谦为人下，有外表卑下、实则内蕴高大之意。

【卦辞意解】

谦：亨，君子有终。

"谦"的意思是谦逊、虚心、不自满、不自高自大。在中华文化中，谦虚历来被视为一种美德。无论你有多大才能，无论你有多少才华，无论你有多高地位，都应该心怀谦虚。伟人毛泽东就有句人们耳熟能详的名言："虚心使人进步，骄傲使人落后。"

谦卦就是一卦关于谦虚的卦。谦虚是一种人生的态度，侧重于人内心上的恭顺、谨慎。谦虚，不仅仅是学习的态度，更是做人做事的态度，因此它就不仅仅可以使人学有所得，更重要的是这种态度可以使人得到大家的理解、敬重与帮助。以这样一种态度，做任何事情就都会比较"亨"，即顺利亨通。但是，卦辞还要求真正的君子应该做到真正的谦虚并终身不改，所以卦辞讲"君子有终"。

【爻辞意解】

初六：谦谦君子，用涉大川，吉。

谦卦之象，山在地中，初六爻又在艮山卦最底下，所以称"谦谦君子"。"涉大川"就是办大事，成就大事业。"谦谦君子"是指那种修养至好、谦而又谦的人物。这种人物志向远大且虚怀若谷、精神充实且果毅坚韧、目标明确且努力不息，必然能够成就伟业，所以"用涉大川，吉"。

六二：鸣谦，贞吉。

"鸣"就是说出来，告诉大家。"鸣谦"就是把谦虚挂在嘴上，说得难听点就是"标榜"自己谦虚。有人讲："我这个人很虚心。"这大概就是"鸣谦"。谦虚本是一种内在的美德，应该留给别人去评价与赞扬。很多事情，自己说出来往往就没意思了。老子讲："善行无辙迹。"真正的善行是不留痕迹的。真正的善人做好事，内心不是为了有朝一日被人发现和有所回报。那么，如谦虚一样的美德更是应该发自内心而不是挂在嘴上。但是，"鸣谦"也有值得肯定的一面。只是对这种标榜谦虚的人，爻辞特别提出了告诫，就是要"贞"，即要走正道，不仅要说到，还要做到，这样才能"吉"。如果只说不做，或者说一套做一套，言不由衷，言行不一，就未必"吉"了。

《易经》各条卦爻辞都值得我们从正、反两方面细细体味。

九三：劳谦，君子有终，吉。

九三爻是本卦唯一的阳爻，并且阳爻居正位，历代解卦者多把它奉为本卦的主爻。

"劳"是勤勤恳恳、兢兢业业的意思。"劳谦"则是勤劳而又谦虚。这样的人或者说有这样修养的"君子"还能做到有始有终、始终如一，长此以往，必有所成，故而大"吉"。

六四：无不利，㧑谦。

"㧑"，音"huī"，发挥的意思。"㧑谦"，发挥谦逊、谦虚之美德也。

六四爻阴爻柔顺得正,上承六五之君,下接九三劳谦之臣,处上下相洽、左右逢源之位,所以"无不利"。这样一个状态所描述的其实就是一个非常好的顺境。常处顺境的人往往就少了许多小心,多了许多不注意。上下左右如鱼得水、游刃有余,长此以往,就会心生懈怠。所以,爻辞告诫我们要"扐谦",就是要坚持谦虚的态度才好。

六五:不富以其邻,利用侵伐,无不利。

《易经》通例:阴爻中间虚,所以叫"不富"。六五阴爻居至尊之君位,说明谦虚之至,因而也就有了评判是非的权威和资格。有谦必有骄,有顺必有逆。六五以谦德居尊位,对顺从者自然施之以谦,但对骄逆者不可一味姑息,而要以侵伐制服。所以,当周围有飞扬跋扈者出现时,以谦为德的王侯就可以与其邻一起出兵征讨,这必然会得到大家的认可,而不会出现反对的声音。以谦德团结四邻,征伐骄逆,"无"往而"不利"。

上六:鸣谦,利用行师征邑国。

又是"鸣谦"。六二的"鸣谦"我们讲过,是不被提倡的。对这里的"鸣谦",后面的爻辞并没有评价,而是说"利用行师征邑国",因此我们可以理解为"鸣谦"可以被当作"利用行师征邑国"的手段。

上面六五讲:"以其邻,利用侵伐,无不利。"带领邻国出征讨伐,这就需要有点讲究。你凭什么讨伐人家呢?你以为你站在了道德的制高点上,你就是正确的吗?庄子讲究齐是非,没有对与错。到底对与不对,站在宇宙的高度也许没有对错,生生死死,自然而然。但是,放在某一个特定的条件下,似乎就必然有对错之分。这个对错的标准,其实是应该以大众的标准为标准,而不能以某人的标准为标准。所以,要做某些事情,就必须取得民众的支持,正所谓"得民心者得天下"。现在要"征邑国"了,但不可以师出无名,总要找个理由,这就需要以"鸣谦"做工具,通常是以吊民伐罪的名义出征,发一道檄文,历数某邑国主人的种种不是,然后以解放人民的名义兴师动众而征讨之。这就是征讨诸侯、邑国时的"鸣谦"之用。

◎ 第二十九章

豫卦第十六——不打无准备之仗

【原文】

☷☳ 豫　雷地豫　震上坤下

豫：利建侯行师。

《彖》曰：刚应而志行，顺以动，"豫"。"豫"，顺以动，故天地如之，而况"建侯行师"乎！天地以顺动，故日月不过，而四时不忒。圣人以顺动，则刑罚清而民服。豫之时义大矣哉！

《象》曰：雷出地奋，"豫"。先王以作乐崇德，殷荐之上帝，以配祖考。

初六：鸣豫，凶。

《象》曰：初六"鸣豫"，志穷"凶"也。

六二：介于石，不终日，贞吉。

《象》曰："不终日，贞吉"，以中正也。

六三：盱豫，悔。迟，有悔。

《象》曰："盱豫"，"有悔"，位不当也。

九四：由豫，大有得，勿疑，朋盍簪。

《象》曰："由豫，大有得"，志大行也。

六五：贞疾，恒不死。

《象》曰：六五"贞疾"，乘刚也。"恒不死"，中未亡也。

上六: 冥豫, 成有渝, 无咎。

《象》曰: "冥豫" 在上, 何可长也。

_____☯_____

【卦象意解】

"䷏" 是《易经》六十四卦第十六卦豫卦的卦象、卦画和符号, 而 "豫" 是这一卦的名称。豫卦上卦即外卦为震雷卦☳, 下卦即内卦为坤地卦☷, 所以豫卦也称 "雷地豫卦"。豫卦和上面的谦卦互为综卦。

豫卦上卦震雷, 其性为动; 下卦坤土, 其性为顺。雷顺时而出, 一番春回大地之象; 地顺势而动, 一派喜气洋洋之征。

【卦辞意解】

䷏豫: 利建侯行师。

"豫" 的意思是预先做好准备。"凡事预则立, 不预则废" 就是这个 "豫"。此语出自《礼记》: "凡事豫则立, 不豫则废。言前定则不跲, 事前定则不困, 行前定则不疚, 道前定则不穷。" 这段话可诠释如下: 任何事情, 事前有准备就可以成功, 没有准备就要失败; 说话先有准备, 就不会辞穷理屈站不住脚; 做事先有准备, 就不会遇到困难挫折; 行事前计划先有定夺, 就不会发生错误后悔的事; 做人的道理能够事先决定妥当, 就不会行不通。

震雷卦在象又为诸侯, 坤土卦在象又为师众。诸侯率领师众顺势而为、顺时而动, 一呼而百应, 何乐而不为? 豫卦所讲的, 就是谋定而后动, 三思而后行。形势比人强, 时机一到, 就可以抓住机遇成就一番大的事业, 就可以开疆拓土成就建国伟业, 所以 "利建侯行师"。当然, 如果要做 "建侯行师" 这样的大事, 最好好好地预先策划一下, 这样对事情最为有利。

【爻辞意解】

初六：鸣豫，凶。

"豫"有预先谋划筹备的意思，也就是有什么事情、有什么想法要早做准备。《易经》所言通常都是大事情，那么"豫"之所"豫"也当如此，就像卦辞所言，"建侯行师"不是大事吗？

对于这样的大事业，预先的谋划和准备当然是保守秘密好。还没做好准备就宣扬出去了，老早就告诉敌人我要打你了，敌人就会早有准备，成功的把握就不大了，即使成功了也会付出巨大的代价。"鸣豫"就是早早地泄露了自己的打算，所以"凶"。

六二：介于石，不终日，贞吉。

要做好预先的谋划，必须拥有足够的信息。用现代的话讲，在信息不对称的情况下，拥有信息量较少的一方在与拥有信息量较多的一方的较量中往往会处于被动地位，交易也好，谈判也罢，莫不如此。因此，相关各方必然是尽可能地想方设法收集尽可能多的有价值的信息，努力地变被动为主动，战场与商场的情报战就是由此而来。

"介于石"的状况就是一种消息极为闭塞的情况。豫卦讲"利""行师"，比如这时你带兵打仗被困在了深山峡谷，这时你对外边的情况一无所知，那是非常危险的。遇到这种情况，一定要"不终日"，一定要抓紧想办法尽快弄清楚周围的情况，一刻都不能等，等到天黑的话危险随时都可能到来，说不定搞你个全军覆没。只有坚决地做到这一点，才可以避免危险，才能"贞吉"，即有好的结局。

六三：盱豫，悔。迟，有悔。

"盱"，读"xū"。《说文解字》讲"盱，张目也"，就是睁着大眼睛，说白了就是干瞪着眼不干活。干瞪着眼不去谋划，一旦有情况，何止是"悔"！后面还"迟"，迟迟地不去"豫"，不去好好谋划，定然"悔之又悔"！

这一条爻辞的例证不必去古人堆里找,寒号鸟的故事用在这里虽然不够恰当,但也不是没有这么点意思。

九四:由豫,大有得,勿疑,朋盍簪。

"由"在这里有经过、凭借之意。"由豫",经过或凭借充分的谋划与准备,必然"大有得"。"大有得"应该是指所得超过你的预期,就像需卦上六,"有不速之客三人来",总之比你预想的还要好。

"盍"的音、义都同"合",就是现在我们常用的"阖家欢乐"的"阖"。"簪"读"zān",是过去妇女盘头发用的簪子,它的作用是拢聚头发。"簪"在这里是聚拢之意。

"由豫,大有得"的最大的得,就是使大家、使周围的人"勿疑",不再怀疑什么,从此有了信心,进而聚拢在一起,团结在你的周围,和你一起信心满满地"建侯行师"、干事创业。

六五:贞疾,恒不死。

"疾",灾祸、危难。"恒不死",永不会灭亡。爻辞的意思是"豫"则"贞疾,恒不死",就是说坚持豫则立,能常备不懈,即使出现一些灾祸和危难也不会灭亡。

上六:冥豫,成有渝,无咎。

"冥"有点暗暗、暗中的意思,因此"冥豫"可以理解为暗中早做谋划、打算和准备。这有点像我们工作中的预案,比如应急预案。"冥豫"就是要做好各种预案,当出现什么情况时自然有现成的方案可以用。但是,当真正的情况发生时,往往比当初设想的要复杂,就需要因时、因地、因事而宜,对方案有所调整,这就是"成有渝"。

"成"就是有现成的预案,"渝"则是改变的意思。通过"冥豫"而有所"成",根据需要而随机应变,这有什么错呢?不要因为后面"变"而否认前面"豫"的价值,也不应该因有现成之"豫"而不敢"渝"。准备是必要的,变也是必需的,这就是"冥豫,成有渝,无咎"。

　　各卦上九、上六爻往往会在达到本卦的发展方向之极后走向拐点。豫卦上六则不然,"冥豫,成有渝"而"不咎",就是说"豫"永远没有过,就像俗语所言:"谨慎能捕千秋蝉,小心驶得万年船。"小心没有过火的,认真仔细地谋划准备永不为过。

第三十章

随卦第十七——从善如流的追随

【原文】

☱ 泽雷随　兑上震下

随：元亨，利贞，无咎。

《彖》曰：刚来而下柔，动而悦，"随"。大"亨""贞"，"无咎"，而天下随时。随时之义大矣哉！

《象》曰：泽中有雷，"随"。君子以向晦入宴息。

初九：官有渝，贞吉。出门交有功。

《象》曰："官有渝"，从正吉也。"出门交有功"，不失也。

六二：系小子，失丈夫。

《象》曰："系小子"，弗兼与也。

六三：系丈夫，失小子。随有求得，利居贞。

《象》曰："系丈夫"，志舍下也。

九四：随有获，贞凶。有孚在道，以明，何咎？

《象》曰："随有获"，其义"凶"也。"有孚在道"，"明"功也。

九五：孚于嘉，吉。

《象》曰："孚于嘉，吉"，位正中也。

上六: **拘系之,乃从维之。王用亨于西山。**

《象》曰:"拘系之",上穷也。

━━━━━━━━━━━━━━ ☯ ━━━━━━━━━━━━━━

【卦象意解】

"䷐"是《易经》六十四卦第十七卦随卦的卦象、卦画和符号,而"随"是这一卦的名称。随卦上卦即外卦为兑泽卦☱,下卦即内卦为震雷卦☳,所以随卦也称"泽雷随卦"。

《易经》各卦,每一个阳爻为一笔,每一个阴爻为两笔,各爻笔数相加,结果为双的为阴性卦、为单的为阳性卦。随卦上卦兑泽卦为双笔,是阴性卦;下卦震雷卦为单笔,是阳性卦。同时,上、下两卦又都是阴性爻在上、阳性爻在下。这种多层次的阳下于阴的结构特点在崇阳抑阴的《易经》里是极少的变例。《易经》历来讲阳君阴臣、阳君子阴小人。随卦的这种特别的阳下于阴的结构,所要表达的就是君王真心从善、谦恭待民,君子从善如流、择善而从之象。

【卦辞意解】

随: 元亨,利贞,无咎。

随卦所讲的是随从、跟随,其实质是从善,向善良者学习,就如后世儒家所言"见贤思齐"、"从善如流",见到比自己修养好的、做得好的,就努力地反省,努力地学习人家的长处、弥补自己的不足、提升自己的修养。这样做,自然就会"元亨,利贞,无咎",即大为亨通,利于坚守正道,不会有什么过失。

【爻辞意解】

初九：官有渝，贞吉。出门交有功。

"官"是指官家，代表政府。过去最大的官家就是帝王，《水浒传》里叫赵宋的皇帝就是"官家"。官家的话就是圣旨，更是金口玉言，一言既出，驷马难追。"渝"则是改变的意思。从理论上讲，官家的命令发出去了就不能够改变，即使错了也要执行，但那是不对的。错了就错了，如果发现不了错倒也罢了，但如果在执行过程中发现了错误，就应该马上纠错，知错就改才是正确的，所以爻辞讲"官"不是不可以改变，可以"有渝"即有改变，可以有正确的调整，这才是"贞"，这样才能够"吉"。与随卦主题联系起来讲，无论是谁，即使是皇帝，也应该知错就改，知错能改就是从善；反之，有错不改，甚至一意孤行，必将酿成大错，则与从恶无异。

官家能做到有错必改，自然会受民众欢迎，可以更好地取信于民。所以，当国家需要时，比如需要"出"兵"交"战也好、出门交友也罢，就可以取得成功。

六二：系小子，失丈夫。

跟随就要有个方向。

选择比努力更重要。

"小子"和"丈夫"其实就是"小人"和"君子"的另一种称呼。"系小子"当然就是跟随着"小人"，这必定会"失丈夫"。物以类聚，人以群分，与小人为伍自然就与君子无缘。这样做的结果如何，爻辞内容没讲，或许人人都明白。反过来会是如何，六三爻接着给出了答案。

六三：系丈夫，失小子。随有求得，利居贞。

接着六三爻讲"系丈夫，失小子"，就是跟随着"丈夫"也就是君子这个队伍，而不是"小子"也就是"小人"那个圈子。这是真的向善，也就合了随卦从善如流的主旨。

这样做的结果就是"随有求得,利居贞"。

追随和从善都是主观的愿望指导下的行为,是一种有所追求的行为,必然有所得,这最大的"得"就是"利居贞",即利于自己长期地走正确的道路、做正确的事情。正所谓"近朱者赤,近墨者黑","系丈夫,失小子",亲君子而远小人,如此自己的品行修养便可以得到持续的提高,因而也就不容易做错事情,从而可以使自己做对事、走对道。

九四:随有获,贞凶。有孚在道,以明,何咎?

你追随别人,后来又有别人追随你,这就是"随有获"。这时候所要做的就是要"贞凶",即守正防凶。你从善如流地"系丈夫,失小子",即亲君子而远小人,一直追随着别人,因而自己的修养和素质越来越高,于是就有人向你看齐,向你学习,这是多么好的事情呀。可是,为什么还要"贞凶"呢?"凶"从何来?从何说起?

《易经》通例:九四、六四爻多言公卿诸侯,九五、六五爻则多讲帝王。帝王希望人人围绕在自己身边、团结在自己周围,而不希望自己的下面还有一个中心。现在,有一位王公大臣位高权重、德高望重,周围聚集了一批崇拜者,他的主子就要怀疑他心存叛逆、担心他尾大不掉了。一旦有了这种怀疑与担心,那么这位大臣怎么会不危险呢?说不定哪天主子一不高兴,找个借口就把这位大臣的脑袋搬家了。

为了防范这种"随有获"的风险,历史上不少能臣采取"自污"的方式以自保。萧何自污名节以释君疑的故事就是一个很好的例子。

萧何计诛韩信后,刘邦对他更加恩宠,除对他加封外,还派了一名都尉率五百名兵士给他当护卫,真是封邑晋爵,圣眷日隆。众宾客纷纷道贺,喜气盈门。萧何也非常高兴。有一天,萧何在府中摆酒席庆贺,喜气洋洋,突然有一个名叫召平的门客,身着素衣白鞋,昂然进来吊丧。萧何见状大怒道:"你喝醉了吗?"

　　这个名叫召平的人原是秦朝的东陵侯,秦亡后隐居郭外家中种瓜,瓜味极甘美,时人故号"东陵瓜"。萧何入关,闻知贤名,招至幕下,每有行事,便找他计议,受益匪浅。今天,他见萧何仍未领会他的意思,便说:"公勿喜乐,从此后患无穷矣!"萧何不解,问道:"我进位丞相,宠眷逾分,且我遇事小心谨慎,未敢稍有疏虞,君何出此言?"召平说道:"主上南征北伐,亲冒矢石。而公安居都中,不与战阵,反得加封食邑。我揣度主上之意,恐在疑公。公不见淮阴侯韩信的下场吗?"萧何一听,恍然大悟,猛然惊出一身冷汗。第二天早晨,萧何便急匆匆入朝面圣,力辞封邑,并拿出许多家财拨入国库,移作军需。刘邦果然十分高兴,对萧何奖励有加。

　　同年秋天,英布谋反,刘邦亲自率兵征讨。每次萧何派人输送军粮到前方时,刘邦都要问:"萧相国在长安做什么?"使者回答,萧相国爱民如子,除办军需以外,无非是做些安抚、体恤百姓的事。刘邦听后,总是默不作声。来使回报萧何,萧何亦未识刘邦是什么意思。一天,萧何偶尔问及门客,一门客说:"公不久要被满门抄斩了。"萧何大骇,忙问其故。那门客接着说:"公位到百官之首,还有什么职位可以再封给您呢? 况且您一入关就深得百姓的爱戴,到现在已经十多年了,百姓都拥护您,您还再想方设法为民办事,以此安抚百姓。现在皇上所以几次问您的起居动向,就是害怕您借助关中的民望有什么不轨行动啊! 试想,一旦您乘虚号召,闭关自守,岂不将皇上置于进不能战、退无可归的境地? 如今您何不贱价强买民间田宅,故意让百姓骂您、怨恨您,制造些坏名声,这样皇上一看您也不得民心了,才会对您放心。"萧何长叹一声,说:"我怎么能去剥削百姓,做贪官污吏呢!"门客说:"您真是对别人明白,对自己糊涂啊!"

　　萧何何尝不明白,对于一般的小官吏,刘邦并不怕他们有野心,所以一有贪赃枉法行为,必予严惩。对于自己这样的大臣,刘邦主要是防止自己有野心,像贪赃枉法那些小事反不足轻重了。为了释去主上的疑忌,保全自己,萧何不得已违心地做了些侵夺民间财物的坏事来自污名节。不久,萧何的所作所为就被人密报给了刘邦。果然,刘邦听后,像没有发生什么事一样,并不查问。

当刘邦从前线凯旋时,百姓拦路上书,控告萧相国强夺、贱买民间田宅,价值数千万。刘邦回到长安后,萧何去见他时,刘邦笑着把百姓的上书交给萧何,意味深长地说:"你身为相国,竟然也和百姓争利!你就是这样'利民'的啊?你自己向百姓谢罪去吧!"刘邦表面上让萧何向百姓认错、补偿田价,内心里却暗自高兴,对萧何的怀疑也逐渐消失。

萧何违心地干了侵害百姓利益的事情,心中很不安,总想找机会补偿百姓。不久,萧何看到长安一带耕地狭小,百姓缺衣少食,可是天子的上林苑中却有许多闲着的荒地用来放养禽兽。萧何觉得太浪费了,便上奏请皇上把这些荒地分给百姓耕种,收了庄稼留下禾秆照样可以供养禽兽。刘邦当时正在病中,见此奏章,又恨萧何取悦于民,一怒之下,下令将萧何逮捕入狱。满朝文武以为萧何犯了大逆不道之罪,怕连累自己,都不敢替他申辩。幸亏有一个王卫尉,素敬萧何的为人,在侍卫刘邦时顺便向刘邦探问:"请问陛下,萧相国犯了什么大罪?"刘邦余怒未消,道:"休要提他!提起他,朕就生气。当年李斯为秦相时,做了好事都归君主,出了差错就揽在自己身上。现在萧何受了商人的许多贿赂,竟要求我开放上林苑给百姓耕种,这分明是想取悦于民,自己得个好名声嘛!不知道把我看成是什么样的君主了!"王卫尉闻言奏道:"陛下未免错疑丞相了。臣闻百姓足,君孰与不足。相国为民兴利,化无益为有益,正是丞相调和鼎鼐应做的。民间百姓感激,断不会感激丞相一人,因为有这样的良相必是贤明之君主选用的。还有一层,丞相如有野心,当年陛下在外征战数年,他那时候不费吹灰之力便可坐据关中,何至反以区区御苑示好百姓而去收买人心呢。"王卫尉见刘邦认真在听,顿了一下,继续说道:"前秦灭亡,正因君臣猜忌,才给了陛下机会。陛下若疑忌萧丞相,不但浅视了萧丞相,而且看轻了陛下您自己呀。"刘邦听了,心里虽然不大高兴,但想想王卫尉的话毕竟有些道理,于是挥挥手,当天就命人放了萧何。

萧何当时已是六十多岁的老人了,见刘邦开恩释放了他,更是诚惶诚恐,谨慎恭敬。虽然因为戴上刑具,害得他手足麻木,连路都快走不动了,而且蓬头赤足,污秽不堪,但又不敢回府沐浴再朝拜天子,只得这样上殿谢恩。刘邦见萧何如此狼狈,觉得有些过意不去,便安抚萧何道:"相国不必多礼! 这次的事,原是相国为民请愿,我不允许。我不过是夏桀、商纣那样的无道天子罢了,而你却是个贤德的丞相。我之所以关押相国,就是要让百姓知道你的贤能和我的过失啊!"刘邦的这段话虽然言不由衷,但对萧何的廉政为民终于还是承认了。从此以后,萧何对刘邦更是诚惶诚恐,恭谨有加。刘邦也照例以礼相待,但萧何从此对国事就保持沉默了。

历史上这类故事还有很多。比如:清末曾国藩也曾演绎过自污自保的故事。这些故事的主人都到了"随有获"的程度,因而也就有了帝王对他们功高震主的担心,随之而来的也就是他们所要面临的"凶"。

面对这样的"凶",我们是不是要放弃对善的追求呢? 当然不是,我们要"贞凶",即守正以防凶。当然,我们不可能不让别人追随我们,因为那是人家的事。我们要做的和能做的就是要"有孚",即有信心,还要真诚,要坚持"在道",即走正确的道路。"以明,何咎",即堂堂正正地走正路,怎么会有什么过错呢。

九五: 孚于嘉,吉。

"孚"是真诚地相互信任。"嘉",善,指一切从善之人。"孚于嘉"就是要充分地信任所有的好人,信任那些追随、从善的人,相信这样做回过头来也必定会得到他们的信任。这样相互真诚地信任,不"吉"而何?

上六: 拘系之,乃从维之。王用亨于西山。

《易经》读熟了,就会发现不少规律性的东西。比如: 凡是讲趋势性的东西,到了上九、上六,必然是趋势向相反的方向改变,就如否极泰来、剥极必复。凡是讲修行的卦,到了上九、上六,则多是要求百尺竿头更进一步。随卦讲见贤思齐、从善如流,这能有什么过呢? 任何人都应该真诚地、信心十足地追随善,"拘系之",即紧紧地追随不变,像用绳索牵系着,不离善的左右。这还不够,还要"乃从维之",即还要再用绳索把自己和善紧紧捆在一起。这样才能够最终修成正果,成为至善之人。这样的人才会得到帝王的信任。"王用亨于西山"的言外之意就是说你"拘系之,乃从维之"地、始终如一地追随善的修行,必将得到帝王的信任,其实也就是整个社会的充分信任和高度肯定。

第三十一章

蛊卦第十八——且看儿子治弊乱

【原文】

蛊　山风蛊　艮上巽下

蛊：元亨，利涉大川。先甲三日，后甲三日。

《彖》曰：刚上而柔下，巽而止，"蛊"。"蛊：元亨"而天下治也。"利涉大川"，往有事也。"先甲三日，后甲三日"，终则有始，天行也。

《象》曰：山下有风，"蛊"。君子以振民育德。

初六：干父之蛊，有子，考无咎。厉，终吉。

《象》曰："干父之蛊"，意承"考"也。

九二：干母之蛊，不可贞。

《象》曰："干母之蛊"，得中道也。

九三：干父之蛊，小有悔，无大咎。

《象》曰："干父之蛊"，终无咎也。

六四：裕父之蛊，往见吝。

《象》曰："裕父之蛊"，往未得也。

六五：干父之蛊，用誉。

《象》曰："干父之蛊"，承以德也。

上九：不事王侯，高尚其事。

《象》曰："不事王侯"，志可则也。

- - -

【卦象意解】

"☲"是《易经》六十四卦第十八卦蛊卦的卦象、卦画和符号，而"蛊"是这一卦的名称。蛊卦上卦即外卦为艮山卦☶，下卦即内卦为巽风卦☴，所以蛊卦也称"山风蛊卦"。

山风蛊卦是山下有风，风在山下吹。大山静静地矗立在那儿，日久而生弊，久弊而成乱，经山下大风一吹，便呈现出一幅风吹积弊、乱而复治之象。

【卦辞意解】

☶ 蛊：元亨，利涉大川。先甲三日，后甲三日。

"蛊"是一个象形字，从"虫"，从"皿"，就是器皿里长出虫子、有虫子。为什么这样造字，是因为传说蛊是一种人工培育的毒虫，就像现代社会在实验室里培育出来的病毒，下边的"皿"就是当时的实验室设备，所以这象形字形象得很。人工培育的方法是把上百种毒虫放在同一个器皿里，比如放进盘子、碗或者缸、瓮里面，让它们相互残杀、相互蚕食，最后剩下的虫子就会被培养成蛊。这就有点像在现代实验室里培养超级病毒的味道。

最有意思的是传说这种蛊虫可以由培育的人控制和利用，并进而通过施蛊来控制别人。把蛊虫放到饭菜里让人吃下，蛊虫到了人的肚子里就会寄生下来。如果及时饮用像武侠小说里的一种特制的解药，蛊虫就不会发作；如果没吃解药，蛊虫就会发作，在人的肚子里滋生、膨胀，最后要人命。这种解药只有施蛊的人有，所以施蛊者就可以据此控制被施蛊的人。我国上古传说中就有人施蛊控制他人的故事。

有意思的是：很多时候"施蛊者"没有施蛊，但是告诉你他已经让你把蛊吃下去了，这样你就会非常担心和害怕，从而乖乖地受制于人，这就是"蛊惑"。

还有一种说法，说是盘、碗、缸、瓮等长期放置不用，时间久了也会滋生蛊虫，因此蛊又意味着日久生弊。

蛊卦的"蛊"就是诱惑迷乱、日久生弊之意，但蛊卦的主题思想则是治蛊，通过坚定信心、理顺思路、积极治理积弊，努力地开创新局。事情总是治而复乱、乱而复治，所以出现弊生迷乱的情况并不可怕，就像我们常讲的"危机"两字，危机，危机，既有危也有机，危险、危难之中孕育着机遇。乱局的出现恰恰给人们带来了整治乱局、除弊兴利、开创新局的机遇，因而也就能够开创新的事业，所以卦辞讲"利涉大川"。

我国农历以干支纪年。干就是甲、乙、丙、丁、戊、己、庚、辛、壬、癸十天干，支就是子、丑、寅、卯、辰、巳、午、未、申、酉、戌、亥十二地支。天干和地支一一配属，就构成六十年一个甲子，所以常称六十岁为"花甲之年"，就是又开始了一个甲子。六十年一个甲子，也可以看作六十年一个轮回，因此也就有新旧更替之意。

干支除了用于纪年，也用来纪月、纪日和纪时。治蛊的目的在于除旧迎新，但治蛊之事也并非那么简单，所以在治蛊之前要做充分的谋划与准备，这就是"先甲三日"之意。"三"是泛指多日。在治蛊成功之后，还要及时地总结，以便把治蛊大业完成好，同时也有利于防范新蛊之事的发生，这就是"后甲三日"之意。

【爻辞意解】

初六: 干父之蛊,有子,考无咎。厉,终吉。

"干",除掉、纠正,有点"干掉"的"干"的意思。"干父之蛊"就是纠正由父亲所造成的"蛊"的局面。

"考",指父亲。古文中我们知道有"先考""先妣"两词分别代表逝去的父母。先秦及以前父母在世分别称"考""妣","如丧考妣"这个成语就是那时形成的。

"干父之蛊,有子,考无咎。厉,终吉",就是纠正父亲所造成的弊乱局面,有这样的孩子,父亲可以免除自己的过失。"厉",危险。麻烦归麻烦,危险归危险,但最终结果是吉祥的、是好的,毕竟治蛊是对事不对人,"父"与"子"在治蛊问题上虽然有矛盾,甚至矛盾可能还不小,处理不好就很麻烦,但这矛盾毕竟到不了你死我活的程度,所以虽"厉"而"终吉"。

九二: 干母之蛊,不可贞。

爻辞的意思是:纠正母亲带来的或者造成的弊乱局面,不可以用正常的、看起来非常正确的、直接的方式。言外之意是应该动动脑筋、想想办法,迂回一下可能会更好。

上面初六爻"干父之蛊"没有讲怎么办,到了九二"干母之蛊"却讲要注意方法,这是为什么? 其中定有深意。

这里首先要指出的是: 初六爻的"父"和九二爻的"母"其实都是《易经》常用的借指手法,并不是特指父母,而是泛指如父母角色的人物。"父"应该是指在一个国家、一个家庭或者一个团队、一个组织里的主角,是起主导作用的角色,比如君王、家长、将军等;"母"则应该是相对于"父"那个主角的配角甚或主角背后的人物,比如皇后、幕僚、军师等。当然"子"也并不特指儿子,而是泛指如家庭中儿子那么重要的角色,是这个团体中的核心骨干,也是这个团体中的利益最攸关方。

《易经》用这样三个角色来描述治蛊的事,是恰如其分且很有意思的。所谓的"儿子",是事业的骨干、组织的中坚、当前和未来利益的核心;"父亲"是组织的主导者、主宰;"母亲"不是主导者与主宰者,却深得主宰的信任。所以,纠正"母亲"所造成的混乱、积弊等"蛊"的局面,所要面对的形势可能更复杂,因为这种局面是"母亲"所引起的又是通过"父亲"所实施、所造成的。"干父之蛊"时母亲或许可能是帮手。"干母之蛊"时母亲可能不仅不是帮手,还是最大的阻力。你如果直接对"母亲"出招,自然要忌讳"父亲"的存在,所以你要通过主宰者(父亲)才能达到目的。之所以能够形成"母之蛊",是因为"父"为"母"所蛊。如此的话,"子"再去"父"的面前谈治蛊的事,那怎么能行呢? 所以,这时一定要想办法迂回而行,多想想办法。

九三: 干父之蛊,小有悔,无大咎。

纠正父亲所造成的"蛊"的局面不会是一帆风顺的,有时甚至异常艰辛与困难,结果有时甚至会造成父子之间的矛盾与误解,所以有时甚至会"小有悔",但是"无大咎",即不会有什么大的错误与过失。

六四: 裕父之蛊,往见吝。

"裕",宽容的意思。"裕父之蛊"即宽容父亲所造成的积弊与乱局,就会"往见吝",即长此以往发展下去,情况就会越来越坏。

六五: 干父之蛊,用誉。

初六、九三两爻告诉了我们"干父之蛊"会出现的结果,六四爻告诉了我们"裕父之蛊"的后果,但一直到本爻才告诉我们"干父之蛊"的原则与方法,那就是要"用誉",就是要注意保护父亲的声誉、名誉。

父亲所造成的"蛊"的局面一定要治理,但前提是必须给父亲留有面子。这是治蛊的原则,也是治蛊的方法。父子一体,一荣俱荣,一辱俱辱,切忌只为逞一时之快而忽视了父亲的感受,否则最后可能落得个全盘崩溃。给父亲留有情面也有助于治蛊的顺利实施。慢慢地让父亲理解你,进而主动地和你一起治蛊，这是再好不过的。自己的思想能够让父亲接受，进而在他的主导下实施，更有利于事情的解决。所以，"干父之蛊"当"用誉"。

上九：不事王侯，高尚其事。

"事"，侍候、服侍。爻辞的意思是：以高尚的气节为从事之本，而不以服侍王侯而改变。

这一爻和整个卦的其他爻有一个明显的区别，就是主人公的改变。这里没有了"子"，也没有了"父"和"母"，而成了王侯和"不事王侯"的臣子，而且给人的感觉好像与本卦的主题——治蛊没有什么联系似的。其实不然，这是给有可能卷入蛊惑乱局的人们的忠告。它告诉人们：做人、做事要高尚。即使你是王侯的大臣，也应该以高尚的气节处事，还要保持清醒的头脑，远离是非中心，不可随波逐流，也不可为了讨主子的欢心而和糊涂的王侯一起制造蛊惑，更不可借机推波助澜、惹是生非，而应该以高尚的气节带领人们治理人心之蛊，以助治蛊大业早日成功。

第三十二章

临卦第十九——管理的智慧

【原文】

䷒ 临　地泽临　坤上兑下

临：元亨利贞，至于八月有凶。

《彖》曰："临"，刚浸而长，说而顺，刚中而应。大"亨"以正，天之道也。"至于八月有凶"，消不久也。

《象》曰：泽上有地，"临"。君子以教思无穷，容保民无疆。

初九：咸临，贞吉。

《象》曰："咸临，贞吉"，志行正也。

九二：咸临，吉，无不利。

《象》曰："咸临，吉，无不利"，未顺命也。

六三：甘临，无攸利。既忧之，无咎。

《象》曰："甘临"，位不当也。"既忧之"，"咎"不长也。

六四：至临，无咎。

《象》曰："至临，无咎"，位当也。

六五：知临，大君之宜，吉。

《象》曰："大君之宜"，行中之谓也。

上六: 敦临, 吉, 无咎。

《象》曰:"敦临"之"吉",志在内也。

☯

【卦象意解】

"䷒"是《易经》六十四卦第十九卦临卦的卦象、卦画和符号,而"临"是这一卦的名称。临卦上卦即外卦为坤地卦☷,下卦即内卦为兑泽卦☱,所以临卦也称"地泽临卦"。

泽的象通常用湖代表。临卦上地下湖,湖上有地,地在湖上。我们可以想象一个宽阔的湖面中央有一个岛,就像微山湖中有个微山岛。湖者,水也;水者,民众也。小岛矗立在湖中,如领袖矗立于芸芸大众之间。因此,地泽临卦是一个君临天下之象。

【卦辞意解】

䷒临: 元亨利贞,至于八月有凶。

为了理解临卦的卦辞,我们先来了解一下十二消息卦之说。

图 32-1　十二消息卦

十二消息卦,也叫"十二辟卦"。在一个卦体中,凡阳爻去而阴爻来称"消",反过来阴爻去而阳爻来则称"息"。十二消息卦可看作是由"乾""坤"两卦各爻通过"消"或"息"的变化而来的。"辟"是君主的意思,取其主宰之义。用这十二个卦配属中国农历的十二个月,每一个卦分主一个月,就是十二月卦。十二消息卦分别是复、临、泰、大壮、夬、乾、姤、遁、否、观、剥、坤,分别对应着十二地支即子、丑、寅、卯、辰、巳、午、未、申、酉、戌、亥。十二消息卦和十二地支又分别对应着一个月份,对应关系是:

复卦主十一月即子月,

临卦主十二月即丑月,

泰卦主正月即寅月,

大壮卦主二月即卯月,

夬卦主三月即辰月,

乾卦主四月即巳月,

姤卦主五月即午月,

遁卦主六月即未月,

否卦主七月即申月,

观卦主八月即酉月,

剥卦主九月即戌月,

坤卦主十月即亥月。

在上述十二卦中,阳爻递生的有六个卦,即从子月复卦到巳月乾卦,阳爻从初爻的位置逐次上升:复卦初爻为阳爻,临卦是初、二爻为阳爻,泰卦是初、二、三爻为阳爻,大壮卦是初、二、三、四爻皆阳爻,夬卦是初、二、三、四、五爻皆阳爻,直到乾卦则全为阳爻。在这六个卦象中,阳爻逐次增长,故称为"息卦"。"息"即为生长之意。从午月姤卦到亥月坤卦,阴爻逐序上升,阳爻依序递减。从乾卦到姤卦,初爻为阴爻所取代。从姤卦、遁卦、否卦、观卦、剥卦以至坤卦,这六个卦象中阳爻逐步消失,以至全无,所以叫"消卦"。

在十二消息卦中,农历十一月为子月,中气为冬至,冬至一阳生,复卦初爻为阳、其他五爻都为阴,正应一阳来复之象,所以子月十一月就由复卦所主,表示冬至过后阳气初生。农历五月为午月,中气为夏至,夏至一阴生,姤卦初爻为阴、其他五爻都为阳,正应阴气初长之象,所以午月五月就由姤卦所主,表示夏至过后阴气初生。

卦名"临"作为这一卦的主题,有"欢迎光临"与"欢迎莅临"里的"临"的意思,通常指上临下。上临下就有指导、统治与管理的意思。

任何一个组织,上对下的引领、指导与管理都是必不可少的,甚至是这个组织得以生存、发展的关键,因此可以说必要的"临"是使一个组织"元亨"的关键。但是,这又有个前提,那就是必须"利贞",利在守正。只有正确的管理才可以产生好的效果。这就是卦辞"元亨利贞"的意义所在。

全面、深刻地理解这一卦卦辞的关键在于准确地理解和把握卦辞的后半段"至于八月有凶"。

在十二消息卦中,八月是酉月,由观卦所主。观卦又称"风地观",上卦为风,下卦为地,五爻和上爻为阳爻,正好与临卦互为综卦、覆卦和反卦。但是,这并不意味着观卦为凶卦,而是从十二月消息卦的阴阳消长的角度来讲的临卦与观卦所代表的阴阳发展与变化的趋势。

临卦所主的十二月,阳气正处于蒸蒸日上的势头。它度过了复卦所主的十一月的一元复始的艰辛与脆弱,马上迎来三阳开泰的泰卦所主的春正月,即将迎来一个明媚的春天,阳气生生不息、势不可当,一直到乾阳之卦所主的四月而至盛,而后阴阳消息就进入了一个阴剥阳的阴息阳消的阶段。等到了八月,已然是下面四个阴爻、上面两个阳爻的酉卦所主的日子,前面是天地否绝的否卦所主的月份,到了酉月,阴已剥尽四阳,九五马上就为阴所剥,剥尽九五就进入了后面一阳仅存的剥卦所主的月份,自然是危险至极,怎么能不凶呢?

当然,以阳之生死为吉凶还不是彻底的唯物主义思想。有道是:世上本无生与死,生是死的死,死是生的生,生生死死几多轮回,本也无吉,本也无凶。所以,老庄齐是非,也齐生死。但是,我们要看到:《易经》哲学毕竟是人文主义哲学,世上的一切学问都是为了人之所用,都是我们这段生活着的人的学问,所以从人类自身的角度出发,很多时候唯物主义还是要让位于"唯人主义"。既然如此,以当下生的角度看生死,自然就是生为吉、死为凶,抽象出来自然就是阳为吉、阴为凶了。

【爻辞意解】

初九:咸临,贞吉。

"咸"字的音义同"感",其实就是"感情"的"感"。"咸临,贞吉",采用亲情式、感化式管理,符合正道就会吉祥。

以中华文化为代表的东亚社会是个人文社会,这个社会和文化所孕育的管理文化自然也就深深地刻着人文主义的烙印。中国企业常常提倡的以厂为家、日韩企业的家族式的企业管理无不是这种文明的产物。日本、韩国、新加坡几个国家虽号称是"民主政治",但都难以避免门阀大族对政治的控制与影响。日本是典型的门阀政治,新加坡也在民选的大旗下实现了李光耀、李显龙的世袭传承,这些都是东方文明进化的必然。这种社会与文化就是基于人与人之间以情感为纽带的社会与文化。社会如此,企事业团体、各种各样的组织也莫不如此。

九二:咸临,吉,无不利。

管理是有层次之分的,管理的水平是有高低之分的。

管理可以分为四个层次或者发展阶段。我们可以把管理划分为制度化、规范化、标准化和文化四个层次与阶段。下面我们以卫生管理为例来形象地说明这四个层次与阶段。

在管理的第一个层次与阶段即制度化的层次和阶段,一般是建立了卫生管理的制度,不管有多少条,总体的内容其实就是关键的一句话:"要讲究卫生。"当然内容可以很多,比如要讲究公共卫生、要讲究个人卫生、要扫地、要洗脸和刷牙等等。到了管理的第二个层次与阶段即规范化的层次和阶段,一般是对卫生管理的行为进行规范,不仅要求"要讲究卫生",还提出了诸如"不要随地吐痰"、"不要乱扔垃圾"等禁止类的行为。到了管理的第三个层次与阶段即标准化的层次和阶段,就不再是"要讲究卫生"、"不要乱扔垃圾"之类的泛泛的规定了,而是诸如"办公室每天扫一遍地,营业厅每天扫两遍地"、"每月擦一次玻璃"之类的具体的工作标准,甚至一些精细化的管理可以更加明确地规定如何扫地和扫到什么程度、如何擦玻璃和擦到什么程度等。到了管理的第四个层次与阶段即文化的层次与阶段,其实是回到了如制度化时期那样的"要讲究卫生"般的要求,只是这个时候的卫生要求已经如一种文化刻入了人的骨子里,人们已经不必机械地按照"办公室每天扫一遍地,营业厅每天扫两遍地"、"每月擦一次玻璃"的标准去执行,而是能够更加灵活自主地把卫生工作做好,比如营业厅有了纸屑就随手打扫,窗户脏了就及时去擦。

情感式的管理其实就是一种文化化的管理。它要求人们用感情、用心去管理,要求人们用感情、用心去工作。这种情况自然比什么都好,所以"吉,无不利"。

六三:甘临,无攸利。既忧之,无咎。

"甘",甘甜、甜言蜜语。"甘临,无攸利",采用讨好式的管理,没有任何好处。对被管理者不能够大胆地管理,而一味地放松、放纵、纵容就是姑息养奸,必将后患无穷,不是管理者的有为之道。认识到这一点,知道为此担"忧",然后想办法改正,就可以"无咎",即避免过失。

六四:至临,无咎。

"至"是贴近的意思。"至临"就是贴近式的管理。管理者要与被管理者近距离地接触,而不是高高在上地远离被管理对象。这样做管理才可以"无咎",即不会出什么过错。

六五:知临,大君之宜,吉。

"知"就是智慧。"大君"就是以君主为代表的高层管理者。"知临"就是用智慧进行管理。"大君之宜"是说用智慧进行管理是高层管理者的最佳选择。"吉"是说高层管理者用智慧进行管理才能取得好的效果。

对于高层管理者水平的描述,可以借用老子《道德经》第十七章的内容:"太上,不知有之。其次,亲而誉之。其次,畏之。其次,侮之。"我们可以把此看作高层管理者管理水平的四个层次和境界。

"太上,不知有之。"管理者的最高境界就是大家不知道你的存在。高层管理者的责任不是去做日常的工作,而应该是制定战略并组织实施、处理突发情况,日常的事务性的工作应该由下面去做。高层管理者的角色应该是"日常工作离得开,关键时候离不了"。"日常工作离得开"就如上面所言,"关键时候离不了"不是说这世界、这地球离了你不转,而是讲你的水平之高无人可及,因而无可替代。平时,大家似乎感觉不到你的存在,你治理得那样好,天天一切正常,不需要你的存在那当然是再好不过的事情了。传说中的黄帝、尧帝垂裳而治,大概就是到了这个境界。

"其次,亲而誉之。"稍次一点的高层管理者也还过得去,水平还不错,人也算厚道,给人的感觉是平易近人、没有架子,所以会使大家感到很亲切,自然也就会得到大家的赞誉。盛唐贞观之治的李世民或许达到了这样一个层次。

"其次,畏之。"再次一点的高层管理者就让人不敢恭维了。这种人往往水平不高、本事不大,却架子很大、脾气不小,天天老板着脸,面貌似威严,实则内里虚空,就靠着权势压服别人。大家对他无敬且畏,天天避之唯恐不及。

"其次,侮之。"最次的一类高层管理者就不仅仅是水平和能力问题了,应该还存在品德、品行问题。这种人身居高位,天天高高在上、不懂装懂,对下指手画脚、作威作福,管理就靠挥舞着自己手中的权杖打打杀杀,既无管理之才,又无驭人之德,最终的结果必然是被人们背后指脊梁甚至当面抗争而唾侮之。历史上的失国暴君应该多是如此。

所以,高层管理者不但要"咸临"、"至临"和"敦临",而且要"知临"。对于高层管理者而言,"咸临"就是要心怀感情地用心去思考、去管理,"至临"就是要能够深入下去了解第一手的情况和资料,"敦临"就是要有朴素的作风,但这些还远远不够,最根本的是要有智慧,用智慧去管理。

在现实生活中,我们确实可以看到高层管理者水平的差异。有些人,事必躬亲,天天忙忙碌碌,但见办公桌上文件如山,办公室里门庭若市,车马劳顿不停蹄,手机、电话铃声急,但是不得要领、效率低下、效果平平。有些人,举重若轻,时时气定神闲,在家没人找,出差无人扰,书本不离手,大脑常思考,放手信任手下,自己悠闲自得而运筹帷幄,结果是手下人人朝气蓬勃、事业蒸蒸日上。这就是管理者的差距。差距的根本就在于智慧的高低。

上六: 敦临,吉,无咎。

"敦",稳重厚道。"敦临",宽厚式的管理。这样的管理好,吉祥而无过。宽厚是相对于刻薄而言的。

有些管理者很刻薄,当然这些刻薄者所得到的自然是被管理者的疏远、鄙视与不配合。这样怎么会有一个好的管理效果呢?

相反,宽厚的管理者给被管理者的感觉或许是家长、是慈父,给人以仁爱、理解与尊严,大家其乐融融、和谐相处,最终的效果是"吉"而"无咎"。

第三十三章

观卦第二十——上下内外面面观

【原文】

观　风地观　巽上坤下

观：盥而不荐，有孚颙若。

《彖》曰：大观在上，顺而巽，中正以观天下，观。"盥而不荐，有孚颙若"，下观而化也。观天之神道，而四时不忒。圣人以神道设教，而天下服矣。

《象》曰：风行地上，观。先王以省方，观民设教。

初六：童观，小人无咎，君子吝。

《象》曰：初六"童观"，"小人"道也。

六二：窥观，利女贞。

《象》曰："窥观"，"女贞"，亦可丑也。

六三：观我生，进退。

《象》曰："观我生，进退"，未失道也。

六四：观国之光，利用宾于王。

《象》曰："观国之光"，尚"宾"也。

九五：**观我生,君子无咎。**

《象》曰："观我生",观民也。

上九：**观其生,君子无咎。**

《象》曰："观其生",志未平也。

【卦象意解】

"☴☷" 是《易经》六十四卦第二十卦观卦的卦象、卦画和符号,而"观"是这一卦的名称。观卦上卦即外卦为巽风卦☴,下卦即内卦为坤地卦☷,所以观卦也称"风地观卦"。

这是一个轻风吹拂大地、德行教化万民之象。

【卦辞意解】

观：盥而不荐,有孚颙若。

"盥"读"guàn","盥洗"的"盥",洗刷的意思,这里指在祭祀前洗手。很多资料写祭祀之"盥"为灌祭,以酒浇地迎神。"荐",指祭祀时上祭品。"不",尚未、还没有。"孚",虔诚。"颙",读"yóng",抬头仰望。

观卦的主题"观"是观瞻的意思。这个观瞻,一是看别人,一是让别人看,一是自己看自己。无论谁看谁,都有个怎么看的问题。

怎么看呢? 卦辞告诉我们,要"盥而不荐,有孚颙若",就是要像祭祀中"盥洗"后还没有上祭品时那样,内心充满虔诚,恭敬地抬头仰望。用这样的态度去让别人看或者看别人或者自我审视,才能够达到观瞻的目的与效果。

【爻辞意解】

初六：童观，小人无咎，君子吝。

"童观"，儿童式的观瞻，就是说像儿童一样去观察、分析事物，结果肯定茫然无所知，不明深意、真意与就里，看不明白。这种没有深度、不够成熟的观瞻，"小人无咎"，即对于小人、平民百姓来讲无所谓，也谈不上过失，但"君子吝"，即对于君子、社会的骨干、统治阶层的成员来讲就太可怜、可悲了。

把爻辞反过来或者扩展开来理解，那就是要求人们看问题要深刻而透彻，蜻蜓点水、浮光掠影的观瞻要不得。

六二：窥观，利女贞。

"窥"字原本是"门"里一个"规"字，意思是从门里通过门缝向外看，比喻看不到、看不清全貌。

"窥观"就是不能够全面地观察审视事物与问题，这种观瞻的方法与态度"利女贞"，言外之意是"不利君子贞"，意思是女人或者小人这样看问题倒也罢了，但君子、大男人就不能这样看问题。在《易经》里，"女"与"小人"其实都是同样的概念，有时用"女"，有时用"小人"，还有时用"阴阳"的"阴"，道理都是一样的。与它们对应的，都是以君子为代表的"阳"。之所以《易经》中有时用"女"、有时用"小人"、有时用"阴"、有时还用其他表述方式，目的只是为了更加抽象，使代表性更加宽泛而已。

六三：观我生，进退。

六三爻辞的意思是：仔细地观察、审视自己的所作所为，作出对错、利弊、得失等方面的判断，进而决定去留与进退。这与曾子所讲"吾日三省吾身"有异曲同工之妙。

六四：观国之光，利用宾于王。

六四爻辞的字面意思是观瞻国家、朝廷的光辉，有利于到朝廷中做帝王的宾客、幕僚,更进一步说是就可以到朝廷中做幕僚、做官。

朝廷的光辉所体现的,不仅在于帝王的宫阁楼台,还在于帝王的治国之道。治国之道可不是那么简单,比如如何以四时而授民、如何以神道而设教等等,可不是一般人能看透、看懂的。能看透、看懂这些的人,自然不会如"童观"那么肤浅,也不会如"窥观"那么狭隘,必定是看问题全面而深刻,因而也就能够出来在朝廷做官、为人民做事。

九五: 观我生,君子无咎。

九五爻辞的大意是:能够时常全面、深刻地审视自己的所作所为,君子就会不犯或者少犯错误、少有过失。

上九: 观其生,君子无咎。

上九爻辞的大意是: 能够时常全面和深刻地观瞻、审视别人的所作所为,并能够从别人身上汲取经验和教训,君子就会不犯或者少犯错误、少有过失。

◎ **第三十四章**

噬嗑卦第二十一——治狱自当细咀嚼

【原文】

噬嗑　火雷噬嗑　离上震下

噬嗑：亨。利用狱。

《彖》曰：颐中有物曰"噬嗑"，噬嗑而"亨"。刚柔分，动而明，雷电合而章。柔得中而上行，虽不当位，"利用狱"也。

《象》曰：雷电"噬嗑"。先王以明罚敕法。

初九：屦校灭趾，无咎。

《象》曰："屦校灭趾"，不行也。

六二：噬肤灭鼻，无咎。

《象》曰："噬肤灭鼻"，乘刚也。

六三：噬腊肉，遇毒，小吝，无咎。

《象》曰："遇毒"，位不当也。

九四：噬干胏，得金矢，利艰贞，吉。

《象》曰："利艰贞，吉"，未光也。

六五：噬干肉，得黄金，贞厉，无咎。

《象》曰："贞厉，无咎"，得当也。

上九：何校灭耳，凶。

《象》曰："何校灭耳"，聪不明也。

【卦象意解】

"☲☳" 是《易经》六十四卦第二十一卦噬嗑卦的卦象、卦画和符号，而"噬嗑"是这一卦的名称。噬嗑卦上卦即外卦为离火卦☲，下卦即内卦为震雷卦☳，所以噬嗑卦也称"火雷噬嗑卦"。

噬嗑卦的样子就像嘴中嚼物，六二、六三和六五就像上、下牙齿，九四则是嘴中之物。通过咀嚼，可以将刚柔、软硬分辨开来，进而将刚硬之物嚼碎。噬嗑卦上卦离卦为火、为明，可以使人明察事理；下卦震卦为雷、为动，可以使人决疑察断。因此，我们可以讲噬嗑卦是一黑白分明、是非明辨之象。

【卦辞意解】

噬嗑：亨。利用狱。

噬嗑卦是六十四卦中专讲刑罚的两卦之一。另一个是专讲诉讼的讼卦，我们前面已经讲过。与讼卦不同的是，噬嗑卦重在治狱，重点是惩治犯罪，用刑罚来保障社会的安定与稳定。

"噬"，咀嚼、嚼碎。"嗑"，合上。通过咀嚼辨明刚柔是非，然后进行果断处置，对于不配合者给予有力打击，这样做事大为亨通。这种思想方法"利用狱"，即可以用来审理案件、惩治罪犯。

【爻辞意解】

初九：屦校灭趾，无咎。

"屦"，读"jù"，本指鞋子，这里是指带上、套上的意思。"校"，读"jiào"，是过去的一种木制的刑具，就像枷锁。"灭"，遮住、盖住。

爻辞的直接意思是：对于一些犯了较轻罪行的罪犯，给以适当的处罚，把刑具套在其脚上适当地限制其自由以示惩戒，不是什么过错。言外之意，就是有罪就必须给予惩治，切不可姑息养奸；深层的含义则是不让犯罪分子在犯罪的道路上继续走下去而酿成更大的祸患。

六二：噬肤灭鼻，无咎。

上面已经提到，"噬"就是咀嚼的意思，用在治狱方面就是通过反复的掂量、衡量以辨明是非对错。所"噬"之物则是犯罪分子的犯罪事实及动机，就是审判，所审判的对象就是犯罪本身及罪犯本人。本爻和下面的六三、九四、六五爻分别用了各式各样的肉来代表案件的复杂程度和审判的难易程度。

本爻所"噬"的是"肤"，指带皮的肉，和下面几爻的"腊肉""干胏""干肉"相比，是最好嚼的了，因此案件审判起来就会比较容易，比如犯罪分子可能还没等动刑就招了。对于这种情况，由于犯罪分子未做更多的抵抗和申辩，就可能会对犯罪事实认定得更多一些，因此最终量刑就可能重一些。爻辞"灭鼻"的意思就是指量刑或许略有所过的意思。爻辞认为：就是这样，也还"无咎"，即也算不上什么过失。矫枉必须过正，稍过一点，只要不是太过分就不是什么大问题。

六三：噬腊肉，遇毒，小吝，无咎。

这里的"腊"不是也不读"腊月"的"腊"，而是读"xī"，从"肉"，从"昔"。

"腊肉"是湖北、四川、湖南、江西、贵州、陕西等地的特产，已有几千年的历史。加工制作腊肉的传统习惯不仅年代久远，而且很普遍。一般进入腊月,快过年的时候,家家户户杀猪宰羊,除留够过年用的鲜肉外,其余的就用盐、花椒、茴香、八角、桂皮、丁香等腌起来,腌个十天半月的,然后用绳子把肉串挂起来滴干水,再选用柏树枝、甘蔗皮、椿树皮和柴火慢慢熏烤,最后再挂起来用烟火慢慢熏干。经过这种方式制作的腊肉能够保存很长时间,但也会有一种怪怪的味道,如果放得时间过长也会变质变味。"噬腊肉,遇毒"大概就是遇到了这种情况,肉变质了,还有种很难闻的味道,让人难以下口,所以爻辞里的"腊肉"所代表的就是这种让人难以下手的案件。对于这种案件,往往侦办起来会有一些小麻烦,即"小吝",甚至会遭到罪犯的怨恨,但最终会"无咎",即不会有什么大的过错和过失。爻辞的言外之意,就是鼓励办案者积极、大胆地办案,不要有什么包袱。

九四：噬干胏,得金矢,利艰贞,吉。

"胏",读"zǐ"。"干胏"就是带骨头的干肉。这种肉比六三爻的腊肉更难啃。这就意味着是一个更加复杂的案子,或许是案情复杂,或许是案子的背景复杂。代表犯罪分子或者案子本身的干肉所附着的骨头未必不是指案子或者罪犯背后的强大的力量。

办理这种案件,就必须有刚直不阿的性格和坚强的意志,即"得金矢,利艰贞"。"得",必须;"金",在古语里不是指现在所说的黄金,而是指金属,其特性是刚;"矢",箭头,其特点是直;"艰",艰苦、艰难;"贞",正。坚持顽强、正直,通过艰苦卓绝的努力,即使再复杂的案子,最终也必然能够取得令人满意的结局,所以爻辞最后言"吉"而终。

六五：噬干肉,得黄金,贞厉,无咎。

这一爻所遇到的案子如"干肉"。"干肉"是一种软硬适中、刚柔适度的肉,既有一定的筋道,又不是那么难嚼,不像前面的"腊肉"那样有毒邪的气味而令人难以下口,也不像前面的"干胏"那样干硬难啃,所以要"得黄金"。

"黄",黄色,五色青、赤、黄、白、黑对应东、南、中、西、北五方,对应木、火、土、金、水五行,黄色配属中央土,是软硬适度的意思。"黄金"则是刚硬适度的金属。办理如"干肉"般难易适中的案件,就"得"用软硬适度的办法和手段。如何把握好办案过程中的不软不硬、不温不火的度,是对办案者水平的考验,既不可失之过宽,又不可失之过严,宽严之间就有可能酿成过错,所以还要"贞厉",还要谨慎从事、防范风险,这样就可以做到"无咎",就可以没有过失。

上九:何校灭耳,凶。

"何",通"荷",负荷、负载,这里是指戴上。"何校灭耳"就是戴到肩上的木刑具、木枷锁盖过了耳朵,意味着用刑过重。这种情况不好,所以爻辞言"凶"。"凶"不一定是指凶险、凶恶,是和"吉"相对应的。对吉与凶其实有时也可以理解为好与坏。"凶"有时就是不好、不理想的意思。

◎ 第三十五章

贲卦第二十二——文质之辨与形质之美

【原文】

䷕ 贲 山火贲 艮上离下

贲：亨。小利有攸往。

《彖》曰："贲：亨。"柔来而文刚，故"亨"。分刚上而文柔，故"小利有攸往"。刚柔相交，天文也。文明以止，人文也。观乎天文以察时变，观乎人文以化成天下。

《象》曰：山下有火，"贲"。君子以明庶政，无敢折狱。

初九：贲其趾，舍车而徒。

《象》曰："舍车而徒"，义弗乘也。

六二：贲其须。

《象》曰："贲其须"，与上兴也。

九三：贲如濡如，永贞吉。

《象》曰："永贞"之"吉"，终莫之陵也。

六四：贲如皤如，白马翰如，匪寇，婚媾。

《象》曰：六四，当位疑也。"匪寇，婚媾"，终无尤也。

六五：贲于丘园，束帛戋戋，吝，终吉。

《象》曰：六五之"吉"，有喜也。

上九：白贲，无咎。

《象》曰："白贲，无咎"，上得志也。

【卦象意解】

"☶" 是《易经》六十四卦第二十二卦贲卦的卦象、卦画和符号，而"贲"是这一卦的名称。贲卦上卦即外卦为艮山卦☶，下卦即内卦为离火卦☲，所以贲卦也称"山火贲卦"。

艮山之性，"止"也，质素而朴实；离火之性，"丽"也，如山间林木花草摇曳而美丽。大山巍峨入云，山下草木秀美，是一个山与林交相辉映之象。

【卦辞意解】

贲：亨。小利有攸往。

"贲"的意思是文饰，与文饰所对应的是事物的本质、实质，所以贲卦的主题、贲卦所讲的就是文饰与本质的辩证关系。

文饰是一种外在的、装饰的美。从形式与内容、文与质的辩证关系上讲，内容和本质永远重于形式与文饰，形式与文饰应该服从和服务于内容与本质。但是，适度的文饰、恰当的形式有时也是必要的，比如对于同样一种事物与观点的不同的表达方式就会取得不同的效果，所以必要的、适度的点缀与修饰会对事情小有帮助，即"小利有攸往"，而且必然"亨"通。

【爻辞意解】

初九：贲其趾，舍车而徒。

"趾"，脚趾，在这里代表脚。"贲其趾"就是装饰、打扮了脚趾，也可以说装饰、打扮了脚，就像现代一些女士在脚指甲上涂上五彩缤纷的指甲油、在脚脖子上戴个脚链儿等。通过装饰、打扮，脚和脚指甲肯定漂亮了，如果不漂亮，谁也不会打扮它们。漂亮了归漂亮了，但永远不要忘记，该怎么着还应该怎么着。如果因为把脚与脚指甲装饰、打扮漂亮了就连该坐车都不坐了，就非得"舍车而徒"，好让自己走在路上让别人夸，那就没有意义了。

贲卦以人的装饰、打扮来做比，其他事情也是这个道理。

六二：贲其须。

"贲其须"的直接意思是装饰打扮胡须。从爻辞的"其"字我们也不难看出，贲卦所讲的绝对不仅仅是指人的装饰、打扮。如果只对人，"须贲"应该是最好的表达方式，所以"贲其须"必然是对所有事与物的描述。

"须"，胡须。现代人多数习惯把胡子刮得干干净净的。然而，古人认为身体发肤受之父母，不可以轻易损伤；同时，人们对胡须和头发都高度重视、珍爱有加，甚至古代刑罚里面就有割去部分须发以示惩戒的，还有人专门做个装胡须的袋子来保护自己的胡子。男女相恋，剪下一束青丝交换就意味着托付终身。

理解了须发在过去对于人的重要性，才可以很好地理解"贲其须"的意义。"贲其须"就是讲人们要对那些关乎自己形象、声誉等非常重要的方面给予高度重视，好好地给予高度的关注与爱护。

九三：贲如濡如，永贞吉。

"贲如濡如"，装饰、打扮得漂亮华丽、光彩照人。"濡"，读作"rú"，沾湿，在这里是光泽鲜亮的意思。现在女人化了妆，脸上用保湿霜，头发上喷发胶，天天鲜活的样子，应该就是"贲如濡如"。

"贲如濡如"，即天天打扮得漂漂亮亮的，这样好不好呢？爻辞没讲、没做评论，但给了人们一个行为的指导与要求，就是爻辞的后半段"永贞吉"，告诫人们要永远记住,只有坚守正道才能吉祥。这就好像说,打扮的目的是为了漂亮可以,为了勾搭人可能就不对了。

当然,爻辞依然不仅是为了特指人,还可以指事。比如商品的包装,包装得漂亮一点、好一点本无可厚非,商品经济其实就是眼球经济,只有引起人的关注,才有可能销售出去,但如果过度的包装或者华丽的包装里面只是一团败絮,那就不厚道了。

六四：贲如皤如,白马翰如,匪寇,婚媾。

"皤",读"pó",洁白的意思。"翰",高飞、高洁出众的意思。"匪",通"非"。"贲如皤如,白马翰如"的意思是打扮得高雅宜人、洁白出众。这样做的出发点和目的一定要正确。"匪寇"是讲不能为了某种不可告人的目的而故扮素雅,而应该是如"婚媾"即谈婚论嫁般真诚。

六五：贲于丘园,束帛戋戋,吝,终吉。

"束",一小把。"帛",丝绸类的丝织品。"戋戋",少少的、很少的意思。

"贲于丘园,束帛戋戋"是讲在山坡上的园子里打扮,用了点丝织品,"吝"即好像不大恰当,心中忐忑不安,但毕竟不是件很不好的事,所以讲"终吉"。相对于亭台楼阁等,山坡上的园子是个平常之处,是人们日常生产、生活的地方,大概是不需要太多打扮的,而在这平常之处用了点丝织品,就好像有点奢侈了,所以心中惴惴、忧虞,但好在是自己的家里,臭美一下又有什么不可呢?

上九：白贲,无咎。

上九爻辞的意思是：进行朴素、质朴的装饰与打扮,不会有什么过错。

"白",纯洁、洁白、朴素。白色可以很好地衬托与彰显其他色彩而不会掩盖其他色彩。以"白"为"贲",其实等于回到了贲卦的主题,就是说装饰与打扮要适度,形式不可以超越内容,文饰不可以掩盖本质,朴素的、可以更好地烘托与映衬事物本质的装饰才是恰当的,也才是无过的。

◎ 第三十六章

剥卦第二十三——一张破败的床

【原文】

䷖ 剥 山地剥 艮上坤下

剥：不利有攸往。

《彖》曰："剥"，剥也，柔变刚也。"不利有攸往"，小人长也。顺而止之，观象也。君子尚消息盈虚，天行也。

《象》曰：山附于地，"剥"。上以厚下、安宅。

初六：剥床以足，蔑，贞凶。

《象》曰："剥床以足"，以灭下也。

六二：剥床以辨，蔑，贞凶。

《象》曰："剥床以辨"，未有与也。

六三：剥之，无咎。

《象》曰："剥之，无咎"，失上下也。

六四：剥床以肤，凶。

《象》曰："剥床以肤"，切近灾也。

六五：贯鱼以宫人宠，无不利。

《象》曰："以宫人宠"，终无尤也。

上九: 硕果不食,君子得舆,小人剥庐。

《象》曰:"君子得舆",民所载也。"小人剥庐",终不可用也。

【卦象意解】

"☶☷"是《易经》六十四卦第二十三卦剥卦的卦象、卦画和符号,而"剥"是这一卦的名称。剥卦上卦即外卦为艮山卦☶,下卦即内卦为坤地卦☷,所以剥卦也称"山地剥卦"。

按照《象传》上所讲,剥卦的象是"山附于地",即山崩塌到地上,呈山体崩塌、山石剥落的破败之象。观察剥卦六爻的结构,我们会发现,六爻只有上九是阳爻,下面全是阴爻,给人的感觉好像是从乾卦初九爻开始,初、二、三、四、五爻——为阴爻所剥、所杀、所败而来,所以剥卦又有阴剥阳之象。

【卦辞意解】

剥: 不利有攸往。

"剥"是剥落、破败、侵蚀的意思。剥卦所表达出来的阴剥阳,虽然下面爻辞里以床的剥败为喻,但它的含义是非常抽象的,所以它的喻义可以是非常广泛的。事物的风化衰败、风气的变坏、人的堕落消沉等等,一切由好向坏、走下坡路的现象都属于阴剥阳的范围。在这种如世风日下般的事物衰败、事情变坏的过程中,西风压倒了东风,阴盛而阳衰,阳刚的力量很难正常地发挥作用。这个时候就要适度地收敛,"不利有攸往",即不利于有所前进、不利于大刀阔斧地做任何事情。君子所能做的应该是"厚下、安宅",练好基本功,打好基础,以保命安身。

【爻辞意解】

初六：剥床以足，蔑，贞凶。

《易经》的各条卦爻辞所选择的事物都是一种象征性比喻。剥卦的前四条爻辞均以床为象、为喻，所以床的破败就是剥卦的象征性比喻。我们可以把一张完整的床看作一个正常的事物，它有床腿、床帮、床板等，象征事物的相应的方方面面。

"剥床以足"就是从床脚开始坏、开始剥落，而且"蔑"了，即被毁坏了。

床脚是床的基础，事物从基础开始烂起，而且烂得很严重，这是一个危险的开始，自然是个"凶"兆，所以要"贞凶"，即要意识到这种风险并提前有所防范。

六二：剥床以辨，蔑，贞凶。

"辨"，通"遍"，周遍、周边之意，在这里指床周围的栏板。过去的床和我们现在看到的床很不一样，现代的床有些西化，一般是床架子上放上席梦思之类的垫子，最多有个所谓的床头。过去的床更像一个小房子，有床脚、床板、床围，甚至有的还有顶，床板上铺被褥，床上可以挂帐子。

"剥床以辨"就是床周围的栏板剥落、破败了，而且很严重，已经"蔑"了、被毁坏了。栏板的作用是围护，起围护作用的栏板剥落、破败了当然也是个"凶"兆，但是如果这时采取正确的、必要的措施给予修复，应该还来得及，所以这时一定要"贞凶"，即要采取正确的措施以防范风险。

六三：剥之，无咎。

六三爻辞的意思是：处在剥的过程中并不会产生什么灾祸。但是，爻辞的言外之意应该是：即使处在剥的过程中不会产生什么灾祸，依然必须高度重视，事物的发展和变化是循序渐进的，有个量变的过程，但量变的积累会导致质变的产生，所以切不可掉以轻心，应该及早想方设法阻止事物向坏的方向发展。上两爻的"贞"所讲的就是这个道理。

六四：剥床以肤，凶。

量变终于导致了质变。"剥床以肤"，现在与皮肤接触的床板也剥落了。"肤"这里代指与皮肤接触的床板。如果说床脚、床围栏剥落了，人还可以在上面睡觉，那么床板剥落了，床也就有其名而无其实了。床板剥落、破败了，床也就基本无可救药了，所以"凶"。

这里直接言"凶"而不讲"贞凶"，是值得我们注意的。由此我们也应该回过头来体会一下《易经》各卦各爻中言"凶"与言"贞凶"的区别。

我们可以这样认为：讲"贞凶"的时候，这种"凶"的结果还没有最终出现，但是在向着"凶"的方向发展，这就好比是量变的过程。在这种时候，采取必要的措施扭转败局还是可能的。"贞"就是讲可以通过守正、用正确的方法和手段防范可能会出现的风险。直接言"凶"的时候，则是已经完成了质的变化，"凶"已经不仅是一种可能，而且已经成为现实，结果已经不可扭转。

六五：贯鱼以宫人宠，无不利。

《易经》也多言天道，但言天道的目的还是在于人之用，在于指导人类的生产、生活，尤其是指导为人君、为人臣者的政治之用，其他许多人生的道理有时看来更像是天道与人用的引申与发挥。

前几爻以床为喻，已经讲了事物剥败的过程。事物坏了也就坏了，比如床坏了可以换个新的，而有些东西剥败了可不是想换就能换的。有象之物大多是可以或者说容易更换的，最难以更换的都是些无象之物，最典型的莫过于世风与人心。世风日下往往颓势难改，人心不古也就只好随其而去。世风与人心堕落到了极点，人人都无能为力，虽不像否卦所描述的否绝之世那么可怕，但也足以让正人君子们无可奈何。在这种局势下，人们尤其是志存高远的君子们应该怎么办呢？剥卦六五给出了答案，那就是要"贯鱼以宫人宠"，这样才会"无不利"，才会无所不利，才会顺利，否则就会有麻烦。

"贯鱼以宫人宠",就是要像宫人排着队等待君王宠幸一样,不主动争宠,也不刻意躲避,其实也就是从众。世态有炎凉,时势就如此,争也无益,躲也不必。

上九: 硕果不食,君子得舆,小人剥庐。

大好形势下《易经》总是给人以清醒,不利局面中《易经》又总是给人以希望。

六爻之卦,现在阴爻已经占尽五个,阴剥阳终究有个尽头,具有顽强生命力的阳刚不可能被彻底消灭,现在还有一个唯一的阳爻存在,这就是上九。这是仅存的一点希望,没有为阴所剥。这就是爻辞所讲的"硕果不食"。

按照剥的规律发展下去,到了上爻就是剥到了尽头,以"小人"为代表的阴暗的力量必将会被"剥庐",即被剥得体无完肤,被剥得无立足之地、无容身之宅;心有戚戚的君子们则凭借着自身的操守与顽强,必将等来"得舆"复兴的机会,得到大众的支持,出山而治乱局。

"硕果不食"的含义在于歪风终究战胜不了正气,邪恶也终究战胜不了正义。"硕果不食"的意义在于善根不灭,并且必将得以复生。

否极自泰来,剥极必当复。下一卦所接着讲的就是剥极而复的复卦。

第三十七章

复卦第二十四——迷途知返复归来

【原文】

复　地雷复　坤上震下

复：亨。出入无疾，朋来无咎。反复其道，七日来复。利有攸往。

《彖》曰："复：亨"，刚反，动而以顺行，是以"出入无疾，朋来无咎"。"反复其道，七日来复"，天行也。"利有攸往"，刚长也。"复"，其见天地之心乎？

《象》曰：雷在地中，"复"。先王以至日闭关，商旅不行，后不省方。

初九：不远复，无祗悔，元吉。

《象》曰："不远"之"复"，以修身也。

六二：休复，吉。

《象》曰："休复"之"吉"，以下仁也。

六三：频复，厉，无咎。

《象》曰："频复"之"厉"，义无咎也。

六四：中行独复。

《象》曰："中行独复"，以从道也。

六五：敦复，无悔。

《象》曰："敦复，无悔"，中以自考也。

上六: 迷复, 凶, 有灾眚。用行师, 终有大败。以其国君凶, 至于十年不克征。

《象》曰:"迷复"之"凶", 反君道也。

───────────── ☯ ─────────────

【卦象意解】

"☷" 是《易经》六十四卦第二十四卦复卦的卦象、卦画和符号, 而 "复" 是这一卦的名称。复卦上卦即外卦为坤地卦☷, 下卦即内卦为震雷卦☳, 所以复卦也称 "地雷复卦"。

上一卦剥卦上九那一个 "硕果不食" 而保留下来的阳爻 "得舆" 而去, 现在它来到了复卦的最下边, 成为复卦的初九爻。这一复卦唯一的阳爻是破败混乱的剥极世界里仅存的一点真阳, 可以是生命的种子, 可以是人类的良知, 也可以是一股正气, 历经劫难而顽强地生存下来, 现在来到众人之间、大地之中, 化作一股乾坤正元之气而重新萌生。这一点火种虽然弱小, 但孕育着无限的生机, 是万物发展壮大的根源与起点。因此, 复卦是一个一元复始、万象更新之象。

【卦辞意解】

复: 亨。出入无疾, 朋来无咎。反复其道, 七日来复。利有攸往。

复卦象征阳气的复生。世界总是在不断地辞旧迎新, 乾阳复生自然 "亨" 通。乾阳之气通过升降出入而化生万物, 这种趋势无所阻挡, 这就是 "出入无疾"。在这个阳气复生、化生万物的过程中, 任何与这一过程相适应、可与 "朋" 比的外部力量都会有助于事物的发展和变化, 都是有益的, 这就是 "朋来无咎"。

阳气的返而复归是有一定规律可循的, 这规律就是 "七日来复"。古人常以日指月,所以爻辞中七日就是七月,"七日来复"就是"七月来复",讲的是阳气从乾卦所主的五月达到最盛到坤卦所主的十月达到最弱,再到复卦所主的十一月一阳来复,正好七个月。其实阴阳转换、阳气复生的现象并不仅表现在月的这个时相层次上,而且至少表现在年、月、日、时这四个以上时相层次上。

我国农历以天干地支纪年。其实,我国不仅以干支纪年,还以干支纪月、纪日、纪时。子、丑、寅、卯、辰、巳、午、未、申、酉、戌、亥十二地支在时的层次上分别表示每天的 23—1 点、1—3 点、3—5 点、5—7 点、7—9 点、9—11 点、11—13 点、13—15 点、15—17 点、17—19 点、19—21 点和 21—23 点,在月的层次上分别表示十一月、十二月、正月、二月、三月、四月、五月、六月、七月、八月、九月和十月,在年的层次上分别表示十二生肖所在的年份,而在日的层次上是十二天对应一个十二地支轮回。在十二地支的基础上,再分别配属上十天干,就分别组成了六十甲子纪年、纪月、纪日、纪时。这样,在年、月、日、时四个时间层次上就分别有两个表示天干、地支的字组合成的时间序列,四组由两个干支表示的时间序列正好八个字,即四个天干、四个地支,这八个字就是人们常说的、算命先生常用的"八字"。

"七日来复"不仅表现在月的层面上子月即复卦所主的十一月一阳生,而且表现在年、日、时几个时间层次的层面上。比如:在时的层面上,午时一阴生,子时同样也是一阳生。在年和日的层面上虽然表现得不是那么明显,但道理也是一样的。

当然,"七日来复"还应该理解为一个泛指,所表明的是任何事物都会从一面走向另一面,所代表的是一个普遍的、普适的规律。

掌握了这一"反复其道,七日来复"的规律,就可以为我所用。七日来复,乾阳之气由小到大、由弱到强,正进入一个蒸蒸日上的轨道;在这样一个趋势下,就可以去顺势而为地做些事情,就必然"利有攸往",即利于有所前进、有所作为。这正好与剥卦卦辞"不利有攸往"相反,而两者所相同的都是对于规律与趋势的把握与应用。

【爻辞意解】

初九: 不远复,无祗悔,元吉。

复卦的"复"的现实意义是指从错误的道路上迷途知返、改邪归正。"不远复"就是发现自己的过失后很快地回到正确的道路上来了,这样就算不上什么大的错误,也不必总是心存后悔。"祗",音"zhī",应为"祗",疾病的意思。人非圣贤,谁能无过? 知过能改,自是"元吉",即大吉。

六二: 休复,吉。

"休"是美好的意思,切不可简单地以现代语言理解古文,其实这也是《易经》难研究的原因之一,所以有些字如果理解不透或者拿不准就最好查一查相关资料。"休复"就是美好地返回正道,这样就会"吉",即吉祥。想来这一"休"字,当是表示在错误的道路上还没有做出什么坏的事情,还没有造成什么坏的结果和影响,此时转身或许恰到好处吧。

六三: 频复,厉,无咎。

"频复"就是频繁地返回正道,言外之意也是频繁地误入歧途。这种错了又改、改了再错、错了再改的行为当然是很可怕的,所以"厉",即很危险。一旦哪天看不明白就回不来了,就会在错误的路上渐行渐远,怎么不危险呢? 但是,回头总比不回头强,只要最终回来就"无咎"了。

六四: 中行独复。

"中行独复"即在错误的道路上独自回来了。独自回来对与不对,爻辞没有讲,我们可以自己体会。

六五: 敦复,无悔。

"敦",真诚而敦厚实在。误入了歧途,当认识到自己的错误与过失之后,就要真诚地反省、坚决地回头,这样做才"无悔",即绝不会后悔,也不必后悔。

上六: 迷复,凶,有灾眚。用行师,终有大败。以其国君凶,至于十年不克征。

"迷复"给人的感觉就像迷迷糊糊地走向了错误的道路,迷迷糊糊地发现自己错了,又迷迷糊糊地回头,结果却迷迷糊糊地转错了方向,然后又迷迷糊糊地发现自己又错了,接着再迷迷糊糊地转向了另一个错误的方向,就这样一错再错,根本没有正确的方向感,怎么能不"凶"呢? 又怎么会没有"灾眚"即没有忧患灾祸产生呢?

用这样的人来"行师"即带兵打仗,必然"终有大败"。"以其国"即用这样的人来治国,也必使"君凶",即必然会给国君带来危险、给国家带来混乱。"至于十年",如果长期地使用这样的人,则"不克征",即永远不会使国家得以振兴与发展。

第三十八章

无妄卦第二十五——凡事不可乱来

【原文】

无妄　天雷无妄　乾上震下

无妄：元亨利贞。其匪正有眚，不利有攸往。

《彖》曰："无妄"，刚自外来而为主于内。动而健，刚中而应。大"亨"以正，天之命也。"其匪正有眚，不利有攸往"，"无妄"之"往"，何之矣？天命不佑，行矣哉！

《象》曰：天下雷行，物与"无妄"。先王以茂对时，育万物。

初九：无妄往，吉。

《象》曰："无妄"之"往"，得志也。

六二：不耕获，不菑畬，则利有攸往。

《象》曰："不耕获"，未富也。

六三：无妄之灾，或系之牛，行人之得，邑人之灾。

《象》曰："行人"得"牛"，"邑人""灾"也。

九四：可贞，无咎。

《象》曰："可贞，无咎"，固有之也。

九五：无妄之疾，勿药有喜。

《象》曰："无妄"之"药"，不可试也。

上九：无妄，行有眚，无攸利。

《象》曰："无妄"之"行"，穷之灾也。

【卦象意解】

"☰☳"是《易经》六十四卦第二十五卦无妄卦的卦象、卦画和符号，而"无妄"是这一卦的名称。无妄卦上卦即外卦为乾天卦☰，下卦即内卦为震雷卦☳，所以无妄卦也称"天雷无妄卦"。

我们从小就受到不许说谎、不许做坏事的教育。从老人们口中一代代传下来的说法是：谁说谎或者做了什么坏事，老天爷就会打"呱哒"劈了谁。"呱哒"是我老家鲁西南一带的方言，就是天上打的响雷。哪里雷击打死了人，人们就会说那人肯定做了什么坏事。所以，往往一打雷，人们就老老实实、规规矩矩地找个地方好好地待着，不敢妄行乱来、胡作非为。这种说法虽然并不科学，但根据这种说法来体会，我们就会发现，无妄卦就是一个天下雷行、万物归正之象。

【卦辞意解】

无妄：元亨利贞。其匪正有眚，不利有攸往。

"妄"就是虚妄、邪虚谬乱、胡行乱为。"无妄"就是没有虚妄、不妄行、不乱来，所以"无妄"就能够"元亨利贞"，能够从一开始就亨通，利于坚守正道。这是从正面来讲。反过来说，则"其匪正有眚，不利有攸往"，就是讲如果"妄"即不能够坚守"无妄"，而"匪正"即不能够坚守正道，就会"有

眚",即招致灾祸;就"不利有攸往",即不利于有所前进、有所作为。"匪",
通"非"。卦辞前、后两段分别从正、反两个方面解说了"无妄"的内涵。

【爻辞意解】

初九:无妄往,吉。

没有虚妄,不胡作乱为,前进的道路上才能够吉祥顺利。我们可以这
样体会:做什么事情都不可以乱来,都应该按照事物内在的规律,因时、因
地、因势制宜。

六二:不耕获,不菑畬,则利有攸往。

"菑"读"zī",指刚开荒出来的生地。"畬"读"yú",指开垦了二三年的
熟地。"不耕获,不菑畬"是说不妄想才耕种就有收获,不妄想才开荒就是
熟地,有这种正确的想法"则利有攸往",才能够有所前进、有所作为、有所
成就。反过来讲,如果想不耕而获、不劳而得,那就是胡思乱想;如果有这
种不切实际的胡思乱想,则必然一无所成。

六三:无妄之灾,或系之牛,行人之得,邑人之灾。

胡作非为就会制造灾祸,会制造什么样的灾祸呢?爻辞举了一个例子。

爻辞讲这"无妄之灾"呀,就像有这么一个人,"或系之牛",即把自家
的牛拴在一个地方,比如拴在一个木橛子上、一棵树上或者一个什么其他
地方就离开了。在他离开期间,"行人之得",过路的人顺手牵羊般把他的
牛给牵走了。等他回来一看,自己家的牛没了,于是就怀疑是自己村里人
干的。牛在那时可不是件小器物,古时候有牛有井的都算得上大户,古时
一头牛甚至相当于现在的一辆汽车。丢了汽车般的牛,谁能不急?自然怒
火中烧、气血妄行。那时村子里又没有什么派出所之类的机关可以报案,
于是这人就一家一家地询问甚至怀疑。有牛者又多是当地富豪大户,所以
可能这人不仅仅是询问与怀疑,甚至进而咬定了人家,非认为人家偷了或

者偷放跑了他的牛不可,而对人家大施淫威甚至大打出手也未可知,这不就是"邑人之灾"吗?

九四：可贞,无咎。

坚持"无妄",即不乱来、不胡来,就能够"可贞",即坚守正道,从而也就能够"无咎",即少有过失、少犯错误。

九五：无妄之疾,勿药有喜。

病好了就叫"有喜"。"无妄之疾,勿药有喜"的意思是：如果没有因为胡行乱来而生了什么病,就好办,就好治,有时甚至不用治疗就能够好起来,或者说不用吃"药"就可以治好。"五多誉",所以九五爻是从正面讲。从反面讲的话,那意思其实就是说：如果胡行乱来,那真会无药可救。

心病还需心来治。虚妄、胡来之类的病,从理论上讲不是身体有疾,而是心理、性格有病,需要提高自身素质、修养,来从源头上避免无妄之疾的发生。

上九：无妄,行有眚,无攸利。

"无妄",即人不可以乱行乱来,乱"行"就会"有眚",就会招病生灾。"无攸利",即没有任何好处。

◎ 第三十九章

大畜卦第二十六——大有畜养不家食

【原文】

䷙ 大畜　山天大畜　艮上乾下

大畜：利贞。不家食，吉。利涉大川。

《彖》曰："大畜"，刚健笃实辉光，日新其德。刚上而尚贤，能止健，大正也。"不家食，吉"，养贤也。"利涉大川"，应乎天也。

《象》曰：天在山中，"大畜"。君子以多识前言往行，以畜其德。

初九：有厉利已。

《象》曰："有厉利已"，不犯灾也。

九二：舆说輹。

《象》曰："舆说輹"，中无尤也。

九三：良马逐，利艰贞。曰闲舆卫，利有攸往。

《象》曰："利有攸往"，上合志也。

六四：童牛之牿，元吉。

《象》曰：六四"元吉"，有喜也。

六五：豮豕之牙，吉。

《象》曰：六五之"吉"，有庆也。

上九：**何天之衢**，亨。

《象》曰："何天之衢"，道大行也。

───────────────── ☯ ─────────────────

【卦象意解】

"☶☰"是《易经》六十四卦第二十六卦大畜卦的卦象、卦画和符号，而"大畜"是这一卦的名称。大畜卦上卦即外卦为艮山卦☶，下卦即内卦为乾天卦☰，所以大畜卦也称"山天大畜卦"。

前面我们讲过风天小畜卦，那是一个云在天上飘的象，其实天还是在云的上面，但给人的感觉就是云在天上飘。现在又来了个大畜卦，大畜卦是山在天上。山是不可能飞到天上去的，我们可以把山在天上理解为是高高的大山直插蓝天，直入云霄，给人以高山仰止、大有蓄养之象。

【卦辞意解】

大畜：利贞。不家食，吉。利涉大川。

大畜所讲的不是指大量积蓄钱财等物质财富，而主要是指人的思想品德、知识学问等方面的修养。大有蓄养的人，有品德，有学问，能够分清是非曲直，能够知所行止，因此就利于坚守正道，即"利贞"。同时，有道德修养的人"不家食，吉"，即都应该出来为国家、为社会做事，而不应该待在家里吃闲饭，这样才好。大有蓄养还"利涉大川"，有利于渡过大江大河，利于为了国家而艰苦创业、成就事业。

【爻辞意解】

初九：有厉利已。

"厉"，危险。"已"，停止、结束。

有道德、有学问、有修养的人一般而言更有智慧,而这智慧更多地体现在当行则行、当止则止,做事遇到危险即"有厉",不要逞强逞能,先停下来最有利,即"利已"。

九二:舆说輹。

"舆"是车子。"说"在这里用作"脱"。"輹"读"fù",又叫"伏兔",是垫在车厢和车轴之间的木块,上面承载车厢,下面呈弧形,架在轴上,就像一只兔子趴在那里,作用是连接车厢与车轮并且能够减震。"舆说輹"就是说车子的伏兔脱落了。

大畜卦是对大有蓄养的君子们的指导。车的伏兔脱落了,车厢和车轮就不能够很好地连接,车子就不能够很好地行驶甚至没法行驶了。如果把一部完整的车子比作人,或者就是大畜卦所讲的大有蓄养的君子,这君子应该从"舆说輹"而车不能行中吸取什么教训呢?我们说这君子应该认识到:只有全身心努力提升自己的修养,才能够在这个世界上走得又稳又好。

九三:良马逐,利艰贞。曰闲舆卫,利有攸往。

这爻又以良马来比喻大有蓄养的君子。人才如良马,所以识人才者被誉为"伯乐"。韩愈在他的《马说》中曾经大发感慨:"千里马常有,而伯乐不常有。"后世不得志者也常常如此自我感慨。所以,聪明的管理者能采取的最好的办法就是创造一个公平、公正、开放的赛马机制,让万马奔腾、一决高下,自然优劣皆知。其实,这赛马机制即使管理者不主动打造,也自然而然地存在着。物竞天择,人竞而才出。自然环境和社会环境本身就是一个赛马场。不少人抱怨社会不公平,殊不知公平也是相对的,不公平的环境其实对每个人来讲也是公平的。山崖上的劲松从没有抱怨它比谁拥有的水土少,抱怨也没用。所以,什么时候都要靠自己的实力、靠自己适应环境的能力、靠自己的品行与道业。

"良马逐,利艰贞。"在这良马竞逐、群雄比斗的舞台上,谁能笑傲江湖,比的不仅是武功,还有耐力与心机、信心与决心。

竞技场上形势复杂,甚至是瞬息万变,如何能够相机观变、自如应对,除了要有在面对复杂局面时能够有气定神闲的修炼,还要有驾驭局面、施展武功的娴熟技艺,才能够勇往直前。这就是爻辞后半段"曰闲舆卫,利有攸往"所要表达的意思。"闲",通"娴",熟练。"舆",此处指驾车。"曰闲舆卫,利有攸往"的意思是熟练地掌握安全驾车的本领,才能够顺利前行。

六四:童牛之牿,元吉。

"童牛"自然是指小牛,特点是牛角还没有完全长出来。"牿"读"gù",是横拴在小牛头上的木棍。小牛和小孩子一样,对很多事情不知深浅。初生牛犊不怕虎,所以会到处乱闯,这样就容易出事。为了防止小牛伤人,同时也为了防止小牛自伤,人们常在小牛的头上绑上一个比两个牛角宽度略长的木棍,这样小牛就既不会伤到人,又不会顶坏自己的牛角。这样做自然"元吉",即大为吉祥。

有道德和学问的人也应该这样,要处处小心、主动防范,做任何事情都应该既不能伤害别人,又要保护好自己。从内心讲,害人之心不可有,防人之心不可无;从外在讲,则还要有一定的防范手段与方法。

六五:豮豕之牙,吉。

"豮"读"fén",阉割的意思。"豕"读"shǐ",就是猪。"豮豕"就是被阉割了的猪。被阉割了的猪虽然还长着牙齿,但已然没有了原来的凶野之性,自然温顺了许多,所以"吉"。

那么,大有蓄养的有道德和学问的君子们应该从"豮豕之牙"中得到些什么启示呢? 希望引起人们的思考。

上九:何天之衢,亨。

"衢",四通八达的道路。"何天之衢,亨"告诉人们:天下大道四通八达,大有蓄养就会处处亨通。

◎ **第四十章**

颐卦第二十七——养人与养德

【原文】

颐　山雷颐　艮上震下

颐：贞吉。观颐，自求口实。

《彖》曰："颐：贞吉"，养正则吉也。"观颐"，观其所养也。"自求口实"，观其自养也。天地养万物，圣人养贤以及万民。颐之时大矣哉。

《象》曰：山下有雷，"颐"。君子以慎言语，节饮食。

初九：舍尔灵龟，观我朵颐，凶。

《象》曰："观我朵颐"，亦不足贵也。

六二：颠颐，拂经于丘颐，征凶。

《象》曰：六二"征凶"，行失类也。

六三：拂颐，贞凶。十年勿用，无攸利。

《象》曰："十年勿用"，道大悖也。

六四：颠颐，吉。虎视眈眈，其欲逐逐，无咎。

《象》曰："颠颐"之"吉"，上施光也。

六五：拂经，居贞吉，不可涉大川。

《象》曰："居贞"之"吉"，顺以从上也。

上九：由颐，厉，吉，利涉大川。

《象》曰："由颐，厉，吉"，大有庆也。

【卦象意解】

"䷚"是《易经》六十四卦第二十七卦颐卦的卦象、卦画和符号，而"颐"是这一卦的名称。颐卦上卦即外卦为艮山卦☶，下卦即内卦为震雷卦☳，所以颐卦也称"山雷颐卦"。

这个颐卦，初爻和上爻为阳爻，中间四爻为阴爻，看起来就像一张人的嘴，两个阳爻就如上、下嘴唇，四个阴爻中间就是张开的嘴，四个阴爻两边的四个短横则像人们吃东西时或者说话时嘴的两边腮帮在动，所以颐卦可看作是一个咀嚼颐养之象。

【卦辞意解】

颐：贞吉。观颐，自求口实。

"颐"，是指人的面颊，俗称"腮帮子"。人们吃东西和说话的时候，除了嘴里的牙和舌头动，其他动得最厉害的就是这个"颐"了，而牙与舌的活动在外边是看不到的。所以，吃东西和说话的时候，"颐"这个部位就是人们所能够看到的最活跃的地方。吃东西就有养的意思，说话其实也有养的意思。但是，养归养，是养别人还是被别人养则有着很大的不同。这个很大的不同就在于是不是正，是不是正当的、正常的，是不是符合正道。卦辞"颐：贞吉"讲的就是关于养育的问题，坚守正道才能吉祥。

是不是"贞"，是不是正，要"观颐"，即要通过观察养身、养德、养人或者被人养等各种情况来判断，尤其要重点观察"自求口实"即特别是自己养活自己的情况,也就是重点观察自己谋生的手段正与不正。

【爻辞意解】

初九: 舍尔灵龟,观我朵颐,凶。

人要凭自己的本事吃饭,不可仰人鼻息。靠自己的真本领吃饭自然是最正确的,按卦辞的说法就会 "吉";反过来讲,自己没有真本事,或者放着本事不用,靠看别人的脸色行事混口饭吃,就不是正确的谋生之道,不可长久,结果必然不好。

这一爻说的就是观颐观察到的这么一种情境。

"舍尔灵龟,观我朵颐" 讲的是好比有这么一个占卜者,有人问卜于他,正常情况下他本应该去灼龟甲,然后根据灼出来的象兆来判断吉凶,进而给出求占者一个进退行止的建议,但现在他却放着自己的灵龟不用,或者说舍弃了通过龟占来帮助决策的手段,而是看求占者的脸色、揣摩求占者的意图、甚至奉迎求占者的好恶来为求占者出谋划策,这是很不可取的,必然 "凶",没有好的结果。"朵颐" 就是 "大快朵颐" 的 "朵颐","颐" 指脸颊,"朵" 则是动的意思。

但是,这个现象又似乎是社会的一个普遍现象,比如几乎所有的顾问公司、咨询公司提供的方案其实都是雇主老板所要表达的观点,而这些公司只是在迎合雇主老板的心思而已。

六二: 颠颐,拂经于丘颐,征凶。

"颠",颠倒。"拂",违反。"经",正常的道理。

人都应该自食其力,做不到这一点,倒过头来违反常理地向高高在上的人寻求养育,这不是一个好的征兆,也不会有什么好的前途。

六三: 拂颐,贞凶。十年勿用,无攸利。

"拂颐",即违反养育的常理,也不是一个正确的做法,这就要 "贞凶",

即守正防凶。举两个形象的例子：男人吃软饭，"小三儿"求人养，就是违反常理的谋生之道，实际上就是不劳而获。对于这种不劳而获的人，爻辞明言"十年勿用，无攸利"，即永远不要用这种人，用了不会有什么好处。

六四：颠颐，吉。虎视眈眈，其欲逐逐，无咎。

仰人鼻息，寄人篱下，求别人或者依赖别人养育不好，但掉过头来主动地养育别人就是好事。这就是"颠颐，吉"的意思。

颐卦提倡人人自食其力，但也提倡有能力的人多为社会做点事情，多为社会养育更多需要别人帮助的人。不过，需要特别指出的是：这种对社会的回馈必须是真诚的、发自内心的和专注的，而不能是敷衍的、做给别人看的，比如高高在上的施舍以及沽名钓誉的伪善、作秀等。

怎么样做才是真诚、真心与专注的呢？爻辞后半段给出了一个象做参照，那就是"虎视眈眈，其欲逐逐"，就是要像老虎盯着自己的猎物一样持续地、自觉地专注于此。在这种态度下做事，帮助别人，为善社会，才不会有什么过失。

六五：拂经，居贞吉，不可涉大川。

"拂经"，违反常理。违反常理地求别人养育或者养育别人在社会上都有着必然的存在，总是在所难免的。既然如此，那么必须坚持一定的原则，那就是《易经》一而再、再而三地强调的一个"贞"字，也就是"正"字。既然已经违反常理地求别人养育或者在违反常理地养育别人，那么就到此为止，不可再向前，这样才会"吉"，即才会有好的结果。"居"，就是待在家里，意指就此为止也。也"不可涉大川"，即不可以通过这种方式做大事情、大事业。举个例子：长期被人包养的"二奶""金丝雀"最好到此为止，不可以再向前了；如果再有上位的非分之想，则通常非出事不可。

上九：由颐，厉，吉，利涉大川。

"由"，由着、遵循着。"由颐"就是遵循着正常的颐养之道，该谁养就谁

养,该养谁就养谁,该怎么养就怎么养。当然,最重要的是要用正常的方式
自己养育自己,并奉养好应该由自己养育的人。做到这一点其实还是挺艰
难的。比如现在的年轻人,大学毕业了找工作不容易,找到工作了能自己
养好自己也不容易,光那房子就够自己挣半辈子的,如果还要养家糊口、娶
媳妇、养孩子、奉养爹娘,还真的不容易。但是,难归难,"厉"归"厉",再艰
难也要坚持这样走下去,而且只有遵循正确的人生道路向前走,才会"吉",
也才会"利涉大川",最终取得成功。

第四十一章

大过卦第二十八——大过当如赵州桥

【原文】

≡≡ 大过　泽风大过　兑上巽下

大过：栋桡，利有攸往，亨。

《彖》曰："大过"，大者过也。"栋桡"，本末弱也。刚过而中，巽而说行，"利有攸往"，乃"亨"。大过之时，大矣哉。

《象》曰：泽灭木，"大过"。君子以独立不惧，遁世无闷。

初六：藉用白茅，无咎。

《象》曰："藉用白茅"，柔在下也。

九二：枯杨生稊，老夫得其女妻，无不利。

《象》曰："老夫""女妻"，过以相与也。

九三：栋桡，凶。

《象》曰："栋桡"之"凶"，不可以有辅也。

九四：栋隆，吉。有它，吝。

《象》曰："栋隆"之"吉"，不桡乎下也。

九五：枯杨生华，老妇得其士夫，无咎无誉。

《象》曰："枯杨生华"，何可久也。"老妇""士夫"，亦可丑也。

上六: **过涉灭顶,凶,无咎。**

《象》曰:"过涉"之"凶",不可咎也。

————————————————⚋——————————————————

【卦象意解】

　　"☱☴"是《易经》六十四卦第二十八卦大过卦的卦象、卦画和符号,而"大过"是这一卦的名称。大过卦上卦即外卦为兑泽卦☱,下卦即内卦为巽风卦☴,所以大过卦也称"泽风大过卦"。

　　巽为风,也为木。五行里东方和风都配属木行,中医里讲东方生风、风生木。这不是迷信,这是万事万物间必然联系的科学抽象。泽风大过卦的卦象在《象传》上解为"泽灭木,大过",因此我们可以把大过卦理解为大船行于大泽之中,风急浪高、船坚行稳之象。

【卦辞意解】

　　大过: 栋桡,利有攸往,亨。

　　"大过"的意思是有所过,这个过还不是太过,即还没有打破根本的平衡到发生质变的程度。房屋的栋梁本应该是粗壮而直的,大过所讲的就好像栋梁向上弯曲了一些。栋梁向上弯曲,有点像赵州桥的反拱,反而会更加有力、更能承重,栋梁也更不易折断,因此房顶会更加坚固而不易坍塌,房顶上甚至还可以放置更多的东西。所以,事物的主要因素朝着积极的方向过一些,会更有利于事物的发展,使事物的发展变化更加亨通。这就是卦辞的意义。

　　需要特别说明的是卦辞中的"桡"字。"桡"读"ráo",它的本意是弯曲的木头。"栋桡",栋梁弯曲了,怎么理解呢? 从大过的本意以及卦辞后半段"利有攸往"且"亨"来理解,"桡"应该是积极的弯曲,因此只能是向上、向正确的方向弯曲才是正解;否则,如果栋梁向下弯,谁也不会觉得"亨"。马王堆汉墓中出土的帛书《周易》大过卦卦辞中这两字用的是"栋隆",感觉应该是正确的,所以有人建议把大过卦卦辞订正为"大过:栋隆,利有攸往,亨",这也是有一定道理的,当从。

【爻辞意解】

初六:藉用白茅,无咎。

"藉",这里是铺、垫的意思。古代在祭祀的时候,需要把祭品放在衬垫上,以确保祭品的洁净,以示祭祀的虔诚。后来慢慢有了台子、桌子等,祭祀的时候就会把祭品放在台子或者桌子上。古代最常用的衬垫就是洁白的茅草,在室外祭天地神灵、诸侯结盟而誓时就会在地上铺上茅草。这有点像现代铺上红地毯的意思。

重大的活动,重要的人物来了,铺上红地毯是应该的。你看各国接待国家元首来访,从下飞机到检阅三军仪仗队,全铺着红地毯,需要多长就多长,这无可厚非。不过,不是什么场合都需要红地毯,有些场合真的不必那么隆重,而且有些场合确实是可要可不要。在可要可不要的情况下,铺上红地毯不会有什么错,在即使是不需要的情况下铺上红地毯也不是什么大问题,正所谓"礼多人不怪"。这正是本卦初六爻所讲的意思。不该铺白茅的时候或者地方,铺上了洁白的茅草,结合本卦"大过"的主题来讲,或许过了一些,但"无咎",就是不会有什么大不了的问题。

九二:枯杨生稊,老夫得其女妻,无不利。

"稊",读"tí",指草木新生的枝、芽等。"老夫",老年男人、老头儿。老年男人娶了个年轻的媳妇,这就像老杨树长出了新芽,这无所不利,没有什么不好。老树长了新芽,就意味着生命的延续,这自然是好事情。老头子娶了个小媳妇,这就是俗话说的"老牛吃嫩草","大过",或许过了些,但没有什么不好。

九三:栋桡,凶。

这里的"桡"应该是向下弯曲。栋梁向下弯曲,就危险了,必定是个"凶"兆。如果是后来压弯了、变形了,房子肯定很危险;如果是自然的弯曲,至少让人感觉很不舒服,让人感觉很危险。所以,栋梁向下弯曲不是好现象。结合大过卦的主题,它的引申意应该是:有些事情有时过一些不是不可以,但必须是向积极的方向,向有利于事物发展变化的方向,如果向着相反的方向就错了。

九四:栋隆,吉。有它,吝。

如卦辞解析中所讲,栋梁向上隆起就对了。也如九三爻中我们分析的一样,向着正确的方向过一些是好事情。这就像刻苦学习到深夜,虽然过了一些,但总是好事情。头悬梁,锥刺股,虽说有些过了,但是毕竟精神可嘉。这就是本爻所言"栋隆,吉"。

但是,"有它"则"吝",即如果还有其他的想法就让人遗憾了。所以,过一些的目的一定要纯洁而明确,如果夹杂着其他的乱七八糟的目的就不对了。比如:学习好只是为了炫耀就不一定正确。

九五:枯杨生华,老妇得其士夫,无咎无誉。

"华","花"也。"老妇"就是老太婆。"士夫"则是小伙子、年轻的男子。爻辞"枯杨生华,老妇得士夫,无咎无誉"讲的是老太婆配了个年轻的小伙子,这就像老杨树开了花,虽然没有过失,但不值得赞誉。

九二爻老头子娶了个年轻的小媳妇就"无不利",可是到了九五爻老太婆配了个年轻的小伙子怎么就不值得赞誉了呢?从爻辞举的例子看,杨树如果长出了新芽自然会有利于杨树的壮大,正所谓老树抽新芽,而如果只是开了花,那不过是一时的事情,过几天花就会败了,对杨树的继续生长壮大并没有太大的帮助。放在人的身上讲,老头子娶个年轻的小媳妇还有可能再孕育出下一代,俗话说"八十八还结个瓜呢",而老太婆配个年轻的小伙子就可能没有再结瓜的戏了,自然有所区别。结合大过卦的主题思想来讲,朝着有利于事物发展方向的积极的"过"是值得提倡的,而无助于事物的正确方向的发展的"过"则是不值得提倡的。

上六: 过涉灭顶,凶,无咎。

上六爻辞的字面意思是: 强行渡河,水深灭顶,很是危险,但无可责备。

从大过卦的主导思想出发,我们可以理解为: 有些时候,为了加快实现既定的目标,采取更加积极的态度和行动是必需的。其实这又是一个度的问题。想当年项羽带兵救巨鹿,率军渡过漳河后破釜沉舟,一举打败秦军,颇有些"过涉灭顶,凶"而"无咎"的意思。

◎ 第四十二章

坎卦第二十九——勇克险难靠行动

【原文】

坎　坎为水　坎上坎下

习坎，有孚，维心亨，行有尚。

《彖》曰："习坎"，重险也。水流而不盈，行险而不失其信。"维心亨"，乃以刚中也。"行有尚"，往有功也。天险不可升也，地险山川丘陵也。王公设险以守其国。坎之时用大矣哉！

《象》曰：水洊至，"习坎"。君子以常德行，习教事。

初六：习坎，入于坎窞，凶。

《象》曰："习坎"，入坎，失道凶也。

九二：坎有险，求小得。

《象》曰："求小得"，未出中也。

六三：来之坎坎，险且枕，入于坎窞，勿用。

《象》曰："来之坎坎"，终无功也。

六四：樽酒，簋贰，用缶，纳约自牖，终无咎。

《象》曰："樽酒，簋贰"，刚柔际也。

九五：**坎不盈，祗既平，无咎。**

《象》曰："坎不盈"，中未大也。

上六：**系用徽缰，置于丛棘，三岁不得，凶。**

《象》曰：上六失道，凶"三岁"也。

【卦象意解】

"☵" 是《易经》六十四卦第二十九卦坎卦的卦象、卦画和符号，而"坎"是这一卦的名称。坎卦上卦即外卦和下卦即内卦都是坎卦☵，坎象征水，所以这一卦也称为"坎水卦"。

坎卦的特性是险，一阳爻陷入二阴爻之中，现在两坎相重相叠，展现在人们面前的就是一个险上加险、困难重重之象。

【卦辞意解】

习坎，有孚，维心亨，行有尚。

"坎"者，险也。"习坎"则是险难重重。"习"是反复、重复的意思。

坎卦的卦象和主题虽然都是重重险难，但卦辞和爻辞的内容所讲述的都是如何面对、克服、渡过险难的原则与方法、手段。

面对"习坎"，即重重险难、一道道的艰难险阻，首先要"有孚"，要有真正的自信，要有信心。信心比什么都重要、都宝贵，"信心比黄金还宝贵"。"维心亨，行有尚"，只有自己心中坚信亨通，并积极主动地采取行动，才能够获得攻坚克难的成功。

这条卦辞给人们指出了面对和克服艰难的两条基本原则：一是要有信心，要树立坚定的勇破艰难的信念；二是要付诸行动，不能坐以待毙，也不能心存侥幸，脱险最终靠的是积极的行动。

【爻辞意解】

初六：习坎，入于坎窞，凶。

如果说卦辞强调树立信心、积极行动是在战略上藐视险难的话，那么几条爻辞的思想则是在战术上重视险难。

"习坎，入于坎窞，凶"，就像陷入了险象环生的深渊，非常凶险。"窞"，读"dàn"，深坑般的陷阱。这句话是为了提醒人们一定要高度重视各种险难，切不可因为信心满满而掉以轻心，否则后果将是非常可怕的。

九二：坎有险，求小得。

陷入险境时，要谨慎、沉着应对而不可急躁冒进，可寻求采取一些小而有效的方法和步骤，"求小得"以积大成，步步为营、稳扎稳打地脱离险境。

六三：来之坎坎，险且枕，入于坎窞，勿用。

"来之坎坎"，来去都很危险。"之"，去的意思。"险且枕"，进退都危险。"险"指前进会遇到的危险，"枕"指后退会遇到的危险。深深地陷入了这样一个来去不能、进退不得、处处险恶的深坑般的险境的时候，要"勿用"，即不要急于有所行动。当然，这不要急于有所行动就是不要轻举妄动，要等待时机，择机而动。

六四：樽酒，簋贰，用缶，纳约自牖，终无咎。

"樽"，酒樽、古代的酒器。"簋"，读"guǐ"，古代的食器。"贰"，这里是副、还有的意思。"缶"，读"fǒu"，陶土制的乐器。"牖"，读"yǒu"，窗户。爻辞的字面意为用酒樽盛满酒，再用簋盛上满满的饭菜，击缶而歌，从窗户中探出身来招揽朋友并与之纳约，这种做法终究无过。

要准确地解读这一爻爻辞的意思，依然还是离不开这一爻所在卦的环境与条件，所以要把这一爻爻辞放在重重险难的背景下去思考。

在重重险难中很危险，也有很多困难，身处其中更多的时候是感觉很不自由，也很无助。很多时候要面对、要克服这些险难，必要时还需要寻求外边的帮助。要寻求别人的帮助,就必须诚心地和别人交流,取得别人的理解与支持,有时候甚至还需要承诺人家有所回报,这样才能顺利地克服困难、渡过险关。这就是爻辞的引申意。

在引申意的意境里解读爻辞,就是这么个情境了:这就好比自己被困在某种环境中或被关起来了,无法逃脱,只好通过"牖"即窗户想方设法与外边取得联系,寻求外力的帮助,这就需要"樽酒,簋贰,用缶",即与人家进行真诚的沟通与交流,必要时还要"纳约",即作出一些适当的承诺。这样做对于克服困难、摆脱险境不会有什么不妥。

九五:坎不盈,祗既平,无咎。

"坎"者,水也。水刚刚满,刚刚和深坑的口平齐,还没有满到可以流出的程度,这就是"坎不盈,祗既平",比喻即将脱离险难。这时候要注意的就是"无咎",即不要有什么过失,还是要谨慎地对待。正所谓"行百里者半九十",没有真正地脱离危险前切不可麻痹大意。

上六: 系用徽缰,置于丛棘,三岁不得,凶。

"徽缰"指绳索。"缰"读"mò"。两股的绳子叫"缰",三股的绳子叫"徽"。"丛棘"是丛生的荆棘,这里代指牢狱,因为过去监牢的四周都会种满各种各样的带刺的植物以防犯人逃跑。"三岁",多年、长期。人被用绳子五花大绑,然后被扔到四周荆棘丛生的牢狱里,受长期监管而不得逃脱,结果必"凶",即结果必然很是可怕。

前面几爻都是讲面对各种险难情况下所应该采取的措施、手段以及相应的结果。上六这一爻则是从另一面来讲如果不采取措施会是个什么样子。面对危险和困难,如果不积极主动地采取相应的措施应对,就相当于"系用徽缰,置于丛棘",就会自缚手脚,自陷囹圄,并将"三岁不得",长期得不到解放,"凶"。

爻辞从反面告诫人们:面对险难,只有主动出击,才能有所作为。

◎ 第四十三章

离卦第三十——相依为命当相敬

【原文】

离　离为火　离上离下

离：利贞，亨。畜牝牛，吉。

《彖》曰："离"，丽也。日月丽乎天，百谷草木丽乎土。重明以丽乎正，乃化成天下。柔丽乎中正，故"亨"，是以"畜牝牛吉"也。

《象》曰：明两作，"离"。大人以继明照于四方。

初九：履错然，敬之无咎。

《象》曰："履错"之"敬"，以辟咎也。

六二：黄离，元吉。

《象》曰："黄离，元吉"，得中道也。

九三：日昃之离。不鼓缶而歌，则大耋之嗟，凶。

《象》曰："日昃之离"，何可久也。

九四：突如其来如，焚如，死如，弃如。

《象》曰："突如其来如"，无所容也。

六五：出涕沱若，戚嗟若，吉。

《象》曰：六五之"吉"，离王公也。

上九：王用出征，有嘉折首，获匪其丑，无咎。

《象》曰："王用出征"，以正邦也。

【卦象意解】

"☲"是《易经》六十四卦第三十卦离卦的卦象、卦画和符号，而"离"是这一卦的名称。离卦上卦即外卦和下卦即内卦都是离卦☲，离象征火，所以这一卦也称为"离火卦"。

"离"者，丽也，为日为火、为光为明。光和明都不能独立地存在，而必须附着在其他东西之上。我们所看到的太阳是看到的其本体所发出的光，太阳的光和平常我们所见到的火也必定是附着在其他东西之上的，所以离卦相重就是一个若即若离、相附相随之象。

【卦辞意解】

离：利贞，亨。畜牝牛，吉。

"离"的本意是相距，既然是相距，就有相对而言的意思。它本身不能存在，必须是因两个事物相对而存在。所以，这里离卦的"离"的意思是附着，是指事物之间相互联系、相互依存的关系。因为相对而存在，失去了一方，另一方也就没有了存在的可能，或者也就没有了存在的价值，所以为了双方的生存和发展就必须处理好、维护好彼此之间的关系。离卦所讲的就是如何正确地处理好这种彼此谁也离不开谁的、只有伴生才能存在的关系。

处理好这种伴生的关系的大原则依然是《易经》处处强调的"贞"，也即正。"利贞，亨"，即守正道有利，也能亨通。在这一基本原则之下，还要"畜牝牛"，即培养牝牛般的品德，这样才能"吉"。"牝牛"就是母牛。和坤卦的"利牝马之贞"里的牝马一样。牝马温顺,对人有利而无害,以顺从种马为德。彼此相互理解、体谅,像母马追随种马一样,做事顺着有利于双方共同发展的方向,就会促进彼此发展,这样肯定吉祥。

【爻辞意解】

初九:履错然,敬之无咎。

构成一个相互伴生的共同体总是需要一个过程,这有点像新买的汽车需要磨合一样,更像刚结婚的小两口需要相互适应。新婚夫妇刚在一起生活总会有些不协调,有的喜欢晚睡,有的喜欢早起,步调总会有些不一致,这就是"履错然",即步伐有些错乱。这不要紧,只要小两口相敬如宾,坚守相亲相爱的原则,相互理解和尊重,小心谨慎地调整自己,主动地适应对方,就不会有什么过失,这就是"敬之无咎"。

其他诸如此类的附着、伴生关系,道理都是一样的。

六二:黄离,元吉。

解读本爻的思路和坤卦六五差不多。按照五行分类法,五方分别是东、南、中、西、北,五色分别是青、赤、黄、白、黑,黄色对应中央土,所以古人认为黄色是最中正之色。这样,对于"黄离",我们就可理解为相互附着、依附或者伴生的双方都能够以中正之道相处,当然就"元吉"即大为吉祥了。

九三:日昃之离。不鼓缶而歌,则大耋之嗟,凶。

"昃",读"zè",偏的意思;"日昃"就是日偏西。"耋",读"dié",人老七十为耄、八十为耋,所以耋指八十岁的老人。爻辞直译出来就是太阳偏西了,不是敲打着缶唱歌,就是感慨年龄大了,凶险。但是,到底这几句话是什么意思,我们还需要弄清楚"鼓缶而歌"的含义。

先来说说"缶"。

缶这个东西本来我们现代人并不熟悉,但自从 2008 年 8 月 8 日晚 8

时一首气势恢宏的"击缶而歌",带着华夏礼乐的传承,带着炎黄子孙百年的梦想和期盼,在北京奏响了第29届夏季奥运会开幕式的序曲之后,缶在中华大地上也就几乎无人不知、无人不晓了。

"缶"过去写作"瓿",本是盛酒食的瓦罐、瓦盆之类,在先古时期本来不是乐器。中国古乐器有金、石、丝、竹、匏、土、革、木八类,就是人们常说的"八音",土就是陶类乐器,有埙、陶笛、陶鼓等,而缶不在其中,缶后来成为乐器,主要流传于民间。长期以来,击缶一直在中国传统文化中有两个主要含义:一是人民大众的娱乐,如《说文解字》上解释的"秦人鼓之以节歌";二是葬礼场合表示悲伤的礼节,这一习俗流传至今,今天许多农村的丧葬仪式中孝子在出殡时摔瓦盆,也称"摔老盆",就是击缶送葬的遗风。《庄子·至乐》里有"庄子妻死,惠子吊之,庄子则方箕踞鼓盆而歌",这里所鼓的盆其实就是"缶"。

理解了缶,也就理解了"鼓缶而歌"的意思,也就明白了"日昃之离"的日头偏西所代表的偏离了正常相处之道的附着、伴生关系会走向何方。那必然是"不鼓缶而歌,则大耋之嗟",即这种关系不是死掉了,也必然是快死了。死掉了就会有人"鼓缶而歌",如果没死掉就会像八九十岁的老人一样蹉跎待毙。

九四：突如其来如,焚如,死如,弃如。

正确处理相互附着与伴生的关系,就必须如初九、六二所要求的那样,遵循中正之道,相互理解与尊重,相互配合与协调,切不可一方不顾另一方的要求与感觉而贸然行事。常常"突如其来"地自作主张,势必从根本上破坏彼此的信任与合作,就会把这种相互附着与伴生的关系"焚"烧掉,就会使这种关系"死"掉,最终为对方所"弃"。

六五：出涕沱若,戚嗟若,吉。

"涕"是泪水;"沱",指泪多如雨;"戚",忧愁、悲伤的样子。

相互附着与伴生的双方真诚地希望这种关系能够永恒、永远地存在下去，时时担心这种关系出现意外，一想到这种关系不能继续下去就会担心得泪如雨下、忧愁、悲伤。双方如果都能如此，自然就都会倍加呵护与珍惜这种关系，结果自然就会"吉"祥了。

上九：王用出征，有嘉折首，获匪其丑，无咎。

离卦所讲的各种附着与伴生关系，各式各样，林林总总，不一而足，可以是人与人，可以是事与事，也可以是人与事。但是，无论是怎么样的一种关系，相关各方即使再费尽心机地去刻意维护，也不可能永恒地、永远地维持下去。夫妇即使白头偕老也还有个先后离去。正如天下没有不散的宴席，天下也没有一成不变的关系。旧的组合因了各种机缘的变化而分别，新的关系也会因了各种机缘而结合，世界以及世上万物就是在这种分分合合中发展变化。充分地理解、把握和运用这种规律，就会让我们少犯错误。

"王用出征"，即用这种理论指导我们奉命出征去讨伐那些叛逆。"有嘉折首"，即最好的做法、最值得提倡的做法就是擒贼先擒王，只除首恶，而"获匪其丑"，即不抓那些跟从者，这样就会"无咎"，即不会有过失、错误。"嘉"，嘉许。"获匪"，非获、不擒获。"丑"，此处指同伙、同类。

首恶与胁从是一种共生的附着与伴生关系，由种种原因而形成，当然必须铲除。罪恶当除，最好的办法就是要以最小的代价来获得最好的结果，一方面要根除这种罪恶，另一方面还要有效地保护可以利用的资源与力量。除掉罪魁祸首也就破坏掉了原有的伴生关系，进而与那些首恶的跟随者结成新的附着与伴生关系是最为明智之举，不仅可以减少征战的伤亡损失，加速战争结束，还可以使自己的力量得以迅速壮大，这在当时社会人口稀少的情况下有着非常积极的意义。

第三编 下经

第四十四章

咸卦第三十一——谈谈感情的问题

【原文】

☷☶ 泽山咸　兑上艮下

咸：亨，利贞，取女吉。

《彖》曰："咸"，感也。柔上而刚下，二气感应以相与，止而说。男下女，是以"亨，利贞，取女吉"也。天地感而万物化生，圣人感人心而天下和平；观其所感，而天地万物之情可见矣。

《象》曰：山上有泽，"咸"。君子以虚受人。

初六：咸其拇。

《象》曰："咸其拇"，志在外也。

六二：咸其腓，凶。居吉。

《象》曰：虽"凶"，"居吉"，顺不害也。

九三：咸其股，执其随，往吝。

《象》曰："咸其股"，亦不处也。志在"随"人，所"执"下也。

九四：贞吉悔亡。憧憧往来，朋从尔思。

《象》曰："贞吉悔亡"，未感害也。"憧憧往来"，未光大也。

九五：咸其脢，无悔。

《象》曰："咸其脢"，志末也。

上六: 咸其辅、颊、舌。

《象》曰:"咸其辅、颊、舌",滕口说也。

———————————☯———————————

【卦象意解】

"䷞"是《易经》六十四卦第三十一卦咸卦的卦象、卦画和符号,而"咸"是这一卦的名称。咸卦上卦即外卦为兑泽卦☱,下卦即内卦为艮山卦☶,所以咸卦也称为"泽山咸卦"。

这一卦是泽在山上,阴柔在上,阳刚在下,上面的湖泊向下滋润下面的山,下面的山向上承载上面的湖泊,两者相互浸润交合,是相通相感之象。

【卦辞意解】

咸: 亨,利贞,取女吉。

"咸"字的音、义都同"感情"的"感"一样,或者可以说就是"感情"的"感",应该是在"感情"的"感"这个字还没造出来前"咸"就是"感情"的"感",意思是交相感应。咸卦的主题是感情,咸卦是专讲情感的卦。

对于人类来讲,有感情是好事情,人与人之间如果没有感情会非常可怕,就会让人觉得这个世界太冷酷了,所以才有"冷酷无情"这样一个成语。有了感情,什么事情都好办。很多事情不好办,往往找找同学、老乡、亲戚、朋友就办成了。所以,人们常说在中国没有好办的事,也没有办不成的事,这很大一部分原因就是华夏文化是种讲人情、讲感情的文化。即使不是熟人,没有同学、老乡、亲戚、朋友关系,很多时候也需要感情的投入,演员的粉丝也是因为对演员投入了感情,市场营销讲究的客户忠诚度也是一份感情。所以讲,有了感情就好办,就"亨"通了。

有了感情不但亨通，而且利于坚守正道，即"利贞"。夫妻感情和睦，双方出轨的可能性就小、离婚率就低。最需要感情做基础的是婚姻，有感情的婚姻才是可靠的、吉祥的，所以卦辞讲"取女吉"。不过，需要特别指出的是：并不是问嫁娶之事占卜时遇到这一卦的婚姻就是吉祥的，而应该理解为有深厚感情基础的婚姻才是吉祥的。

我们还要知道：咸卦以男女婚姻取象，但所讲的并不仅仅局限于婚姻，而是可以泛指自然与人类社会的感应之道。天地交感而万物化生，圣人德化而天下太平。万事万物因感而应必然万端亨通，就好比男男女女基于爱情的基础必然婚姻美满。

【爻辞意解】

初六：咸其拇。

"拇"，是指大脚趾。"咸其拇"，相互的感应在大脚趾上。大脚趾在人的最下部和最前端，在人身体上是离心最远的地方。"咸其拇"比喻感情还非常浅，才刚刚有一点点感情。如果这种浅浅的感情不再继续发展，今后也就谈不上什么感情。如果这种感情继续发展下去，就是一个美好的开始。如果是事或物而不是人，那么这相互的小小的感应没有继续引起共振也就没有了下文。如果这小小的感应由共振继续扩大而引起共鸣，那么这开始的小小的感应就是一个美好的开端。爻辞没有讲"咸其拇"的结果，但我们相信其本意自然都是后者。感情总是一点一滴积累起来的，而这点滴的积累必然起于一个美的机缘。

六二：咸其腓，凶。居吉。

"腓"，小腿肚。"咸其腓"，感应到了小腿肚。"凶"，非常危险。

小腿肚的位置已经远远比大脚趾高了，离心也远比大脚趾近了。要说是感情，也肯定比感应到大脚趾的时候深了，可为什么这时反倒"凶"

了呢？

感应到了"腓"的感情总体来讲还远远不够,如果说朋友圈子的话还只能算外围,外围的朋友算不算得上朋友还很难说。"腓"的位置不仅仅是感情深浅、高低的问题,如果是这个问题,理论上讲可以用"肢"。所以,一个"腓"字,除了位置,其实还有一个部位问题。"腓"居于小腿的背后而非小腿,也不是正前,所以这感情或许就不够纯洁或者有什么目的性在里面。带着某种目的性的不纯洁的感情往往是很难深入进行下去的,尤其这种情况一旦被人识破,那感情也只有破裂的份儿了,所以"凶"。当然,《易经》里的"凶"并不都意味着"凶险",结果很糟糕也是"凶"。

处于这样一种情况的感情,就不要轻举妄动,应该守静以待,不能有所作为,所以爻辞告诫人们"居吉"。

九三：咸其股,执其随,往吝。

爻辞仍然选择了人的一个部位——股来做比。"股",就是大腿。"咸其股",就是相互的感应到了大腿,离心脏更近了,看来感情又进了一步。这时候就要"执其随",就要坚持自己既定的方向,积极而执着地追随自己心中的那份感情,努力地使彼此的感情更进一步,切不可"往",不可后退、疏远,否则就会"吝",就会有麻烦,就会后悔、惋惜。

感情到了一定程度如果不积极地维护就会疏远,远了再想亲近就更加困难了。近了再疏,还不如当初根本就不亲近。如果曾经近过再疏远,甚至会产生隔阂,以后再想亲近而不得,怎么能不"吝"呢？

九四：贞吉悔亡。憧憧往来,朋从尔思。

本卦其他几爻多是讲感情、情感的程度,这一爻却主要讲的是感情的原则,那就是"正",即纯洁与纯正。"贞",正也。如果谈感情问题,理论上讲就应该有个前提,那就是感情必须是纯洁的、纯正的,假感情、怀有不可告人目的的感情、不正常的感情都不在此列。

"贞吉",即纯洁的、纯正的感情是吉祥的、好的,这样的感情"悔亡",即无悔,就是可以不必后悔。这样即使你"憧憧往来",即天天匆匆忙忙地来来去去,无论你到了哪里,无论是天涯还是海角,也没有什么关系,也会"朋从尔思",即朋友依然会想着你,彼此惦记着不会忘记。正所谓纯洁的感情是最牢固的,也是最经得起考验的,也即"海内存知己,天涯若比邻"。

九五：咸其脢,无悔。

"脢",读"méi",就是人身上的脊背肉。这部分肌肉在心脏的上面、脖子的下面。它的特点一是在里面,与外界隔绝;二是反应迟钝。

"咸其脢",彼此的感应、感情到了"脢"的位置和感觉。这个位置离心很近,而且这种感情已经很少或者很难被外界干扰。这种感情必然是深厚的和牢固的,彼此之间的感情能到这种程度,当然最好不过了,还有什么可后悔的呢?

上六：咸其辅、颊、舌。

"辅",上牙床。"颊",面颊、腮。

上牙花子、腮帮子、舌头都是围绕在嘴边的东西。"咸其辅、颊、舌",简单地说就是所有的感应、感情、感觉都到了嘴巴子上。这样的感应与感情会是什么样的结果,爻辞里没有说,但我们似乎可以凭直觉琢磨出那么一点意思,就是感情仅仅停留在嘴上是没有什么意义的。这种认识,结合本爻所居上六的位置也是恰当的。

◎ 第四十五章

恒卦第三十二——说说永恒的道理

【原文】

雷风恒　震上巽下

恒：亨，无咎。利贞，利有攸往。

《彖》曰："恒"，久也。刚上而柔下，雷风相与，巽而动，刚柔皆应，恒。恒，"亨，无咎，利贞"，久于其道也。天地之道，恒久而不已也。"利有攸往"，终则有始也。日月得天而能久照，四时变化而能久成，圣人久于其道而天下化成。观其所恒，而天地万物之情可见矣。

《象》曰：雷风，"恒"。君子以立不易方。

初六：浚恒，贞凶，无攸利。

《象》曰："浚恒"之"凶"，始求深也。

九二：悔亡。

《象》曰：九二"悔亡"，能久中也。

九三：不恒其德，或承之羞，贞吝。

《象》曰："不恒其德"，无所容也。

九四：田无禽。

《象》曰：久非其位，安得"禽"也。

六五：恒其德，贞。妇人吉，夫子凶。

《象》曰："妇人贞吉"，从一而终也。"夫子"制义，从妇凶也。

上六：振恒，凶。

《象》曰："振恒"在上，大无功也。

【卦象意解】

"䷟"是《易经》六十四卦第三十二卦恒卦的卦象、卦画和符号，而"恒"是这一卦的名称。恒卦上卦即外卦为震雷卦☳，下卦即内卦为巽风卦☴，所以恒卦也称"雷风恒卦"。

这是一个电闪雷鸣、大风呼啸、风雷交加之象。这个象所要表达的主题却是"恒"。

要把握好这个象与恒卦主题之间的关系，就有必要对"恒"有一个全面、准确、深刻和辩证的认识。这一点前人已经给我们提供了很好的思路和宝贵的思想，那就是恒与变、动与静的辩证关系。世上永远不变的就是永远在变，这永远不变的变就是"恒"。因此，前人早就指出：这个"恒"有两个方面的含义，一个是"不易之恒"，一个是"不已之恒"。"不易之恒"说的就是"恒"字里的永远的不变，而"不已之恒"则说的是"恒"字里的永远不变的变。所以，恒卦上雷下风所表达的就是一个永远的恒变之象。

【卦辞意解】

䷟恒：亨，无咎。利贞，利有攸往。

无论是不易之恒，还是不已之恒，都是自然界自然而然的事情。无论是中医讲的生长化收藏、各种生物的生长壮老已，还是佛家所说成住坏空，其本质都是世间万物如环无端般的变化。生生死死,死死生生,万事万物其实也只有形态的变化而没有本质的区别,变来变去也无非是气的升降出入而已。永远不变的变以及永远在变的不变都是正常的状态,只是一个过程而已。所以,"亨"而"无咎",即亨通而无过。

对于这常变之恒,人们所要做的、所能做的,是准确地把握和利用其中的规律。"利贞",即坚持顺势而为的、正确的方式与方法,就会"利有攸往",即有利于前进、成功、成就。

【爻辞意解】

初六:浚恒,贞凶,无攸利。

"浚",深沟、深挖,这里是深的意思。"浚恒"就是深深地追求恒常或者恒变那个"恒"。爻辞告诉我们:这是很危险的。恒常也恒变,恒变也恒常,这是自然而然的事情,不能刻意为之,刻意维持恒常之常或者恒常之变以及刻意维持恒变之变或者恒变之常,做不到,也无任何意义,反而会把事情弄复杂。所以,要"贞凶",即要防范这样做带来的不利后果,而且一定要明白这样做"无攸利",即对事情不会有任何帮助。

九二:悔亡。

按照前面曾经提到的爻辞可以分为"象"与"用"两部分即两段论的说法,好像"悔亡"还应该有什么内容。这种内容好像有脱漏的爻辞很多,也有人直接认为就是脱简。其实这应该是一种简省,就是省了某些内容,而所省略的内容又是大家所能够共同感知的。

那么,这里所省略的内容是什么呢? 我们说,这里所省略的内容应该就是爻辞所在的卦的主题,或者直接地讲就是这一卦的卦名。

按照这一思路,恒卦九二爻完整的爻辞内容就是"恒,悔亡"。这样爻辞的内容也就比较好理解了。明白了不易之恒和不已之恒,明白了恒变之恒和恒变之变,很多事情就不会也不必后悔了。很多时候,事情过去了,我们回过头来看一看,总觉得如果当初怎么样怎么样就好了,甚至有时会后悔不迭,这实在是没有必要。事情过去了就过去了,去有去的道理,来有来的理由,还是要向前看,遵循着恒与变的辩证关系去好好地把握未来。

九三: 不恒其德,或承之羞,贞吝。

恒常与恒变是事物发展变化过程的本质与必然。人生一世,草木一秋,光电一瞬间,土石亿万年,事物虽千姿百态、千变万化,但在任何一个瞬间都是恒定的,而在任何一个时段又都是变化的,只是这变化的快与慢不同。有些东西瞬息万变,有些事物一变万年。人对事物的态度也是一样的。有些事情可以变通、可以没原则,而有些事情就必须坚持,比如人们的思想品德、道德规范。这些东西不是不可以变,而是它们的变要和社会的演进变化相适应。人们要共同地去遵守那些社会所能够共同认可和遵循的道德观念和价值观念。这些观念用一个字表达,就是“德”。人们必须持之以恒地坚守品行与道德的规范。如果“不恒其德”,即不能够坚守“德”,“或承之羞”,即可能自招羞辱。所以,一定要“贞吝”,要小心翼翼地坚守自己的品德,避免发生过失。

九四: 田无禽。

突兀地出来“田无禽”这三个字,确实让人感觉不知所云。《易经》中这种情况比比皆是,要想理解得透彻,就需要长时间耐心地品味与把玩,或许不经意间就会找到思考的线索甚或问题的答案。

要解读明白“田无禽”这三个字,就必须能够理解庄子的“齐万物”的思想。庄子的思想有“三齐”,即“齐是非”、“齐生死”和“齐万物”。《庄子》中有一篇文章的题目就是《齐物论》。从中国传统哲学出发,正如气一元论告诉我们的,万物都归于一气,气聚而成形、散而成气,气通过升降出入而化生万物,万物只是气的不同的聚散形态而已。所以,说到底,世间万物其实就是气的不同形态而已,而没有任何本质的区别。

再回过头来看一看"田无禽"。"田无禽"的"田"可以解为田猎,可是古文中很少用"田"来指猎,更多的是用"狩""猎"。《易经》屯卦还曾经以"即鹿无虞"的"鹿"来代指狩猎,可见这里的"田"不应该是田猎的"田",而更像乾卦九二爻里"见龙在田,利见大人"的"田",也就是田野的"田"。这样"田无禽"的意思自然就明白了:辽阔的田野上没有飞禽。不仅没有飞禽,而且没有走兽;不仅没有飞禽走兽,而且没有花草树木、山川河流。是真正没有这些东西吗? 不是,其实什么都有,山还是那些山,河还是那些河,鸟还是那些鸟,兽还是那些兽,但是在圣人、哲人眼里却已经万物归一了,山、河、鸟、兽已经没有了什么区别,都是一回事。这有点佛家传灯故事里"我脚何似驴脚"的味道。这就是恒常之常。一气分阴阳、阴阳化五行、五行衍万物形成的气所聚合的各种各样的形态,其实就是恒常之变。"田无禽"给我们的启示就是要我们能够从千变万化的田野的恒变中去体会其中的恒常。

六五: 恒其德,贞。妇人吉,夫子凶。

九三爻讲了"不恒其德"的结果,那就是"或承之羞"。不提倡"不恒其德",那不就是说应该"恒其德"吗? 所以,本爻讲"恒其德,贞",坚守品德就对了。但是,爻辞又来了个后半段,"妇人吉,夫子凶",因此这一爻的重点应该在这后半段。看来"恒其德"里也有不小的学问和讲究。

坚守品德是正确的,尤其对于女人来讲。"恒其德"就会"妇人吉"。"妇人"就是女人。女人一定要坚守品德,不可改变,尤其要坚守"妇道"。《象》里甚至直接提出了"从一而终"的明确要求。但是,男人这样做就"凶"。"夫子"是指男人、男性。

为什么爻辞说女人"恒其德"就吉、男人"恒其德"就凶呢? 这还是要联系本卦的主题以及恒与变的辩证关系来思考。

恒为静,变为动。恒为阴,变为阳。所以,恒德当为阴柔之女德。女人当以柔顺为本,从一而终,至死不渝。其中这个"一",对于女人来讲就是她的丈夫,对于"阴"来讲则是那个与之对应的"阳"。这个"一"以及它所代表的阳、夫子或者男人,则不能像女人一样以"妇道""女德"处世,而应该刚强果断、独立进取,当进则进、当退则退,当恒则恒、当变则变。否则,一味地守静、当变不变,就是典型的妇人之仁,就不会有好的结果。

当然,爻辞以"妇人""夫子"即男女、夫妇为喻,其实并不仅仅局限于此,而依然应该理解为一种泛指,只是这样喻比更为形象、让人更为容易理解而已。

上六: 振恒,凶。

"振",振动。振动的频率一般都比较快,"振恒"就是不停地变变变。不停地变,在恒变与恒常中过于倾向于变,这样肯定不好。

◎ 第四十六章

遁卦第三十三——晦迹潜光遁于世

【原文】

☰ 天山遁　乾上艮下

遁：亨，小利贞。

《彖》曰："遁：亨"，遁而亨也。刚当位而应，与时行也。"小利贞"，浸而长也。"遁"之时义大矣哉。

《象》曰：天下有山，"遁"。君子以远小人，不恶而严。

初六：遁尾，厉，勿用有攸往。

《象》曰："遁尾"之"厉"，不往何灾也。

六二：执之用黄牛之革，莫之胜说。

《象》曰："执用黄牛"，固志也。

九三：系遁，有疾厉，畜臣妾，吉。

《象》曰："系遁"之"厉"，有疾惫也。"畜臣妾，吉"，不可大事也。

九四：好遁，君子吉，小人否。

《象》曰：君子"好遁"，"小人否"也。

九五：嘉遁，贞吉。

《象》曰："嘉遁，贞吉"，以正志也。

上九：肥遁，无不利。

《象》曰："肥遁，无不利"，无所疑也。

【卦象意解】

"☰☶"是《易经》六十四卦第三十三卦遁卦的卦象、卦画和符号，而"遁"是这一卦的名称。遁卦上卦即外卦为乾天卦☰，下卦即内卦为艮山卦☶，所以遁卦也称"天山遁卦"。

乾卦代表乾乾阳刚的君子，而艮卦之性为止，所以这个天山遁卦是一个君子退隐山林之象。

【卦辞意解】

遁：亨，小利贞。

凡事当行则行，当止则止。同样的道理，凡事应该当显则显，当隐则隐，当遁则遁。当遁的时候则遁，就会"亨"，即亨通顺利。当环境和形势不利于一个人施展才华的时候，暂时的退避未必不是明智之举，这样做肯定不能成什么大业，但可以保证自己没有什么过失，不会受到伤害，不犯大的错误。如此虽然"小"，有些消极，但"利贞"，即还是有利于自己坚守正道。

当然，这"遁"可以是隐居山林，也可以是在人海中晦迹韬光。遁卦所讲的不是前者，因为如果成功地退隐了，那是一幅逍遥自在的幸福美景。遁卦所讲的，是在当隐居山林而不得的时候应该如何面对、如何处置，讲的是以退避、隐藏为特征的政治策略思想。

【爻辞意解】

初六：遁尾，厉，勿用有攸往。

什么时候退隐也是有学问的，这个学问就在于把握总体的趋势。当看到江河日下、大势已去、大局已定而无可挽回的时候，就应该早做打算。凡事都会有征兆，关键在于你能不能见微知著、知往察来。谁能够做到及早地看透形势，谁就能够获得先机，见机而动，当遁则遁。遁卦是下面两个阴爻、上面四个阳爻，阴爻已经成功剥掉了两个阳爻，消极的力量在逐步成长，再剥下去就会成为天地否绝的否卦的状态，所以一定要在此前成功退隐才好。

既然要退避，自然是越早越好，最好是在发现不利的形势必将出现而尚未出现之前就退，有时退得慢一点就可能来不及了。比如：一个太子即位了，或者一个大臣篡位了，刚刚上台似乎还看不出什么，但是智者似乎已然隐隐地嗅到了一股怪怪的味道。当那狐狸的尾巴还没有露出时，有的人就已经开始谋划自己的退隐了。先是几个大臣告病回家，后来又一个宰相告老还乡，这时这个新帝王就慢慢察觉到了人们对他的刻意回避，当再有人以不管哪种理由向他提出退避的请求时，结果就很难讲了。他或许再一次地隐忍一下，或许就此发作了，来个杀一儆百也不是不可能。后面的还有谁敢再退避呢？

"遁尾"讲的就是这样一种情况。退避晚了，落在后面了，就"厉"即危险了。在这种情况下应该怎么办呢？应该"勿用有攸往"，就是不要再向前走了，或者说不如停下来不走了。

不能隐居山林了，就要学着隐于市、隐于朝。隐于朝一般有两种策略：一种是"晦迹"，远离政治舞台，凡事少掺和，混迹人海；一种是"潜光"，凡事不主导，显得无才无能，且来个碌碌无为。

六二：执之用黄牛之革，莫之胜说。

"晦迹"也好，"韬光"也罢，都是在用消极的方式处事，目的是为了保存实力、等待时机以扭转形势,而不是一味地消沉下去。这一点一定要牢牢地永记心底。"执之用黄牛之革,莫之胜说",就是用黄牛般的毅力、黄牛皮般的坚韧坚持下来,坚决不能失去。用现代的话讲就是要牢记宗旨、坚守使命。《象》曰"'执用黄牛',固志也",就是这个意思。这既是退隐者的目的所在,又是退隐者的价值所在,否则退隐就失去了意义。

九三:系遁,有疾厉,畜臣妾,吉。

因为某种原因的干系,你难以逃遁退避,感觉就会像有疾病缠身一样很难受,也很危险、可怕,即"系遁,有疾厉"。这时候怎么办呢？这时候一定要努力地调整自己,改"畜臣妾",以化"厉"为"吉"。

"臣"者,"妾"者,小人也。在那当隐而没来得及隐的世道,还是首先要保护好自己。要保护好自己,就有必要处理好与当世小人的关系。"畜臣妾",即包容小人,以期生存下来,等待改天换地。

九四:好遁,君子吉,小人否。

"好",读"hào"。"好遁"就是心安理得地退隐,不要恋恋不舍,不要恋栈、恋槽、恋利、恋权,当遁就高高兴兴地遁。做到这一点其实很不容易。"君子吉,小人否",即有修养的君子才能很好地做到;小人们则做不到,遁着遁着就改变主见了。

九五:嘉遁,贞吉。

"嘉"者,美也。"嘉遁"就是隐得很好、很完美。完美到什么程度呢？完美到任何人都看不出来你的鸿鹄之志,都把你当作和他们一样的燕雀。这有些像需卦九五"需于酒食"的味道。这样做,只要"贞",只要心中还有你那鸿鹄之志,只要身上还有那浩然正气,就会"吉"祥如意。

上九:肥遁,无不利。

"肥",通"蜚""飞",自由飞翔的意思。"肥遁"就是潇洒自在地退避、隐遁,无拘无束,不受时累,不受心牵,这样就会"无不利",即无所不利,就能轻松安全地等来展翅飞翔的良机。

◎ 第四十七章

大壮卦第三十四——别做被挂角的大笨羊

【原文】

雷天大壮　震上乾下

大壮：利贞。

《彖》曰："大壮"，大者壮也。刚以动，故壮。"大壮：利贞"，大者正也。正大而天地之情可见矣。

《象》曰：雷在天上，"大壮"。君子以非礼弗履。

初九：壮于趾，征凶，有孚。

《象》曰："壮于趾"，其"孚"穷也。

九二：贞吉。

《象》曰："贞吉"，以中也。

九三：小人用壮，君子用罔。贞厉，羝羊触藩，羸其角。

《象》曰："小人用壮，君子用罔"也。

九四：贞吉，悔亡。藩决不羸，壮于大舆之輹。

《象》曰："藩决不羸"，尚往也。

六五：丧羊于易，无悔。

《象》曰："丧羊于易"，位不当也。

上六：羝羊触藩，不能退，不能遂。无攸利，艰则吉。

《象》曰："不能退，不能遂"，不祥也。"艰则吉"，咎不长也。

【卦象意解】

"䷡"是《易经》六十四卦第三十四卦大壮卦的卦象、卦画和符号，而"大壮"是这一卦的名称。大壮卦上卦即外卦为震雷卦☳，下卦即内卦为乾天卦☰，所以大壮卦也称"雷天大壮卦"。

雷天大壮，雷在天上，雷声响彻环宇，一派巍巍壮观之象。

【卦辞意解】

大壮：利贞。

"大壮"就是大而又壮，力量强盛，势力强大。大而又壮好不好呢？总体给人的感觉是好，大壮给人以积极的印象。但是，好不好还要看是什么、怎么用。如果敌人"大壮"，敌对势力强大，那也未必是好事情。

在用人上，历来讲究德才兼备，就是因为人们在实践中认识到：无德无才的人干不成事，既干不成好事，又干不成坏事；有德无才的人想干事，想干好事，但也干不成事；无德有才的人能干事，能干成事，可是干的却都是缺德的事；只有有才有德的人才能够干成事，干成好事。用这个思路来理解"大壮"，我们就应该明白：强大的势力、强盛的力量肯定可以干成事，不过可能干好事，也可能干坏事。只有干好事儿、走正道，那么这个"大壮"才是有意义的，才是积极的，也才是《易经》所提倡的。所以，卦辞就要求"大壮"者必须"利贞"，必须坚守正道才好。

【爻辞意解】

初九：壮于趾，征凶，有孚。

脚趾强壮，这里可以有两种理解：一是力量还不够强大；一是只有强大的力量而缺少必要的智慧，也就是人们常形容的"四肢发达，头脑简单"。这两种情况都称不上强大，所以"征凶"，即出征或者办事不敢保证有好的结果。但是，强大毕竟是好现象，一定要"有孚"，即要有信心，这是办成事的基础。

九二：贞吉。

无论力量强大到什么程度，只有坚持走正道，才会是吉祥的。

九三：小人用壮，君子用罔。贞厉，羝羊触藩，羸其角。

"小人"和"君子"在《易经》里是一对对偶概念，可以代表坏人和好人、也可以代表修养差一些的人和修养好一些的人，小人有时并不一定是指真正的坏人。

修养不太够的人常常会盛气凌人，甚至恃强凌弱，这就是"小人用壮"。"君子用罔"是说有修养的人不会这样，"罔"就是无，"用罔"就是不用。为此爻辞特别提醒：一定要"贞厉"，即用壮的时候一定要守正，不要胡来，只有这样才能防范危险的发生，否则就必然招来不必要的麻烦。

什么样的麻烦呢？爻辞描绘的像是"羝羊触藩，羸其角"，就像是一头大公羊，在羊圈里不老实，横冲直撞地向外跑，结果一头撞在了篱笆墙上，把头上的角给夹住、挂住、缠住了。这就是小人用壮的结果。"羝"读"dī"，公羊。

20世纪60—70年代，美国陷入越南战争的泥潭，俨然像一头被挂住了角的大肥羊。

九四：贞吉，悔亡。藩决不羸，壮于大舆之輹。

如果把强大力量用在正当处呢？那就"贞吉"了，那就好了，而且肯定

"悔亡"，就是不会后悔，也就是说不会干出什么让人后悔的事。这就像"藩决不羸"，还是那头大公羊，这回是撞开了篱笆，但没把头上的角给夹住、挂住、缠住。这又像"壮于大舆之輹"，就像比大车上连接车厢和车轮的很结实的伏兔还要粗壮一样，意思是只要力量用在正当处，强壮就是好事情。

六五：丧羊于易，无悔。

"易"，古文通"场"。坚守"贞"了，即做了好事，结果自己的羊跑了。爻辞告诉我们这不要紧，"无悔"，即不要后悔。须知羊是人类最早驯化的家畜之一，也是份不小的资产和财富，结果给跑了。丢了财产了还不让人后悔，为什么呢？有句古话说得好，就是"财聚而人散，财散而人聚"。为了公共的利益，为了大众的事业，为了那个"贞"，丢失点财富又算什么呢？在金钱与道义的天平上，古人早就已经有了孰重孰轻的标准。

上六：羝羊触藩，不能退，不能遂。无攸利，艰则吉。

再回过头来看一看那头撞在了篱笆墙上把头上的羊角给夹住、挂住、缠住了的肥壮的大羊。羊角给卡在了篱笆上，"不能退，不能遂"，即退也退不得，进也进不得，"无攸利"，当然什么也干不成。这时候就要坚守一个"艰"字，"艰则吉"。什么也做不成了，要好好地反思一下，反思自己的对与错，经过艰难的反省，认识到自己的错误，进而再进行一番艰难的调整，从思想深处找到"贞"的方向与道理，就会有一个好的前程。

第四十八章

晋卦第三十五——蒸蒸日上晋与进

【原文】

火地晋　离上坤下

晋：康侯用锡马蕃庶，昼日三接。

《彖》曰："晋"，进也，明出地上。顺而丽乎大明，柔进而上行。是以"康侯用锡马蕃庶，昼日三接"也。

《象》曰：明出地上，"晋"。君子以自昭明德。

初六：晋如摧如，贞吉。罔孚，裕，无咎。

《象》曰："晋如摧如"，独行正也。"裕，无咎"，未受命也。

六二：晋如愁如，贞吉。受兹介福，于其王母。

《象》曰："受兹介福"，以中正也。

六三：众允，悔亡。

《象》曰："众允"之，志上行也。

九四：晋如鼫鼠，贞厉。

《象》曰："鼫鼠，贞厉"，位不当也。

六五：悔亡，失得勿恤。往吉，无不利。

《象》曰："失得勿恤"，往有庆也。

上九：晋其角，维用伐邑。厉吉，无咎，贞吝。

《象》曰："维用伐邑"，道未光也。

【卦象意解】

"䷢"是《易经》六十四卦第三十五卦晋卦的卦象、卦画和符号，而"晋"是这一卦的名称。晋卦上卦即外卦为离火卦☲，下卦即内卦为坤地卦☷，所以晋卦也称为"火地晋卦"。

离为火为明为日，上离下坤，如太阳升起在地平线上，所以晋卦是一个日出东方、蒸蒸日上之象。

【卦辞意解】

晋：康侯用锡马蕃庶，昼日三接。

"晋"是上进、晋升的意思，所以晋卦的主题就是一个讲上进、晋升的卦。

"康侯"是指能够治国安民的诸侯。古时有封法、谥法，都很讲究：活着被王封，如阿斗被封安乐公；死了后人谥，如赵恒被谥宋真宗。"锡"，通"赐"，赏赐之意。"蕃"者，"庶"者，都是众多的意思。"三"，泛指多。

晋卦所表达的意思，就是无论你晋升到什么职级，都应该像能够治国安民的能干的诸侯一样，多为社会办实事，这样必会得到帝王的众多封赏奖赐，甚至一天之内多次连续得到帝王的赏赐。

这一卦卦辞的点睛之笔就在于一个"康"字。能称"康侯"，必然是能力出众、政绩突出并被上至帝王下至百姓普遍认可的诸侯。只要你做到了这一点，赞誉就会接踵而来，晋升之道就会大为亨通，好运挡都挡不住；反过来,如果做不到这一点,很多事情想也想不来。

【爻辞意解】

初六: 晋如摧如,贞吉。罔孚,裕,无咎。

"晋",进也。"摧",折退。"罔",无、没有。"裕",坦然、宽容。

爻辞的意思是: 进也可、不进也可的时候,"贞吉"即坚守正道定会吉祥。在没有得到大家的理解和信任也即"罔孚"的情况下,"裕,无咎",即坦然面对才能不犯过错。言外之意是: 在进也可、不进也可的情况下,在还有人不理解、不相信自己等条件不成熟的情况下,不进也罢。这时候一定要泰然处之,不可强为。

很多时候,人们认为自己是正确的,认为自己水平比别人高、修养比别人好,其实这种认识并不正确。水平高不高,要让别人去评判。道德修养怎么样,不能以个人的标准为标准,而需要以社会的、大众的标准来衡量。所以,当自己的感觉和社会不一致时,通常情况下大众的标准才是标准。有些人总觉得自己该提拔了,于是想方设法地去投机,托关系找门子,又请客又送礼,这样即使上去了又有什么意思呢? 倒不如一如既往地扎实工作。该你的就是你的,不是你的争又何益?

六二: 晋如愁如,贞吉。受兹介福,于其王母。

晋卦虽然和其他卦一样所指可以宽泛得很,但用在比喻人才的进步、职务的晋升上好像更加合适,或者用此来解析此卦更加形象。

很多时候,晋升了好像也并不是特别高兴,会感觉到压力重重,因而也就忧心忡忡,这就是"晋如愁如"。处在这种情况下,说明自己内心还挺有数,走的是正道,所以吉祥。"受兹介福,于其王母"是说你有如此大的福分机缘,是得益于你上级的上级对于你的赏识。"兹",此。"介",大。"王母",可以理解为上级的上级,按理讲你应该直接受"王"即你的直接上级的领导,提拔不提拔你,你的直接上级的态度很重要,但很多时候你上级的上级可能更关键。比如:一个副科提正科,肯定不是你的那个正科领导说了算,而应该是你所在科室的上级机关。现代如此,相信古代也是一样。在这种情况下,你不必"愁如",即不必担心、忧虑什么,只要一如既往地"贞"就是了。

六三:众允,悔亡。

在任何一个岗位上,从事任何一项工作,只要能够得到大家的一致肯定,得到"众允",上级评价不错,同僚很是认可,群众也都敬佩,就说明你做得不错,肯定为人处事比较全面,工作也很有成效。这样的话,"悔亡",即你就不会后悔、不必后悔或者说没有什么后悔的了。即使当下得不到晋升,将来也会得到重用。其实,如果能得到上下左右如此多的认可,晋升不晋升又有什么呢?

九四:晋如鼫鼠,贞厉。

"鼫",读"shí"。"鼫鼠",大飞鼠,也叫"五技鼠"。鼫鼠能飞不能上屋,能爬不能上树,能游不能过涧,能挖洞不能掩身,能走不能跑,技艺虽多,但没有一门精通,是一无所长者的代表。如果像鼫鼠一样,自己一无所长,靠偶尔的机缘得以晋升,那一定记住要走正道,"贞厉",即靠走正道来防范风险,否则真不知道结果会怎样。

六五:悔亡,失得勿恤。往吉,无不利。

在前进、上进的道路上,要有一颗平常心,坚持认认真真地做好分内的事情。"失得勿恤",就是不要担忧、计较什么得失,不要患得患失。如此就能够持续进步,就会"悔亡",就是不会有什么后悔的。"往吉",这样一如既往地坚持下去,则"无不利",也就无所不利、再好不过了。

进步并不意味着晋升,修养的提升、能力的提高无不是进步的表现,能够从容面对得失,就能一生无悔。

上九：晋其角，维用伐邑。厉吉，无咎，贞吝。

"晋其角"，晋升到了最高处，也就无处可晋、进无可进了。如果还想建功立业，就"维用伐邑"，即只好不停地征伐了。"厉"，就是这样做非常可怕，但对于巩固自己的地位会有好处，所以讲"吉"。从巩固地位的角度讲，这样做"无咎"，即没错，但一定要"贞吝"，即要守正防过。

这是一个典型的指导政治策略的爻。身居高位的人，当靠文德不能够彰显自己的时候，往往就会走武德的道路，靠制造矛盾、有时甚至是靠制造战端来巩固自己的地位和权力。这种做法到现在还有不少人频频使用。单位里有的人有时就是靠故意制造矛盾、打击异己来树立自己的威权，巩固自己的权势。

第四十九章

明夷卦第三十六——暗无天日的时代

【原文】

地火明夷　坤上离下

明夷：利艰贞。

《彖》曰：明入地中，"明夷"。内文明而外柔顺，以蒙大难，文王以之。"利艰贞"，晦其明也。内难而能正其志，箕子以之。

《象》曰：明入地中，"明夷"。君子以莅众，用晦而明。

初九：明夷于飞，垂其翼。君子于行，三日不食。有攸往，主人有言。

《象》曰："君子于行"，义不食也。

六二：明夷，夷于左股，用拯马壮，吉。

《象》曰：六二之"吉"，顺以则也。

九三：明夷于南狩，得其大首。不可疾，贞。

《象》曰："南狩"之志，乃大得也。

六四：入于左腹，获明夷之心，于出门庭。

《象》曰："入于左腹"，获心意也。

六五：箕子之明夷，利贞。

《象》曰："箕子"之"贞"，"明"不可息也。

上六：**不明晦，初登于天，后入于地。**

《象》曰："初登于天"，照四国也。"后入于地"，失则也。

☯

【卦象意解】

"☷" 是《易经》六十四卦第三十六卦明夷卦的卦象、卦画和符号，而 "明夷" 是这一卦的名称。明夷卦上卦即外卦为坤地卦☷，下卦即内卦为离火卦☲，所以明夷卦也称为 "地火明夷卦"。

和上一卦晋卦 "明出地上" 的卦象正好相反，明夷卦的卦象则是 "明入地中"，象征光明与正直的离火卦为坤土卦所掩埋、毁灭。这是一个君王昏昧、政治黑暗、社会混乱之象。

【卦辞意解】

明夷：利艰贞。

"夷"，伤、灭，即夷为平地的 "夷"。"明夷" 就是光明与正气被夷平、毁灭，整个世界一片黑暗、暗无天日。

对于这种形势，卦辞给人的忠告就是三个字："利艰贞。" 在这种黑暗的时代、艰难的世道里，要在艰难中艰辛地坚守正道。

【爻辞意解】

初九：明夷于飞，垂其翼。君子于行，三日不食。有攸往，主人有言。

"明夷于飞，垂其翼" 是说鸟儿在黑暗中飞翔，就容易受伤。鸟在黑暗中飞翔当然最容易受伤的是翅膀。翅膀受了伤，鸟就飞不动了。这是给人一种暗示：鸟儿在黑暗中飞翔容易受伤，那么 "君子" 在黑暗的社会里欲有所作为会是什么样子、什么结局呢？自然也会受到深深的伤害。

明夷卦历来被认为是描写商纣王时期的卦，反映的是商周交替前夜黑暗的社会政治生活，后面六五爻甚至直接讲到了"箕子之明夷"。与箕子同朝的还有忠臣比干，因为多次劝说商纣王，结果被商纣王挖心而死。这就是鸟儿在黑暗中飞翔的结局。

为了使君子们免于此难，爻辞建议君子们要及早地远走高飞。"君子于行，三日不食。有攸往，主人有言"讲的是君子们要早早地离开，快快地走，为了不耽误时间，在路上连饭也不要吃，走得越快越好，要一直向前，连头也别回，即使是沿途客店的主人招揽、责怪也不要在意，走得越快、越远越好，要尽早地走出那黑暗的世界，到那光明安全之地。

六二：明夷，夷于左股，用拯马壮，吉。

古人尚右，重右轻左，所以常用"无出其右者"形容某人水平之高。"明夷，夷于左股"是说：在黑暗的社会里受了轻伤，左腿受伤了是暗喻受伤较轻。受了伤是坏事，也是好事，要想办法变坏事为好事，"用拯马壮"则"吉"。"用拯马壮"的意思是要用合适的办法掩护、保护自己，首先要将自己隐藏起来，不要引起当局者的注意，然后暗暗地恢复自己的力量，再择机远行，这样最好，"吉"。

九三：明夷于南狩，得其大首。不可疾，贞。

古人讲究"天子南面，向明而治"，因为南面是光亮的象征。"明夷"的时代是个黑暗的时代，需要正义的、光明的力量来改变。"明夷于南狩"，就是黑暗社会的人民盼望着"南"方的光明和正义之师快快进来，打破这黑暗的世界，"得其大首"，即擒获黑暗势力的代表、首恶，来解放被压迫的人民。周武王观津之后，商王朝统治下的人民大概就是这种心情。

但是，这"不可疾"，即不可期望过快，不能急躁，要慢慢来，还要"贞"，即要守正以待时机。历史上任何一个王朝的更替几乎都是在重复地演绎着这样的故事。

六四：入于左腹，获明夷之心，于出门庭。

本卦各爻讲的就是明夷时期各色人等在各种时期的处事之道。初九爻是劝正人君子们早早地远走高飞以避祸端。六二爻是讲如果你因没有逃得掉而受到伤害，就应该早做打算保护好自己。九三爻则是给人们以希望，让人们坚守正道以待光明。

本爻所讲的是：那些还生活在黑暗王朝的人，如果不是首恶的帮凶，就应该为推翻明夷的时代做些力所能及的事情。"左"者，轻也，不是黑恶势力的骨干。"入于左腹"，不是关键人物，也不在关键位置，但能够"获明夷之心"，对罪恶当局的情况很了解，甚至可能得到了一定的信任、能够行动自由，那就应该"于出门庭"，找机会果断地离开这里，带着有价值的情报弃暗投明。这样一方面可以动摇黑恶势力的军心，一方面可以壮大光明力量的声威。这就如商纣王朝的太师疵、少师疆等，在了解到纣王暴虐、覆亡在即之后，纷纷携祭器投奔周邦。

六五：箕子之明夷，利贞。

关于黑暗时代的立身处世之道，箕子的做法是最值得借鉴的。他的原则就是"利贞"，即坚守正道。就是讲，在明夷的环境中，如果自己没办法或能力改变局面，自己至少不能为非作歹，更不可以助纣为虐，而应该固守自己的贞正之道。

箕子是文丁的儿子、帝乙的弟弟、商纣王的叔父。他是中国历史上著名的哲学家、政治家，是殷商思想文化的代表。他是殷末著名的巫学家和占卜宗师，专职占卜阴阳、观测天象、授时制历，并以此指导国家的农事、渔牧以及出征讨伐等活动。他在商纣王朝内曾官至太师，辅佐朝政。纣王即位不久，箕子见他开始使用象牙筷子，就叹息道："用了象牙筷，就要用玉杯来配，然后就会追求其他珍奇物品，这就是奢华享乐的开端呀！国君一讲究享乐,国家怎么能搞得好呢!"

后来纣王越来越荒淫残暴,比干、箕子、微子、辛甲等大臣纷纷向纣王进谏,纣王执意不听。比干后因多次强谏而被挖心致死,箕子就说:"知不用而言,愚也;杀身以彰君之恶,不忠也。二者不可,然且为之,不祥莫大焉。"无奈之下,箕子披头散发,装疯卖傻,才躲过杀身之祸,但后来商纣王还是下令将他囚禁了起来。

周武王伐纣成功后,派人把箕子从牢中放了出来,并亲自向他请教治国之道,箕子遂授予武王《洪范九畴》,这一著名历史文献现在还保存在《尚书》之中。后来箕子率族人迁至辽东半岛以东,武王于是封箕子于朝鲜,受封之地就是现在的平壤。箕子所创朝鲜存续了约一千年,直到汉代为卫满所灭。

上六:不明晦,初登于天,后入于地。

"不明晦",不仅不光明正直,反而还很黑暗。黑暗也就黑暗了,还可能觉得自己很明白、光明和正直。这会怎么样呢?会"初登于天,后入于地",即开始会高高地登到天上,比如登上皇位做了皇帝,最终则会坠落到地上,亡位失国。

应当说这就是商纣王一生的写照。

◎ 第五十章

家人卦第三十七——治家之道

【原文】

☴ 七风火家人　巽上离下

家人：利女贞。

《彖》曰："家人"，女正位乎内，男正位乎外。男女正，天地之大义也。家人有严君焉，父母之谓也。父父，子子，兄兄，弟弟，夫夫，妇妇，而家道正。正家而天下定矣。

《象》曰：风自火出，"家人"。君子以言有物而行有恒。

初九：闲有家，悔亡。

《象》曰："闲有家"，志未变也。

六二：无攸遂，在中馈，贞吉。

《象》曰：六二之"吉"，顺以巽也。

九三：家人嗃嗃，悔厉，吉。妇子嘻嘻，终吝。

《象》曰："家人嗃嗃"，未失也。"妇子嘻嘻"，失家节也。

六四：富家，大吉。

《象》曰："富家，大吉"，顺在位也。

九五：王假有家，勿恤，吉。

《象》曰："王假有家"，交相爱也。

上九：有孚威如，终吉。

《象》曰："威如"之"吉"，反身之谓也。

————————————⚊⚋————————————

【卦象意解】

"☲☴"是《易经》六十四卦第三十七卦家人卦的卦象、卦画和符号，而"家人"是这一卦的名称。家人卦上卦即外卦为巽风卦☴，下卦即内卦为离火卦☲，所以家人卦也称"风火家人卦"。

风火家人卦风在火上，火灭而风息，风盛而火旺，是一个风气远播之象。

【卦辞意解】

家人：利女贞。

家人卦是个讲治家之道的卦，所以有些人认为"利女贞"的"女"就是家庭主妇的意思，认为"利女贞"就是在治家之道中家庭主妇坚守正道最为有利。其实不然。这里的"利女贞"里的"女"应该和坤卦里的"利牝马之贞"的牝马、离卦里的"畜牝牛，吉"的牝牛所表达的是同一个道理或者说是同一个象。在治家之道中，男主人依然是主角，这看一看后面爻辞里的"闲有家""家人嗃嗃""妇子嘻嘻""富家""威如"等词语就明白了。

无论是"女""牝马"还是"牝牛"，给予大家的象都是阴类。阴性主静、为顺。"利女贞"所要告诉我们的是：治家之道在于如女人守贞一样持之以恒地遵循一个贞正的、基本的秩序。治家之道不需要轰轰烈烈，而在于和和顺顺，就如《象传》上所讲，要男主乎外、女主乎内，要"父父，子子，兄兄，弟弟，夫夫，妇妇"，也就是父像父的样子、子像子的样子、兄像兄的样子、弟像弟的样子、夫像夫的样子、妇像妇的样子。父子、兄弟、夫妇各自都要像各自的样子,都要明白自己的地位和责任,各自行为都应该合乎各自角色的规范,坚守正道而不乱来。

【爻辞意解】

初九:闲有家,悔亡。

"闲",字形为"门"中有"木",意为木栅栏之类的遮拦物,这里引申为预防、严防。"闲有家",治家要严,严守家规,严管家人,严防家人因不守规矩而变坏或者出门招惹是非,这样做就"悔亡",即不会发生让人后悔不及的事情。

六二:无攸遂,在中馈,贞吉。

六二为内卦之中爻,代指家庭中的女主角,也就是家庭主妇。本爻认为:对于家庭主妇而言,其角色是男主人的配角,应该做到"夫唱妇随",所以凡事都应该由男主人做主,自己要做什么事情都应该征得男人的同意,自己有什么想法也应该征求男人的意见,最忌讳的就是女人擅自当家做主。爻辞"无攸遂"讲的就是做事不能够擅自做主。"遂"在此指独断。

家庭主妇既不能擅自做主,又要老实本分地做好分内的事情、尽好自己的职责。这个职责就是"中馈",就是在家中操持家务、照顾好全家人的衣食起居。做好这些事情的一个基本要求就是"贞",老老实实,中规中矩,这是保持家庭"吉"祥和幸福的基础。

九三:家人嗃嗃,悔厉,吉。妇子嘻嘻,终吝。

过去的家庭都是大家庭,为了保持家族的繁荣、家业的兴旺,往往祖孙几代同堂而不分家。那时又没有计划生育,一代人往往兄弟好几个,好几个兄弟又都会有好几个儿子,好几个儿子又会有好几个儿女,再加上老婆婆和少婆婆、老媳妇和新媳妇,甚至还有大房、二房、三房、四房,热闹是热闹,但也复杂得很。要治理好这么一个大家庭,其实不次于管一个企业之难。看看《红楼梦》里的贾府也就不难明白这一点了。

作为一家之主,要管好这个家可真不那么容易,冲突时时有,矛盾处处在,这就需要有一套严明的家法,正所谓"国有国法,家有家法"是也。但是,很多事情又真的难以处理。勺子碰锅沿的事时有发生,虽然事情未必大,但处理不好就有可能出大事,而处理起来又都是亲情一家人,下手重了也未必不生怨嗔。管得严了,花销掌握得紧了,就难免一大家人嗷嗷地叫,"家人嗃嗃"呀。"嗃"读"xiào",意思是大声嗥叫。嗷嗷得厉害了,当家做主的大掌柜有时难免会有一些压力,甚至心生悔意。"悔厉",即反思自己是不是管得太严了。但是,爻辞告诉我们:这样做"吉",即这样做是对的。有意见就有意见吧,埋怨就埋怨吧,还是应该坚持下去,因为这样对家庭有利无害。

反过来讲,如果治家失之以宽,总觉得都是一家人,很多过失、过错虽然于法不许,但又于情可谅,想想也没有什么大不了的事情,很多事抬抬手就过去了。这样一再地宽容,于是家法也就形同虚设了。当然,一家人都很高兴,"妇子嘻嘻",女人、孩子天天嘻嘻哈哈,都很高兴。但是,高兴归高兴,却有可能在高兴的同时也就少了不少家教与规矩,所以最终的结果未必好。"终吝",即最终必有遗憾和麻烦。《金瓶梅》里西门庆一家不就是这一爻象的写照吗?

六四: 富家,大吉。

"富"是个动词,"富家"就是使家富。通过辛勤劳动使家庭的财富得以持续增加,就会"大吉",即最大的吉祥。看来治家之道不仅要使家庭和谐,还应该努力地使家庭富裕。上层建筑固然重要,经济基础也十分关键。

九五: 王假有家,勿恤,吉。

九五之"王",在国为君主,在家为家长,所以这里就是指男性家长。

"假",通"格","格物致知"的"格",是感而通之的意思。"王假有家",是说家长以自己的实际行动来感动家人,和大家一起严守规矩,一心一意维持家的繁荣与和谐,就一定能够把家治理好。"勿恤",就是没有什么好担忧的了,也就可以"吉"祥如意了。

上九: 有孚威如,终吉。

治家也要讲诚信。作为一家之长,要能够得到一家人的信任。大家的信任当然来源于自己的行为,要在长期的治家过程中赏罚严明、宽严有度,还要秉承公道,一碗水端平,做任何事情都能使大家信服,这就是"有孚"。同时还要"威如",就是有威严与威望,使家人敬畏而不敢挑战家长的权威。我们常讲"严父慈母",女家长要慈祥、慈爱,男家长作为一家之主则要威严、有威望,就是这个道理。

治家如此,引而申之,治企、治国,道理也是一样。

第五十一章

睽卦第三十八——求同存异谋相知

【原文】

火泽睽　离上兑下

睽：小事吉。

《彖》曰："睽"，火动而上，泽动而下，二女同居，其志不同行。说而丽乎明，柔进而上行，得中而应乎刚，是以"小事吉"。天地睽而其事同也，男女睽而其志通也，万物睽而其事类也。睽之时用大矣哉。

《象》曰：上火下泽，"睽"。君子以同而异。

初九：悔亡。丧马勿逐，自复；见恶人，无咎。

《象》曰："见恶人"，以辟"咎"也。

九二：遇主于巷，无咎。

《象》曰："遇主于巷"，未失道也。

六三：见舆曳，其牛掣，其人天且劓。无初有终。

《象》曰："见舆曳"，位不当也。"无初有终"，遇刚也。

九四：睽孤。遇元夫，交孚；厉，无咎。

《象》曰："交孚""无咎"，志行也。

六五：悔亡，厥宗噬肤，往何咎？

《象》曰："厥宗噬肤"，往有庆也。

上九：睽孤。见豕负涂，载鬼一车，先张之弧，后说之弧。匪寇婚媾，
往遇雨则吉。

《象》曰："遇雨"之"吉"，群疑亡也。

【卦象意解】

"䷥"是《易经》六十四卦第三十八卦睽卦的卦象、卦画和符号，而
"睽"是这一卦的名称。睽卦上卦即外卦为离火卦☲，下卦即内卦为兑泽
卦☱，所以睽卦也称"火泽睽卦"。

火在泽上，而泽为水，水、火本不相容。火泽睽卦给人的感觉就如一片
沼泽之上，有一堆的火，一派诡晦、怪异、睽违之象。

【卦辞意解】

睽：小事吉。

"睽"字的本意是怪异，《说文解字》上的解释是"目不相视也"，在这里
则引申为违背、不合之意，表示事物之间不相同。睽卦所提示的是事物之
间的差异性，但卦的主旨所讲的则是异中求同、化睽为合的原则与道理，也
就是面对各种各样的睽违局面的相处之道。

彼此相处，有隔阂，有矛盾，这很正常、很多时候难免，但一定要向前
看，相信通过各方的真诚努力一定能够化解矛盾，前提是大家都有共同的
目标。要达到这一目标，就一定要大处着眼、小处着手。"小事吉"也，从小
事做起，慢慢地积累共识、增进感情，这样最终就能走向团结的前方。

这非常像当前大陆和台湾两岸关系的现状。两岸已经睽违了多半个
世纪，历史的恩恩怨怨、现实的千差万别已经造成了两岸的多处不同。但

是,这不同中又有着根本的大同,那就是两岸同根、同源、同种,血脉与文化都是一脉相承。中华民族必将实现伟大的复兴,两岸也必将实现统一。要实现这一伟大目标,就必须尊重历史、尊重现实,把握好方向与节奏,从点滴做起,稳步增进了解、增加共识、增强合作,积跬步而至千里,最终实现中华民族的伟大统一。

【爻辞意解】

初九:悔亡。丧马勿逐,自复;见恶人,无咎。

在人与人相处的过程中,只要坚持了《易经》所一贯提倡的"贞"字,就可以"悔亡",就是不必后悔什么了。

对方或许对你有什么不同意见,甚至与你产生了隔阂,于是乎和你各奔东西了。对此不必担心,也不必后悔自己做错了什么。要这样想:这就像自家的马跑了一样,跑了就跑了,不要着急,也不必去追去赶地急着找回来。俗话说:"老马识途。"这里以马为象,想说的就是这个意思。马跑了不要紧,它会自己回来的,它认识回家的路,所以"丧马勿逐,自复"。

一如《易经》的惯用手法,这是个暗喻。它的意思是:与你意见相左的人终究会明白你的道理,认可你的说法,最终回到正确的道路上,回到你的身边,彼此之间由不同而趋同、由不和而和合。

爻辞接着讲了对于自己不喜欢的人的态度。"恶人"的"恶"这里读"wù",是"厌恶"的"恶",而不是"恶霸"的"恶"。"恶人"可以理解为自己不喜欢的、感觉有些让人讨厌或者厌恶的、不友好的人,或者与自己有隔阂的人。这种人见不见?爻辞告诉我们要"见"。见的结果是"无咎",即没什么坏处。这个"见"当然不能简单地理解为见个面,可以理解为面对,积极正确地面对和相处,而不是回避。通过相处,增进交流和了解,化解隔阂与误解,最终当然就是化睽违为和同。

九二：遇主于巷，无咎。

"遇主于巷"者，肯定是仆、从之类。本来仆从应该是和主人在一起的，现在看可能出了些问题。大概是彼此之间有了什么矛盾、有了什么不和、产生了什么分歧。于是，仆从就不再想跟着主人了，但出了门或许又有些犹豫，思来想去觉得主人还是不错的，那不和也没什么大不了的，或者主人就是对的，于是还没走远就回来了。那主人正想出门找仆从呢，结果在胡同里就遇到了仆从。这样做"无咎"，就是不会有什么过错。如果矛盾很深、分歧很大，这个仆从早就跑远了，他现在又回到你身边，你也要理解他，更不必过多地责怪他。

爻辞描述的就是这么个象，结合睽卦的主题，这个"主"也未必就是"主人"的"主"，也可以是主导者、主事者的"主"。因此，这一爻也可以理解为讲的就是主导者、主事者与配合者之间化睽为和的故事。

六三：见舆曳，其牛掣，其人天且劓。无初有终。

"曳"，读"yè"，拖住。"掣"，读"chè"，牵制。"天"，是古代一种在额头上刺字的刑罚。"劓"，读"yì"，是古代一种割去鼻子的刑罚。

车子被拖住了，拉车的牛也被牵制住了，那赶车的人还是个受了在额头上刺字的"天"刑和割去鼻子的"劓"刑的人。

这段文字想说什么呢？这是一个你眼里的象。

你看到一个和你不和或者说有分歧与隔阂的人，他很固执，或许还有些牛脾气，而且很难沟通，甚至身上毛病不少，你怎么看都不舒服。那怎么办？

怎么办？回到卦辞，"小事吉"，慢慢沟通。帮着一起拉车、一起赶牛，再和那人说说话，车、牛以及那个人就慢慢地动起来了。车不会永远停在一个地方，牛也不会永远在一个地方不走，你接触那个人多了也就不一定觉得他有多么丑、多么难看了。

这种睽违来自你内心对对方的排斥,所以就需要从自己做起,多沟通,多交流,努力地化睽为和。这样起初或许没有感觉,甚至认为和之无望,但结局是出乎意料的好,这就是"无初有终"。

九四: 睽孤。遇元夫,交孚; 厉,无咎。

如果说前三爻是说自己站在主流思想的一边,或者说传统意义上似乎是正确的一方的话,那么此后三爻似乎就不是那么回事了。爻辞所提醒的就是当自己不是主流思想或传统正确者的情况下,或者不为人们所认可的情况下的处事之道。

"睽孤",就是和别人产生了分歧与隔阂,自己很孤独,或者说自己感觉被孤立了,自己的思想或者做法不为大家所理解和接受,这种情况真的很"厉",很可怕。人是群居动物,似乎没有比被排斥更可怕的了。

一旦出现这种局面,一定要想方设法尽早解决。找一个性格直爽、人品正派、值得信赖的"元夫",即有大丈夫气概的君子,真心地去"交"流感情与思想,"孚",即取得人家的信任并且要坚决地信任人家,让他做媒介与担保,帮助你重新融入社会,让大家理解和接纳你,从而达到化睽为和的目标。

一个人往往容易以自我为中心,以为自己是对的,其实不然。世上或许没有绝对的对与错,但相对的对与错总还是有的,而这对与错的标准就是大众眼里那杆秤。真理确实很多时候掌握在少数人手里,但没有大众的理解、认可与支持,你即使正确又能怎么样呢?

所以,一旦与大众有了隔阂,还是多从自己身上找找原因,还是要自己主动地想办法让大家理解并尽早地化解为好。

六五: 悔亡,厥宗噬肤,往何咎?

分歧、矛盾与隔阂通常会产生于内部而不是产生于外部,也可以说,这是人民内部矛盾而不是敌我矛盾。人民内部矛盾或者内部的分歧与隔阂不应该是什么了不起的事情,不是你死我活的矛盾。

"厥",其。"噬",咬。古人讲人之身体发肤来自父母,不可轻易伤之。自己不就是一个宗族的一部分吗? 所以,这里的"肤"就是与团队、宗亲和组织产生矛盾与隔阂的你自己,而此处的"宗"则代表着那个团队、宗亲和组织。"宗"是"肤"的主人。试想一想,又有谁噬咬自己的皮肤能下得了口呢? 既然如此,那就在睽违组织的路上抓紧回头,回到自己的团队中去,回去后或许大家会对你有所责怪、埋怨,但"厥宗噬肤",就是这责怪、埋怨伤不了你筋骨。"往何咎"? 即回去又有什么过错呢?

上九:睽孤。见豕负涂,载鬼一车,先张之弧,后说之弧。匪寇婚媾,往遇雨则吉。

有时候,一些矛盾和隔阂是因为自己"孤"傲,这就是"睽孤"。自己很看不惯甚至瞧不起周围的人,好像全世界就自己水平高、修养好,就自己正确。觉得芸芸众生就像浑身沾满污泥的猪到处乱跑,坐着车、骑着马的王侯将相、高官显贵在你眼里好像也都是一只只恶鬼。"豕",读"shǐ",就是猪。"涂",污泥。

你有时候甚至想把他们杀了,还世界一个干净、一个清净。"先张之弧","弧"就是弓箭的弓,你拉满了弓,瞄准了你那眼中的"猪"与"鬼",真想一箭射杀之! 可是,你毕竟下不了手。"说",脱。"后说之弧",就是终于放下了你手中的凶器。你或许想到,爻辞也同样告诉我们说,要"匪寇婚媾",从内心不要把别人当坏人,你周围的人不是如你想象的那样人人都是"寇",你要做的应该是与大家"婚媾",即与大家真心地交流,努力取得大家的理解并被大家接受,同时还要真诚地从内心接受大家,最终大家彼此理解与接受并能成为团结、幸福、和谐的一家人。

"往遇雨则吉"是说什么呢?

从象的角度讲,上面提到到处跑的、浑身是污泥的"猪"以及车上的

"鬼",大雨一下,"猪"身上的泥就没了、就干净了,车上的"鬼"的面目清晰了,原来长得并没有那么可怕,甚至还挺可爱的呢。所以,一下雨,就会让你看到事物的真相,让你认识到大家的本来面目,从而让你对这个世界有一个新的正确的认识,当然是"吉"了。

从爻辞背后藏着的那个主人公"你"的角度讲,大雨一下,也会让你那发热的大脑清醒了许多。你会想:世上的人真的如我所看到的那样脏兮兮吗?那些骑着马、坐着轿的人真的如我所想的那样鬼鬼祟祟吗?如果整个世界的人都是那样,那"我"是什么呢?看来或许是我自己错了。如果是我错了,那么我就应该重新去审视、去认识他们。这一认识的转变,不"吉"而何?

◎ 第五十二章

蹇卦第三十九——大蹇当朋来

【原文】

蹇　坎上艮下

蹇：利西南，不利东北；利见大人，贞吉。

《彖》曰："蹇"，难也，险在前也。见险而能止，知矣哉！蹇："利西南"，往得中也。"不利东北"，其道穷也。"利见大人"，往有功也。当位"贞吉"，以正邦也。蹇之时用大矣哉！

《象》曰：山上有水，"蹇"。君子以反身修德。

初六：往蹇，来誉。

《象》曰："往蹇，来誉"，宜待也。

六二：王臣蹇蹇，匪躬之故。

《象》曰："王臣蹇蹇"，终无尤也。

九三：往蹇，来反。

《象》曰："往蹇，来反"，内喜之也。

六四：往蹇，来连。

《象》曰："往蹇，来连"，当位实也。

九五：大蹇，朋来。

《象》曰："大蹇，朋来"，以中节也。

上六：往蹇来硕，吉。利见大人。

《象》曰："往蹇来硕"，志在内也。"利见大人"，以从贵也。

━━━━━━━━━━━━━━━ ☯ ━━━━━━━━━━━━━━━

【卦象意解】

"☵☶"是《易经》六十四卦第三十九卦蹇卦的卦象、卦画和符号，而"蹇"是这一卦的名称。蹇卦上卦即外卦为坎水卦☵，下卦即内卦为艮山卦☶，所以蹇卦也称"水山蹇卦"。

这一卦有山有水，山上有水，水中有山，山连水，水连山，山水相连，是一派山高水险、险象环生、困难重重之象。

【卦辞意解】

蹇：利西南，不利东北；利见大人，贞吉。

"蹇"，读"jiǎn"，本义是跛足、行走不便，引申为前进困难。蹇卦所讲的就是在前进困难的情况下应该怎么办，就是面对困难、困境和逆境时的处蹇之道。

"利西南，不利东北"，与坤卦卦辞里利"西南得朋，东北丧朋"的道理一样，都是讲当行则行，当止则止，当行于西南而止于东北，而且重在当止则止。为什么"利西南，不利东北"？这就用到了我们曾经讲到过的先天、后天八卦的内容了。

先天为体，后天为用。在后天八卦（见图9-2）中，西南方为坤卦☷，东北方为艮卦☶，坤卦为辽阔大地，艮卦为巍峨高山。大地坤卦性顺，高山艮卦性止，顺则行，止则停，"西南""东北"的道理就在这里。"利西南，不利东北"所告诉我们的，就是腿脚不便的时候、见到危险的时候、面对困境和逆境的时候,要走西南所代表的平路,而不要走东北所代表的山路,平原安全,山路危险,知行止才能成大事。

当然,知行止并不是无所为,要积极地创造条件有所为。要摆脱、克服难以前行的局面,很重要的一点就是"利见大人",最好能够寻找到强有力的有道德、有感召力的大人物的支持。在这整个过程中,卦辞一如既往地提醒人们一定要"贞"正,这样才能"吉"。

【爻辞意解】

初六: 往蹇,来誉。

"往",往前。"蹇",难行。向前走走不通,那就回"来"。不要怕别人说什么,壮士断腕未尝不是明智之举,向前难行而回来再做打算,知止而止又岂不是智慧? 所以,知道"往蹇"而"来"是值得"誉"的,是值得称道和赞誉的。

明知前面走不通,非要充英雄好汉,结果可能会撞得个头破血流,最后不但于事无补,而且会被人耻笑。西班牙作家塞万提斯笔下的唐·吉诃德大战风车,就是一个众人皆知的例子。

六二: 王臣蹇蹇,匪躬之故。

通常情况下,遇到困境、逆境,先退回来再说,慢慢想办法,这是蹇卦总体的处蹇之道。但是,有一个例外,那就是国难当头的时候,当然在古代应该是自己的君王有难的时候,作为一国之"臣"民、君"王"之"臣"子,就不能再退缩,就只能义无反顾地向前冲,即使赴汤蹈火也在所不辞。"蹇蹇",就是无论多么艰难也要前行。

之所以有此不同,是因为这是"匪躬之故",即这不是私事,而是关乎国家大事、民族大义的原则问题。在抗日救国的大道上,多少仁人志士抛头颅、洒热血、前赴后继,就是因为这是民族大义之事而"匪躬之故",即非一家及个人之私事。

九三：往蹇，来反。

爻辞里的"反"有人解为返回或者回到出发地，似不妥。初六爻"往蹇，来誉"已经表达了难以向前的时候可以回来的意思。如果这一爻还是说难以前行那就回来，就显得有些重复了。所以，这里的"反"我们可以理解为反复，就是遇到某种困局，我们前行遇难，就回过头来检讨自己、准备力量，然后再向前。但是，如果这时还是不能够打开局面，还是难以有所突破，可以再回来休整，不能说"只许一，不许二"。只要信心坚定、目标明确，有不达目标誓不罢休的决心，就不怕多回头几次，做更充分的准备。

六四：往蹇，来连。

前行遇险阻，要及时退回来，回来后团结和动员更多的力量一起向前攻坚克难。"连"，团结众人，增强力量。

九五：大蹇，朋来。

前进中遇到巨大的困难而难以前行，就应该寻求外部的帮助，取得高朋的支持。在第二次世界大战中，德、意、日三个邪恶的轴心国为祸全球，于是美国、英国、法国、苏联、中国、加拿大、澳大利亚等数十个国家联合起来成立了反法西斯同盟，最终打败了轴心国联盟，取得了第二次世界大战的全面胜利，解放了深处蹇难之中的全世界人民。

上六：往蹇来硕，吉。利见大人。

难以前行，回到原地，就要努力地壮大自己的力量。"硕"，大也，此为壮大之意。自己力量强大了，就容易克服困难，促进事情的解决，就可以期许一个"吉"的效果。当然，如果能够得到"大人"的帮助，那是再好不过的事情了。

◎ 第五十三章

解卦第四十——春雷响过春雨来

【原文】

雷水解　震上坎下

解：利西南。无所往，其来复吉。有攸往，夙吉。

《彖》曰：险以动，动而免乎险，"解"。解"利西南"，往得众也。"其来复吉"，乃得中也。"有攸往，夙吉"，往有功也。天地解而雷雨作，雷雨作而百果草木皆甲坼，解之时大矣哉！

《象》曰：雷雨作，解。君子以赦过宥罪。

初六：无咎。

《象》曰：刚柔之际，义"无咎"也。

九二：田获三狐，得黄矢，贞吉。

《象》曰：九二"贞吉"，得中道也。

六三：负且乘，致寇至，贞吝。

《象》曰："负且乘"，亦可丑也。自我致戎，又谁咎也。

九四：解而拇，朋至斯孚。

《象》曰："解而拇"，未当位也。

六五：君子维有解，吉。有孚于小人。

《象》曰："君子""有解"，"小人"退也。

上六：公用射隼于高墉之上，获之，无不利。

《象》曰："公用射隼"，以解悖也。

———————————☯———————————

【卦象意解】

"䷧"是《易经》六十四卦第四十卦解卦的卦象、卦画和符号，而"解"是这一卦的名称。解卦上卦即外卦为震雷卦☳，下卦即内卦为坎水卦☵，所以解卦也称"雷水解卦"。

解卦是上一卦蹇卦的综卦、反卦和覆卦；卦象意味着蹇卦所表示的困难已经过去，困境已经解除。我们可以理解解卦是一个冬去春来、春雷声声、天地惊蛰、春雨润物、万物复苏之象。

【卦辞意解】

解：利西南。无所往，其来复吉。有攸往，夙吉。

"解"意味着险恶的局面已经缓解和解除，这个时候就应该实行宽简的政策，以利于人民和社会休养生息。每一个朝代的更替，新政权上台后一般会在税收、兵役等方面给人民减负，这就是"利西南"所要表达的意思。"西南"仍然是说后天八卦里的坤卦所居的方向，坤卦的特点就是宽厚仁爱、载物包容。

坤卦为纯阴之卦，阳主动，阴主静，所以"利西南"还有一层意思，就是主张在刚刚渡过难关的时期宜静不宜动，坚持"无所往"，不要没事找事，不要无事求功。要努力地使人民"来复"，让人民安居乐业、休养生息，这样最"吉"不过。当然，如果有确实需要解决的事情，就应该及早解决，而不能因为宜静不宜动就无所作为。"有攸往，夙吉"，有特别需要急于做的事情，那就最好早做、抓紧做。"夙"是"夙愿"的"夙",是早的意思。

【爻辞意解】

初六: 无咎。

通常情况下,在刚刚迎来"解"的局面的时候,事情的发展往往会处于一个向上的积极的势头上,一般不会有大的过失。

九二: 田获三狐,得黄矢,贞吉。

要保持这样一个来之不易的好局面与势头,就必须创造好的机制、打造好的环境。从王道的思想讲,就是要亲君子而远小人。"狐"就是指那些奸诈的小人;"黄矢"就是指那些中正刚直的君子,因为黄为中正之色,矢有刚直之性。"田获三狐,得黄矢",捕获了田里为害的狐狸,得到了铜箭头,意思就是除掉了不正的小人,得到了中正的君子。这样做,就是坚守"贞"正之道,就一定会"吉"祥。

六三: 负且乘,致寇至,贞吝。

"负"就是负物,这是普通百姓或者说下人做的事,所以代指小人。"乘"是指乘车,古时坐车的都是高官显贵,通常乘马坐轿的都应该是君子。"负且乘",该拉车的人坐到了车上,意思就是小人坐到了本不该属于他的位子上。这样的结果,就是"致寇至",就会导致群起而夺之。小人当道当然不会让人服气,不服众就会招寇。这就像东周末年群雄争相问鼎中原,又像东汉末年枭雄纷争。面对这种情况,如果自己没有本事,凡事就要"贞",就要处处小心点了,否则就会"吝",即会非常危险。汉献帝被曹操"挟天子以令诸侯",或许正是因为自己能够主动地被挟,才得以在相当长的时期内没有被曹操取代。

九四: 解而拇,朋至斯孚。

这里的"解"已经不再是"解卦"的"解"的意思,而是"解除"的"解"的意思了。"而",通"尔",你的意思。"拇",指大拇指和大脚趾,在这里喻指小人。除掉你身边的小人,志同道合、相互信任的"朋"友就会前来聚集在你的身边。"斯",这里。

爻辞的言外之意依然是告诫人们:要维护好当前"解"的局面,就要亲君子、远小人。

六五:君子维有解,吉。有孚于小人。

有修养的"君子"要努力"维"持好这种来之不易的团结、和谐的"解"的局面,保持好新形势下人们积极上进的势头,这样就会"吉"。长此以往,团结与和谐就会形成良好的风气与文化。在这种状况下,歪风难起,恶浪不兴,春风化春雨,道德化世风,最终就连那些所谓的"小人"也会被影响和感染,进而发生改变。

上六:公用射隼于高墉之上,获之,无不利。

"隼",读"sǔn",是一种翅膀窄而尖、上嘴呈钩曲状的猛禽。"墉",就是城墙。"公用射隼于高墉之上,获之",一只凶猛的恶鸟飞到了高高的城墙之上,一位德高望重的大臣果断地举弓而射,一箭就把恶鸟射下来了,这当然"无不利",是再好不过的事情了。

爻辞为我们描绘了一幅"公用射隼"的象,我们仍然需要从这样一幅图像中去体味出作者的真实意图。正如《系辞传》中所言,不仅要"观其象",还要"玩其辞"。

恶鸟飞到了城墙之上,不及时射下来就有可能危害人类,比如袭击了小孩子或者家禽之类。其实它所代表的是人类社会中的小人与恶势力。任何一个社会都不会永远风平浪静,都可能有这样那样的情况发生。要维护一个好的局面,就要对随时发生的情况给予高度关注,用现代的话讲,就是要有政治敏锐性。对于出现的不良的苗头与倾向,更要及早、果断处置,确保把问题消灭在萌芽之中而避免形成祸端,确保一个好端端的"解"的局面能够得以维系。

◎ 第五十四章

损卦第四十一——损益之道的损

【原文】

山泽损　艮上兑下

损：有孚，元吉，无咎，可贞，利有攸往。曷之用？二簋可用享。

《彖》曰："损"，损下益上，其道上行。损而"有孚"，"元吉，无咎，可贞，利有攸往。曷之用？二簋可用享"。二簋应有时，损刚益柔有时。损益盈虚，与时偕行。

《象》曰：山下有泽，"损"。君子以惩忿窒欲。

初九：已事遄往，无咎，酌损之。

《象》曰："已事遄往"，尚合志也。

九二：利贞，征凶。弗损益之。

《象》曰：九二"利贞"，中以为志也。

六三：三人行则损一人，一人行则得其友。

《象》曰："一人行"，"三"则疑也。

六四：损其疾，使遄有喜，无咎。

《象》曰："损其疾"，亦可喜也。

六五：或益之十朋之龟，弗克违，元吉。

《象》曰：六五"元吉"，自上佑也。

上九：弗损益之，无咎，贞吉。利有攸往，得臣无家。

《象》曰："弗损益之"，大得志也。

☯

【卦象意解】

"䷨"是《易经》六十四卦第四十一卦损卦的卦象、卦画和符号，而"损"是这一卦的名称。损卦上卦即外卦为艮山卦☶，下卦即内卦为兑泽卦☱，所以损卦也称"山泽损卦"。

这一卦是山在泽中，是泽水不断地冲刷山根、日久而损之象。

【卦辞意解】

损：有孚，元吉，无咎，可贞，利有攸往。曷之用？二簋可用享。

这一卦损卦和紧接着的下面的一卦益卦从内容上说是一对姊妹卦，可以把它们联系起来解读。损、益两卦讲的是损益之道，总体上讲就是告诉人们要损之当损、益之当益。

损卦重点讲的是损己益人、损下益上。

在损益之间，损是为了益，为此应该把握应损则损、损当损之损、损可损之损以及损必须量力而又适度的原则，以不损而益为最佳。如果必须损，那么也应该以少损而益最好。明确了这样的原则，也就不必为损而担心。很多时候往往一说损就感觉是坏事情，一讲益就觉得是好事情，其实不然。加减乘除都是运算法则，当作加法做加法，该做减法做减法。有些东西，该损的时候就必须损，当益的时候就应该益。明白了这些，就使人有了正确把握损和益的信心，就能做到"有孚"即有信心，也就能够"元吉"即大为吉祥，也就可以"无咎"即不做错事、少有过失了。

　　把握了损益之道，就能够"有攸往"，即能够做大事、向前走。比如战争时期，攻下一座城池，就得付出必要的牺牲，正所谓"杀敌三千，损士八百"。如果一味地心存妇人之仁，担心自己将士的伤亡，那必然什么也做不成。有些时候这种决心就必须下。甚至即使是反过来，杀敌八百，损士三千，如果是为了一个更崇高、更伟大的目标，这种决心也必须下。有这种气概才能做大事、成大业。当然，无论何时何地，还是应该力避更大的损失为好。

　　"曷之用？二簋可用享"是爻辞给我们的一个当损则损的例子。"曷"，读"hé"，什么的意思。"簋"，读"guǐ"，中国古代一种盛放食物的器具，比碗略大，后来也用作礼器。史书记载商周时期宴享和祭祀时，天子用九鼎八簋，诸侯用七鼎六簋，卿大夫用五鼎四簋，士用三鼎二簋。所以，二簋就是比较小的量了。"曷之用？二簋可用享"，意思是平时可以多吃点，在休闲的时候就可以节省一些、少吃一点了。这与"忙时吃干，闲时吃稀，不忙不闲时半干半稀"之言有异曲同工之妙。

【爻辞意解】

初九：已事遄往，无咎，酌损之。

　　"已"，完成。"遄"，读"chuán"，意为快、迅速。"已事遄往"就是说办完自己的事就抓紧去帮助别人。这样做"无咎"，即这样做不会有什么过失。这就是"酌损之"。"酌损之"就是要斟酌哪些是主、哪些是次、哪些是可损之损。帮助人是应该的，但不能为了帮助别人而耽误了正事。

　　世上的学问如果凝练成一个字，那就是"度"。炒菜的火候应适度，开放与保守的分别也在于度。"酌损之"的"酌"就是找到那个当损之损、可损之损的度。

九二：利贞，征凶。弗损益之。

　　对于很多爻辞，我们可以把它们的前后顺序调整一下去理解，尤其是先讲结论后说事的爻辞。所以，这一爻我们可以看作是"弗损益之。利贞，征凶"，就是讲，如果"弗损益之"，就"利贞，征凶"。

"弗损益之"细分句读应该是"弗损，益之"，损是损，益是益，而不是连起来当作损益来理解。"弗损益之"意思就是最好的办法就是不损而益，自己不受损还能使别人受益，当然不损别人而能使自己受益也不错。这样"利贞"，即坚守正道自然有利，但是"征凶"，就是说"弗损益之"办不了大事，比如征伐、征战之事，办大事必定要付出大的代价，就应有必要的牺牲。

六三：三人行则损一人，一人行则得其友。

"三"，多也；"一"，少也。多则可损，少则当益。"三人行，则损一人"讲的就是多了可损，损之可损，"一人行，则得其友"说的则是少则当益，益之当益，并不是特指"人"的问题。这是《易经》一贯的瞒天过海之笔法，读者不可不察。

六四：损其疾，使遄有喜，无咎。

"疾"，即疾病，可以指人身上的缺点和错误，也可以指事物本身的不足之处。"损其疾"，去掉人身上的缺点和错误，这就是损之当损。"使遄有喜"，如果能够快一点的话就再好不过了，就会马上"有喜"，马上有所收益，当然也就"无咎"，即没有任何的坏处。如果产品设计有什么毛病，抓紧改过来，不也很好吗？发现了生产工艺的不足之处，及时加以改进，难道不是件好事情吗？

六五：或益之十朋之龟，弗克违，元吉。

我国上古时期用贝壳做过货币，也就是所谓的"贝币"。"朋"就是贝币时期的一个货币单位，五个贝为一串，两串就是一"朋"。这样一朋就是十个贝币，"十朋之龟"就是值一百个贝币的龟，意为价值十分昂贵的宝物。"或益之十朋之龟"，没想到得到了如十朋之龟一样昂贵的宝物；"弗克违，元吉"，没法拒绝，大为吉祥。

　　"十朋之龟"这样的宝物可遇而不可求,能得到这样的东西乃是"上天"之赐。这条爻辞所讲的,就是来自"上天"的帮助不可推辞,也不必推辞,这种不损人而能利己的事是最为吉祥的。

　　上九: 弗损益之,无咎,贞吉。利有攸往,得臣无家。

　　"弗损益之",如果能够做到不损别人而就能使自己受益,或者不损自己而使天下人受益,自然"无咎",肯定不会有什么不对,而且"贞吉",一直坚守这样正确的做法必然吉祥。坚持这样做下去,就"利有攸往,得臣无家",就能够前进得非常顺利,就会得到天下人的全面拥护。"得臣",人心归服、臣服。"无家",指归服、臣服的人很多,不分远近、亲疏,不分家族。

第五十五章

益卦第四十二——损益之道的益

【原文】

☴ 巽上震下

益：利有攸往，利涉大川。

《彖》曰："益"，损上益下，民说无疆。自上下下，其道大光。"利有攸往"，中正有庆。"利涉大川"，木道乃行。益动而巽，日进无疆。天施地生，其益无方。凡益之道，与时偕行。

《象》曰：风雷，益。君子以见善则迁，有过则改。

初九：利用为大作，元吉，无咎。

《象》曰："元吉，无咎"，下不厚事也。

六二：或益之十朋之龟，弗克违，永贞吉。王用享于帝，吉。

《象》曰："或益之"，自外来也。

六三：益之用凶事，无咎。有孚中行，告公用圭。

《象》曰："益""用凶事"，固有之也。

六四：中行，告公从。利用为依迁国。

《象》曰："告公从"，以益志也。

九五：有孚惠心，勿问元吉。有孚，惠我德。

《象》曰："有孚惠心"，勿问之矣。"惠我德"，大得志也。

上九：莫益之，或击之，立心勿恒，凶。

《象》曰："莫益之"，偏辞也。"或击之"，自外来也。

───────────── ☯ ─────────────

【卦象意解】

"▤"是《易经》六十四卦第四十二卦益卦的卦象、卦画和符号，而"益"是这一卦的名称。益卦上卦即外卦为巽风卦☴，下卦即内卦为震雷卦☳，所以益卦也称"风雷益卦"。

风上雷下，风啸雷响，雷震风急，因此益卦是一个风雷激荡、相助相益、相得益彰之象。

【卦辞意解】

益：利有攸往，利涉大川。

作为损卦的姊妹卦，如果说损卦所讲的是为益而损、不损而益，那么益卦所讲的就是因损而益、不损而益。它们是相连、相通的，都是围绕损益之道而展开。损卦重点是损下益上，重在益上。益卦重点是损上益下，重在益下。两者都讲究为益而损，损的目的是益，而不是为损而损。两者也都提倡最好是不损而益。

把握好损益之道，尤其是领导者能从人民利益出发，多做有益于人民的事情，就能够带领大家"有攸往"，"涉大川"，勇往直前，干事创业。

【爻辞意解】

初九：利用为大作，元吉，无咎。

"大作"就是大事，也有人解作耕植稼穑之事。"利用为大作"，当百姓有大事的时候，或者当时令一到、百姓需要耕种的时候，给百姓以助益，就会"元吉，无咎"，即大为吉祥、永远无过。

六二：或益之十朋之龟，弗克违，永贞吉。王用享于帝，吉。

那个损卦六五的"十朋之龟"跑这儿来了。如前所述，十朋之龟这样的宝物是可遇不可求的，其实它意味着上苍的恩赐。上苍对人类最大的给予，是展示给人们宇宙运动变化的规律，能够掌握宇宙运动变化之道就是最大的财富。所以，我们可以这样理解：无论上卦六五还是本卦六二，"或益之十朋之龟，弗克违"就是说不可以辞谢大自然给我们的助益，遵守自然的规律，自然就会得益。应该顺势而为，而不是逆势而作，这样就会"永贞吉"，就会永远得益。

因为得到这个"十朋之龟"，我们要感谢上苍。为了感谢上苍给予人类的助益，"王用享于帝"，即君王要祭祀上帝。"帝"，在上古时代是上帝的意思，是古人想象中宇宙万物的主宰，是宗教或神话中主宰万物的最高的天神。《字汇》里讲："帝，上帝，天之神也。"到了战国以后，"帝"才开始代指人间君主。《说文解字》中说："帝，王天下之号也。"从"王用享于帝"看，我们也可以证明对"或益之十朋之龟，弗克违"的解析之正确。

六三：益之用凶事，无咎。有孚中行，告公用圭。

"凶事"，主要指天灾人祸。"益之用凶事，无咎"，当出现旱涝灾害以及家庭变故等凶事的时候，给人民以必要的帮助，这样是正确的。但是，要"有孚"，即要心诚；要"中行"，即行为要中规中矩，而不是带有傲慢的施舍。除此之外，还要"告公用圭"，即要向大众公开地表示自己的虔诚。"圭"是古代贵族在正式场合见面时手中拿的圭板，是一种玉质的礼器。"告公用圭"的意思就是当给因天灾人祸受损的人民以助益的时候一定要心诚，是对"有孚中行"的更进一步的明确。

六四：中行，告公从。利用为依迁国。

"迁国"就是迁都、迁移国都。

　　商周时期,为了应对水旱等自然灾害、躲避战争、缓和内外部矛盾以及寻找更好的发展条件等,王朝曾进行过多次迁都。迁都是件天大的事情,所以所有上述出发点和目的只有一个,那就是要使国家以及国家的民众受益。

　　所有要使国家以及民众受益的大事必须"中行",即必须中规中矩,不可以胡来。比如:你不可以仅仅是为了君王一个人的一时喜好而征伐;你不能够利用迁都的机会不顾人民死活而大造宫殿等。不仅要"中行",还要"告公从",即告诉公众,说服大家相信、听从。

　　"利用为依迁国",助益人民的事情一定要"中行,告公从"。迁移国都这种大事,就应该按照这个原则进行。《尚书》中有《盘庚》上、中、下三篇,讲的就是商朝的第二十位君王盘庚为了避免水患、抑制贵族奢侈的恶习,将国都从位于今天山东曲阜的奄地迁往今属河南安阳的殷地前前后后的故事。当时,盘庚所居的奄地已经是商朝的第五个国都了,所以这次迁都遭到了全国上下王公贵族和平民百姓的强烈反对,盘庚经过多次苦口婆心的劝说,才统一了大家的思想,最终实现了顺利迁都。

　　九五: 有孚惠心,勿问元吉。有孚,惠我德。

　　"惠心",惠民的诚心。有惠民的诚心就"有孚",就能够得到人民的信任。如果所做的有益于人民的事情能够得到人民的信任,那么就放心大胆地去做吧。"勿问元吉",就是不要犹豫,不要过多地考虑得失好坏,也不必去卜筮占问吉凶。"有孚,惠我德",得到人民的信任,人民就能够回报我们的恩德,还担心有什么做不成的事情吗? 这也必然"勿问元吉",即不用问就知道大为吉祥了。

　　上九: 莫益之,或击之,立心勿恒,凶。

　　助益人民的事情,要持之以恒地去做,而不可"立心勿恒";不可以一时心血来潮就做一点,哪天不高兴就不做了;更不可以"莫益之,或击之",即不仅不去做有益于人民的事,甚至有时还欺压百姓。"立心勿恒"、"莫益之,或击之"的结果必然"凶"。

第五十六章

夬卦第四十三——决然除恶莫手软

【原文】

泽天夬　兑上乾下

夬：扬于王庭，孚号有厉，告自邑，不利即戎，利有攸往。

《彖》曰："夬"，决也，刚决柔也。健而说，决而和，"扬于王庭"，柔乘五刚也。"孚号有厉"，其危乃光也。"告自邑，不利即戎"，所尚乃穷也。"利有攸往"，刚长乃终也。

《象》曰：泽上于天，"夬"。君子以施禄及下，居德则忌。

初九：壮于前趾，往不胜，为咎。

《象》曰："不胜""而往"，咎也。

九二：惕号莫夜，有戎勿恤。

《象》曰："有戎勿恤"，得中道也。

九三：壮于頄，有凶。君子夬夬独行，遇雨若濡，有愠，无咎。

《象》曰："君子夬夬"，终无咎也。

九四：臀无肤，其行次且。牵羊悔亡，闻言不信。

《象》曰："其行次且"，位不当也。"闻言不信"，聪不明也。

九五：苋陆夬夬，中行无咎。

《象》曰："中行无咎"，中未光也。

上六：无号，终有凶。

《象》曰："无号"之"凶"，终不可长也。

───────────────── ☯ ─────────────────

【卦象意解】

"☱"是《易经》六十四卦第四十三卦夬卦的卦象、卦画和符号，而"夬"是这一卦的名称。夬卦上卦即外卦为兑泽卦☱，下卦即内卦为乾天卦☰，所以夬卦也称"泽天夬卦"。

这一卦下面五个阳爻、上面一个阴爻，是从六个阴爻的坤卦而来，阳刚的力量乘势而来，阴柔的力量即将溃败而去。夬卦上泽下天，泽在天上，乌云翻滚，泥水满天，是一派即将决然崩泻之象。

【卦辞意解】

夬：扬于王庭，孚号有厉，告自邑，不利即戎，利有攸往。

"夬"，读"guài"，基本词义是分决。"夬"字好像只在《易经》中用到，在这里的意思是决然除掉。我们也可以把"夬"字视为"决然"的"决"。除掉什么呢？除掉阴爻所代表的阴柔、反面的势力。卦爻辞告诉我们：在这个决然除掉反面势力的过程中，要确保局面可控、令人信服，要公开揭露反面势力、教育人民，还要尽可能地采取非武力、非暴力的手段。

"扬于王庭"就是要公开地在王庭上或者在大庭广众之下揭发、揭露；"孚号有厉"则是要大声地提示其危害；还要"告自邑"，就是要提醒自己封地的人民、自己身边的人要提高警惕、防范小人。"不利即戎"讲的是不可以动不动就付诸武力，应该考虑用更恰当的手段来解决问题。但是，"利有攸往"，就是要主动地采取行动，主动地有所作为，而不是听之任之。

【爻辞意解】

初九：壮于前趾，往不胜，为咎。

"壮于前趾，往不胜"，只有前面的脚趾强壮，而腿脚、全身的力量还不够，这个时候前"往"就会"不胜"，就不能够取得铲除阴柔、黑恶势力的胜利。这种不自量力的行为就会显得鲁莽，不仅不能够成功，反而还会"为咎"，即会造成不必要的麻烦。

九二：惕号莫夜，有戎勿恤。

"莫"，通"暮"。"莫夜"就是彻夜。"惕号莫夜"，彻夜警惕，时时提醒人们注意阴柔势力、阴暗小人，就能够提高人们的应变能力，人们就能够"有戎勿恤"，即能够在即使发生战事时也会因有所备而不必惊慌失措。

九三：壮于頄，有凶。君子夬夬独行，遇雨若濡，有愠，无咎。

"頄"，读"qiú"，颧骨，这里代指面部。"壮于頄"就是把对阴柔势力的怒气表现在脸上，这样不好，这样"有凶"。驱除小人，要冷静，要沉稳，要喜怒莫挂于面，行动谋划于心，不可因急躁而失去耐心，这样才能顺利实施除恶计划。

人们对于阴柔势力、阴暗小人的认识是有个过程的。但是，智者、君子应该能够早于大众识破阴暗小人的嘴脸，看透阴柔势力有可能造成的险恶后果，并能够默默地独自采取必要的行动，即"君子夬夬独行"。这就像遇到一场大雨，"遇雨"了，对于外面的世界什么也看不清，人们都不知道到哪儿避雨去了，只有那"君子"还"夬夬独行"于雨中，思考着除恶大计，酝酿着除恶行动。"若濡"，淋得满身湿漉漉的。"有愠"，有些人还对此不满意、不理解，甚至说三道四。但是，你这样做"无咎"，你这样做是对的，要相信大家，通过你的努力，大家终会认识到你的正确。

九四：臀无肤，其行次且。牵羊悔亡，闻言不信。

"臀无肤"，屁股上的皮肤烂了。屁股上的皮肤烂了会怎么样呢？就会

"其行次且"，即行走困难，走走停停；就会走路也好，停下来坐也好，都很难受。这样一个象，其实说的是你如果发现了什么危险而不及时处置，就会坐卧不安。那么，该怎么办呢？那就要牢牢地"牵"住你的"羊"，抱定"夬夬"除恶的信心与决心，坚持到底不回头，最终必将取得胜利，那时也就"悔亡"，即没有什么后悔的。在这个过程中，无论别人说什么，暂且充耳不闻，或者"闻言不信"，即听了也不信，别人说什么都不要受影响。

九五：苋陆夬夬，中行无咎。

"苋陆"就是马齿苋。马齿苋在活着的时候很容易被折断，但折断之后又很难晒干。如果不能够连根拔除，马齿苋就会很快又长起来。在这里，马齿苋代指需要果断清除的阴柔势力。

对于这种阴柔势力，就要"夬夬""中行"，用正确的方法坚决、果断地予以清除，这样才会"无咎"，即才会不留后患、不犯错误。

上六：无号，终有凶。

发现了反动、黑恶、阴柔势力，就要大声疾呼，唤醒人们的注意。如果"无号"，人人事不关己高高挂起，没有人站出来提醒大家，就会"终有凶"，即最终酿成祸端，后果不堪设想。

第五十七章

姤卦第四十四——天地之间的相遇

【原文】

姤 天风姤 乾上巽下

姤：女壮，勿用取女。

《彖》曰："姤"，遇也，柔遇刚也。"勿用取女"，不可与长也。天地相遇，品物咸章也。刚遇中正，天下大行也。姤之时义大矣哉！

《象》曰：天下有风，"姤"。后以施命诰四方。

初六：系于金柅，贞吉。有攸往，见凶。羸豕孚蹢躅。

《象》曰："系于金柅"，柔道牵也。

九二：包有鱼，无咎，不利宾。

《象》曰："包有鱼"，义不及宾也。

九三：臀无肤，其行次且，厉，无大咎。

《象》曰："其行次且"，行未牵也。

九四：包无鱼，起凶。

《象》曰："无鱼"之"凶"，远民也。

九五：以杞包瓜，含章，有陨自天。

《象》曰：九五"含章"，中正也。"有陨自天"，志不舍命也。

上九：**姤其角，吝，无咎。**

《象》曰："姤其角"，上穷"吝"也。

———————————— ☯ ————————————

【卦象意解】

"☴"是《易经》六十四卦第四十四卦姤卦的卦象、卦画和符号，而"姤"是这一卦的名称。姤卦上卦即外卦为乾天卦☰，下卦即内卦为巽风卦☴，所以姤卦也称"天风姤卦"。

"风"的繁体字是"風"，这个造字反映了我国先民对于风的认识。这个字当属形声字，从"虫"，从"凡"。它的外形就是风的形象，你看那大风起时，奔腾八方来，呼啸天地间。随风而动的是空气的流动，随风而起的是万物的萌生。你看那"風"字里面的一撇一虫，所代表的就是以虫为代表的随风而舞的各类生命的种子。风吹散了植物的种子，把它们吹落到适合生长的地方；风吹飞了花朵里的花粉，帮它们完成雌雄的授受；风甚至会吹起鱼、虾之类的卵，把它们送到世界的角角落落，一待时机成熟便就孕育出新的生命。你看那高高的山顶，如果有一个小小的洼地长年积水，就会有那小鱼、小虾的出现。风所刮起的，还会有无数我们所不能够用肉眼看到的生命。

回过头来再看姤卦，乾上巽下，天下有风，就是一个大风呼啸于天地之间，吹拂万物相交、相姤、相遇之象。

【卦辞意解】

姤：女壮，勿用取女。

"姤"的意思是相遇。姤卦所讲的就是相遇。这个"相遇"可以广泛地指万物之间的相遇,就像卦象所显示的天下有风,风吹万物而相交、相遇,是天地、阴阳之间的抽象的相遇。但是,姤卦之用更重要的还是体现在人与人之间的相遇上。

人与人之间的相遇,可以是男女相遇而相爱,可以是君臣相遇而相得,也可以是因了某种因缘大家走在一起。

相遇是需要机缘的,或者因为感情,或者因为事业,或者因为利益。但是,相遇双方能不能相得、相洽,就是另一回事了;相遇结果如何,还要看各种各样的条件。姤卦卦辞、爻辞所讲的就是各种各样的条件下相遇的情况。

通常情况下,两者相遇虽然不一定能够一拍即合,但总是要两相情愿的,当然更重要的是真诚地想合作而不是怀有什么阴暗的或者邪恶的目的。如果有一方心怀鬼胎、居心叵测,那么就没必要继续进行下去,也就形不成相遇的局面。"女壮"的"女"一如《易经》惯例,以女喻阴,代指阴柔或者阴暗等消极、负面的东西。如果"女壮",那就"勿用取女",就别跟对方玩儿了,意思是如果对方很"阴"、很"壮"、很强势,就没有与之合作、相遇的必要。当然,反过来讲,相遇需要真诚,也需要相对的平等,要有共同的目标或者爱好,这样才会有一个好的预期。

【爻辞意解】

初六: 系于金柅,贞吉。有攸往,见凶。羸豕孚蹢躅。

相遇的目的或者结果其实就是合作。即使是婚姻,其实也是一种合作,所以人们称好的婚姻为"天作之合",祝福婚姻美满常用"百年好合"。

在相遇的过程中,或者在达成合作的过程中,要注意把握事情发展的节奏。这就像车辆,任何一种车辆都不能只有动力系统而没有制动即刹车系统,否则非出事故不可。"金柅"就是古代车辆上的金属制动装置。从"柅"

字看,最初的刹车器应该是木制的,在这里爻辞让我们"系于金柅",即装上金属制动装置,目的就是确保刹车更加有效。"系于金柅,贞吉",就是在走向相遇与合作的过程中要能够牢牢把握主动权,把握好节奏,正确地处理各种情况,这样才有利于稳健地向前走。

"有攸往,见凶",如果一味地向前而不知当停则停、当退则退,就有可能出现不理想的后果。这就像"羸"弱的"豕",一味地"蹢躅",说不定会一头栽倒或者掉进沟里,危险得很哪。

九二:包有鱼,无咎,不利宾。

"包有鱼",着实让人费解。相遇与合作,与你有没有鱼有什么关系?

其实这依然是《易经》惯用的暗喻手法。"包有鱼",说白了就是你口袋里有物、你肚子里有货,就是你有合作的实力与资本。合作总是要讲究对等的,即使是君臣之间的相遇也必须有条件,这和做生意没什么两样。当然,这鱼可以是钱财,可以是能力,也可以是智慧,但前提是你必须有"鱼",这样谈合作才有前提,才会"无咎"。

刘备三顾茅庐请诸葛亮,就是因为诸葛亮"有鱼",有经纬天下之才。

九三:臀无肤,其行次且,厉,无大咎。

"臀无肤",屁股上没有了皮肤。"其行次且",走也不是,停也不是;坐也不舒服,站也不舒服。自己身上有毛病、有弱点,自己还难以立身,再谈相遇与合作,就"厉",即有些危险了。当然也不会是什么大问题,"无大咎"。

九四:包无鱼,起凶。

"包无鱼",肚子里没货,自己没钱。在这种情况下与人相遇或者合作,自己自然是被动的,就易"起凶",即容易引起不必要的麻烦甚至很坏的结果。

滥竽充数的南郭先生"包无鱼"。当齐宣王死后,喜欢听独奏的齐湣王即位,南郭先生就只能落荒而逃了。

九五：以杞包瓜，含章，有陨自天。

"以杞包瓜"，用杞树叶包瓜。"含章"，看起来会非常好看。但是，结果会很严重，会"有陨自天"，即会有如陨石自天而降一样，瓜有可能就会掉到地上，一不小心就摔坏了。

杞树叶长得有些像柳叶，但通常比柳叶短一些、比柳叶宽一点。用这样的叶子包瓜，好看是好看，但是很不结实，是包不住的，最后一不小心，瓜掉地上了、摔坏了。陨石降落在历史上被看作是天谴，是上天的警示与惩罚。这里的意思是如果自己一方没有包瓜之材，没有真才实学或者没有足够的力量，相遇与合作是不可能成功的，甚至有可能是自招祸患。

上九：姤其角，吝，无咎。

"姤其角"，相遇或者合作的目的和范围很狭窄、狭隘。这种相遇与合作就"吝"，就不会有什么大的发展前景，就有些让人遗憾，但"无咎"，即不会有什么灾祸。

◎ 第五十八章

萃卦第四十五——精英的荟萃

【原文】

䷬ 萃 泽地萃 兑上坤下

萃：亨。王假有庙，利见大人，亨，利贞。用大牲吉，利有攸往。

《彖》曰："萃"，聚也。顺以说，刚中而应，故聚也。"王假有庙"，致孝享也。"利见大人，亨"，聚以正也。"用大牲吉，利有攸往"，顺天命也。观其所聚，而天地万物之情可见矣。

《象》曰：泽上于地，"萃"。君子以除戎器，戒不虞。

初六：有孚不终，乃乱乃萃。若号，一握为笑。勿恤，往无咎。

《象》曰："乃乱乃萃"，其志乱也。

六二：引吉，无咎。孚乃利用禴。

《象》曰："引吉，无咎"，中未变也。

六三：萃如，嗟如，无攸利。往无咎，小吝。

《象》曰："往无咎"，上巽也。

九四：大吉，无咎。

《象》曰："大吉，无咎"，位不当也。

九五：萃有位，无咎，匪孚。元永贞，悔亡。

《象》曰："萃有位"，志未光也。

上六：赍咨涕洟，无咎。

《象》曰："赍咨涕洟"，未安上也。

【卦象意解】

"☷☱"是《易经》六十四卦第四十五卦萃卦的卦象、卦画和符号，而"萃"是这一卦的名称。萃卦上卦即外卦为兑泽卦☱，下卦即内卦为坤地卦☷，所以萃卦也称"泽地萃卦"。

地上的大泽可以使水得以聚集，水土丰腴又可以使草木得以蓄秀，因此泽地萃卦是一个水木清华、群英荟萃之象。

【卦辞意解】

萃：亨。王假有庙，利见大人，亨，利贞。用大牲吉，利有攸往。

"萃"的本意是草木茂盛的样子，引申义是聚集，所以可以理解为精华的聚集、精英的荟萃。把社会的精英聚拢在一起自然才能成就一番大业。

怎样把精英汇聚在一起呢？这就需要有领袖才能的人的出现，所以卦辞讲"利见大人"，即出现有才有德的大人物最为有利。当然还需要某种形式的明确，需要"王假有庙"，即君王到太庙里虔诚地告祭。"假"，音同"格"，义同"至"。"有"是个虚词，没有实际意义。"庙"是君王祭祀祖先的宗庙、太庙。"用大牲"，就是用牛、羊、猪三牲祭祀，以表示郑重、虔诚。君王在太庙里郑重其事地把自己所选用的"大人"告于先祖，其实也是同时诏告天下，并隆重地把这个"大人"推向前台，希望天下英才都能够汇聚于这位大人的麾下。这样做自然"亨"通顺利，也"利贞"，即利于守正、走正道；同时"利有攸往",即利于推动事物向前。周文王迎吕尚于磻溪,周武王尊姜子牙为尚父,都是很好的"王假有庙,利见大人"的例子。

【爻辞意解】

初六: 有孚不终,乃乱乃萃。若号,一握为笑。勿恤,往无咎。

"有孚不终,乃乱乃萃",开始时信心满满,但不能始终如一,稍有不顺就失去了信心,没有一个长久的打算,准备也不够充分,这种汇聚是"乱"求"萃"聚。这就"若"有人一"号"召,即大声一呼,人们就跑来了,大手一"握",哈哈一"笑",就算是聚合到了一起。这虽然有点一呼百应的感觉,但有些匆匆忙忙,所以一般很难成大事。不过"勿恤",即这也不必担忧什么。"往无咎",即大胆地前往汇聚也不会有什么错误,成功了再好不过,不成功也不会有什么损失和过错。陈胜、吴广起义就"有孚"而"不终"。这次中国历史上著名的农民起义虽然没有成功,但沉重地打击了秦王朝的气焰,动摇了秦王朝政权的根基。

六二: 引吉,无咎。孚乃利用禴。

有人考证,"引吉"应为"弘吉",因为殷商甲骨文中常见"弘吉"两字,当从。"禴",读"yuè"。商周以前把春季对祖先的祭祀称为"禴祭",禴祭的特点是祭品比较少。

要把人们聚合在一起,就要讲诚信,同时还要有信心,这就是"孚"。这个"孚"怎么表达呢? 那就"乃利用禴",需要采取一种祭祀的形式,祭品薄、少没关系,但要有这么个仪式。祭祀活动一般是比较复杂的,有不少仪规和仪程,认真地做完祭祀,足以说明真意和虔诚。

要聚拢人心、聚合大众,就要采取必要的措施与行动来表达自己的诚心和信心,这样就会"弘吉,无咎",即大吉大利、少犯过错。

六三: 萃如,嗟如,无攸利。往无咎,小吝。

"嗟如",唉声叹气的样子。"萃如,嗟如",就是在聚合大众的时候唉声叹气,表现给人们的就是自己信心不足,这样"无攸利",即这样很不好,没有什么好处。人们前"往"汇聚,"无咎",即该去就去好了,不会有什么过错,只是"小吝",即只会有些小小的遗憾。

九四:大吉,无咎。

该爻辞的意思是大为吉祥,不会有过错。似有脱简。

当然,我们也可以看作前面简省了一个"萃"字。这样我们就可以如此理解:只要能够把人们聚集在一起就是件好事,没有什么过错。

九五:萃有位,无咎,匪孚。元永贞,悔亡。

"萃有位,无咎",有一定的身份、地位或者职位、权势,可以以此来聚集大众,这样没有什么不对。只是以"位"聚众,有可能"匪孚",即有可能得不到大家的信任,这就需要"元永贞"了,就是要从一开始或者说自始至终都坚持一个"贞"字,走正道,不胡来,慢慢地树立威望、聚拢民心。这样"悔亡",即就不会发生让人后悔的事情,否则这种聚合就有可能半途而废,让人后悔不迭。东汉末年的刘备在乱世中以汉刘血统聚拢天下英才,就是典型的"萃有位"的例子。

上六:赍咨涕洟,无咎。

"赍咨",哀叹之声。"赍",读"jī"。"涕",眼泪。"洟",鼻涕。"赍咨涕洟",唉声叹气、痛哭流涕。"赍咨涕洟,无咎",用这种同悲、同愤、同仇的方法把大家聚合在一起也不是不可以。刘备虽没有盖世才华,但他会哭,所以有人说他是哭来的天下,这就有些"赍咨涕洟"的意思。但是,他以此聚拢了人心,竟也成就了一番"三分天下有其一"的功业。

这是一个少见的六爻爻辞都无咎的卦,看来只要能把大家聚拢在一起总是好事情,有人气、有势力总是办好事情的前提,人们所要做的就是在这样一个基础上怎样把队伍带好、把民力用好。

◎ 第五十九章

升卦第四十六——稳升与渐进

【原文】

坤上巽下

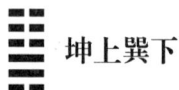

升：元亨，用见大人，勿恤。南征吉。

《彖》曰：柔以时升。巽而顺，刚中而应，是以大"亨"。"用见大人，勿恤"，有庆也。"南征吉"，志行也。

《象》曰：地中生木，"升"。君子以顺德，积小以高大。

初六：允升，大吉。

《象》曰："允升，大吉"，上合志也。

九二：孚乃利用禴，无咎。

《象》曰：九二之"孚"，有喜也。

九三：升虚邑。

《象》曰："升虚邑"，无所疑也。

六四：王用亨于岐山，吉，无咎。

《象》曰："王用亨于岐山"，顺事也。

六五：贞吉，升阶。

《象》曰："贞吉，升阶"，大得志也。

上六：冥升，利于不息之贞。

《象》曰："冥升"在上，消不富也。

【卦象意解】

"☷" 是《易经》六十四卦第四十六卦升卦的卦象、卦画和符号，而"升"是这一卦的名称。升卦上卦即外卦为坤地卦☷，下卦即内卦为巽风卦☴，所以升卦也称"地风升卦"。

风在五行属木。中医讲东方生风，风生木。升卦地上风下，木在土中，是一幅木生地中、稳升健长之象。

【卦辞意解】

升：元亨，用见大人，勿恤。南征吉。

升卦所讲的是上升的原则与道理。这个原则与道理正如卦象所展示的那样，就好比地上树木的生长，从树苗长成参天大树需要一个依时、顺势、渐进的过程。任何事情都不可能一蹴而就，做任何事情都不能急躁冒进，积极而稳妥地向前是最好的方法与途径。条件达到了，成功是自然而然、水到渠成的事。把握好这一上升之道，自然会"元亨"，即大为亨通。当然，如果能够得到德高望重的"大人"的指点和帮助是再好不过的了，同时自然也就"勿恤"，就是会更加顺利、不必有什么好担忧的了。

"南征吉"，向着光明前进，就会吉祥如意。"南"，就是南方、南面，代指光明。只要方向正确，努力奋斗，就一定能够成功。

【爻辞意解】

初六：允升，大吉。

"允"，公允、得当。"允升，大吉"，公允得当地上升，自然大为吉祥。言外之意是不要走旁门左道。

九二：孚乃利用禴，无咎。

"禴"，读"yuè"，指春祭。上升不仅要如初六爻辞所言走正道，还要心怀虔诚、心存信念与理想。"孚乃利用禴"，要像春祭那样虔诚，这样才"无咎"。

九三：升虚邑。

有了信念与理想，还要有一个明确的目标。

"邑"，是古人的采封之地。"虚"，可以看作是心中所描绘的一份宏伟蓝图。"升虚邑"就相当于给自己树立一个上升的目标。

六四：王用亨于岐山，吉，无咎。

"亨"，通"享"，就是祭祀的意思。"岐山"，凤鸣岐山之地，就是周王朝的发祥地。"王用亨于岐山"，就是能够得到"王"的重用，主持祭祀祖先的盛典。这种进步与上升是《易经》所一贯赞扬的，结论都是"吉，无咎"，即好、大吉、没有过错。"王用亨于岐山"，得到帝王的重用，能够为君王、为国家做事。这应该是每个君子所孜孜以求的理想和目标，就如当今社会天之骄子学业有成、报效祖国与社会是一个道理。中国过去有个"学成文武艺，货与帝王家"的俗语，说的也是这个道理。

六五：贞吉，升阶。

"升阶"就是"阶升"，一个台阶一个台阶地上升，一步一步地升。这正是升卦所主张的正确的上升之道，所以"贞吉"，即正确而吉祥。

上六：冥升，利于不息之贞。

"冥"，昏暗。"冥升"，昏昏然、糊里糊涂地上升。这种上升不是《易经》所提倡的，这种结果不要也罢。"利于不息之贞"，最好不要以这种上升的方式获得不正常的收益。"息"，利。要在这种不明不白的上升中保持清醒的头脑，坚持守"贞"最为有利。

第六十章

困卦第四十七——乐观解困志与行

【原文】

☱ 泽水困　兑上坎下

困：亨。贞，大人吉，无咎。有言不信。

《彖》曰："困"，刚掩也。险以说，困而不失其所"亨"。其唯君子乎？"贞，大人吉"，以刚中也。"有言不信"，尚口乃穷也。

《象》曰：泽无水，"困"。君子以致命遂志。

初六：臀困于株木，入于幽谷，三岁不觌。

《象》曰："入于幽谷"，幽不明也。

九二：困于酒食，朱绂方来，利用享祀。征凶，无咎。

《象》曰："困于酒食"，中有庆也。

六三：困于石，据于蒺藜，入于其宫，不见其妻，凶。

《象》曰："据于蒺藜"，乘刚也。"入于其宫，不见其妻"，不祥也。

九四：来徐徐，困于金车，吝，有终。

《象》曰："来徐徐"，志在下也。虽不当位，有与也。

九五：劓刖，困于赤绂，乃徐有说，利用祭祀。

《象》曰："劓刖"，志未得也。"乃徐有说"，以中直也。"利用祭祀"，受福也。

上六：困于葛藟，于臲卼，曰动悔。有悔，征吉。

《象》曰："困于葛藟"，未当也。"动悔"，"有悔"，"吉"行也。

───────────── ☯ ─────────────

【卦象意解】

"䷮"是《易经》六十四卦第四十七卦困卦的卦象、卦画和符号，而"困"是这一卦的名称。困卦上卦即外卦为兑泽卦☱，下卦即内卦为坎水卦☵，所以困卦也称"泽水困卦"。

上泽下水，泽在水中，如湖中一片沼泽，所以困卦是深陷其中难以自拔之象。

【卦辞意解】

困：亨。贞，大人吉，无咎。有言不信。

困卦是有关困境问题的卦。《易经》从来都是从积极的方面引导人们去面对问题和困难，所以面对"困"境，只要能够正确认识、积极应对，就一定能够"亨"通，当然前提还是要一如既往地"贞"，即坚守正道。这对于有修养的"大人"们来讲，一定会做得比较好，那也一定会"吉"祥如意，不会有什么过失和灾祸。

从困卦各条卦爻辞来看，面对困境，首先要有志气，要人穷志不穷；其次要积极乐观、从容应对；再次，要付诸行动。"有言不信"，面对困境，光说不行，嘴上的本事不是真本事，要有摆脱困境的实际行动，这样才能取信于人，才会有人跟随你一起向前。

【爻辞意解】

初六：臀困于株木，入于幽谷，三岁不觌。

困卦前三爻讲的是三种不同的困境。初六爻讲的是一种自我迷失的困惑，九二爻讲的是环境所造成的困扰，六三爻讲的则是被社会、家人抛弃所带来的困顿。

"臀困于株木"，简直是一个不开窍的榆木脑袋，屁股只会围着一个光秃秃的树根转，想来想去什么也想不明白。这就如"入于幽谷，三岁不觌"是一个道理，就像走进了幽深的山谷迷了路一样，多少年也走不出来。"觌"，读"dí"，意为见，此处指摆脱困境。

九二：困于酒食，朱绂方来，利用享祀。征凶，无咎。

"绂"，读"fú"，是周代天子祭服上的遮膝布。"朱绂"，红色遮膝布。天子可以根据需要批准或者赐予朝廷里的王侯将相使用这种遮膝布。所以，使用遮膝布是一种特权和地位的象征。"朱绂方来"就是指刚刚得到天子的恩准可以使用红色遮膝布的特权，意为刚刚得到重用、仕途之路很顺。

"困于酒食，朱绂方来"，但是这种衣食无忧、高官厚禄的环境有时也很让人无奈，让人感到困扰。这种困扰来自政治上不能有所作为。虽然得到信任与重用，但或者因为君王平庸，或者因为所处的时代是个否卦、剥卦、明夷卦所描述的时代，或者不知是什么原因，使得自己难有作为、难展拳脚。这时候一定要沉住气，不可轻举妄动。"征凶"，动辄得咎，乱动就容易生灾祸；不乱动就可"无咎"，就不会有灾祸。最好的做法就是"利用享祀"，即通过祭祀神灵来寻求精神的寄托，把自己的雄心壮志隐藏起来以待时机。

六三：困于石，据于蒺藜，入于其宫，不见其妻，凶。

爻辞的意思是被困在坚硬的石头下，被围在多刺的蒺藜中，进也进不得，退也退不得，动也动不得，好不容易出来了，回到家里也不见妻子在家，这种困境非常凶险、险恶。言外之意,就是里里外外得不到人的理解、认可和支持;外人不理解、不认可、不支持也倒罢了,家里人也不理解、不认可、不支持,甚至远远地躲着自己。这种局面当然是最令人难堪的,这种困境当然是最难以解脱的,所以"凶"。

九四:来徐徐,困于金车,吝,有终。

对于上面三爻所交代的各种困的局面,应该用各种各样的方法慢慢解决或摆脱。摆脱困境的基本原则就是不能急,"来徐徐",慢慢来,要稳扎稳打。"困于金车",虽然慢了些,"吝",即让人觉得有所遗憾,但能够"有终",即最终能够有一个好的结局。

九五:劓刖,困于赤绂,乃徐有说,利用祭祀。

这一爻似乎是对应于九二之困的应对之策。

"劓"和"刖"是古代的两种刑罚。"劓",读"yì",是一种割掉鼻子的刑罚。"刖",读"yuè",是一种砍掉脚的刑罚。这两种刑罚在现代看来是相当残酷的,甚至让人觉得有些惨无人道,但如果放到当时的背景下,这两种刑罚还应该算是比较轻的呢。哪天君王不高兴,身边的人不知哪句话说得不妥,就有可能招来杀身之祸,轻者被腰斩大劈,重者被凌迟、点天灯、五马分尸、炮烙等等,不一而足。你看孙膑当年,被处以膑刑,竟然还不是极刑、重刑;太史公司马迁被处宫刑,竟然还是汉武帝法外开恩。所以,在比秦汉更早的年代,人民真的是草民,帝王杀人真的如割草一样可以使人头一堆堆落地,所以在当时劓刖之刑又算得了什么呢!

"困于赤绂",就是说你在一个昏暗的朝廷里被信任,位高而权重,但无力扭转困局,很是苦闷,而自己又不能助纣为虐,所以一定要"乃徐有说",即想办法徐徐脱身。"徐",缓慢、徐徐。"说",通"脱"。

怎么脱身呢? "劓刖。""劓刖"就是要想办法自污,犯点小错误,然后受惩处而又不至于死,这样就得不到信任,就会被免去高官,就会脱离那困扰你的罪恶核心。当然,这一定要有信心,"利用祭祀",即有利于祭祀祖先和神灵。

但是,我们相信,这里的"劓刖"依然是一种暗示,而不是真的一定要如此,只是说为了成功脱身,应该有即使是被劓刖也在所不惜的精神。

上六: 困于葛藟,于臲卼,曰动悔。有悔,征吉。

"藟",读"lěi";"葛藟",一种长刺的葛藤。"臲",读"niè";"卼",读"wù";"臲卼",指不安定。"臲卼"两个字都有一个"危"字,可见这有多么可怕。

"困于葛藟,于臲卼"就是困在一片长刺的葛藤所围拢的不稳当的木桩上。描绘出这么一个景象,"曰动悔",就是动则得悔的一个象。但是,不动怎么能行呢? 不动怎么能脱身呢? 长期地、一动不动地坚守在那里,情况一点得不到改变。你终于慢慢地醒悟了,"有悔",即后悔自己当初没有果断地采取行动,或许发现已经不止一次地错失了脱身良机,然后下定决心,无论多么艰难,无论需要多长的时间,还是一定要行动起来设法脱身。"征吉"就是要有长期作战的准备,这样才会有一个好的结果。

◎ 第六十一章

井卦第四十八——畜众养民水风井

【原文】

☵ 水风井　坎上巽下

井：改邑不改井，无丧无得，往来井井。汔至，亦未繘井，羸其瓶，凶。

《彖》曰：巽乎水而上水，"井"。井养而不穷也。"改邑不改井"，乃以刚中也。"汔至，亦未繘井"，未有功也。"羸其瓶"，是以"凶"也。

《象》曰：木上有水，"井"。君子以劳民劝相。

初六：井泥不食，旧井无禽。

《象》曰："井泥不食"，下也。"旧井无禽"，时舍也。

九二：井谷射鲋，瓮敝漏。

《象》曰："井谷射鲋"，无与也。

九三：井渫不食，为我心恻。可用汲，王明，并受其福。

《象》曰："井渫不食"，行恻也。求"王明"，"受福"也。

六四：井甃，无咎。

《象》曰："井甃，无咎"，修井也。

九五：井洌寒泉，食。

《象》曰："寒泉"之"食"，中正也。

上六：井收勿幕，有孚元吉。

《象》曰："元吉"在上，大成也。

【卦象意解】

"☵"是《易经》六十四卦第四十八卦井卦的卦象、卦画和符号，而"井"是这一卦的名称。井卦上卦即外卦为坎水卦☵，下卦即内卦为巽风卦☴，所以井卦也称"水风井卦"。

巽风卦的特性是入，可以理解为渗入渗出、出入无阻。从下慢慢不停地向上渗出水来，这就是井。

【卦辞意解】

井：改邑不改井，无丧无得，往来井井。汔至，亦未繘井，羸其瓶，凶。

水是阴类，在君臣为臣，在上下为民。井卦以井取象，井有蓄水之用，井卦所讲的是帝王、贵族蓄众养民的道理。

"邑"是个会意字，上面"口"的音和意都是围，表示区域；下面"巴"是个跪着的人形，表示人口。"邑"最初的意思是古代君王分给诸侯、大夫的封地即所谓的"采邑之地"，所以古代有时也称侯国为"邑"。"邑"也可以理解为部族聚居之地，比如古代同乡也称"邑人"。部族的聚居地和诸侯大夫的封地都是有可能也可以改变的，但那眼故乡的老井依然在那儿无可改变，这就是"改邑不改井"。它的引申义是封地或者聚居地可以改变，但蓄众养民的思想与做法不能改变。

井卦以井为象，所以后面又接着讲井之性和井之用。井"无丧无得"，就是井里的水不见减少，也不见增加，这就是井之性；"往来井井"，就是人们来来往往不停地到井边打水。"无丧无得，往来井井"的意思是只要你注意蓄众养民，民众就会源源不断地为你所用，这就是井之用。

但是,蓄养民众有一个基本的原则,那就是持之以恒,常行不渝,善始善终。如果做不到这一点,就会像井里打水一样,"汔至"即快到井口了,"亦未缱井"即打水的绳子还没有提上来呢。"羸其瓶",结果忽然一歪把打水的瓦罐给弄坏了。这样的结局,功败垂成,当然"凶",即不好。"汔",读"qì",接近的意思。"缱",读"jú",意为用绳子从井中汲水。"羸",倾、倒、损坏。"瓶",一种口较小、颈细长的陶质的打水用具。

【爻辞意解】

初六: 井泥不食,旧井无禽。

过去的井都是选好位置然后向下挖,直到挖出水来,再向下挖一些,挖到水可以源源不断地涌出,水深到足以用陶罐或者其他什么打水工具把水盛满打上来。但是,随着时间的推移,井的土壁有可能会有坍塌,也可能会有不少坛坛罐罐因打碎而掉进了井里,水不断地涌入也会带来一些泥沙,于是井的水位就慢慢地不够深,甚至井水成了泥汤。为了保证井能够继续使用,过段时间要淘井。淘井就是人下到井里,把井底的泥沙等挖上来,再把井向下挖一挖,以确保足够的水深。

井用久了,井底的泥沙多了而不及时淘井,井水就没法食用了,井就没法用了,时间长了就会被遗弃。遗弃的旧井就会荒废,甚至连鸟禽都不会光顾。这种情形就是爻辞所讲"井泥不食,旧井无禽"。

上面的卦辞告诉我们: 蓄养民众要持之以恒,从以井为象、象征王公贵族养民蓄众的观点出发来解释这一爻辞"井泥不食,旧井无禽",就意味着没有做到持之以恒,没有长期坚持,结果就是前功尽弃,蓄众养民的事业就荒废了。这是从问题的反面来说明如果不能持之以恒的后果。

九二: 井谷射鲋,瓮敝漏。

"鲋"是一种小鱼儿。"射"是流淌、穿梭的意思。"井谷射鲋"是讲井底的水里游走着不少小鱼,往来如梭。"瓮"所代表的是一种陶制的盛水的容器,但是"敝"了,"漏"了,又旧又破。一边是到处是鱼的井,一边是又旧又破的"瓮",这是一幅什么景象呢?这分明就是一幅养民无方、用民无道之象。这破败之象当然不是《易经》所提倡的。

九三: 井渫不食,为我心恻。可用汲,王明,并受其福。

"渫",读"xiè",淘去污泥,在此指淘井。"恻",同情、惋惜。"井渫不食",井淘好了,蓄了一井的水而不食用,这就相当于蓄养了民众而发挥不了作用。"为我心恻",我就会感到惋惜。井淘好了,水蓄好了,民众养好了,"可用汲",该用就用吧。"王明,并受其福",如果君王清醒、明白,该用就用,那么天下人一定能够得到幸福。

过去讲究养民以德,也就是要以道德修养教化万民,同时还要用正确的方法引导人民,当源于此。

六四: 井甃,无咎。

"甃",读"zhòu",意为砌砖修物。"井甃"就是用砖修井,用砖把整个井壁砌起来,这样井壁就不会坍塌了,从四周渗入的水也就不会带进泥沙来,这"无咎",即肯定不会有什么过错。以井之象比喻蓄众养民,那么用砖修井就是巩固蓄众养民的措施,这怎么会有过错呢?

九五: 井洌寒泉,食。

井水甘甜清澈,可以食用。

井修得好,水就蓄得好。蓄养民众措施正确,民众就蓄养得好。民众蓄养得好就可以为我所用,成就一番事业。

上六: 井收勿幕,有孚元吉。

"井收",到井上打完水后把陶罐之类的用具收起来。"勿幕",不要把井盖上或者用其他什么东西把井封盖起来。要相信这井跑不了,要相信自己蓄养的民众不会背叛自己,这就是"有孚"。有了这种诚意与信心,当然"元吉",即大功告成、大为吉祥。

◎ 第六十二章

革卦第四十九——由腐而治说变革

【原文】

䷰ 革　泽火革　兑上离下

革：巳日乃孚，元亨利贞，悔亡。

《彖》曰：水火相息，二女同居，其志不相得，曰"革"。"巳日乃孚"，革而信也。文明以说，大"亨"以正，革而当，其"悔"乃"亡"。天地革而四时成，汤武革命，顺乎天而应乎人，革之时大矣哉。

《象》曰：泽中有火，"革"。君子以治历明时。

初九：巩用黄牛之革。

《象》曰："巩用黄牛"，不可以有为也。

六二：巳日乃革之，征吉，无咎。

《象》曰："巳日革之"，行有嘉也。

九三：征凶，贞厉。革言三就，有孚。

《象》曰："革言三就"，又何之矣。

九四：悔亡，有孚改命，吉。

《象》曰："改命"之"吉"，信志也。

九五：大人虎变，未占有孚。

《象》曰："大人虎变"，其文炳也。

上六：君子豹变，小人革面。征凶，居贞吉。

《象》曰："君子豹变"，其文蔚也。"小人革面"，顺以从君也。

【卦象意解】

"䷰"是《易经》六十四卦第四十九卦革卦的卦象、卦画和符号，而"革"是这一卦的名称。革卦上卦即外卦为兑泽卦☱，下卦即内卦为离火卦☲，所以革卦也称"泽火革卦"。

革卦上泽下火，泽中有水，泽下有火，泽火相搏而更替用事，是一个更代化变之象。

【卦辞意解】

革：巳日乃孚，元亨利贞，悔亡。

大多数人对于"革"字的认识主要来源于两类词：一类是"皮革"类的"革"，如"人造革"等；一类是"革命"类的"革"，如"改革""变革"等。这两类词的"革"看似不搭界，其实内在里却有着必然的联系，本源意义是相通的。这要从"革"字的造字说起。

"革"字是个象形字，像被剖剥下来的兽皮，上面的廿字头就是动物的头部和两个前肢，中间的圆形物是被剥下的兽身皮，下面的一横代表两个后肢，那长长的一竖则是动物的尾巴。所以，"革"的本义就是去毛的兽皮，正如《说文解字》的解释："革，兽皮治去其毛。"

以上讲的是"革"字作为名词的意义。"革"字作为动词，意思则是把剖剥下来的兽皮通过脱毛、鞣制等物理、化学方式进行加工而制成皮革的过程。剥下来的兽皮如果不进行处理，脏兮兮、臭烘烘的，没有任何用处，经过处理制成皮革就不易腐烂，再进行进一步加工，做成皮鞋、皮带、皮包、皮箱、皮鞭、皮椅等有用之物。所以，革的过程就是一个由腐而治的过程。将生皮制成皮革的过程就叫"变革"。引申到人类社会实践活动中，变革就是要革除旧弊、创立新制。

革卦所讲的主题就是变革的问题。

变革能否成功，关键在于把握时机，取得人民的信任，这就是卦辞所提醒人们的"巳日乃孚"。时机不成熟或者准备不充分，就难以取得人们的信任，难以使同盟者和跟随者树立信心，因此就难以成功。然而，时机到了，如果不及时动手实施变革，就会贻误良机。"巳日"，就是变革条件成熟的时日。到了"巳日"才能够"乃孚"，才能够得到人们的理解和信任。时机把握得好，得到了人民的信任，就会"元亨利贞，悔亡"，就是能够大为亨通，顺利而正确，不会有什么让人后悔的。

【爻辞意解】

初九：巩用黄牛之革。

变革需要慎之又慎，虽然需要变革，但如果条件不成熟，就必须耐心地等待。要用那结实的、厚厚的"黄牛之革"即黄牛皮革，"巩"即把自己捆得紧紧的、牢牢的，使自己不可轻举妄动。

六二：巳日乃革之，征吉，无咎。

"巳日"到了，也就是说变革的时机到来了、条件成熟了，就要果断地"革之"，即果断地推行变革。"征吉"，勇敢、大胆、积极地向前是吉祥的。"无咎"，不会有什么过错。

九三：征凶，贞厉。革言三就，有孚。

变革需要积极，但也需要稳妥。在变革的大潮中，人们会说"让暴风雨来得更猛烈些吧",但是一定要记住过犹不及。"征凶",变革的力度过大、速度过快、过于凶猛,就要"贞厉",就是一定要守正防凶,坚守正确的做法,并防范不必要的危险。

为了防范或者避免这些可能出现的危险,在变革之初就要慎重,要"革言三就",就是要慎之又慎,要对变革的方案进行反复的研究后再确定。"三"者,多也,反复也。"就"者,定也。一个成熟的方案才能够使人"有孚",即能够让人们有信心并得到大众的信任。

九四:悔亡,有孚改命,吉。

有了成熟的"革言",即变革的方案,就要积极大胆、坚决果断地向前走,就不要回头。"悔亡",不必后悔,要义无反顾地一直向前。"改命"其实就是现在讲的"改革"。"有孚改命"就是一定要有必胜的革命信心。义无反顾、信心十足地沿着革命的路线图前进,就一定能够"吉"祥顺利地实现变革的目标。

九五:大人虎变,未占有孚。

一如既往,"大人"是指能力超群、道德高尚之人,其地位在《易经》中还在君子之上,所以乾卦君子还要"利见大人"。"虎变",到了夏天,老虎就会褪掉旧毛,全身长出一身新毛,虎毛清新亮丽,花纹简洁大方、色泽鲜艳明朗。"大人虎变"就是讲在"大人"领导下的变革如同老虎夏天换了新毛一样,让人感到焕然一新而又井井有条。这种变革"未占有孚",即不用占问就能赢得广泛的信任。

上六:君子豹变,小人革面。征凶,居贞吉。

在变革过程中以及变革完成后,作为社会中坚和骨干的贤德"君子"也会发生"豹变",就如同豹子换了新毛一样,全身花纹变得更加清晰明朗,发生了全面、彻底的变化。即使那些社会上的"小人"、各色有心无心的"小人"也无不洗心"革面",主动或者被动地纷纷顺应新的变化和新的潮流,接受新的社会秩序。1949 年前后的中国大陆,整个社会,从工人到农民、从旧政府工作人员到小市民、从知识分子到社会底层的各色人等无不发生了全面而深刻的变化,就是这样一幅"君子豹变,小人革面"的情景。

　　当然,在实现了新一轮巨大变革后,社会或者一个组织就需要一段相当长时间的稳定,无论如何也不能不停地折腾,要给人以喘息的机会、给社会以休养生息的时间来收拾旧山河、开始新生活,如果再"征",即再没完没了地变革,那必"凶",即后果必将十分可怕。这个时候就需要人们安"居"乐业、安定下来,静下心来做点"贞"即正的事情,才能够"吉"祥如意。

◎ 第六十三章

鼎卦第五十——有足有耳的大锅

【原文】

䷱ **火风鼎　离上巽下**

鼎：元吉，亨。

《彖》曰："鼎"，象也。以木巽火，亨饪也。圣人亨以享上帝，而大亨以养圣贤。巽而耳目聪明，柔进而上行，得中而应乎刚，是以"元""亨"。

《象》曰：木上有火，"鼎"。君子以正位凝命。

初六：鼎颠趾，利出否，得妾以其子，无咎。

《象》曰："鼎颠趾"，未悖也。"利出否"，以从贵也。

九二：鼎有实，我仇有疾，不我能即，吉。

《象》曰："鼎有实"，慎所之也。"我仇有疾"，终无尤也。

九三：鼎耳革，其行塞，雉膏不食。方雨亏悔，终吉。

《象》曰："鼎耳革"，失其义也。

九四：鼎折足，覆公𫗧，其形渥，凶。

《象》曰："覆公𫗧"，信如何也。

六五：鼎黄耳，金铉，利贞。

《象》曰："鼎黄耳"，中以为实也。

上九：鼎玉铉，大吉，无不利。

《象》曰："玉铉"在上，刚柔节也。

【卦象意解】

"䷱"是《易经》六十四卦第五十卦鼎卦的卦象、卦画和符号，而"鼎"是这一卦的名称。鼎卦上卦即外卦为离火卦☲，下卦即内卦为巽风卦☴，所以鼎卦也称"火风鼎卦"。

这一卦是火在风上，风借火势，火借风威，实乃摧枯拉朽、革故鼎新之象。

【卦辞意解】

鼎：元吉，亨。

鼎卦看着就像鼎的样子。鼎是古代用以烹煮食物的器具，体积一般很大，常常需要很多人抬才能移动。"鼎"字本身就是这个器具的象形字。甲骨文"鼎"字的字形是上面的部分像鼎的左右两耳及鼎腹，下面则像鼎足。在古代，鼎常被视为立国的重器，也常被用作铭功颂德的礼器放在宗庙里。鼎还是政权的象征，古代以鼎之多少论政权的高低，有"天子九鼎，诸侯七鼎"之说。

作为食器，鼎的作用是烹煮食物供人们食用，在于对人的供养。以此立意，鼎卦讲的就是养人、养德、养贤的问题。作为国之重器，"鼎取新"，得到鼎象征着取得新政权、建设新社会。以此立意，鼎卦所讲的就是治人、治国、治世的问题。无论从哪方面讲，都是"元吉，亨"，即大为吉祥而亨通。

【爻辞意解】

初六：鼎颠趾，利出否，得妾以其子，无咎。

为了更加形象和更好理解，我们可以把鼎看作是一口巨大的锅，不过这锅有腿，还有可以插进杠子以便人抬的锅耳。

"颠"指上面、头部。"趾"指下面、腿脚。"鼎颠趾"就是那个带腿的大锅翻过来了，头脚颠倒了。这通常给人的感觉是个不吉祥的象，大锅翻了，那还了得？但是，该翻也得翻，该翻的时候翻了是正确的。大锅里的东西都吃完了，总该涮涮锅清理干净，涮完了就应该把那涮锅水倒出来。这时候就要把那带腿的大锅颠倒过来，把脏水、废物倒掉，"利出否"说的就是以便把脏东西倒出来。

爻辞又讲：这就好像"得妾"，纳了个奴婢做妾，虽然看起来、听起来不太好，但是如果是"以其子"，即为了让她生儿子，或者那奴婢已经被你收了，已经怀上了你的孩子，这就"无咎"，即没有什么不好了。

这两个故事告诉我们的都是一个道理，那就是为了更重要的、正确的事情，可以做看起来似乎不正确的事情。一个旧王朝腐败得不可救药、一无是处了，虽然臣民造反，但如果是为了创造一个更好的世界，推翻那万恶的旧世界就是正确的。

九二：鼎有实，我仇有疾，不我能即，吉。

"鼎有实"，大锅里装满了食物。这是爻辞所描绘的一个象。这个象所告诉我们的结论就是"我仇有疾，不我能即"，说我的仇人想害我，但是不能靠近我，"即"是靠近的意思，所以也就没法害我了，这当然"吉"。

我们可以这样理解：这里的鼎就是那个后面的"我"，"我"的肚子里有真才实学，"我"为社会做了不少实事，"我"这个政权还很有实力，"我"的那个仇人又怎么能搬得动、推翻得了"我"这个大鼎呢？搬不动、推翻不了的话，又能奈我何呢？

九三：鼎耳革，其行塞，雉膏不食。方雨亏悔，终吉。

"鼎耳革，其行塞"，那口大锅的两个耳朵脱落了，因此就没法把它移动了，满满的一大锅"雉膏"即一大锅肥美的炖鸡汤也就"不食"即吃不成了。看来以前是先在别的地方用鼎把食物做好，然后再抬到主人那儿去吃。正好赶上下雨，"方"即正巧，那一大锅美味呀就全泡汤了。这里我们可以有一个发现，那就是鼎没有盖子，这种大锅没锅盖。好端端的一锅美食被大雨冲了，你说"亏"不亏？当然"亏"死了；不光"亏"，还不后"悔"死？

全面、准确地理解这一爻的关键在于怎么解读"终吉"二字。大锅的两个耳朵掉了，刚好遇到天下大雨，一锅的好东西没吃成，连自己都觉得"亏"、觉得后"悔"，最后还"吉"，这又从何说起呢？要说明白这一点，我们就必须从人事的角度解透爻辞故事的寓意。就说这个"耳"吧，耳之用，对于鼎来讲是为了插入杠子好移动，对于人来讲则是为了听。"鼎耳革"，你的耳朵没了，或者聋了而成了摆设，也就听不到了，或者你有耳朵但不好好听，那么你也会"行塞"，即你就会难以行动。思想是行动的先导，不好好听或者听不进别人的话，就不会有正确的行动。这样即使你满腹"雉膏"、满腹经纶、浑身是才，也会"不食"，即一无用处，得不到重用。或许有那么一天，一场大"雨"才能把你那混混沌沌的头脑给浇清醒，才会心"亏"而"悔"，即幡然醒悟，才知道应该好好地听听别人的话，充实自己的思想，正确地发挥自己的才智，这样就可以"终吉"。

九四：鼎折足，覆公餗，其形渥，凶。

"鼎折足"，鼎的腿脚断了，鼎就倾"覆"而倒了，满鼎的供王"公"们享用的食物就洒了出来。"餗"，读"sù"，就是食物。洒出来的食物弄了食用的人一脸，使"其形渥"，即很不好看，这是一种"凶"兆。

把爻辞所描述的这一情景比于人事上，足之于人的用处就是行走，但人们常常用它代指人的行为，比如"涉足"什么领域、"失足"少年等。所以，我们也可以把"鼎折足"理解为走错了道、做错了事。正所谓"一失足成千古恨",结果就是丢了饭碗,还丢了脸、丢了面子,当然"凶",即不吉利。"公𫗧"的字面意思是供王公食用的食物,常用来比喻重要的工作。

六五:鼎黄耳,金铉,利贞。

给那只叫作"鼎"的大锅铸上黄铜做的耳,又给它配上用来抬鼎的金属杠子,这样"鼎耳"就不易"革"了,杠子也不易断了,因而"鼎足"也就不易"折"了,这样就"利贞",即有利于坚守正道。

古代的礼器或者王公家的器具,除了陶器类,就是青铜类和玉器。鼎一般是青铜器,青铜器是一种红铜和锡的合金,更纯的铜呈黄色,黄铜会更加耐用、耐磨甚至越磨越亮。"鼎黄耳"讲的就是用黄铜铸造的鼎耳,意味着更加坚固耐用。通常用来抬鼎的杠子是木杠,但木杠易折,现在把木杠换成金铉,即金属杠子,当然就不会轻易折断了。

但是,爻辞中的"黄"和"金"还另有他意。"黄"乃中正之色,"金"有刚坚之性。结合九三、九四两爻,我们就不难明白,鼎有结实的耳就意味着你能够听得进别人的话,而"黄"字则是讲你能够做到不偏听偏信,听得进别人的话,又能够对听到的东西有一个中正的判断,进而就会形成自己的思想来指导自己的行动,这样就不会"其行塞,雉膏不食"了。用"金铉"抬鼎,鼎也就可以稳固不"覆"了。

上九:鼎玉铉,大吉,无不利。

这里的"玉铉",不是用来抬鼎的,而是镶嵌在鼎的上部的装饰品。

讲到玉,博大精深的玉文化又是一篇大文章,在这里我们不必展开来讲。《礼记》说:"君子比德于玉。""君子无故,玉不去身。"《说文解字》讲:"玉,石之美者,有五德,润泽以温,仁之方也。"鼎上配玉铉,就是时刻提醒人们要以玉的品德要求自己,润泽以温,刚柔以节,敦仁以方,时时处处注意自己的言谈举止规范,这样就能够"大吉",而且"无不利"。

◎ 第六十四章

震卦第五十一——气定神闲听惊雷

【原文】

震为雷　震上震下

震：亨。震来虩虩，笑言哑哑。震惊百里，不丧匕鬯。

《彖》曰："震：亨。""震来虩虩"，恐致福也。"笑言哑哑"，后有则也。"震惊百里"，惊远而惧迩也。"不丧匕鬯"，出可以守宗庙社稷，以为祭主也。

《象》曰：洊雷，"震"。君子以恐惧修省。

初九：震来虩虩，后笑言哑哑，吉。

《象》曰："震来虩虩"，恐致福也。"笑言哑哑"，后有则也。

六二：震来厉，亿丧贝，跻于九陵，勿逐，七日得。

《象》曰："震来厉"，乘刚也。

六三：震苏苏，震行无眚。

《象》曰："震苏苏"，位不当也。

九四：震遂泥。

《象》曰："震遂泥"，未光也。

六五：震往来厉，亿无丧有事。

《象》曰："震往来厉"，危行也。其事在中，大无丧也。

上六：**震索索，视矍矍，征凶。震不于其躬，于其邻，无咎。婚媾有言。**

《象》曰："震索索"，中未得也。虽凶无咎，畏邻戒也。

【卦象意解】

"☳"是《易经》六十四卦第五十一卦震卦的卦象、卦画和符号，而"震"是这一卦的名称。震卦上卦即外卦和下卦即内卦都是震卦☳，震卦象征雷，所以也称为"震雷卦"。

震雷卦同卦相叠，上面是雷，下面还是雷，有雷声阵阵、万物惊悚之象。

【卦辞意解】

震：亨。震来虩虩，笑言哑哑。震惊百里，不丧匕鬯。

震卦的"震"取象于震雷的震，但又不仅仅指震雷的震，而是可以泛指一切让人难以承受的震撼、震惊、震慑的事情，比如大地震、海啸乃至如"9·11"般的恐怖袭击等。面对这种令人惊惧的情形，绝不能胆小怕事、畏惧退缩，而应该处变不惊、临危不乱、气定神闲、沉着应对。

当一声突如其来的响雷传来的时候，或者当意想不到的让人震畏的大事发生的时候，比如"9·11"时你眼看着两架飞机撞上了世贸大楼，谁都会忍不住地倒吸一口凉气。这就是"震来虩虩"表现出来的象。"虩"，读"xì"，可能左边偏旁表音，右边是个"虎"字，合在一起就表示一个人突然遇到一只可怕的老虎时的反应。

面对这样一个让人震惊的局面，有修养的人应该有或者通过平日的训练而具备有坚强的心理承受能力，大"震""来"过，"虩虩"后，不禁"笑言哑哑"，即哑哑一笑，然后继续自己手中的活计。无论这让人震惊的事情有多大,即使是"震惊百里",自己也还是该做什么做什么。这就像一个祭祀活动中的主祭人,手里拿着祭祀用的器具和祭品,天上一声震天响雷滚过,他似乎一无所感,甚至一无所知,依然沉稳地捞肉、献酒,按部就班地进行着他的祭祀。"不丧匕鬯",就是没有在惊慌中丢掉手中祭祀用的器具和祭品。"匕",读"bǐ",是祭祀时用来在鼎中捞取祭品的工具。"鬯",读"chàng",是祭祀用的酒,在这里代表祭品。

如果能做到"震来虩虩,笑言哑哑。震惊百里,不丧匕鬯",自然就会如卦辞第一个字所言——"亨",即亨通。

【爻辞意解】

初九:震来虩虩,后笑言哑哑,吉。

如果能够做到大"震""来"过、"虩虩"之"后",不禁"笑言哑哑",这修养与素质就没得说了,自然诸事皆"吉"。

六二:震来厉,亿丧贝,跻于九陵,勿逐,七日得。

"震来厉",大"震""来"得非常可怕。"亿丧贝",估计会造成财产的巨大损失。这时候就要抓紧舍财保命,抓紧向高处、向山上跑,"跻于九陵"。千万不能舍命不舍财,路上想起家里还有点细软舍不得就跑回去了。财乃身外物,去而复来。"留得青山在,不怕没柴烧。"只要保住了命,财富还会被创造。

"亿",臆、估计、猜想。"跻",登、升。"九",言高也。"陵",山岗。"七日",意为迅速、一个时段。

六三:震苏苏,震行无眚。

"苏苏"是惶惶不安的样子。"眚"指灾难、灾害。

大"震"来时,吓得人们哆哆嗦嗦、惊恐不安。大"震""行"过,人们会发现并没有造成什么灾难和恶果。

既然如此,那大震来时又有什么好怕的呢?

九四：震遂泥。

大"震"一来,吓得掉进了"泥"坑,这怎么能行呢? 又有什么好讲的呢?

六五：震往来厉,亿无丧有事。

大"震""往"往"来"来、反反复复。"厉",非常可怕。但是,"无丧有事",一定要认定了它不应该影响我们正在从事的事情,而自己所应做的就是镇定、冷静地继续自己正在从事的活计,沉着地做好自己正在做的事情。

上六：震索索,视矍矍,征凶。震不于其躬,于其邻,无咎。婚媾有言。

"索索",哆哆嗦嗦、十分恐惧的样子。"矍矍",惊恐四顾的样子。"震索索,视矍矍",大震一来,就被吓得浑身筛糠一般,惶然不知所措,这种人肯定"征凶",做什么也做不成。

"震不于其躬,于其邻",就是震慑人心之事不是发生在自己的身边,而是发生在自己的近邻,自己当然"无咎",即自己当然没有什么过错了。但是,如果这个时候自己和邻家提出"婚媾"之事,比如谈婚论嫁或者谈交流与合作,邻人就会"有言"了,邻人就会很不舒服、略有微词,因为他会怀疑你的出发点和目的到底是什么,是不是有乘人之危之嫌。所以,当别人心神未定之时,切忌商谈什么大事。

◎ 第六十五章

艮卦第五十二——行于当行与止于当止

【原文】

艮为山　艮上艮下

艮：艮其背不获其身，行其庭不见其人，无咎。

《彖》曰："艮"，止也。时止则止，时行则行。动静不失其时，其道光明。"艮其背"，止其所也。上下敌应，不相与也。是以"不获其身，行其庭不见其人，无咎"也。

《象》曰：兼山，"艮"。君子以思不出其位。

初六：艮其趾，无咎，利永贞。

《象》曰："艮其趾"，未失正也。

六二：艮其腓，不拯其随，其心不快。

《象》曰："不拯其随"，未退听也。

九三：艮其限，列其夤，厉，薰心。

《象》曰："艮其限"，危"薰心"也。

六四：艮其身，无咎。

《象》曰："艮其身"，止诸躬也。

六五：艮其辅，言有序，悔亡。

《象》曰："艮其辅"，以中正也。

上九：敦艮，吉。

《象》曰："敦艮"之"吉"，以厚终也。

【卦象意解】

"䷳"是《易经》六十四卦第五十二卦艮卦的卦象、卦画和符号，而"艮"是这一卦的名称。六画艮卦是三画经卦艮卦的重卦，即它的上、下两个三画卦都是艮卦☶。因为艮象征山，所以艮卦也称为"艮山卦"。

相连的两山遥遥相望而不能相遇，所以艮卦是一个各居其位、止于当止之象。

【卦辞意解】

䷳艮：艮其背不获其身，行其庭不见其人，无咎。

艮卦的特性是止，艮卦所讲的就是止于当止。但是，"行"与"止"是一对对立统一的概念，能止才能行，有行才有止。所以，严格地讲，艮卦所讲的应该是止于当止、行于当行的进退行止之道。

"背"，指人的背面和背向，代表人的缺点、错误和错误的方向。"身"则是指人的身体，代表人的主体、优点和正确的方向。"艮其背不获其身"就是指导人们要止当当止，对于自己的缺点和错误要抓紧纠正，要抓紧在错误的方向上止步。"行其庭不见其人"则是指导人们要行于当行，应该做的事就要在大"庭"广众之下光明正大地大胆地去做，而不要太在乎别"人"说什么，正如意大利诗人但丁在他的代表作长诗《神曲》中的一句名言所讲:"走自己的路,让别人去说吧。"

能知行止,自然就会"无咎",即会少有过失。

【爻辞意解】

初六:艮其趾,无咎,利永贞。

人走路,必先抬起一只脚的脚后跟,然后才抬起这只脚的脚趾,当这只脚的大脚趾离开地面迈向前时才能走起来。"艮其趾",就是当要迈步的第一只脚的脚趾还没有离开地面时就停了下来。行于当行,止于当止。对于不该做的事情,从一开始就不应该做,如果起了做的念,就应该在即将付诸行动时果断地停下来,这样才能"无咎"即无灾无祸,而且"利永贞"即永远地坚持下去。

六二:艮其腓,不拯其随,其心不快。

"腓"就是腿肚子。"拯"指纠正。"随"即服从。

不该做的事情已经开了个头,脚已经迈出去已很难收回来了,腿肚子也被迈出去的脚一并带了出去,这时候停下来,"其心不快",心里总觉得有些别扭,感觉进也不是、退也不是。但是,如果这个时候发现自己做的事情不对头,还是应该果断地停止,果断地"艮其腓",即让那只错误地迈出去的脚停下来,在空中戛然而止。这样做虽然心里有些不舒服,但总比最终迈出了错误的步伐好得多,不管你高兴不高兴。

九三:艮其限,列其夤,厉,薰心。

"限",指人的腰部。"夤",读"yín",是脊椎两旁的肌肉。"艮其限,列其夤,厉",事情做到半截,忽然停止了,就会像人在做一个剧烈的腰部的动作中间忽然停止,结果扭了腰,这样很危险。前面两爻讲的都是止于当止;这一爻讲的则是不能止的时候就不要止,应该善始善终而不是半途而废。之所以出现"艮其限"的局面,通常是因为"薰心",不知道被什么东西蒙蔽了心窍,一时鬼迷心窍、头脑糊涂,不能够真正理解透彻止于当止、行于当行的精神实质。

六四:艮其身,无咎。

这里的"身",是全身、整体的意思。"艮其身",就是无论行与止,都应该利利索索,而不能拖泥带水,要止就彻底、整体地停止,这样才能"无咎"。

六五:艮其辅,言有序,悔亡。

前几爻讲的都是行动上的行止问题,这一爻则是讲的语言的"行止"。"辅"是人脸上的颊骨,人通过面部颊骨的上下运动来带动嘴的开合。"艮其辅"就是要让颊骨知行止,管住自己的嘴,不能想说什么就说什么。俗话说:"病从口入,祸从口出。"管好自己的嘴,不仅要知道哪些话能说、哪些话不能说,还要知道那些能说的话怎么说。怎么说呢? 就是要"言有序",就是说话要有条有理,还要把握好分寸。做到了"艮其辅,言有序",就自然不会说错话,也就自然"悔亡"了。

上九:敦艮,吉。

这一爻讲的是当行则行、当止则止时的态度,那就是要"敦艮"。"敦"有老实厚道的意思,比如常夸人说这个人敦厚老实。"敦艮"就是要当行的时候就老老实实地行,当止的时候就老老实实地止,而不必犹犹豫豫或者心有不甘。这样才可以"吉"。

第六十六章

渐卦第五十三——循序渐进女妇吉

【原文】

䷴ 风山渐　巽上艮下

渐：女归吉，利贞。

《彖》曰："渐"之进也，"女归吉"也。进得位，往有功也。进以正，可以正邦也。其位，刚得中也。止而巽，动不穷也。

《象》曰：山上有木，"渐"。君子以居贤德善俗。

初六：鸿渐于干，小子厉，有言，无咎。

《象》曰："小子"之"厉"，义"无咎"也。

六二：鸿渐于磐，饮食衎衎，吉。

《象》曰："饮食衎衎"，不素饱也。

九三：鸿渐于陆。夫征不复，妇孕不育，凶。利御寇。

《象》曰："夫征不复"，离群丑也。"妇孕不育"，失其道也。"利"用"御寇"，顺相保也。

六四：鸿渐于木，或得其桷，无咎。

《象》曰："或得其桷"，顺以巽也。

九五：鸿渐于陵，妇三岁不孕，终莫之胜，吉。

《象》曰："终莫之胜，吉"，得所愿也。

上九：鸿渐于陆，其羽可用为仪，吉。

《象》曰："其羽可用为仪，吉"，不可乱也。

———————————☯———————————

【卦象意解】

"☴☶"是《易经》六十四卦第五十三卦渐卦的卦象、卦画和符号，而"渐"是这一卦的名称。渐卦上卦即外卦为巽风卦☴，下卦即内卦为艮山卦☶，所以渐卦也称"风山渐卦"。

中医讲"乙癸同源"，五行说"风木一家"，《象》也讲"山上有木，渐"。所以，渐卦可以理解为如山上的树木慢慢长大的渐进之象。

【卦辞意解】

渐：女归吉，利贞。

"渐"的意思以及渐卦所讲的就是循序渐进。凡事都应该按照一定的程序或者内在的规律一步步地来。循序渐进是事物发展变化的内在规律与要求，也是人们所应该遵守的内在规律与要求。为此，卦辞中举了一个例子，说做事情一定要循序渐进，要像"女归"，即像女子出嫁一样，一步步地按程序来，不可以乱来，这样才会"吉"祥如意，也才"利贞"，即才利于坚守正道、利于女子守贞。

古代女子出嫁，必须经过纳彩、问名、纳吉、纳征、请期、亲迎六个固定的步骤，也称为"六礼"。"纳彩"就是男方托人带着东西到女方去提亲，一家女百家求，所以纳彩可能不止一次。"问名"就是合八字，媒人请问了女子的八字，带回男家请算命先生推算相合。若不合庚，则将帖子退回女方，婚事也就拉倒了。如果双方八字相合，就要再去女方家说亲，也就是"纳吉"。纳吉之后就要安排男方向女方家送聘礼,这就是"纳征"。"请期"就是双方商定婚期。"亲迎"是最后一个步骤,男子亲赴女方家迎娶新娘。这一程序既体现了对于女子家的尊重,又体现了人们对于婚嫁之事的慎重。

【爻辞意解】

初六: 鸿渐于干,小子历,有言,无咎。

"鸿"就是鸿鹄、鸿雁、大雁,是常生活在湖泊、沼泽、大河、水塘边的候鸟。大雁喜欢群居,有秋飞南、春回北的迁徙习性。秋后天气转凉的时候,大雁就会排成人字形或一字形雁阵向南方飞去。当人们看到大雁从南方飞回时,那就意味着春天到来了。

渐卦卦辞以"女归"举例说明循序渐进的道理,爻辞又以鸿雁比兴,是有其内在必然联系的。大雁是典型的一夫一妻制,而且终身不改,即使是一只配偶死了,另一只也不会再找伴侣,这种忠贞不渝的精神自古就被人们传诵和赞美,所以过去女归纳彩就讲求"用雁",只是由于大雁十分难以得到,因此民间后来就用家鹅来代替了。

大雁秋后飞到南方过冬,一方面躲避北方的严寒,一方面雌雄交配。等春天来临,它们就会飞回北方产卵、抱窝,哺育后代。小雁孵出来后,就会渐渐学走学飞,先从水边开始,渐渐地飞向陆地、树上、山上,渐渐地越飞越高、越飞越远,等秋天练就了"远走高飞"的本领,便跟着老雁飞到南方过冬。

渐卦六条爻辞所讲的,就是大雁练飞时由水中到陆上、由近及远、由低到高的循序渐进的过程。

大雁在水中的小岛上、芦苇丛里或者沼泽里把小雁孵出来后,小雁先是在水上学游、学飞,渐渐地就会大着胆子到水边、河边走走、飞飞,这就是"鸿渐于干"。"渐",逐渐、渐渐、慢慢的意思。"干",水边、岸边。大雁日常应该是栖息在水中的,现在来到了岸边,对于没有经验的小雁来讲,就感觉到很奇怪甚至很危险,这就是"小子厉",甚至会"有言",即责怪和抱怨大雁。这"无咎",这又有什么错呢? 它们必须不断地探索新的、更广阔的世界,接触新的事物。它们必须熟悉自己所处的环境,要不然来年飞回来又怎么能够找到自己的家呢?

这一爻爻辞所要告诉我们的,是做任何事情都应该扎扎实实地谨慎起步,先易后难,先近后远,从自己所熟悉的地方开始,稳步地向前探索。

六二:鸿渐于磐,饮食衎衎,吉。

"磐"就是磐石,是大而坚硬的石头。"鸿渐于磐,饮食衎衎",大雁吃饱喝足了,会试探着渐渐飞到岸边比较高的安全的地方去玩耍。"衎",读"kàn",是高兴的样子。这样"吉",即这样比较好。

大雁边吃边玩儿,渐渐地从安全的水边飞到安全的大石头上,意思就是做事情要有长期的准备,不是一朝一夕就能完成,要把一件事做好,就要按部就班地来,同时还要知道安全比什么都重要,尤其在刚刚开始不久的阶段。

九三:鸿渐于陆。夫征不复,妇孕不育,凶。利御寇。

"鸿渐于陆",长大了的雁渐渐地飞到了高地上。它们胆子越来越大,翅膀也越来越硬了,就开始大胆地从水边、从磐石上飞到了广阔的大地上。不过,随着活动区域的扩大,危险也来了。自己以为翅膀硬了,可以远走高飞了,而实际上还远远不够。这时候非要超越自身的实力远"征",就有可能落得个"征"而"不复"即回不来了的结果,这后果当然"凶"。这就像女人怀了孕而没能够生下孩子一样,半途而废,无果而终。所以,在大雁成长的这个阶段,"利御寇",即注意防范风险最为有利。

回到渐卦所言做任何事情都需要循序渐进的主题来理解这一爻,就是告诫人们:当条件还不完全具备时,切不可超越自身的能力、超越事物自身所处的阶段而盲目前进。违反循序渐进的原则结果必"凶"。刚刚学会开车的人往往容易开快车,而恰恰是这些刚刚学会开车的人容易出事故。俗话说"淹死的大都是会游泳的和胆子大的",也是同样的道理。

六四:鸿渐于木,或得其桷,无咎。

"鸿渐于木",长大了的大雁渐渐地飞到高高的树上。"或得其桷,无咎",如果有一个平直的树枝可以落脚,就不会有什么灾祸。

通常一棵大树上枝权很多,这表示事情会遇到一些复杂的局面,在这种情况下一味地瞎闯就难免受伤。这个时候,最为关键的是在这复杂的局面下找到一个可以歇歇脚、静静神、冷静下来思考的落脚点。"桷",读"jué",方正的屋椽,在这里是指树上平整的树枝。

九五:鸿渐于陵,妇三岁不孕,终莫之胜,吉。

"鸿渐于陵",长大了的大雁渐渐地飞越了高高的山陵。

看来长大了的大雁的翅膀真的越来越硬了,也越来越自信了,飞得更高、更远了。这样一来,"妇"所代表的阴恶的势力或者说做任何事情的阻力就难以阻挡事情向前发展了。它们"三岁不孕",即多年不能成功,"终莫之胜",即最终也难以阻挡大雁的远走高飞,难以阻挡事物前进的脚步,因此事情甚或事业得以"吉"祥顺利地进行。

上九:鸿渐于陆,其羽可用为仪,吉。

"鸿渐于陆",长大了的大雁渐渐地可以飞越辽阔的大地、飞越高高的大山。它们已经练就了长途跋涉的本领,可以跟着老雁南飞了。待到来年,它们甚至可以作为老雁带领新雁列阵飞翔。"其羽可用为仪",大雁的羽毛常常被古人用来送给别人作礼品,要不怎么会有"千里送鹅毛"之说呢。

从渐卦的主题讲,"鸿渐于陆",就是说已经能够熟练地驾驭事情的发展,并且能够成就一番事业,这不正是值得我们学习的榜样吗?

第六十七章

归妹卦第五十四——诸侯一娶九女

【原文】

雷泽归妹　震上兑下

归妹：征凶，无攸利。

《彖》曰："归妹"，天地之大义也。天地不交而万物不兴。"归妹"，人之终始也。说以动，所以"归妹"也。"征凶"，位不当也。"无攸利"，柔乘刚也。

《象》曰：泽上有雷，"归妹"。君子以永终知敝。

初九：归妹以娣，跛能履，征吉。

《象》曰："归妹以娣"，以恒也。"跛能履"，"吉"，相承也。

九二：眇能视，利幽人之贞。

《象》曰："利幽人之贞"，未变常也。

六三：归妹以须，反归以娣。

《象》曰："归妹以须"，未当也。

九四：归妹愆期，迟归有时。

《象》曰："愆期"之志，有待而行也。

六五：帝乙归妹，其君之袂不如其娣之袂良。月几望，吉。

《象》曰："帝乙归妹"，"不如其娣之袂良"也。其位在中，以贵行也。

上六：**女承筐无实，士刲羊无血，无攸利。**

《象》曰：上六"无实"，"承"虚"筐"也。

───────────────◉───────────────

【卦象意解】

"䷵"是《易经》六十四卦第五十四卦归妹卦的卦象、卦画和符号，而"归妹"是这一卦的名称。归妹卦上卦即外卦为震雷卦☳，下卦即内卦为兑泽卦☱，所以归妹卦也称"雷泽归妹卦"。

归妹卦上卦震雷其性为动、其象为长男，下卦兑泽其性为悦、其象为少女，所以归妹卦卦象为少女从长男，有婚姻之动、女子当归之象。

【卦辞意解】

归妹：征凶，无攸利。

前面的渐卦讲的是"女归"，即按照循序渐进的程序嫁女儿，所以吉。这里的"归妹"是主动把自己的妹妹嫁出去，这就不符合"渐"的由娶而嫁的道理，违背了循序渐进的程序，也违背了婚嫁的常理。这种情况看起来是女方主动嫁妹，实则必有一种被动的无奈，常常是处于相对弱势的一方为了摆脱困境而采取的政治的或者经济的联姻。比如战国时的诸侯征战、弱肉强食，有时弱国遇强国大兵压境难以匹敌时就往往采取这种嫁女联姻的手段以获得苟延残喘之机，后世文成公主入藏和昭君出塞背后也有这种不得已的成分。

在这样一种局面下，如果还想"征"，那是不可能的，那必没有好的结果，所以言"凶"。如果真的不顾现实非要"征"，那纯是瞎折腾，"无攸利"，即不会有什么好处。

【爻辞意解】

初九：归妹以娣，跛能履，征吉。

"娣"，女弟、妹妹也。为了讲明白这个问题，有必要介绍一下归妹卦里所涉及的周代婚姻制度中特有的仅仅适用于诸侯的一种非常特殊的侄娣制度。

侄娣制度规定：诸侯一生只娶一次，一次娶九女。其中一人为嫡妻即正房，称"夫人"；其他八人都是陪嫁而来做偏房，称"媵"。"媵"读作"yìng"。在这八个媵中，有两人是嫡妻的侄女或妹妹；有两人是和夫人同姓的其他诸侯国陪嫁而来的同姓女子，当然必须是同姓诸侯的近亲；还有两人是两个陪嫁的同姓女子各自带着的两名侄女或妹妹。陪嫁的人如果当时不够十五岁的年龄，就要在娘家等到够了年龄再来。这是一种复杂的一夫多妻的婚姻制度。

这里初九爻里的"归妹以娣"，就是侄娣制度中的妹妹而不是侄女陪嫁过来。姐妹两个都是大家闺秀。大部分当妹妹的肯定不想陪嫁来做小老婆，而是希望自己做正房，但是没有办法，只有听命的份儿。这就要做思想工作。应该让她明白，陪嫁过去，虽然是偏房，但一样能过上好日子，这就是"跛能履"。如果脚跛不影响走路，又有什么不好的呢？做偏房不影响性生活，不影响生活质量，还有人伺候，"征吉"，即前途一定是光明的。

九二：眇能视，利幽人之贞。

"眇能视"想说的道理和上九的"跛能履"是一个意思。跟着姐姐嫁来做偏房没什么不好，但要明白，偏房毕竟是偏房，"利幽人之贞"，要耐得住寂寞，不可有非分之想，要坚定地站在姐姐的后面，不可越位，这样就能够"贞"。

六三：归妹以须，反归以娣。

"须"，姐姐。"归妹以须，反归以娣"，就是如果当妹妹的想以姐姐的身份嫁过去做正室,这种不正当的做法是难以得逞的,最终还是只能做偏房。

九四:归妹愆期,迟归有时。

"愆",读"qiān",超过之意。"归妹愆期",陪嫁的妹妹当初因为年龄还小而没有跟姐姐一起嫁过去,按说应该等到够了十五岁的时候马上嫁过去,但这并不是一到了够十五岁的那一天就必须立即嫁过去,往往会过一段时间,这就是"愆期",有点推迟的意思。这个时候可能待嫁的妹妹有些按捺不住了,所以就必须给一个说法,那就是"迟归有时",就是要等待适当的时机。比如:当时双方有战事,或者某一方家中有不适宜婚嫁的事等等,这个时候就必须等一等。有些时候,可能还需要选一个好的季节和日子等。

六五:帝乙归妹,其君之袂不如其娣之袂良。月几望,吉。

总感觉归妹卦的各条爻辞就像要嫁妹或者女儿出去当偏房时君兄或家长在做妹妹或者女儿思想工作的说辞,就是努力地劝说妹妹或者女儿要正确地对待这种身份和安排。

有时候,无论是家族的政治地位还是经济实力,正房的家庭背景或者还不如这陪嫁的妹妹呢,所以陪嫁来的偏房的穿戴可能比正房的还好,这就是"其君之袂不如其娣之袂良"。"君"就是那个嫡妻、正房。"娣"就是要陪嫁过来做偏房的妹妹。"袂"就是衣服的袖子,在这里代指衣着、服饰等。

对于这种情况,君兄或者家长一定要劝说妹妹或者女儿注重自己的修养。如果说那个正房是农历望日十五的月亮,那么这个妹妹或女儿就应该是那个"几望"之"月",即那个将近十五正圆但还没有圆的月亮。这种情况,就要求她既要有圆月的中正之德,又不能够越位于正房之上,这样才能"吉",即才会有一个好的结局。这一点要像"帝乙归妹",向帝乙所嫁出的妹妹太姒学习。

在泰卦六五中,我们已经讲过帝乙归妹的故事,讲的是纣王的父亲帝乙为了修好商周关系,将自己的妹妹太姒嫁给了周文王姬昌。当时商为大国,周为小邦,帝乙的妹妹却嫁给文王做偏房之妾,这太姒的家族地位、背景和财富自然要比姬昌的夫人好得多。但是,太姒嫁过去以后,能够端正思想,正确认识自己的地位与身份,能够恪守妇道、妾道,和夫人一起支持姬昌的事业,还为姬昌先后生了十个男丁,周武王、周公旦等都是太姒所生,为周王朝的发展作出了巨大贡献。归妹卦六五爻辞就是劝说将要以娣归妹的女人要向太姒学习,正确处理与丈夫和夫人的关系。

上六: 女承筐无实,士刲羊无血,无攸利。

在古代的婚礼中,新娘要捧着自己在家做针线活的箩筐。当然这筐不能空着,要放上自己亲手做的活计,比如为丈夫、公婆做的鞋垫、布袜、布鞋、棉鞋等,以展示自己的女红手艺。如果结婚的时候新娘捧着的箩筐是空的,说明自己根本不会做女红,就会被婆婆家人笑话和瞧不起,甚至会一辈子抬不起头来。这就像男人杀羊祭祀而没有杀出血来一样不吉利、不顺利。"刲",读"kuī",宰杀。

这一爻告诫人们: 无论做什么,都应该像将要出嫁的女子一样,一定要有立身之本,要学会应该会的东西,要像杀羊之士一样干好自己的活,这样才能够有一个好的前程,否则只能"无攸利"。

第六十八章

丰卦第五十五——如日中天的恢宏

【原文】

雷火丰　震上离下

丰：亨，王假之。勿忧，宜日中。

《彖》曰："丰"，大也。明以动，故"丰"。"王假之"，尚大也。"勿忧，宜日中"，宜照天下也。日中则昃，月盈则食，天地盈虚，与时消息，而况于人乎？况于鬼神乎？

《象》曰：雷电皆至，"丰"。君子以折狱致刑。

初九：遇其配主，虽旬无咎，往有尚。

《象》曰："虽旬无咎"，过旬灾也。

六二：丰其蔀，日中见斗，往得疑疾，有孚发若，吉。

《象》曰："有孚发若"，信以发志也。

九三：丰其沛，日中见沬，折其右肱，无咎。

《象》曰："丰其沛"，不可大事也。"折其右肱"，终不可用也。

九四：丰其蔀，日中见斗，遇其夷主，吉。

《象》曰："丰其蔀"，位不当也。"日中见斗"，幽不明也。"遇其夷主"，"吉"行也。

六五:来章,有庆誉,吉。

《象》曰:六五之"吉","有庆"也。

上六:丰其屋,蔀其家,窥其户,阒其无人。三岁不觌,凶。

《象》曰:"丰其屋",天际翔也。"窥其户,阒其无人",自藏也。

【卦象意解】

"䷶"是《易经》六十四卦第五十五卦丰卦的卦象、卦画和符号,而"丰"是这一卦的名称。丰卦上卦即外卦为震雷卦☳,下卦即内卦为离火卦☲,所以丰卦也称"雷火丰卦"。

这一卦上雷下火,有声有色,电闪雷鸣,实乃一派恢宏盛大之象。

【卦辞意解】

丰:亨,王假之。勿忧,宜日中。

"丰"的意思有很多,如高大、茂盛、丰收、富饶等等,可以象征一种丰硕的收获、辉煌的事业与成功。这样一种局面的出现,自然大为"亨"通。"王假之",这样一种局面,行王道的君王能达到。"勿忧",君王注重行王道,走王道之路,就不必担忧,就一定能实现。"假"字是至、达到的意思。

"宜日中"所讲的,就是有道君王在行王道以至于"丰"的过程中所"宜"特别注意的由"日中"所能体现出的两点:一个是明,一个是中。"明"字所体现的就是"日中",正午的太阳所表现出的光明灿烂,这是一天中最为明亮的时刻,能够照遍世界的角角落落。"中"字所体现的就是"日中",即正午的太阳所处的位置。它不东不西,不偏不倚,高挂中天。做人光明磊落,做事中正规矩,就可以得民心、聚民力,就可以成就"丰"功伟业。

【爻辞意解】

初九：遇其配主,虽旬无咎,往有尚。

上面讲过,丰功伟业只有有道君王行王道才能达到,即"王假之"。有道君子所要做的,则是助有道君王行王道。良禽择木而栖,贤臣择主而事。如"遇其配主",即遇到了适合自己发挥才能的君主,"虽旬无咎",即使是投奔他晚了一些,也不必担心什么,大胆地去,不会有什么过错,而且"往有尚",不仅无咎,还会得到赏识。"配",匹配、适当。

六二：丰其蔀,日中见斗,往得疑疾,有孚发若,吉。

"蔀",读"bù",是盖在棚架上以遮蔽阳光的草席,这里是遮掩、遮挡之意。"斗",星斗、星星。

"丰其蔀",光辉灿烂的事业有时也有不尽如人意之处,再好的社会也难免存在一些阴暗之事,这好比"日中见斗",即正午能见到星斗,难免让人生疑。"往得疑疾",在这种情况下前往,总是有所疑惑,也怕受到怀疑与憎恶。但是,如果自己有信心、有诚心,"有孚发若",即满怀信心与诚心地前往,积极地投入一起致"丰"的事业中去,结果就必定"吉"。

九三：丰其沛,日中见沫,折其右肱,无咎。

"沛",古同"旆",旌旗、布幡、幕帐。"沫",读"mèi",通"昧"。

"丰其沛,日中见沫",丰满盛大的景象被布幡、幕帐之类的东西遮挡住了,就像正午出现的黑暗,这大概是因为"折其右肱"。君王因为失去了得力助手,自己的力量不能够把所有的事情都处理好,这时前往助力,"无咎",即不会有什么过错。

九四：丰其蔀,日中见斗,遇其夷主,吉。

在"丰其蔀,日中见斗"的情况下,前去投奔,如果"遇其夷主"即遇到了一位平和、平易的君主,"吉"。

六五：来章，有庆誉，吉。

"章"，文采。从君子的角度讲，如果有文采、有超过一般人的能力，前往投奔自己所选择的君主，不仅会被留下重用，还会得到奖赏和荣誉，即"有庆誉"，也自然会大"吉"大利。

上六：丰其屋，蔀其家，窥其户，阒其无人。三岁不觌，凶。

"丰其屋"，房屋光彩宜人。"蔀其家"，将家室遮掩起来。"阒"，读"qù"，寂静、空虚的意思。"窥其户，阒其无人"，从门户向里看，里面静静地看不到人影。"三岁不觌，凶"，如果长期这样，就很危险。这个意思是：大家都知道你有带领大家致"丰"的能力，但是你把自己藏起来、封闭起来，不出来为君王、为大家、为社会做事，这样不好。

◎ 第六十九章

旅卦第五十六——漂泊的旅人

【原文】

火山旅　离上艮下

旅：小亨，旅贞吉。

《彖》曰："旅：小亨"，柔得中乎外而顺乎刚，止而丽乎明，是以"小亨，旅贞吉"也。旅之时义大矣哉！

《象》曰：山上有火，"旅"。君子以明慎用刑而不留狱。

初六：旅琐琐，斯其所取灾。

《象》曰："旅琐琐"，志穷"灾"也。

六二：旅即次，怀其资，得童仆，贞。

《象》曰："得童仆，贞"，终无尤也。

九三：旅焚其次，丧其童仆，贞厉。

《象》曰："旅焚其次"，亦以伤矣。以旅与下，其义丧也。

九四：旅于处，得其资斧，我心不快。

《象》曰："旅于处"，未得位也。"得其资斧"，心未快也。

六五：射雉一矢亡，终以誉命。

《象》曰："终以誉命"，上逮也。

上九：鸟焚其巢，旅人先笑后号咷。丧牛于易，凶。

《象》曰：以旅在上，其义"焚"也。"丧牛于易"，终莫之闻也。

───────── ☯ ─────────

【卦象意解】

"☶☲"是《易经》六十四卦第五十六卦旅卦的卦象、卦画和符号，而"旅"是这一卦的名称。旅卦上卦即外卦为离火卦☲，下卦即内卦为艮山卦☶，所以旅卦也称"火山旅卦"。

火山旅卦，山上有火，如行人匆匆、于野漂泊之象。

【卦辞意解】

旅：小亨，旅贞吉。

"旅"卦的"旅"，不是今天"旅游"的"旅"，而是游学、经商甚至逃难的那种滞留他乡、在外漂泊的"旅"。旅卦所讲的，就是在这种漂泊不定的艰难中求安的原则和方法。

一如既往，旅卦也非常讲求一个"贞"字。"旅贞吉"，就是说在艰难的漂泊之"旅"中，要坚持"贞"正的原则，只要做到这些就会"吉"。

漂泊中守"贞"而"吉"，就可以"小亨"，小有亨通。出门在外，永远比不了在家里，即使没有磨难、衣食无忧，也难免内心寂寞与孤独，所以即使是一切顺利，也只能是小有亨通。

【爻辞意解】

初六：旅琐琐，斯其所取灾。

在漂泊之"旅"中，要堂堂正正，要自信，还要有一颗平常心，切不可"琐琐",即猥猥琐琐,让人瞧不起。让人瞧不起,"斯其所取灾",就等于等着人欺负自己,自讨苦吃,自取其咎,自寻灾祸。

六二：旅即次,怀其资,得童仆,贞。

"次"的本义是旅行所居止之处所,也就是临时驻扎和住宿的地方。"即",就、到,意为到达。"旅即次,怀其资,得童仆",意思是旅途中到达旅店等处住宿或者漂泊者的暂居之处,一定要"怀"即藏好自己的"资"财,还要安顿好自己的"童仆",处理好与他们的关系,"得"是相得、相洽的意思。这样做才"贞",才是正确的。

九三：旅焚其次,丧其童仆,贞厉。

"旅焚其次",漂泊中的住所被烧了。"丧其童仆",自己的童仆也跑了。这两句话的意思并不一定是真的住所被火烧了、童仆跑了,而是讲漂泊中居无定所、无处安身,还不能够和仆从很好地相处,丧失了仆从对自己的忠诚,这样就麻烦了,就"厉"即危险了,所以一定要"贞厉",即注意守正防"厉"。

九四：旅于处,得其资斧,我心不快。

"旅于处",虽然漂泊在外,但有所止之处,就是在外有安身之处。"得其资斧",还有不少财产。"资",钱财。"斧",斧子。"资斧"在这里代指家产之类。这样虽然既有住的,又有花的,也有用的,好像吃喝不愁、衣食无忧,但是仍然"我心不快",即心里不痛快、不高兴。

爻辞虽然是这么一种描述,但真正的本意在于提醒漂泊者不可以在外优哉游哉、乐不思蜀,即使条件再好、再成功,也要时刻记挂着自己的家乡故土。

六五：射雉一矢亡,终以誉命。

"雉"就是雉鸡、野鸡,有彩色的羽毛,比家鸡漂亮,能飞,不易被抓获。"射雉一矢亡",用箭射雉鸡,一箭就射中了,把雉鸡射死了,于是乎就此受到了广泛的赞誉和君王的奖赏。

这一爻是讲：即使你是个到处漂泊的旅人，你还是要有独到的特长与本领，这才是你的立身之本。

上九：鸟焚其巢，旅人先笑后号咷。丧牛于易，凶。

鸟把它的窝烧掉了。漂泊之人先是很高兴，而后号啕大哭。牛在田野里跑了，这是个凶兆。把爻辞直接翻译成白话文就是这么个意思，相信大多数人看了会不知所云，所以有必要做一番梳理和解析。

"鸟焚其巢"，鸟把它的窝烧掉了。这是不可能的事情，鸟没有能力烧掉自己的窝，我们也没看到人烧掉鸟的窝。这似乎很难理解。但是，如果我们把鸟看作是商旅漂泊之人，似乎就好理解了。漂泊在外，总是对家有份难忘的牵挂，那会让人的心感到很累。长年的奔波终于有了好的结果，发了大财，也有了安顿之处，甚至在外置了不少田宅，于是回到老家把父母、妻子和孩子接来，顺手就把老家的田宅给卖了，这当然和"鸟焚其巢"没什么两样。当然，一开始你可能会感觉无比轻松、高兴，真个是"旅人先笑"，终于不必年年中秋孤独望明月、岁岁腊冬匆匆把家还了。

但是，你要知道，故乡永远是灵魂的港湾，中华先民安土重迁，讲究落叶归根，故乡永远是你一生魂牵梦萦的地方。当你"鸟焚其巢"后，蓦然回首，你会发现自己已经俨然走向了一条不归之路，你就像那在田野里走失的牛再也回不去了，你就将会是一个游荡于旷野的孤魂野鬼，你的灵魂已然找不到它的归依之处，这个时候，岂止是"号啕"能够了得，又岂止是个"凶"字说得！

◎ 第七十章
巽卦第五十七——教化如风

【原文】

巽为风　巽上巽下

巽：小亨。利有攸往，利见大人。

《彖》曰：重巽以申命。刚巽乎中正而志行。柔皆顺乎刚，是以"小亨。利有攸往，利见大人"。

《象》曰：随风，"巽"。君子以申命行事。

初六：进退，利武人之贞。

《象》曰："进退"，志疑也。"利武人之贞"，志治也。

九二：巽在床下，用史、巫纷若，吉，无咎。

《象》曰："纷若"之"吉"，得中也。

九三：频巽，吝。

《象》曰："频巽"之"吝"，志穷也。

六四：悔亡，田获三品。

《象》曰："田获三品"，有功也。

九五：贞吉，悔亡，无不利。无初有终。先庚三日，后庚三日，吉。

《象》曰：九五之"吉"，位正中也。

上九：巽在床下，丧其资斧，贞凶。

《象》曰："巽在床下"，上穷也。"丧其资斧"，正乎？"凶"也。

【卦象意解】

"☴☴"是《易经》六十四卦第五十七卦巽卦的卦象、卦画和符号，而"巽"是这一卦的名称。巽卦上卦即外卦和下卦即内卦都是巽卦☴，巽象征风，也称"巽风卦"。

巽卦的象是风，属性是入，因此两巽卦相叠的巽风卦就是一个清风习习来、化物细无声之象。

【卦辞意解】

巽：小亨。利有攸往，利见大人。

巽卦之象为风，其性为入。这个入就是进入，只是这个进入是一种渗透性进入、慢慢地深入。"巽"字古代又通"逊"，有谦逊、恭顺之意。所以，巽卦讲的就是这么两层意思：一是如布道者般的宣贯，进行思想性的渗透；一是如追随者般的敬仰，进行行动上的跟从。此正如巽卦上、下两股风：一股是和风熙熙吹，吹遍世间人与物；一股是虔虔迎和风，顺从听命思与行。这样自然会"小亨"，即小有亨通。这种情况"利有攸往"，即利于大胆向前；当然也"利见大人"，即有道德修养的大人物出现并带领大家共同向前最好。

从爻辞的内容看，巽卦所讲的更像是政教的深入，当然我们也可以看作是各种思想意识形态的深入与宣贯。

【爻辞意解】

初六：进退，利武人之贞。

凡事都当知进退。也并不是进就是对、退就是错，或者进就是错、退就是对。当进时则进、当退时则退才是对。但是，很多时候人们会犹豫不决，进进退退都有利弊得失，这常常会使人进退两难。"进退"，就是当进退两难、难以决断的时候；"利武人之贞"，就需要像武将那样果断地作出明确的抉择最为有利。

凡事有一利必有一弊，很多时候就是要作出一个利弊得失的权衡，两利相权从其大，两弊相较从其轻，决策最忌讳的就是因小失大和优柔寡断。关键时候要果断决策，这样才可以抓住机遇、实现突破，也才可以不使民众迟疑与懈怠。

九二：巽在床下，用史、巫纷若，吉，无咎。

"巽在床下"，要把风吹到天下的每一个角落，即使是床下也要吹到。一旦定了的事情，就要抓紧宣贯，要让团队或者组织的每一个层面每一个人深刻地领会。要做到这一点不容易，需要"用史、巫纷若"，就是需要像史官和巫祝一样认认真真和不厌其烦。做到了，自然"吉"而"无咎"。

九三：频巽，吝。

深入地宣贯，你可以不厌其烦，同时也不能让人烦。正所谓过犹不及，过了就可能适得其反。"频"，就是过了、次数太多了。"频巽"的结果就是"吝"，即不够理想。

当然，如果频频吹的还不是一股风，那就更麻烦了。东、南、西、北风向总变，朝令夕改，一会儿就把人给吹糊涂了，那后果何止是一个"吝"字！

六四：悔亡，田获三品。

定下的事情，在宣贯与推动的过程中总会有些问题与阻力，这就要及时地解决与清除。这就是"田获三品"所要告诉我们的。"三品"就是指田猎中打到的很多野兽。

九五：贞吉，悔亡，无不利。无初有终。先庚三日，后庚三日，吉。

任何事情的宣贯、深入与推动都要坚持"贞"正的原则，这样才能从根本上保证"吉"即好的结果，才能"悔亡"即没有让人后悔的事情发生，也才能"无不利"。这样做，即使是"无初"，即开始时很混乱或者效果不好，也会"有终"，最终由乱而治，得到一个好的结果。要做好这些事情，还应该"先庚三日，后庚三日"，就是要事先花时间做好充分的酝酿和全面细致的准备，之后还要做好日常的实施情况的跟踪与管理，事后还应该及时总结、以利提高，这样就会得到"吉"祥如意的结果。

上九：巽在床下，丧其资斧，贞凶。

"巽在床下"，风吹到了角角落落，事情宣贯深入到了方方面面、深入到了基层，但"丧其资斧"，即没有进一步实施的条件。"资"就是钱财，"斧"则是指物资、工具和手段等。这样非常"凶"，是非常可怕的事情。这样不但不能够把当前的事情做好、取得必要的成功，更可怕的是会丧失民众的信任，为今后的工作带来信任的危机，所以一定要"贞"防这种风险。

◎ 第七十一章

兑卦第五十八——和谐让人愉悦

【原文】

兑为泽　兑上兑下

兑：亨，利贞。

《彖》曰："兑"，说也。刚中而柔外，说以"利贞"，是以顺乎天而应乎人。说以先民，民忘其劳；说以犯难，民忘其死。说之大，民劝矣哉！

《象》曰：丽泽，"兑"。君子以朋友讲习。

初九：和兑，吉。

《象》曰："和兑"之"吉"，行未疑也。

九二：孚兑，吉，悔亡。

《象》曰："孚兑"之"吉"，信志也。

六三：来兑，凶。

《象》曰："来兑"之"凶"，位不当也。

九四：商兑未宁，介疾有喜。

《象》曰：九四之"喜"，有庆也。

九五：孚于剥，有厉。

《象》曰："孚于剥"，位正当也。

上六: **引兑**。

《象》曰: 上六"引兑",未光也。

【**卦象意解**】

"䷹"是《易经》六十四卦第五十八卦兑卦的卦象、卦画和符号,而"兑"是这一卦的名称。兑卦上卦即外卦和下卦即内卦都是经卦兑卦☱,兑象征泽,所以兑卦也称"兑泽卦"。

三画卦经卦兑卦的卦象是泽,属性是悦,因此六画兑泽卦是两泽相连、一派和谐、两情相悦之象。

【**卦辞意解**】

兑: 亨,利贞。

"兑"通"说""悦",兑卦的中心思想是愉悦。人们心情愉悦地在一起,自然诸事"亨"通。要实现这种愉悦、和谐、亨通,就要"利贞",就是要坚持正确的道路与方向、采取正确的方法与手段。

【**爻辞意解**】

初九: 和兑,吉。

和谐而愉悦,这样吉祥。

九二: 孚兑,吉,悔亡。

相互信任而愉悦,这样也吉祥,而且让人无悔。

六三: 来兑,凶。

"来",招徕、谋求。"来兑",通过要手段而谋求和谐愉悦,这样"凶",即结果不会好。

九四：商兑未宁，介疾有喜。

通常，和谐愉悦的局面不是一开始就会出现的。人们在一起相处，都有一个相互了解、相互协调的过程。大家需要慢慢地理解和适应，为了局面的和谐和愉悦甚至需要退让与妥协。"商"就是商讨、协商。"商兑未宁"就是大家在协调、商讨如何实现和谐和愉悦的过程中还没有最终达成目标的时候。这个时候，就要求相关各方"介疾"，就是克服自己的毛病，讲求自己的节操，规范自己的言行。做到"介疾"就能"有喜"，就有助于"商兑"的成功，就有利于"商兑"之"宁"，最终使各方的协商顺利地达成一致。

九五：孚于剥，有厉。

九二爻讲"孚兑，吉，悔亡"，相互信任而愉悦，这样吉祥，而且让人无悔。但是，如果"孚于剥"，如果过于信任那些危害团结、和谐的小人，那就"有厉"，就会有危险。"剥"，剥蚀、危害。信任也是有条件的，对于那些不利于大局、危害和谐与愉悦的人，也应该及时采取断然措施。

上六：引兑。

爻辞只有"引兑"两个字，似有脱简，我们可以结合这一爻《象》辞中的"上六'引兑'，未光也"来理解。

"'引兑'，未光也"，看来"引兑"不是一种光明正大的做法，似乎是靠着引诱、勾引、诱骗的手段来达到和谐、愉悦关系的目的。通过这种不正派的做法来实现的和谐与愉悦，只能是暂时的，不可能长久，所以不应该提倡。

第七十二章

涣卦第五十九——世风涣化若冰释

【原文】

☲ 风水涣　巽上坎下

涣：亨。王假有庙，利涉大川，利贞。

《彖》曰："涣：亨"，刚来而不穷，柔得位乎外而上同。"王假有庙"，王乃在中也。"利涉大川"，乘木有功也。

《象》曰：风行水上，"涣"。先王以享于帝立庙。

初六：用拯马壮，吉。

《象》曰：初六之"吉"，顺也。

九二：涣奔其机，悔亡。

《象》曰："涣奔其机"，得愿也。

六三：涣其躬，无悔。

《象》曰："涣其躬"，志在外也。

六四：涣其群，元吉。涣有丘，匪夷所思。

《象》曰："涣其群，元吉"，光大也。

九五：涣汗其大号。涣王居，无咎。

《象》曰："王居，无咎"，正位也。

上九：**焕其血，去逖出，无咎。**

《象》曰："焕其血"，远害也。

___

【卦象意解】

"☴☵" 是《易经》六十四卦第五十九卦焕卦的卦象、卦画和符号，而"焕"是这一卦的名称。焕卦上卦即外卦为巽风卦☴，下卦即内卦为坎水卦☵，所以焕卦也称"风水焕卦"。

焕卦风上水下，是一个风行无阻、水流畅通、风拂水面、教行天下之象。

【卦辞意解】

焕：亨。王假有庙，利涉大川，利贞。

"焕"的本意是描述春天到来后河里和湖里的冰块开始化冻、消融而散的情境，所以有个成语叫"焕然冰释"。《老子》第十五章中讲："古之善为士者，微妙玄通，深不可识。夫唯不可识，故强为之容。豫兮若冬涉川，犹兮若畏四邻，俨兮其若客，焕兮若冰之将释。"可见"焕"其实就是冰释的样子。

焕卦上面是风，下面是水。可以把风看作世风、民风、教化之风、社会风气之风，可以把水看作民众、社会。有什么样的风气就会化育什么样的民众和什么样的社会文化。所以，焕卦所讲的主旨就是社会教化问题，用现代的话说，就是思想道德的教育问题。圣人做道德而化育万民，民众随圣人则如沐春风。所以，教化问题解决得好、思想教育工作做得好，社会就可以"亨"通。

在上古时代，教化民众主要是圣人和君王的责任，教化的方法、手段则主要是圣人、君王的率先垂范、以身作则和神道设教两种。前者我们可以看看大舜的故事。

大舜就是我国上古五帝炎帝、黄帝、尧、舜、禹中的舜帝。他姓姚、有虞氏，名重华，所以历史上也被称作"虞舜"。相传大舜出身寒微，母亲去世得早，父亲瞽叟是个盲人，继母生了儿子叫象。据说他的父亲顽固不化、继母两面三刀、弟弟桀骜不驯，这几个人串通一气，几次欲置大舜于死地。但是，大舜能够多年如一日地做到对父母不失孝顺之道，对象不失友弟之情。当他们要加害大舜的时候，大舜就想办法及时逃避；当他们需要大舜的时候，大舜又会及时地出现在他们身边。诚可谓"欲杀，不可得；即求，常在侧"。

相传大舜在二十多岁的时候名气就很大了，后来尧帝向四方诸侯征询继任人选，四岳就推荐了大舜。于是，尧帝就将自己的两个女儿嫁给了大舜，以考察他的品行和能力。结果大舜不但使自己的两个媳妇与全家和睦相处，而且在各方面都表现出卓越的才能和高尚的人格力量。《史记》记载："舜耕历山，历山之人皆让畔；渔雷泽，雷泽上人皆让居；陶河滨，河滨器皆不苦窳。"只要是大舜耕作的地方，周围就会兴起礼让的风尚；大舜制作陶器，还能带动周围的人认真从事，精益求精，绝不粗制滥造。他到了哪里，人们都愿意追随，因而"一年而所居成聚，二年成邑，三年成都"。"窳"，读"yǔ"，恶劣、低劣之意。

大舜的品行影响了周围的民众，尔后声名远播，教化了世间万民，最终大舜为人民所拥戴、受尧禅让而登帝位，成就了尧、舜两代圣名。

所谓"神道设教"，就是以神明之理、借鬼神祸福之说来教育人民的方法、手段。《彖》中曾经提到："观天之神道，而四时不忒。圣人以神道设教，而天下服矣。"

圣人与君王以身作则教化万民是一种榜样的力量，是从正面对民风与世风的引领与倡导，告诉人们什么是对的。神道设教则更多的是从反面告诉人们哪些是错的、不能做的、被禁止的,如果触犯了就必将受到神灵的惩罚。

　　为了推行教化,古代帝王往往会到太庙里祭祀天地、鬼神、先祖,在太庙里发布一份祷文,一方面祈祷得到神灵的理解与支持,一方面表达自己的虔诚与信心,还相当于借此向社会发布教令,指导大众的思想道德行为规范,这就是彖辞"王假有庙"所要表达的思想。这样做"利涉大川,利贞",即利于做大事、成大业,也利于整个社会坚守正确的道路与方向。

【爻辞意解】

初六:用拯马壮,吉。

　　社会教化问题是个长期乃至是永恒的问题,任何一个社会都不能忽视这一问题。教化问题又是一个艰巨的问题,需要长期、持之以恒地坚持与强有力地推进。它不仅需要开一个好局,还需要走得更长、更远。这就像远行,要准备一匹好马,这匹好马不仅要跑得快,还要跑得稳健而持久,所以这匹马得是一匹壮马。"用拯马壮"就是"用壮马拯",就是说关于教化问题的推进要像人们远行一样,要选一匹壮马,这匹壮马可以将教化之风传递得更远。

九二:涣奔其机,悔亡。

　　任何一种思想能否发扬光大,关键在于是不是有正确的出发点和落脚点,也就是所谓的"机"。"机"有关键的意思,也有动机的意思。"涣奔其机"是说推行教化要有一个好的立意、一个有生命力的思想,这是能否影响世风、教化万民的关键。将这一点明确后,再坚定不移地朝着这一方向"奔"、前进,就能够成功,就能够"悔亡"。

六三:涣其躬,无悔。

　　"躬",亲自、自己。"涣其躬",教化即思想道德的教育要从自身做起,由己及人，由近及远，才能成功而"无悔"。当然，目标还是为了影响整个社会民众，所以《象传》上解曰："'涣其躬'，志在外也。"

六四：涣其群，元吉。涣有丘，匪夷所思。

"涣其群"，教化之风被及"群"众、民众、大众，就会"元吉"，即大为吉祥，当然就会非常好。不仅如此，甚至会达到"匪夷所思"的"涣有丘"的良好效果。"夷"指一般人，"匪夷所思"就是非一般人所能够想象得到的。"丘"就是山丘，在这里比喻顽固保守的势力。所以，整条爻辞的意思是：如果能够成功地教化社会大众，那些顽固保守的人物、势力和思想就必将改变。

教化、文化和思想的力量是巨大的，在漫漫历史长河中能够以摧枯拉朽之势不断地推动社会前进。

九五：涣汗其大号。涣王居，无咎。

常有人讲"医易同源"，可从乾卦解到涣卦似乎还没有见到中医的影子，但这并不应该影响我们对于"医易同源"这一传统文化中的几乎是结论性概念的认知。涣卦的九五和上九两爻就是典型的医与易相关联的例证。

《黄帝内经·素问·阴阳应象大论》中讲："阴阳者，天地之道也，万物之纲纪，变化之父母，生杀之本始，神明之府也。治病必求于本。"本于阴阳。

中医中的六经辨证说的是三阴三阳，八纲辨证讲的是表里、寒热、虚实、阴阳，最终无不落脚在"阴阳"二字上。所以，对于人体各部位，对于人体所表现出来的病症，都要分出阴阳。"汗"属人体的津液。气、血、精、津、液中，气为阳，血、精、津、液都为阴。人体内肝、心、脾、肺、肾五脏藏而不泻属阴，胆、小肠、胃、大肠、膀胱、三焦六腑泻而不藏属阳。十二经络除了对应上述五脏六腑的十一经络，还有一个手厥阴心包经。心包又称"膻中"，属脏，属阴。中医认为：心乃君主之官。膻中乃君主所居的宫城，又称为"臣使之官"。君主有过不能受,则由膻中代君主受过。爻辞中"涣王居"的"王居"即心之君主所居之王城膻中。

教化不能只是雨过地皮湿,而是要深入渗透到泥土里,深入人心里,能够涤除邪污、涤荡民众的心灵。"涣汗其"就是用教化的力量涤除阴柔的邪恶与污垢,直荡涤得人猛然惊醒、大汗淋漓、"大号"不止,甚至直捣龙城、"涣"其"王居"也"无咎",即也不过分。

上九:涣其血,去逖出,无咎。

一如九五爻中我们所言,"血"也是人体中的阴物。一个人体就如一个社会,样样都有。"涣其血"就是要将身体里、社会上的阴恶的东西荡涤干净,并且要"去逖出",要将其抛得远远的,并要坚决不让这些东西回来。"逖",远。"出",扫地出门,不再回来之意。这样做"无咎",即不必担心有什么过错。

第七十三章

节卦第六十——节自当有度

【原文】

䷻ 水泽节　坎上兑下

节：亨，苦节不可贞。

《彖》曰："节：亨"，刚柔分而刚得中。"苦节不可贞"，其道穷也。说以行险，当位以节，中正以通。天地节而四时成。节以制度，不伤财，不害民。

《象》曰：泽上有水，"节"。君子以制数度，议德行。

初九：不出户庭，无咎。

《象》曰："不出户庭"，知通塞也。

九二：不出门庭，凶。

《象》曰："不出门庭，凶"，失时极也。

六三：不节若，则嗟若，无咎。

《象》曰："不节"之"嗟"，又谁"咎"也。

六四：安节，亨。

《象》曰："安节"之"亨"，承上道也。

九五：甘节，吉。往有尚。

《象》曰："甘节"之"吉"，居位中也。

上六: **苦节, 贞凶, 悔亡。**

《象》曰:"苦节, 贞凶", 其道穷也。

————————————————⚊⚋————————————————

【卦象意解】

"☵" 是《易经》六十四卦第六十卦节卦的卦象、卦画和符号, 而"节"
是这一卦的名称。节卦上卦即外卦为坎水卦☵, 下卦即内卦为兑泽卦☱,
所以节卦也称"水泽节卦"。

水在泽中, 泽中有水, 这水是云云大泽中的一湾湾水积聚而成, 所以节
卦是一个聚、积、约、节之象。

【卦辞意解】

节: 亨, 苦节不可贞。

"节", 给人的感觉很直接, 就是节约和节制。中华文明历来倡导节约,
节约被看作一种美德; 中华文明也历来提倡克制、节制, 这是一种修养。
节卦所讲的主要是后者, 即节制, 也即有节度地控制。

能够做到节制, 有节、有度地限制与约束, 就能处理好事情, 可使诸事
"亨"通。但是, 任何事情都应有个度, 进与退、行与止、文明与野蛮那个恰如
其分的点就是对度的把握。节制也贵在恰如其分。做任何事情, 如果不加
节制, 再好的事情也会做坏。但是, 如果过分地节制, 正所谓"过犹不及", 也
难以达到好的效果。所以, 节制也要适当, 恰如其分的节制就是"甘节", 过
分的节制就是"苦节"。不加节制不正确, 过分地节制也"不可贞", 即不正确。

【爻辞意解】

初九: 不出户庭, 无咎。

九二: 不出门庭, 凶。

这里我们把初九和九二两爻放在一起解读。

从定义上讲,一扇门板的门叫"户",两扇门板的门叫"门",所以《说文解字》上解"户"字为"半门"。从概念上讲,室门叫"户",院门叫"门"。所以,我们可以理解为建在房子上的门就是户,窗户就是窗式的户,建在院墙上的门就是门。那么,户庭就是屋里的庭,就像今天房子里的客厅或者门厅,门庭则是院落里的院子。

有节度地限制与约束并不一定意味着只做减法,有时也需要做加法。很多事情,不开始倒也罢了,不动则已,要动就必须坚持走到底,直到成功。"不出户庭"就是没有起心、没有动念,这当然"无咎",即当然不会有过失。但是,如果已经起心动念了,走出了第一步,就必须坚持向前走,不可半途而废。"不出门庭"就相当于半途而废。既然走出了"户庭",就不应该停留在院子里,就应该坚决地走出"门庭",一直向前,否则就会"凶",即有危险,就不利于事情的继续发展。

六三:不节若,则嗟若,无咎。

"不节若,则嗟若",如果不加以节制、约束,就会嗟叹不已、后悔不迭。

当然,知道后悔总比连后悔都不知道强。后悔了,就可以采取必要的措施加以补救,就能够最终"无咎",不会酿成大祸。

六四:安节,亨。

如果能够安于恰当地节制,就会亨通。

九五:甘节,吉。往有尚。

恰如其分地节度、克制就是"甘节"。做到"甘节"自然就能万事大"吉"。能长此以"往"地"甘节",就会"有"非常美好的、足以让人崇"尚"的成效。

上六:苦节,贞凶,悔亡。

正如卦辞中所言,"苦节不可贞","苦节"而"贞"势必有"凶",所以一定要"贞凶",即守正而防凶,才能"悔亡",即才能防止让人后悔之事发生。

第七十四章

中孚卦第六十一——好酒好友共分享

【原文】

风泽中孚 巽上兑下

中孚：豚鱼，吉。利涉大川，利贞。

《彖》曰："中孚"，柔在内而刚得中。说而巽，孚，乃化邦也。"豚鱼，吉"，信及豚鱼也。"利涉大川"，乘木舟虚也。"中孚"以"利贞"，乃应乎天也。

《象》曰：泽上有风，"中孚"。君子以议狱缓死。

初九：虞吉，有它不燕。

《象》曰：初九"虞吉"，志未变也。

九二：鸣鹤在阴，其子和之。我有好爵，吾与尔靡之。

《象》曰："其子和之"，中心愿也。

六三：得敌，或鼓或罢，或泣或歌。

《象》曰："或鼓或罢"，位不当也。

六四：月几望，马匹亡，无咎。

《象》曰："马匹亡"，绝类上也。

九五：有孚挛如，无咎。

《象》曰："有孚挛如"，位正当也。

上九：翰音登于天，贞凶。

《象》曰："翰音登于天"，何可长也。

━━━━━━━━━━━━━━ ☯ ━━━━━━━━━━━━━━

【卦象意解】

"☲"是《易经》六十四卦第六十一卦中孚卦的卦象、卦画和符号，而"中孚"是这一卦的名称。中孚卦上卦即外卦为巽风卦☴，下卦即内卦为兑泽卦☱，所以中孚卦也称"风泽中孚卦"。

风泽中孚，风上泽下，风吹水面，风生水起，风行水动，风或大或小，浪则随之或高或低，无有失信，所以中孚卦是一个忠实、诚信之象。

【卦辞意解】

中孚：豚鱼，吉。利涉大川，利贞。

"中孚"的"中"，可以理解为"忠诚"的"忠"之意，"孚"则是诚信之意。"中孚"就是真诚之信。中孚卦的主旨就是诚信。诚则不虚不欺，信则不惑不疑。

"豚"，小猪。如果能够真诚地彼此信任，就连小猪、小鱼也能被感化，这样自然"吉"。彼此真诚地信任，就没有办不成的事，就没有过不去的坎儿，所以"利涉大川，利贞"。

【爻辞意解】

初九：虞吉，有它不燕。

"虞"在这里是安的意思，心安而无杂念。"燕"，通"宴"，安乐。"虞吉"，彼此诚信无欺、心无杂念，就会吉祥。"有它不燕"，如果有其他乱七八糟的想法,就不能安心快乐,意思是讲诚信就要心无旁骛,专心至诚。

九二：鸣鹤在阴,其子和之。我有好爵,吾与尔靡之。

"鸣鹤在阴,其子和之"给我们描绘了这么一幅场景：母鹤在看不见的地方鸣叫,它的孩子们也随声和之；母鹤叫一声,小鹤应一声。小鹤们虽然看不到它们的妈妈,但坚信妈妈的存在。鹤妈妈找到食物时就会叫它的孩子们一起去吃；小鹤们寻声而去,就一定能找到妈妈和妈妈为它们找的食物。母子之间的信任当然是至诚至信的,人与人之间的关系如果能够达到如母子之间的至诚无欺就好了,那才是中孚卦所要描述的至高境界。

人与人之间,即使不能如母子之间情真意切,也最好能达到那种最要好的朋友的境界。最要好的朋友相互信任、无话不说,同甘共苦、不分你我,即使是有点好吃的、有瓶好酒,也彼此惦记着,马上邀对方来一起品鉴。这就是"我有好爵,吾与尔靡之"。能达到这种境界,才真算得上是发自内心的真诚的朋友。这种朋友已经到了不分你我的程度,相互间的信任自然不可动摇。"爵",古代盛酒的器具,这里代指好酒。"尔",你。"靡",这里指共同享用。

爻辞所想要表达的,是希望人与人之间的信任最好能够达到如母子之间的信任那般心有灵犀。即使退而求其次,也应当如至诚好友那样可以敞开心扉、至诚至契。

六三：得敌,或鼓或罢,或泣或歌。

"敌",匹敌,和自己相当的人,这里是指志趣相投、情投意合的朋友。"得敌"就是得到这样的朋友。有了这样的朋友,就能或者说就应该"或鼓或罢,或泣或歌",即同进同退、同喜同悲。伯牙和子期成为知音,子期死后,伯牙摔琴绝弦,终身再不弹琴。这就是"得敌,或鼓或罢,或泣或歌"的最好写照。

六四：月几望,马匹亡,无咎。

"月几望",月亮快要圆了,事业快要成功了。按照道家的思想,正如《老子》所言，就应该"功成身退"了。"马匹亡"所讲的就是这个意思。这里的"马匹"，不是指马匹，而是相互匹敌的马，代指如六三所言的朋友。这样的朋友携手共进，创造了成功，那么接下来就应该携手共退，一起"亡"。这个"亡"不是"死亡"的"亡"，而是逃走的意思。这样共进退，才是真正践行了诚信。"无咎"，不是什么过错。如果共同奋斗的朋友中有人功成身退，有人留下来当高官、享厚禄，那他们才真的不够朋友、不讲诚信呢。

九五：有孚挛如，无咎。

"挛如"是如牵系着手的样子。这样的"有孚"，即这样的彼此信任，当然"无咎"了。

上九：翰音登于天，贞凶。

"翰音登于天"是讲鸟的叫声上达于天，而鸟仍旧在原地。一群鸟在地上"叽叽喳喳"地乱叫，就好比一群所谓的朋友在一起相互争功，声音杂而无序，这种情况很不好，所以一定要"贞凶"，就是要采取必要的措施守正防凶。

第七十五章

小过卦第六十二——小有所过别太过

【原文】

雷山小过　震上艮下

小过：亨，利贞。可小事，不可大事。飞鸟遗之音，不宜上，宜下，大吉。

《彖》曰：小过，小者过而"亨"也。过以"利贞"，与时行也。柔得中，是以"小事"吉也。刚失位而不中，是以"不可大事"也。有飞鸟之象焉，"飞鸟遗之音，不宜上，宜下，大吉"，上逆而下顺也。

《象》曰：山上有雷，"小过"。君子以行过乎恭，丧过乎哀，用过乎俭。

初六：飞鸟以凶。

《象》曰："飞鸟以凶"，不可如何也。

六二：过其祖，遇其妣；不及其君，遇其臣；无咎。

《象》曰："不及其君"，臣不可过也。

九三：弗过防之，从或戕之，凶。

《象》曰："从或戕之"，"凶"如何也。

九四：无咎，弗过遇之，往厉必戒，勿用永贞。

《象》曰："弗过遇之"，位不当也。"往厉必戒"，终不可长也。

六五：密云不雨，自我西郊，公弋取彼在穴。

《象》曰："密云不雨"，已上也。

上六：弗遇过之，飞鸟离之，凶，是谓灾眚。

《象》曰："弗遇过之"，已亢也。

【卦象意解】

"☳☶"是《易经》六十四卦第六十二卦小过卦的卦象、卦画和符号，而"小过"是这一卦的名称。小过卦上卦即外卦为震雷卦☳，下卦即内卦为艮山卦☶，所以小过卦也称"雷山小过卦"。

雷山小过，雷在山上，山上响雷，雷声传来，引起山谷共鸣，响声就会大一些；山峦阻隔，响声就要小一些。总之，与平地风雷有所不同，是或大或小、稍有所过之象。

【卦辞意解】

小过：亨，利贞。可小事，不可大事。飞鸟遗之音，不宜上，宜下，大吉。

小过卦所讲的不是小有过错或过失，而是指为了需要，做事情有时可以稍过一点。"过"是"矫枉过正"的"过"，只是这个"过"要有个度，应该适可而止、小有所过。为了一定的目的小有所过，可以使事情"亨"通顺利一点，但要"利贞"，就是一定要坚守正道才好。同时要知道，小过"可小事，不可大事"，小过的原则只适用于小事，而不适用于大事。小事过一点就过一点，大事万万马虎不得。

这一卦的卦象，有人说像只小鸟的样子，中间两个阳爻是鸟的身子，上下各两个阴爻就是鸟儿扇动的翅膀。"飞鸟遗之音"，像飞鸟之象的小过卦告诉我们："不宜上，宜下。"小有所过也是有原则的，这个原则就是除只适用于小事而不适用于大事外，还要坚持宜下不宜上，要顺势而不能逆行。

向上就是逆,向下就是顺。

顺势而为,自然而然地小有所过,很多时候就会有一个"大吉"大利的结果。

【爻辞意解】

初六: 飞鸟以凶。

我们常说"鸟儿飞翔"。其实飞是飞、翔是翔。飞主要是向上,要扇动翅膀;翔则是不用扇动翅膀,通常是顺势、借势或借风盘旋或向前,高度上常常是向前、向下。"飞鸟"就是指鸟向上飞。按照卦辞所讲的小过"不宜上,宜下"的原则,向下是吉,向上是逆势,自然就是"凶"。这是对应卦辞,从另一方面来阐述"不宜上,宜下"的原则与道理。

六二: 过其祖,遇其妣; 不及其君,遇其臣; 无咎。

我们常讲"凡事都有个度"。小过也一样,稍有所过可以,过了头就不对了。过到什么程度,六二爻辞给出了两个例子。

"过其祖,遇其妣",超过祖父可以,但不能超过祖母。这一爻辞足以体现在《易经》创立的初期中国尚处于母系氏族时期,而不是处于商周后期已经前进到的父系氏族时期。这一爻辞应该是从《连山》或者《归藏》甚或它们之前的《易经》体系中传承下来的内容。

"不及其君,遇其臣",超过大臣可以,但不要赶上君王。

这两个例子都告诉我们: 小过可以,太过不可以。向着正确的方向小有所过"无咎",即不是什么错误。

九三: 弗过防之,从或戕之,凶。

任何事情都不是绝对的,凡事都有例外,小过之过不可太过,但也要看什么事情。有些事情,可能就是怎么说都不为过、怎么做都不为过,比如银行业的风险控制,又比如一个国家的国防等。

"弗过防之,从或戕之,凶",就是如果不加强防卫,或许就会受到伤害,这样很危险。这意思是过也要向着正确的方向过,而不是向着错误的方向。防守、防卫与防范再严谨都不为过。

九四:无咎,弗过遇之,往厉必戒,勿用永贞。

"弗过遇之",没有小过就相遇了,意思是不需要过就可以解决问题,就找到了原本需要"过中求中"的"中",那是再好不过的了,那就不需要非得小有所过,这样当然"无咎"。在不需要小有所过就能解决问题的情况下,如果还是一味地"往",即一味地向前,非要小有所过,就会"厉",即招来危险。"必戒",必须杜绝这样做。"勿用永贞",坚决不可如此才是永远正确的做法。

爻辞的意思是说:小有所过并不是必须的,而是在必要时才可以采取的手段,但不可以为了过而过。

六五:密云不雨,自我西郊,公弋取彼在穴。

谚语曰:"云彩向东一阵风。""公弋取彼在穴",王公大臣们用带绳的箭去猎取洞穴中的猎物。"密云不雨,自我西郊",就像是浓云从西郊向东飘过却下不了雨一样徒劳无宜、白费力气,不可能成功。"弋",读"yì",带绳的箭。

"弋"的本义是指用带绳子的箭射鸟,生怕射下了鸟自己抓不到似的。现在一位王公大臣用这个办法来猎取洞里的猎物就显得过分了,甚至有些滑稽的意味。所以,爻辞的意思是说:小过尚可,太过了未必有助于事情的解决。这一爻辞应该是用来说明小过所应该掌握的度的问题。

上六:弗遇过之,飞鸟离之,凶,是谓灾眚。

"遇"是赶上的意思。"弗遇过之"就是不仅赶上了,还超过了。这像"飞鸟"高高地向上飞一样,就会"离之",就会越飞越远、越来越过,所以很是"凶"险,"是谓灾眚",即自招灾祸。

◎ 第七十六章

既济卦第六十三——成功当防治复乱

【原文】

≡≡ 水火既济　坎上离下

既济：亨小，利贞，初吉终乱。

《彖》曰："既济：亨"，小者亨也。"利贞"，刚柔正而位当也。"初吉"，柔得中也。"终"止则"乱"，其道穷也。

《象》曰：水在火上，"既济"。君子以思患而豫防之。

初九：曳其轮，濡其尾，无咎。

《象》曰："曳其轮"，义"无咎"也。

六二：妇丧其茀，勿逐，七日得。

《象》曰："七日得"，以中道也。

九三：高宗伐鬼方，三年克之，小人勿用。

《象》曰："三年克之"，惫也。

六四：繻有衣袽，终日戒。

《象》曰："终日戒"，有所疑也。

九五：东邻杀牛，不如西邻之禴祭，实受其福。

《象》曰："东邻杀牛"，"不如西邻"之时也。"实受其福"，吉大来也。

上六：濡其首，厉。

《象》曰："濡其首，厉"，何可久也。

━━━━━━━━━━━━━━━━━ ☯ ━━━━━━━━━━━━━━━━━

【卦象意解】

"☵" 是《易经》六十四卦第六十三卦既济卦的卦象、卦画和符号，而"既济"是这一卦的名称。既济卦上卦即外卦为坎水卦☵，下卦即内卦为离火卦☲，所以既济卦也称"水火既济卦"。

水为阴，火为阳，阴降阳升。既济卦是一个阴阳交媾、万物和合之象。

【卦辞意解】

既济：亨小，利贞，初吉终乱。

《易经》由乾、坤两卦开天辟地而来，历经混沌、蒙昧而生万物，从屯卦、蒙卦到既济之前的中孚卦和小过卦，恰恰六十个卦，六十干支正好是一甲子，正应万物变化轮回之数。中间六十卦就好比万物变化轮回的一个完整的过程，而到了这里就是整个世界发展过程的一个大结局，这个结局就是"既济"。

"既济"就是已经渡过了大江大河。当然，这是以渡河为喻，比喻事情取得了阶段性成果或者事业取得了某种程度的成功。既济卦所讲的就是如何面对成功。

大功告成了，自然"亨"通，任何成功、任何进步，无论大小，都是值得肯定的。即使是柔弱、"小"者，每一次的进步也是亨通的。但是，卦辞一如既往地强调：成功之后依然要"利贞"，要坚守正道，不能因为渡过了大江大河就可以忘乎所以、就可以乱来了。今天成功了，我们还要面对明天，明天还有一条条江河需要渡过，只有继续坚持贞正之道，才能走得更远。

《易经》的忧患意识在这一卦里体现得淋漓尽致。世界总是由乱而治又由治而乱，虽然既济了、过河了、成功了，但千万不能被成功冲昏了头脑。寒来必暑往，所以要时刻心存危机意识，居安而思危，治而不忘乱。"初吉"，当前的成功只是一个好的开始，要从一开始就明白：如果不能继续沿着那条正确的道路前进，就有可能导致"终乱"。人们应该努力地采取必要措施以严防"初吉终乱"局面的发生。

【爻辞意解】

初九：曳其轮，濡其尾，无咎。

"曳"，读"yè"，提起来。"轮"，应当作"纶"，青丝带，此处指古人系在腰间的布腰带。"濡"，读"rú"，意为沾湿。"尾"，指衣服的后摆拖在地上的部分。

"曳其轮，濡其尾"，小心翼翼地提着衣服的前襟过河以防弄湿衣服，但还是难免弄湿衣服的后摆，这样"无咎"，不是什么过失，不会有什么大错。爻辞的意思是：只要小心谨慎地处理事情，处理好主要矛盾，有点小的问题不要紧。我们要明白，做任何事情都是要付出必要的代价的，对任何事情都一味地追求尽善尽美是不现实的。

六二：妇丧其茀，勿逐，七日得。

"茀"，读"fú"，古代车的门帘、窗帘。

"妇丧其茀，勿逐，七日得"，妇人丢失了自己的车帘，不必寻找，过不了多久就会失而复得。

车帘相对于整辆车来讲，几乎是最不重要的部件，遗失了并不会影响车的主要功用，所以不需要耗费太多的精力去找回。这一爻的意思依然是强调不要过于关注次要矛盾，而要专注于主要问题。

九三：高宗伐鬼方，三年克之，小人勿用。

"高宗"是指商朝有名的君王武丁，生活在约公元前 13 世纪。"鬼方"是当时商朝的劲敌，就是在鬼地或者被叫作"鬼"的方国或方国联盟，在今天的陕西省西北部，现在的延安就处在当年鬼方的范围内。"三年"，多年。

"高宗伐鬼方，三年克之"是爻辞给我们举的一个例证：高宗讨伐鬼地方国，用了好多年才攻克了它，这胜利的局面来之不易。现在既济了，成功了，可一定不要忘记这成功的到来有多么艰难。人们一定要倍加珍惜，并要千方百计地保持好这个大好局面。其中最为重要的一条就是要"小人勿用"，要亲君子、远小人，要励精图治，以求能够长治久安。

六四：繻有衣袽，终日戒。

"繻"，读"xū"，指色彩鲜亮的绸缎衣服。"袽"，读"rú"，指破布。

"繻有衣袽"是说一件漂亮的丝绸衣服时间长了也会变成一堆破布，好衣服总有破的那一天。如此，人们是不是应该想一想：一个整齐有序的世界时间长了是不是也会变得支离破碎呢？所以，要"终日戒"，即要天天心存戒备之心，防止治而复乱。

九五：东邻杀牛，不如西邻之禴祭，实受其福。

终日戒备，不仅要有形式，更重要的是要真正地心存警惕。严防治而复乱，不是仅仅做做样子，更重要的是要真正地从内心认识到问题之严峻和责任之重大。这就像祭祀，祭品的多少不是最关键的，最关键的是心有多诚。如果摆上一大堆祭品，但心不至诚、行为懈怠，那么与其说是祭祀，不如说是亵渎。

"禴"读"yuè"，指春祭。春天是人们物资最匮乏、生活最艰难的时期，所以"禴祭"通常是祭品最少的薄祭。正是由于春天的生活艰苦，人们更加希望能够得到"老天"的助佑，所以春祭时人们的心最虔诚。"东邻杀牛，不如西邻之禴祭"，就是说东邻杀牛祭祀，如果心不够诚，还不如西邻的心诚的薄祭。心诚的薄祭不仅能够真正达到祭祀的目的,还能够"实受其福",即得到实实在在的福祉。

上六: 濡其首,厉。

渡河时沾湿了头,这样很危险。

如果渡河时会时常沾湿头部,说明河很深,那当然会随时有被淹没的可能,怎么会不危险呢? 同样,在前进的道路上,如果不能保持头脑的清醒,那怎么可能不犯错误而招致风险呢。

第七十七章

未济卦第六十四——永不停息的世界

【原文】

火水未济　离上坎下

未济：亨，小狐汔济，濡其尾，无攸利。

《彖》曰："未济：亨"，柔得中也。"小狐汔济"，未出中也。"濡其尾，无攸利"，不续终也。虽不当位，刚柔应也。

《象》曰：火在水上，"未济"。君子以慎辨物居方。

初六：濡其尾，吝。

《象》曰："濡其尾"，亦不知极也。

九二：曳其轮，贞吉。

《象》曰：九二"贞吉"，中以行正也。

六三：未济，征凶。利涉大川。

《象》曰："未济，征凶"，位不当也。

九四：贞吉，悔亡。震用伐鬼方，三年有赏于大国。

《象》曰："贞吉，悔亡"，志行也。

六五：贞吉，无悔。君子之光有孚，吉。

《象》曰："君子之光"，其晖"吉"也。

上九: **有孚于饮酒,无咎。濡其首,有孚失是。**

《象》曰:"饮酒濡首",亦不知节也。

【卦象意解】

"䷿"是《易经》六十四卦最后一卦未济卦的卦象、卦画和符号,而"未济"是这一卦的名称。未济卦上卦即外卦为离火卦☲,下卦即内卦为坎水卦☵,所以未济卦也称"火水未济卦"。

火炎上,水润下。在上者上,在下者下。火水未济就成了一个阴阳离决、难以调和、尚未成功之象。

【卦辞意解】

未济:亨,小狐汔济,濡其尾,无攸利。

按说既济了,成功了,已经是一个完美的大结局,但我们所生活的是一个永不停息的世界,一件事情的结束就是另一件事情的开始,一个阶段的结束就是另一个阶段的开始,一种形态的结束就是另一种形态的开始。完成了一个轮回,就会自然而然地进入下一个轮回。数不可尽,物不可穷,渡过了一条条江河,前面还会有一条又一条的大江大河在等着我们,所以既济之后便是未济。

"未济"之意,就是还没有渡过江河、正在渡江河的过程之中,事情或者事业还没有成功、正在向成功迈进的路上。所以,严格地讲,世界以及世界上的万事万物其实是无时无刻不处于"未济"的状态之中。

未济的状态是世界的一种常态。从整个过程来看,未济必然会走向既济,这是毫无疑问的,因而"亨"通。但是,亨通的是结果,过程注定不会一帆风顺,必定坎坎坷坷。这就像九四爻里伐鬼方,也如卦辞中所言"小狐汔济"。

"汔",读"qì",基本词意是接近、庶几,做副词时是几乎、差不多的意思。和不少动物比起来,狐狸的尾巴比较粗,也比较长,不知道为什么,狐狸在过河时总是要把尾巴翘起来才能过得去。寓言故事里讲,这是因为狐狸怕把自己的漂亮尾巴弄湿了。

卦辞直言"小狐",即小狐狸。或者因为没有经验,或者因为耐力不够,这小狐狸过河"汔济",就是在快要渡过但还没有渡过河的时候"濡其尾",即弄湿了自己的尾巴。"无攸利",这样对过河没有什么好处。

"小狐汔济,濡其尾,无攸利"想要告诉人们的是:成就事业的过程是艰难的,未济之渡的过程中不仅需要信心,而且需要经验、智慧和实力,还需要严谨认真的态度,一旦一招不慎,就有可能影响未济之渡的成功。

【爻辞意解】

初六:濡其尾,吝。

"濡其尾",这里的"尾"已经不是指既济卦里的人的衣服的后摆了,而是指小狐狸的尾巴。过河弄湿了人的后衣摆不是什么大问题,是次要矛盾,但弄湿了小狐狸的尾巴就成了大问题,因为这有可能会直接影响未济之渡,所以会"吝",会让人有些担心和遗憾。

九二:曳其轮,贞吉。

"曳其轮",在渡河的过程中总是小心翼翼地提着衣服的前襟以防弄湿衣服,坚守这样的"贞"正之道永远是"吉"祥正确的。这与既济卦里初九爻"曳其轮"是一个意思,就是让人们在未济之渡中要关注问题的主要方向,把握好大局,这样做是"贞",即是正确的,所以必定也是"吉"祥的,能确保有一个好的结果。

六三：未济，征凶。利涉大川。

"未济，征凶"，在渡河的过程中，总体来讲还是充满坎坷与凶险。这个时候一定要如九二所言，小心为好。如果大刀阔斧、不顾一切地"征"，猛打猛冲，就会有一定的"凶"险。但是，如果在前进的道路上能够坚持做到稳扎稳打、正确运作，就"利涉大川"，有利于渡过大江大河、成就一番伟大的功业。

这段爻辞，前段"未济，征凶"和后段"利涉大川"看似矛盾，其实不然。前段"未济，征凶"是提醒人们要在战术上重视困难，而后段"利涉大川"是提醒人们要在战略上藐视困难。道路虽然曲折，征程虽然坎坷，但前景光明，成功势在必得。

九四：贞吉，悔亡。震用伐鬼方，三年有赏于大国。

凡事都有一个过程，在这个过程中只要坚守"贞"正之道就会"吉"祥顺利，就不会发生让人后"悔"的事情。但是，这种坚守、这种坚持说起来容易做起来难，做一时容易做一世难，长期的坚守与坚持是难能可贵的，并且在渡大江大河的过程中是必需的。如果不能做到这一点，就难以成就一番大事业。

这里依然引用了"伐鬼方"的故事。

上卦既济卦九三爻讲到"高宗伐鬼方"的事。其实，中国古代历史上发生过多次中原民族伐鬼方的战事。"鬼方"通常是西北部英勇善战的游牧民族的代称。西北游牧民族与中原农耕民族的矛盾和斗争始终贯穿于我国几千年历史之中，二者打打杀杀、分分合合。高宗伐鬼方、始皇筑长城、汉唐征匈奴、昭君出边关、文成赴西域无不是因中原与鬼方的恩恩怨怨而演绎出的故事。所以，"伐鬼方"一直是中原帝国的一项艰苦卓绝的事业。

九四爻辞里的"震"就是强而有力、艰苦卓绝的意思。"震用伐鬼方，三年有赏于大国"，就是要经过艰苦卓绝、坚持不懈的强有力的长期的斗争，才能取得"伐鬼方"大业的成功。在此期间不能犯什么大的错误，否则就难以成功。大江大河之渡也是一样,要坚守"贞"正之道,要有长期作战的准备,才能完成未济之济。

六五:贞吉,无悔。君子之光有孚,吉。

此爻依然强调一个"贞"字。世上所有的事情都有一个过程。很多时候,结果并不一定是最重要的,正所谓"不能仅以成败论英雄"。世界永远处于一个未济之济的过程之中,上岸之后到底是海滩还是滩涂,是平原还是高山,有时也真的让人很难把握。付出了艰辛的努力,结果也未必事事尽如人意,努力了,付出了,尽心了,尽力了,也就够了,就是"吉"祥的,就可以让人"无悔"。但是,行进在未济之济大道上的"君子"们,无论什么情况、什么时候都应该始终"有孚",即有信心,充满信心,而且应该把这种信心发扬"光"大,一起使大家建立信心,让人们相互信任、信心满满地奔向未来,这样当然再"吉"不过了。

上九:有孚于饮酒,无咎。濡其首,有孚失是。

"有孚于饮酒,无咎",饮酒讲诚信,这样没有过错。但是,如果喝酒喝高了,"濡其首",即弄得满头满脸是酒,就"有孚失是"了,即失去了诚信、有失体统了。其实,爻辞想讲的意思是:人们在未济之济的过程中可以有信心、有激情,但是如果激情过度,那就"失"去了意义。

未济卦是《易经》六十四卦的最后一卦,《易经》把这一卦放在最后,意在阐明"物不可穷"的道理,给人们一个开放而不封闭的结尾,给人们一个广阔的想象空间。

《易经》六十四卦以乾、坤两卦始,于既济、未济两卦终,是有着深刻的哲学意义的。如果把《易经》哲学的学问概括成两个字,那就是"时"与"位"。身居何时、何处,决定着如何进退行止。世上本无对错,对错取决于行与止和时与位的契合。如果说乾、坤两卦定位天地,主要讲的是"位"的问题、空间的问题,那么既济、未济两卦渡而未渡,则主要讲的是"时"的问题、时间的问题。中间六十卦,总体上讲是围绕较为明确的、具体的社会政治、生活和人类思想、行为而展开,比如蒙卦讲教育、咸卦讲感情、升卦讲进步、同人卦讲团结等,涉及世间万象。唯有首尾乾、坤、既济、未济四卦最为抽象,似无所特指,而又似乎无所不指。如果我们把六十四卦看作一个小宇宙,那么乾、坤两卦就是这一宇宙的空间轴,既济、未济两卦就是这一宇宙的时间轴。"四方上下曰'宇',往古来今曰'宙'。"宇无边无际,宙无始无终。其他六十卦则如这个宇宙里的万事万物,在无尽的时空里演绎着万般变化。

时间就是一条无头无尾又连绵不断的线,人类以及宇宙间的万事万物乃至宇宙本身就像在这条线上奔驰的永不停歇的火车。任何一条线都是由无限个点构成的,永不停歇的火车不断地从一个点驶向下一个点。我们做事情每向前走那么一步,无论是大步还是小步,都是一个阶段的成功。一个个阶段的成功和火车在一个个点上的停留就是"既济",从一个成功走向另一个成功的过程、火车从一个点开向另一个点的过程就是"未济"。静止地看,这个世界就是一个既济的世界;动态地看,这个世界就是一个未济的世界。

乾坤、天地、阴阳世界里这条由无穷个点组成的线来自亘古,走过今天,又将走向永恒的未来。

丁亥年春节至辛卯年立夏初稿于济南

辛卯年清明至小暑二稿于济南

辛卯年小暑至立秋三稿于济南

辛卯年立秋至中秋四稿于济南

辛卯年中秋至小雪五稿于济南

壬寅年春修订于北京

主要参考书目

1. 朱熹、朱鉴:《原本周易本义 朱文公易说》,上海:上海古籍出版社 1989 年版。

2.《易经》,太原:山西古籍出版社 1999 年版。

3. 冯友兰:《中国哲学史》上、下册,上海:华东师范大学出版社 2000 年版。

4.《四库全书荟要》,天津:天津古籍出版社 1998 年版。

5.《十三经注疏》整理本第 1 册《周易正义》,北京:北京大学出版社 2000 年版。

6. 南怀瑾:《易经杂说》,上海:复旦大学出版社 2005 年版。

7. 南怀瑾:《易经系传别讲》,北京:东方出版社 2015 年版。

8.《南怀瑾著作珍藏本》第 1 卷,上海:复旦大学出版社 2000 年版。

9. 杨军:《周易文化大学讲稿》,北京:中国人民大学出版社 2007 年版。

10. 高奇等:《走进中国哲学殿堂》,济南:山东大学出版社 2008 年版。

11. 金景芳、吕绍纲:《易经全解》,上海:上海古籍出版社 2005 年版。

12. 齐涛等:《中国政治通史》,济南:泰山出版社 2003 年版。